献给中国人民抗日战争胜利七十周年！

爱国至上，向为匡复中华大好河山而献身祖国，舍生忘死，浴血奋战，抗击日本侵略者的革命先烈们表示深切的怀念，并致以崇高的敬礼！

卖国者永远是祖国人民的罪人！

编著者

乌支山村速写
姚中華
1980.8.9

献给中国人民
抗日战争胜利70周年

烽燧乌苏里

——东北抗日时期人物访谈实录

姚中嵋 编著

黑龙江人民出版社

本书编著姚中嶍(中)与序者邵义山（右）姚中岫（左）合影

大顶子山之春

乌苏里江从团山字侧旁缓缓流过

抗联七军密营地臭松顶子，远处为那丹哈达拉岭主峰神顶山

抗联七军密营地暴马顶子远望

东北抗日救国军激战地，日寇屠杀中国人的魔窟——虎头今景

一九三五年九月新兴洞大战（又称西通大战）战迹地

一九三七年三月大顶子山后天津班战斗战迹地，打死日寇饶河县参事官大穗久雄；抗联七军军长陈荣久壮烈牺牲

一九九〇年九月前饶河县长骆永祯(右)，前民政局长鲁春刚(左)前来考察

一九三八年九月挠力河畔西风嘴子阻击战打死日本军少将日野武雄的地方

东北重要抗日根据地之一，饶河县城之一角

饶河县城江边远眺

饶河县大楞边境口岸码头

一九八七年六月土改老干部回访饶河瞻仰小南山抗日游击队纪念碑时留影。前排左起：林凤岐夫人金某、苑淑玉、李荣春、亓克英、林凤岐、宋连璧、姜福英

饶河县革命烈士墓

饶河抗日游击队纪念碑碑文

东北抗日著名将领李杜  | 东北抗日救国军司令高玉山  | 抗联七军军长陈荣久烈士  | 抗联七军参谋长崔石泉

李学福烈士  | 王汝起烈士  | 张文偕烈士  | 朴振宇烈士

于化南烈士  | 姜克智烈士  | 东北抗联第二路军第二支队长刘雁来  | 李一平烈士

一九八六年三月抗联老领导前黑龙江省省长陈雷（右二）及夫人李敏（左）前往饶河县四排赫哲民族乡视察时与民间歌手葛德胜（右）葛长胜（左二）叙谈

前黑龙江省副省长杜显忠（右二）一九八八年五月来边疆抚远、饶河视察回返经虎头时留影，左起：程义芳、王吉厚、姚中嶍

二〇〇八年六月二十九日小北沟历史先民李运智兄弟五人及侄儿李文斌前往原居地考察时留影 左起：庞大勇、李建华、李文斌、李润杰、李运智、李云山、姚中嶍、李云峰、张良、李勇信

李杜将军遗墨
中华民国二十二年（1933）八月三日

东北抗联老领导前黑龙江省省长陈雷题壁

饶河县小南山历史博物馆

虎林市领导与抗联老战士李连生（中）合影 左起：王吉厚——张海明，后排：葛玉琳、孙占、胡钦楚

一九九四年十一月作者（左）与前饶河县委书记曲凤仪（中）及隋国胜合影

一九九九年冬前饶河县委书记王国才（左）县长赵晓岩（中）陪同省委组织部组织处长韩淮军（右）前往小南山瞻仰抗日游击队纪念碑

一九八六年八月饶河县抗日战迹地考察队登上红石砬子山顶时合影

二〇〇〇年八月二十日抗联老战士在大顶子山后拜谒陈荣久军长墓葬地时留影

左起：庄凤、李敏、李在德

陈荣久军长牺牲地考察组一行左起：王海、李在德、李敏、庄凤、姚中嵋

一九八二年五月十二日，饶河县陈荣久军长墓葬寻探队，在烈士墓葬处合影。
左起：张良、吉步楼、吕明义、郑承翰、徐曰禄、鲁春刚、朱天有、司机、姚中嵋、郭永懋，前坐者姚明贤、刘日强

11

左起：三团政委郭永祥、中共饶河县委宣传部长孙伟华、县武装部长许景春、县委副书记王和、刘志强、县委书记朱玉文、县长杜吉国、县委副书记、县纪委书记朱海涛、副县长钱锋、县委组织部长魏树立、县政法委书记杨志（二〇〇四年三月）

东北抗日联军七军前身——四军四团政委李斗文等烈士新兴洞激战殉难地石碑。左起：陈玉华、李斗文、朴振宇

一九九〇年东方红林业局石场运材时在抗联七军根据地暴马顶子山前挖掘出土长枪三支手枪四支图为饶河县文史部门前来接收时留影 左起：张良、贺传林、刘树双、刘本胜、姚中嶍、张国庆、王爱国、高波

二〇一四年中共饶河县委书记尚德龙(右三)县长韩雪海(左二)与《赫哲族漫记》作者及相关人员合影 左起：鲁永红—姚中嶒—孙同刚、刘刚

抗联七军一师三团政委夏礼亭

一九八二年夏饶河县政协与县志办人员前往小北沟抗联老人倪元德处看望。左起前排：吕明义、倪元德、姚中嶒、后排杨朝晖（女）、吉步楼、那杰、安林海、汪云高、不详

二〇一二年三月五日夏礼亭女儿夏进京同丈夫刘文宣儿子刘含来访，饶河县政协县政府领导接待客人，陪同在大楞口岸参观留影。左起：于洋、夏进京、刘文宣、杨志、作者、马平、刘含

13

敌人的失败是我们的胜利

日寇在饶河县城小南山前残存的碉堡

一九三七年三月十五日日伪在饶河县城为被我抗日联军打死的县参事官大穗久雄举行的追悼会场景

大穗久雄本人

一九三七年三月十四日日伪在抚远县东安镇为被我抗日联军击毙的伪巡官孙鸿志，伪警长张国安举行的追悼仪式场景

被摧毁的大穗久雄石碑残迹

伪满时期饶河县城小南山图景 　　饶河县城江边埠头

停泊在饶河码头的轮船 　　停靠在饶河县城江边的帆船

伪满时期饶河街日本守备队住过的军营　　日寇在饶河南湖汊南岸屠杀抗日志士的地方
(俄式建筑 位于现县开荒办住宅楼址)

二〇〇八年八月二十日抗联老战士李敏同志登上暴马顶子远眺。这是抗联七军滑雪队与日寇战斗过的地方

一九四八年饶河县各界人民庆祝"八一五"解放三周年大会图照

东北抗日联军 1934—1937 年各军游击区域示意图

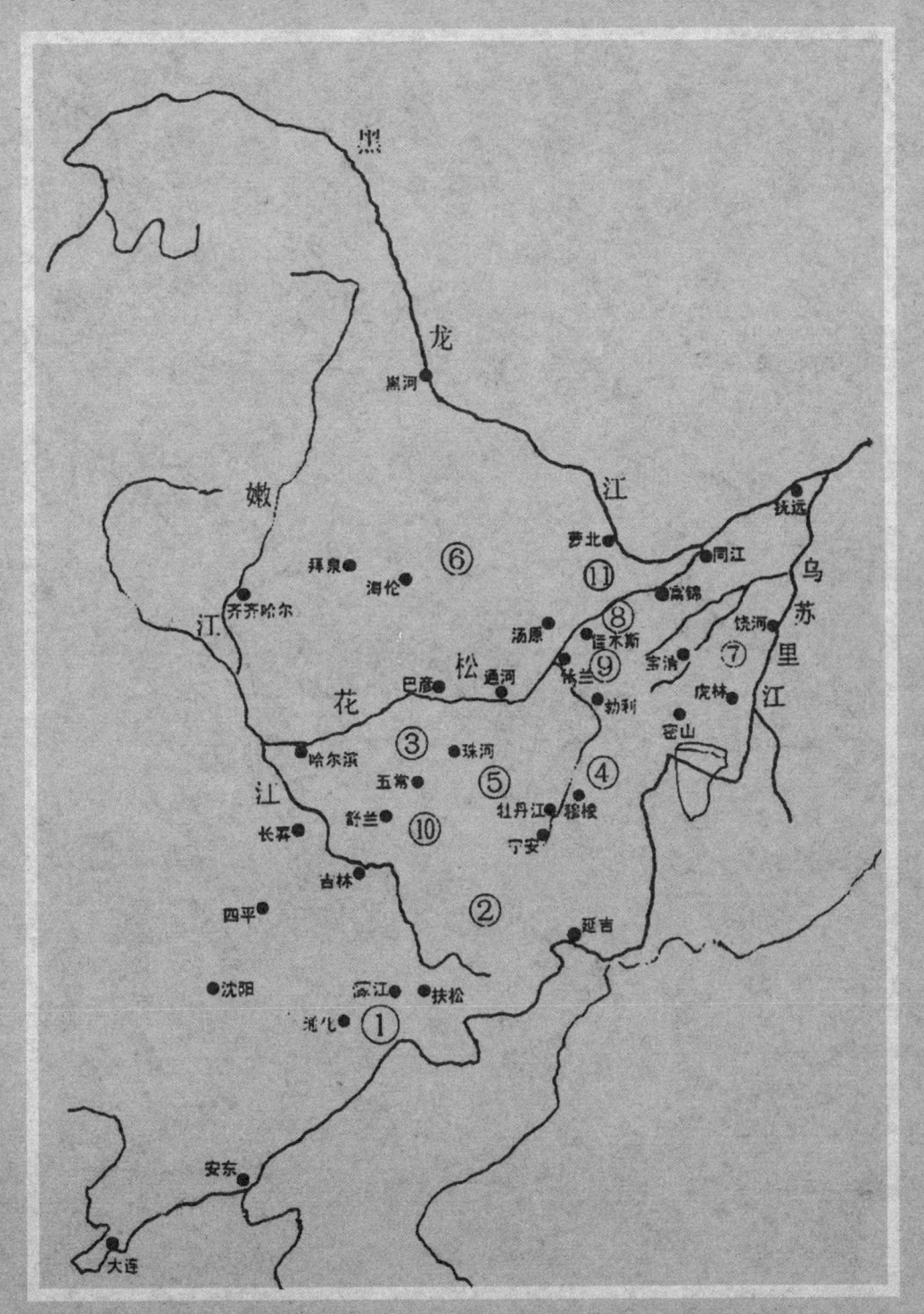

抗日联军第七军活动区域示意图

抗日志士 功業千秋

中華英魂 浩氣長存

貳零零肆年春李敏書

二〇〇四年春李敏書題

御倭烽火炮声隆，抗战旌旗外口持久艰辛功卓著，缨枪在手搏苍龙

题抗日英雄家访谈录

李运智诗并书

序

祝贺抗联史书
《烽燧乌苏里》出版

邵义山

为纪念抗日战争胜利七十周年，姚中嶍先生六十年来搜集整理编写的《烽燧乌苏里》——抗日时期人物访谈实录，出版了。他为世人又留下了一部宝贵的史料和精神财富。

一九三一年九月十八日，日本帝国主义者在东北沈阳发动了侵华战争，也就是举世闻名的"九一八"事变。国民党政府采取不抵抗政策将东北主力撤往西北，仅仅半年时间就将东北三省大片国土拱手送给了日本帝国主义，沦为日本帝国主义的殖民地。从此，东北三省广大人民群众在日本帝国主义的血腥统治下处于水深火热中，任日寇宰割，过着亡国奴的生活。只有中国共产党领导东北三省人民奋起抗日，大批抗日志士纷纷拿起武器参加东北抗日联军，走进田野和深山老林，忍受着冷冻和饥饿，在极端艰苦的条件下与日伪反动势力进行了艰苦卓绝的斗争，打得日伪军丧魂落魄。日本侵略者为消灭我抗日联军，采取靖乡清野，归屯并户政策，调集大部队进行围剿，妄图使抗日联军无藏身之地，断绝人民群众的支援，断粮断物饿死在田野和荒山野林之中。然而，日本侵略军这一切计划和行动都是徒劳和无济于事的，我抗日联军却在斗争中不断地得到发展和壮大，十余年来，仅在下江一带与日伪军发生大小战斗即达数百次，杀死杀伤敌人无计其数，大大鼓舞了人民群众的斗志和信心，一直战斗到一九四五年日本侵略者无条件投降，取得抗日战争的最后胜利。抗日联军的英雄伟绩，在人民群众中广泛流传，深得人民群众的敬仰。人民为铭记抗日联军的丰功伟绩，在饶河县小南山建立了抗日游击队纪念碑，供世人凭吊瞻仰。现已成为青少年爱国主义教育基地，永记日本帝国主义者对我国人民犯下的滔天罪行。姚中嶍先生编写的《烽燧乌苏里》一书，就是通过调查、搜集、考证、记载活跃在饶河、虎林、宝清、同江、抚远、富锦一带东北抗日联军第七军打击日本侵略者和同日伪反动势力斗争的历史和战绩，以及这一地区人民所受的灾难与困苦的真实记录,因此,对教育后代勿亡国耻，振兴中华有着极其重要的历史意义和现实意义。

日本投降后饶河地区人民政府成立，姚中嶍先生即参加人民政府工作，不断深入农村开辟群众工作，参加土地改革，与民众同吃同住同劳动，结下了深厚的友情。闲暇时，群众向他讲述起抗日联军的英雄事迹，每次他都深受感动。他想，若能把抗日联军这些优秀的中华儿女，在祖国边疆这块土地上洒热血抛头颅打击日本侵略者谱写的英雄篇章搜集起来，编印成书传于后代，使世世代代永远记在心里，将是一件多么具有重要意义的事情啊！基于这种思想和抱负，他做了细致的调查，广泛地搜集整理记录了几十个战斗片段，希望将来能汇集成册。

一九五七年秋，铁道兵转业官兵奉命对密山、虎林、宝清、饶河地区进行开发建设，成立铁道兵农垦局，下建若干农场。铁道兵九师转业官兵来饶河县，在荒野草原上建立了八五九农场。一九五八年春，中国人民解放军数万名转业官兵来到垦区投入开荒生产，八五九农场规模急遽扩大。为有利于北大荒的开发建设，国务院决定撤销虎林饶河两县建制，成立虎饶县并入农垦局。成立政企合一的局县机构，更名为牡丹江农垦局。饶河县各人民公社全部并入八五九农场。姚中嶍先生并入农场后被任命为东安分场副场长，担负着领导指挥开荒建场的繁重任务。一九五九年春，农垦局《北大荒文艺》编辑部著名青年作家，转业军官林予先生来八五九农场采访报道，见到姚中嶍先生。在交谈中林予得知姚中搜集了东北抗日联军第七军在饶河地区一些战斗故事素材，感到很宝贵。指点鼓励姚中嶍进一步搜集充实整理成书，并指出这对垦区数万名转业官兵开发建设北大荒很有教育意义。林予先生为此专门向八五九农场领导反映了此事，并提出了很好的意见。农场党委为此做了专门研究，认为，这是一件具很现实具有重大意义的工作。东北抗日联军第七军就活动在饶河一带地区，若将他们的英雄事迹挖掘整理出来，对全场四千余名转业军官和士兵，发扬艰苦奋斗的革命精神，战胜艰难困苦，开发建设北大荒是难得的教材。因为农场遵循农垦部提出的"边开荒、边生产、边建设、边积累、边扩大"的"五边"建场方针，采取了先生产后生活，就是在不讲任何条件的前提下先开荒生产，然后再考虑生活。数千名转业官兵从兵营、从城市、从内地携家带口来到北大荒，他们放下背包就得战风雪、冒严寒、支起草窝棚、搭起马架屋、在荒野草原上从无人烟的地方安家落户开荒建场。他们像抗日联军那样在艰苦的环境里开始了新的战斗，是在没有硝烟的战场上和荒原作战，要有一种精神力量支撑着，才能吃大苦、耐大劳，才能战胜重重困难。我们认为只有用抗联精神鼓舞全场转业官兵和职工，才能把北大荒建成北大仓，成为国家的粮豆生产基地。无论开荒任务再忙、再重，把姚中崞先生也要抽出来专门从事东北抗日联军第七军英雄事迹的搜集、查证、整理工作。姚中崞先生领受任务后，在黑龙江省范围内，拜访了抗日联军第七军的几位领导和老战士，去省博物馆和烈士纪念馆查阅东北抗日联军的史料，又在本地采访了知情人，做了大量的工作。史料搜集告一段落，即将转入整理工作时，却因故中止。接着，农场和人民公社分家，姚中崞先生又回到县里工作，便将此事中止搁置，一放就是几十年。虽然未能出版成书，但姚中崞先生一九九二年主编饶河县志时却将东北抗日联军第七军在饶河一带的战斗事迹较为详细地编入了县志，永载饶河地区史册。

　　二〇〇四年二月二十六日，中共中央、国务院《关于进一步加强和改进未成年人道德建设若干意见》中指出：未成年人思想道德建设要从增强爱国感情做起，弘扬和培养爱国主义为核心的伟大民族精神，与中华民族美德相接承，这就是关系到民族前途的大事。饶河县委、县政府领导遵循中央精神决定将姚中崞先生六十年来付出很大心血搜集整理的"东北抗日联军时期人物访谈实录"投资出版，并得到社会上一部分志士仁人们的支持。这是一件十分值得庆幸的大好事，是非常明智、非常合乎时宜、合乎中央精神的决策。对国家、对民族是个重大贡献，教育人民永远记住日本帝国主义对我们伟大祖国的侵略犯下的滔天罪行。只有在中国共产党的领导下，把我们的祖国建设得更强大，加强国防和军队建设，保卫我们伟大的祖国领土完整，才能使我国人民永远过着安居乐业的生活。转瞬二〇一五年为中国人民抗日战争胜利七十周年，姚中岫先生虽已耄耋之龄，不惮劳役，将此书重加整理，并丰富了几呈内容，可谓乌苏里江沿岸抗日史料之集大成者，在中共饶河县委、县政府领导的支持下，并经国家出版机关之允可，正式出版，这是利国利民、启迪后生、激发爱国主义思想的一件绝好的大事，我在此表示热烈的祝贺。

二〇一五年四月五日于北京寓所

序（二）

梅花香自苦寒来
——《烽燧乌苏里》读后

姚中岫

《烽燧乌苏里》一书完稿后，家兄中岬将其捎来让我一读，并嘱托留下点文字，不可推辞，只好欣然命笔，谈一点个人的感想。

《烽燧乌苏里》是一部真实的历史纪实文学集，是一部中国人民在日本帝国主义铁蹄蹂躏下的苦难史，也是一部中国人民抵抗外来侵略者的爱国史。书中的全部内容，均是中岬兄亲自访谈的真实记录。

中岬兄一九三〇年十二月生于山东省文登县，其时父亲因在家乡鼓动并参与渔民反税暴动，事败，流亡东北（见《文登市志》姚大有烈士传）。翌年夏，不满周岁的中岬兄便随同母亲来到东北边疆。恰在这一年发生"九一八"事变，日寇侵占了我国的东三省，从此，乌苏里江畔，那丹哈达拉岭的深山老林里又多了一户背井离乡，过着颠沛流离、饥寒交迫、亡国奴生活的穷苦人家。中岬兄的整个童年和少年几乎都是在亡国的烽燧年代度过的。他饱经风雨，起初在大山里居住，从他记事起，就是地主的催租，土匪的抢夺，小线（小股劫盗）的骚扰……可以说，不得一日之宁。山沟里的人，一听到犬吠，大人小孩都不由地胆战心惊。一次，几个劫盗闯进小马架房里，竟把父亲和两个大一些的哥哥剥光衣服，吊在屋柱上，用烧红的铁饭勺烙脊背，索要钱财；日本鬼子为了消灭抗日联军，实行坚壁清野、灭绝人性的"三光政策"，一座座房屋被烧毁，一个个善良无辜的百姓被屠杀，无数衣着褴褛无家可归的难民叫苦连天，四处奔逃……我们家就是这样被迫进了县城。中岬兄那时年龄虽然很小，但他亲身体验到边疆人民饥寒交迫的遭遇，底层人民所遭受到的苦难，亲眼看到许多乡亲变成乞丐，进而又化为冻馁而死的饿殍……警察的棍棒，宪兵队的酷刑，人民在痛苦中呻吟、啼号、挣扎，这些活生生的现实，都不时地在中山晋兄面前耳畔出现或萦回……因此在他幼小的心灵里就充满了对黎民百姓的同情，对地主、警察和日本鬼子的憎恨。在那国破家碎暗无天日的岁月里，那些不愿做亡国奴的志士仁人们，纷纷揭竿而起，组成了抗日的队伍，燃起了熊熊的抗日烈火，在祖国东北边疆这块土地上，初为抗日救国军，继之在中国共产党领导下组建了抗日联军第四军四团，进而为二师，后来扩建为第七军。数千名中华健儿为了祖国的独立和解放，赴汤蹈火，舍生忘死，冲锋陷阵，前仆后继，打击敌人。十数年间，在这块土地上给日寇以沉重的打击，创造了无数英雄业绩，留下许多可歌可泣的英勇战斗故事，受到广大人民群众由衷地崇敬和爱戴，这一切，在中山晋兄幼小心灵中，都留下了深刻的印记。

一九四五年，不可一世的日本侵略者终于被中国人民和世界人民打败了。一九四七年，不满十七岁的中山晋兄投身革命，参加了土地改革工作团。为了工作，他奔波于边地城乡和大小村屯，踏遍了边疆的山山水水。工作之余，在民众传言中，他又重温了往昔抗联时期的史迹和轶事，日伪时期百姓的苦难，抗日联军的英勇斗争故事……这些都装进他脑海中。中山晋兄从小因为家穷，只读了六年书，本来不具备从事文字工作的能力，因为父亲的家教，使他得到了一些古典文学的营养，有了点初步的文学基础，加上他受朋友的启迪和影响，从一九五三年起便开始天天写日记，风雨无阻。那时工作紧张繁忙，即使在机关开会开到半夜，回来也要把小板凳放在炕前，炕沿就是他的写字台，时间再紧，也要把一天的日记补上。睡梦中，我常常听到母亲的声音："中山晋，你还不睡啊！都几更了，要珍惜眼睛啊！……"工夫不负有心人，一九五五年我读初中的时候，中山晋兄的文字关就已初步闯过了，开始在报刊上发表通讯报道、散文，其中也有几篇是抗日斗争故事，后来他在日记中开辟了一个"抗日故事集零"的栏目，广为搜集资料，计划将来能写一本大部头有关东北抗日联军的书。一九五八年他因为社会关系受牵，蒙受不白之冤，受到开除党籍，行政降三级，撤销党内外一切职务的处分，只是险些没有被打成右派分子，但是"包庇反革命"的帽子一时也压得他喘不过气来，被下放基层，他曾一时伤楚欲绝。父亲用"随遇而安""退一步想"的人世道理开导他,并读司马迁《报任安书》给他听:"孔子厄而作《春秋》,左丘失明,厥有《国语》,屈原放逐,乃赋《离骚》……"父亲说就是司马迁本人也是受辱之后才编成《史记》的。历述古代圣贤都同样要遭逢人生的不幸,何况我们普通的人,最重要的是要自强奋勉,终究会有所成的。中崟晋兄受到父亲的激励和鞭策,锐志不减,更加充满了毅力。工作劳动之余,抽暇研磨文字,刻苦写作更胜于从前,他政治上遭受打击,又从文学方面找到了精神寄托和慰勉。尽管如此,三年天灾人祸,接踵而至的是十年动乱,怎样奋勉,时间忙迫,条件不允许,也难以在文学上有所成就的。一九八〇年,随着改革开放的春风,中崟晋兄被安排在饶河县志办任职。十三年的时间,他独自完成了百余万字的县志撰写任务。离休以后,他的时间更加集中,笔耕愈益勤奋,其间或独自或合作出版了二十余部文史及科普方面的书籍,比较有影响的是他的自叙体长篇小说《东大山传》《乌苏春秋》《那丹风雨》并结集为《苍茫乌苏里》。八十余高龄之后,人皆劝他颐养天年,他却一如往常,笔耕不辍,今年这部东北抗联时期人士访谈实录——《烽燧乌苏里》又即将问世。这部书的出版,无疑是祖国边疆的一大幸事,它是边疆日伪时期的一面镜子,反映出那段历史的真实情景,尽管书中记述的只是饶河、虎林、宝清、同江、抚远等地东北抗联第七军活动所发生的一些片断的事实,但它是东北抗日时期的一个缩影,反映了敌占区人民在苦难中呻吟挣扎以及与凶残日寇的艰苦卓绝的抗争,这是一部很好的爱国主义乡土教材。忘记过去,就意味着背叛。这部书可以启迪后人不忘过去的苦难,不忘亡国的悲惨历史和痛苦的遭遇,激励人们奋发向上,让这样的烽燧年代一去不返!

孔子说:"德不孤,必有邻"。家兄中崟晋先生这部记载东北抗日时期的史书《烽燧乌苏里》得以出版问世,先后得到了省、县一些领导同志的多方面指导以及社会贤达志士仁人们的热情支持和帮助,我感到由衷的欣慰,借此机会向他们表示崇高的敬意。岂不可以凑两句话,作为全篇的结束语:受尽侵凌知爱国,梅花香自苦寒来。

二〇一五年三月于牡丹江

目 录
Contents

毛泽东《论联合政府》两条路线中抗日战争的历史一书 ……… 001
周保中将军《东北抗联奋斗简史》摘录 …………………… 002
李杜将军在下江一带的禁烟与抗日活动 ………… 刘翰章 007
日寇口中的东北抗日联军 …………………………………… 011
乌苏里江一带人民掀起激烈的抗日斗争及抗日联军
第七军艰苦抗日斗争的历史综述 …………………………… 015
  "九一八"事变及日军侵占饶河的经过 ………………… 015
  日军侵入饶河后之残酷统治及中国共产党领导之民族救亡运动 ⋯ 019
  "七七"事变后日伪实行靖乡归并"集团部落"政策 ……… 026
  日伪严密封锁抗日联军活动进入最困难时期 …………… 030
  日伪在饶河政治结构之演变及社会经济状况 …………… 036
饶河抗日游击队改编为东北人民革命军告民众书 ………… 040
东北抗日联军第七军宣言 …………………………………… 041
崔石泉——东北抗联第七军的创始人之一 ………… 李敏 043
  乡籍及出身 ………………………………………………… 043
  东北抗日联军战斗生涯 …………………………………… 043
  战略转移在远东野营的日子里 …………………………… 053
  回归朝鲜后 ………………………………………………… 057

抗联第七军军需处长杨洪义访谈录 ········· 059
  李学福发起抗日 ············· 059
  饶河抗日游击队发展概况 ········· 060
  大顶子山后天津班战斗 ·········· 062
  姜尚平扣留郑鲁岩 ············ 064

附：前东北抗联第四军军长、松江省副主席、
  全国人大秘书长李延禄同志关于陈荣久军长生平的简介 ········ 065

东北抗日联军第七军副官、国营宁安农场油库主任邴升臣访谈 ······ 077
  关于抗日救国会 ············· 078
  暴马顶子大战 ·············· 079
  虎林城北莲花山一战 ··········· 080
  回饶河途中的几场小战斗 ········· 081
  漆黑夜刺刀交锋 ············· 083
  武术手田玉林大显身手 ·········· 084
  西通大战 ················ 084
  挠力河上阻击战打死日野武雄少将 ····· 086
  十二团副姜尚平青龙山开辟新基地 ····· 087
  送两名特工人员去苏联 ·········· 089
  蒙古兵进攻青龙山 ············ 089
  大旗杆除叛，坚守暴马顶子密营 ······ 090
  森林种地处 ··············· 091
  处决日本劝降走狗范长山 ········· 091
  穿过三百里荒山进占蒿通 ········· 092
  桦木林子截获伪军警枪支物资 ······· 093
  打抓吉镇 ················ 093

民众用马套包子送大米……………………………………095
　　风雪赶赴大林子……………………………………………095
　　八伤员密营自缢……………………………………………096
　　风雪七昼夜…………………………………………………097
　　景乐亭事件…………………………………………………101
　　成立东北抗日第二路军第二支队…………………………103
　　王汝起支队长秃山头战斗牺牲……………………………103
　　接任交通护送员……………………………………………104
　　截获敌人的运粮船…………………………………………105
　　西去宝清……………………………………………………106
　　抗日联军撤往苏联…………………………………………107
　　东安镇伪满洲国军一连人哗变去苏联……………………108
东安镇伪军哗变记………………………………………………109
抗联七军机要交通员李福珍访谈录……………………………113
　　参加抗联的因由……………………………………………113
　　我所经历的西通大战………………………………………114
　　在杂牌军里当指导员………………………………………116
　　苏中和劝降亡命……………………………………………117
　　交通员月夜击毙两特一叛…………………………………117
　　臭松顶子大战………………………………………………120
　　交通员月夜过江……………………………………………121
　　在虎林马鞍山同伪军战斗的故事…………………………121
　　副官吕式铭…………………………………………………122
抗联七军副官杨德山访谈录……………………………………123
　　起事前后……………………………………………………123

与"乐子"、"九省"会合大战倒木沟 ………………………… 125
　　在荒草岗联合"庄稼人"进攻虎林城 ………………………… 126
　　全歼高顾屯伪警察 …………………………………………… 127
　　包剿义和屯伪警察小队 ……………………………………… 128
　　救护苏联失事飞机护送苏军飞行员 ………………………… 129
　　挠力河口堵截伪警察 ………………………………………… 132
抗日老战士金昌连回忆参加七军少年连 ………………………… 134
东北抗联第二路军第二支队长刘雁来访谈录 …………………… 139
　　青龙山只身除叛 ……………………………………………… 140
　　鲍雅卿击毙投敌叛变的磕头弟兄郑老客 …………………… 141
　　红店 ……………………………………………… 姜清池记 144
抗联七军一师政治部主任彭施鲁访谈录 ………………………… 150
小北沟抗日救国会小组长倪元德访谈录 ………………………… 152
　　叛徒王可文带领日寇进山搜捕抗日人士 …………………… 152
　　在狱中 ………………………………………………………… 154
　　狱中见闻 ……………………………………………………… 156
　　丛玉发 ………………………………………………………… 157
　　土别赵连庆 …………………………………………………… 158
　　枪击"三连"卡连长 ………………………………………… 158
　　辛汉山积恶疯狂而亡 ………………………………………… 159
　　直人朱洪甲 …………………………………………………… 160
　　抗日英雄于化南 ……………………………………………… 161
　　山林队违军纪 ………………………………………………… 162
　　送乌拉草 ……………………………………………………… 163
　　在给日本鬼子卖苦力的岁月里 ……………………………… 163

伪军警争战功 ································· 165
　　林殿臣和吕华亭 ······························· 165
　　商铺掌柜李平安 ······························· 166
　　伪警察为日本警官解裤扣 ······················· 166
小南河抗日救国会会员田明玉访谈录 ················· 168
　　红枪会攻打西林子警察队 ······················· 168
　　突袭小南河警察队 ····························· 172
　　小南河警察队哗变未遂 ························· 173
　　小南河西山生擒七警察 ························· 174
刘思平访问记 ··································· 176
　　归屯并户房屋被烧 ····························· 176
　　火里逃生 ····································· 177
抗联七军地下工作者李连生访谈录 ··················· 180
　　三义屯龙王庙里定策谋 ························· 181
　　用"木雕"船送李葆满过江去苏联治病 ············· 182
　　转移佳木斯当邮差兼开封管 ············· 孙占记 185
　　酣畅淋漓的猴石山战斗 ················· 孙占记 189
　　满军反正激战湖水别 ··························· 193
抗联七军二团战士李玉宝深山雪谷两次逢险难 ········· 197
　　怀念战友郑三锁 ······························· 197
　　雪山被俘 ····································· 203
抗日救国军秘书饶河抗日游击队地下工作者刘沛夫访谈录 ··· 205
　　在饶河参加抗日活动简述 ······················· 205
　　关于高玉山的救国军 ··························· 208
　　共产党属下印象较深的人 ······················· 208

文化大革命所经受的折磨·················209

抗联七军三团政委夏礼亭自写回忆录　212

　　庆祝元宵勿忘国难·····················213
　　参加反日会·····························213
　　被捕···································214
　　入党···································214
　　活捉叛徒王小胡·························215
　　"沙里淘金"·····························215

夏礼亭亲属访谈纪事·······················217

关于东北抗日联军七军领导成员夏礼亭和鲍林的身世考证　219
　　夏礼亭·································219
　　鲍林小传·······························221

抗联烈士的父亲金凤学家传·················223
　　大儿子金昌云走上抗日之路···············223
　　金昌云英勇牺牲·························224
　　寻儿尸骨·······························225
　　索盐归来·······························226
　　妻子儿女罹难···························227
　　桦木林子屯兵垦田·······················228
　　留居苏联十七年·························229

抗联第七军二师女战士庄凤回忆录···········232
　　在战斗中成长···························232
　　激战大带山区···························234
　　千难万险意志坚·························235
　　巾帼尤显英雄···························238

抗联女战士陈玉华 ················· 王一知记 240
    抗日之前做模范 ····························· 240
    迷路林海寻部队 ····························· 241
    为逐倭寇入抗联 ····························· 242
    秋雨密营斗叛徒 ····························· 244
    乌苏里江畔吊英魂 ··························· 246
抗日英雄林龙叶与金英淑夫妇 ······· 徐曰录、那洁记 248
花砬子日特训练班哗变记 ····· 访当事人王化亭、于新殿 251
韩忠善当"黑户"的遭遇 ··············· 韩鲁更记 254
曹忠岐苦牢流配记 ································ 266
    罹难 ······································· 266
    出监 ······································· 268
    发配釜山 ··································· 268
赵玉起苦难流浪记 ································ 271
    船夫生涯 ··································· 272
    卖零工流浪度日 ····························· 273
    冒昧流落饶河 ······························· 275
    时局变化被迫逃难 ··························· 277
    张祥被娼妇所骗 ····························· 279
    高玉山领救国军攻打饶河前后 ················· 280
    饥寒交迫的日伪统治时期 ····················· 282
    祸从天降,牢狱之灾 ························· 285
    流浪度生涯 ································· 286
    土改解放见青天 ····························· 289
亲历日伪压迫苦难的赵连起访谈录 ··············· 291

抗日故园六十八年前 …………………… 李云峰、李润杰记 296
霍世贤回忆与饶河反日游击队相处的往事 …………… 郑成翰记 300
于浔经缅怀抗日岁月 ………………………………………… 304
抗联老人赵岐山的不幸遭遇 ………………………………… 307
温寻山访谈录 ………… 忆述渔民李洪亮惨遭日寇杀害的不幸遭遇 310
李进胜缅怀老师王少璞 ……………………………………… 312
日寇残杀暴行 ………………………………………………… 314
　　大带河村民张宝贵十人以"通匪"罪被捕入狱，解送牡丹江模范
　　监狱致死九人 …………………………………………… 314
　　被日寇残害的抗日老战士邹俭堂、王乐甫、林向阳 ………… 315
饶河县"三多"照相馆老板王乐甫 ………………… 杨玉林撰 317
勇敢坚强的抗联交通员林向阳 …………………… 杨玉林撰 328
李杜略传 ……………………………………………………… 338
我见到李杜将军 ……………………………………… 韩鲁更访谈 340
高玉山简传 …………………………………………………… 343
陈荣久军长墓葬寻探纪实 …………………………………… 345
景乐亭烈士简传 ……………………………………………… 348
龚金城轶传 …………………………………………………… 351
大穗久雄何许人也？ ………………………………………… 355
那丹山盗"压五岳" …………………………………………… 357
抗日时期歌谣 ………………………………………………… 359
饶河县抗日时期年表 ………………………………………… 362
后记 …………………………………………………………… 383

毛泽东《论联合政府》两条路线中抗日战争的历史一书

中国人民的抗日战争，是在曲折的道路上发展起来的。这个战争，还是在一九三一年就开始了。一九三一年九月十八日，日本侵略者占领沈阳，几个月内，就把东三省占领了。国民党政府采取了不抵抗政策。但是东三省的人民，东三省的一部分爱国军队，在中国共产党领导和协助之下，违反国民党政府的意志，组织了东三省的抗日义勇军和抗日联军，从事英勇的游击战争。这个英勇的游击战争，曾经发展到很大的规模，中间经过许多困难和挫折，始终没有被敌人消灭。

周保中将军《东北抗联奋斗简史》（摘录）

"九一八"事变，在国民党拱手让出东北之后，中共东北党的组织，为适应东北人民的意愿，广泛地组织了各种抗日救国团体，开展爱国运动，且向东北人民屡次指出：国民党不抵抗政策，出卖了东北，希望南京政府出兵抗日及国联调查团等出兵干涉，都是梦想，唯一的出路，是人民自发地组织起来，开展全面持久的游击战争。

那时在东北尚有抗日的旧军队，如马占山、李杜、丁超、唐聚五、冯占海……他们虽然脱离群众，内部矛盾很多，但客观上却起着抗日的作用。故中共特动员大批的爱国青年及自己的有力干部去帮助他们，并曾多次向抗日军诸将领建议，要依靠群众，发动群众，吸收爱国分子，肃清内奸，建立长久的根据地及统一作战的军政联合组织，使作战积极化起来。各党派不要受蒋介石扩大内战的影响，互相对立，而应团结互助，一致抗日。

但，可惜得很，这些军队对于中共的主张，多不采纳，且因为内部国民党蒋派、汪派、西南派的争权夺利，互相倾轧，加之日寇奸细的挑拨分裂，使这些军队日趋脱离群众，军心涣散，至一九三二年尾（伪满洲国大同元年）先后为日寇击溃，许多将领死、降、逃、散，造成了东北抗日战争的第一阶段的可悲局面。

一九三三年（伪大同二年）底，一九三四年初，中共东北组织，鉴于旧抗日军多数瓦解，乃本着中共中央一九三三年一月二十六日著名的历史指示，坚决主张收拾残局，重整旗鼓，以全民抗战的统一战线形式广泛地组织各地人民武装，一时在中国共产党直接领导下的军队就有磐石、珠河（今尚志）、饶河、宁安、海伦、汤原等各地游击队伍的出现，他们完全与旧抗日军相反，有组织有纪律，紧紧地依靠群众，建立了根据地，用新的游击战术打击敌人，成为抗日的重心和模范。

当时人民的抗日武装已普遍发动起来，各地溃散了的大刀会、红枪会的农民，均有新的组织参加游击作战。加上吉（林）东北国民救国军一部分旧抗日军山林队等，或受改编，或接受统一领导，总计数目当在二十万至三十万人之间，作战能力超过第一期。这是中共统一战线政策正确执行的结果。

但在一九三四——三五年间，在一般旧抗日军领袖中间，仍有动摇不定分子，又由于日寇和国民党的分裂引诱或降或逃，他们的部队随之溃散了，至此，国民党随同他们的恶劣影响完全退出了东北的抗日运动。

相反的，中共领导下的群众抗日救国会更坚固地于东南满东北满普遍成立，男女老少都参加了抗日救国运动。

一九三五年（伪康德二年）更统一了全东北的抗日游击队，人民革命军、抗日同盟军等改编为东北抗日联军，先后共编为十一个军，确立了统一思想领导，制定了各种制度及对群众开展政治工作。且在军事上建立了协同动作，划分了作战地点，使军队日益组织化系统化起来，更有力地打击敌人，一时抗日运动大为发展。伪满军及部分日本军在我军的打击及宣传攻势下，多起动摇哗变，敌人虽然增兵至三十万，利用归屯连坐法、保甲制度及派遣大批特务奸细潜伏内部，企图瓦解我军，但均被我们揭露和粉碎。

一九三六——三七年（伪康德三、四年），是东北抗日游击运动的高潮时期，中共除坚持与扩大东北抗日运动外，并派员与关内武装自卫委员会与平津京沪各界人士进行联系，援助平津学生运动，支持绥远战争，要求全国抗战，出兵援助东北。

西安事变以后，中共又号召与教育自己的党员，如果日本进攻内地，我们就加紧打击他们的后方。

一九三七年更扩大军队，且于东满成立人民政府，直接与日伪满政府对立。

"七七"抗战爆发，东北抗日联军更加积极活动，以打击敌人后方、援助关内抗战为中心任务，攻城夺寨，破坏交通，到处袭击铁路据点，其中沙河沿一战，毙日军七八百名，穆棱车站一役，复击敌兵车一列，死敌步、骑、工兵七百余人，杨靖宇、王德太部队不但截断安奉线（安东至奉天即今沈阳），且进击南满。同时在我军正义感召下，伪满军普遍动摇，整团整队的反正投降。特别在松花江下游，伪军投降者络绎不绝。其中最卓有功绩和起大作用的是李文彬将军所部与伪满二十九团全部。但不久，由于关内国民党败北主义的影响，使东北人民对抗战大失所望，唯八路军在华北坚持敌后战争，及毛泽东同志《论持久战》的问世，才使东北人民得以慰勉。但至此却结束了东北抗日战争的高潮时期。

一九三八年开始，日军增至四十至五十万，不断地向联军讨伐，企图解决其进攻内地的牵制。

一九三五年冬至一九三九年全年，各地联军均遭受过重大损失，敌人所到之处，只要与抗日联军有关系的群众，一律杀死，房屋一律烧光……此外日寇并实行归并"集团部落"，深沟高垒，守备以特务警察，完全断绝我军与民众的联系，这是东北抗战的最困难时期，几乎我军完全生活在冰天雪地丛山密林间，围着火堆睡觉，吃一顿饭，必须以血肉换取。虽有群众冒死犯难，组织秘密运输队，以粮食、布匹、食盐、火柴等物资供给我军，但十有八九都为日寇残害，以致我军冻饿而死者甚多，但我军并不因此气馁，中共吉东省委此时更号召全体党员、战士坚决抗日，至死不屈。

一九三九年欧战爆发，日军加强在华作战。从华北一直到华南，影响到东北的人心不安。当时在满的日军增至七十万之众，除三十万防守国境线外，其余四十万全用来讨伐抗日联军，战争进入了空前的残酷阶段。一九三九年至一九四一年间，抗日联军将领，中共省委、县委以下的优秀干部牺牲者不知凡几，民族败类谢文东之流即无耻投降。

此时中共鉴于形势严重，乃一面组织党的组织及群众组织隐藏起来（转入地下）进行潜伏活动，一面极力将军队加以整编，依靠吉东森林地区进行长期苦战。同时在敌人意料之外，展开黑龙江平原战斗。接着攻克北安、克山、拜泉及三肇地区。

苏德战争爆发后，一九四一年冬，日寇在东北增兵达百万，同时华南抗战日趋消沉，使日寇便于集中三十二个师团全力扑灭抗日联军。此时情况更加严重，抗日联军弹尽粮绝，常以野草、马肉、树皮、菌类为食，加之群众完全被隔绝，数十天不见一人，迫不得已，不得不分散军队，组织极秘密的游击队，依据东满之老爷岭及完达山脉与北满、东西兴安岭进行分散活动，非特别有利的条件下，不袭击敌人。如遇大部队袭击时，或隐蔽于密林中，或作数百千里的转移，以保持仅余的部队及部分妇孺伤病同志。

此时虽处于严重垂危时期，我北满王明贵、张光迪诸部还不断攻袭滨北线及佳绥线之日寇，领导通河绥东各地农民之反饥饿暴动，这情形一直坚持到一九四五年，吃苦遭罪，九死一生，但从未有五人以上投敌叛变者。这种坚贞忠勇至死不屈的民族气节，是中国历史上空前所未有的，也只有中共领导下的军队才能真正如此。

一九四五年春，苏军攻克柏林，美军占领琉球群岛，八路军进击平津、热（河）察（哈尔），我们即料定日寇死到临头，不久，果然苏联参加对日作战，满洲形势突起变化，东北抗联军队复积极活动，极力扩大自己的力量，响应红军，并发动敌后战争，并于苏军占领区襄助保持秩序，沟通中苏友好，进行民主建设。现东满、北满联军已达十五万人。……

有记者问：东北抗日联军对解放东北及祖国抗战贡献如何？

答：东北抗日联军对国家的贡献，从其简史中可清楚看出，我想总括起来指出下列数点：一、由于一九三四年后抗日联军的积极抗战，延缓了日寇向内地的进攻，推迟了日寇在满洲的巩固地位，并以自己的流血牺牲，促进了全国人民的伟大抗战。即至抗战全面爆发，复牵制敌寇重兵不敢肆意开入内地。正像一九四四年重庆《扫荡时报》所揭载的："日寇若自东北调兵入关，东北义勇军十数万健儿必崛起挖日寇的坟墓。"我们确起了这样的作用。陪都重庆之不再迁移，我们是有相当作用的。

二、发扬了中华民族至死不屈的民族气节，奠定了抗战必胜的信心，且向全国人民证明了重要的一点，即：人民的武装力量能够抗击日本，能够战胜一切。

三、在十四年的抗日战争中，教育了东北人民同仇敌忾，捍卫祖国，培养了大批坚贞忠勇至死不屈的优秀干部。

四、粉碎了敌人的所谓"王道乐土""东亚共荣""民族协和"等欺骗宣传，消耗了日寇大批人力、物力与财力。

五、直接帮助了苏联红军战胜日寇，解放东北。

（注：周保中，云南省白族人，早年加入中国共产党，一九三二年派往东北，一直担任东北抗日运动的领导工作，一九三四年任绥宁反日同盟军事委员会主席，一九三六年任东北抗日联军第五军军长，一九三七年后任东北抗日联军第二路军总指挥。东北光复后任吉林省主席，新中国成立后任云南省副主席。后任中央民族事务委员会主任，一九六四年病逝。）

李杜将军在下江一带的禁烟与抗日活动

刘翰章

　　李杜，原名荫培，字植初。原籍辽宁省义县西关小块地村人，十七岁在本县清河门某烧锅学生意。一九〇一年（清光绪二十七年）在驻义县清军二十镇耿营部下当书记（文书），一九一六年（民国五年）升任奉天后路巡防队营官，驻洮南县。民国七年改任中央陆军第二十九师一一四团第三营营长。一九二〇年（民国九年）任吉长使署参谋长、吉林警备队统领，驻长春。一九二七年（民国十六年）任吉林十五师副师长兼十旅旅长，驻吉林。一九二八年（民国十七年）任吉林省依兰镇守使兼第九旅旅长，领少将衔，后改为二十四旅，下辖第六六七、六六八、六六九三个团，时年五十多岁，说话文质彬彬，待人和气，眼睛很有神采。

　　饶河虎林一带山高林密，峰岭险峻，道路崎岖，二十世纪二十年代，鸦片种植盛行。这里官军多所不至，烟民独自为政，不受县的管束，俗称"烟沟"。沟内由公举的"大爷"进行统治。大爷出门，必有沟民站队迎送，一日三餐奏乐。沟里设保卫团，地方团总一手遮天，称王称霸，不听政府禁烟法令。李杜自从上任以来，对这一带曾多次发布禁烟告示，巡视督查，并派兵深入山沟打毁烟苗，功绩卓著。一九一七年（中华民国六年）虎林县的独木河和炮守营一带，鸦片种植极为繁盛。解金荣任总团长，下辖第一队长邢端芳、第二队长张茂正。不久解金荣请假探亲，总队部暂委邢端芳代理总团长职务。邢代任后，私自从沈阳购买两挺轻机枪，并在虎林县城盖了一幢小

007

楼，作为沟里的办事处，在那里公开推销大烟土与山货，以与官府抗衡。

依兰镇守使得知这一消息后，便于一九二七年（民国十六年）八月派驻同江的团长路永才，带六六九团到独木河清沟，由于地形不熟，将兵带至一个四面环山的地方，被事先设下埋伏的会兵（地方保卫团）打的抬不起头来，没有攻进去。

翌年，李杜为解决驻军与县公署的纠纷，初次来虎林县城，赶上高玉山由沟里到县城办事，认识了高玉山，并对独木河沟里的情况进行深入的了解。当年秋，李杜命县公署将私购军火主犯之一的独木河保卫团第二队第一分队长王挺毓，押送至依兰镇守使署受审。案情株连到独木河代理总队长邢端芳，李杜又命张茂正乘机将邢逮捕送县归案。张借过旧历一九二九年（民国十八年）到邢家拜年之机，同第一队一分队长臧发将邢端芳捆绑起来，于三月九日，押送至虎林县公署，再由张茂正押送至依兰镇守使署，经审讯后处以死刑。张茂正回到独木河后，又被邢端芳手下的四十余名护兵用乱枪打死。

同年四月八日，县里委任第二队一分队长高玉山为县保卫总队第一队队长，兼代理总队长之职。六月，李杜在县长董春芳的陪同下，进独木河沟里复查种植鸦片之事，在禁烟中，李杜发现高玉山肯出力，并足智多谋，印象很好。因此待至当年"中东路事件"爆发，中苏边境战火迭起。李杜将驻虎林六六九团三营全部官兵调至同江作战，遂于十一月三十日任命高玉山为虎林县保卫团临时警备第一队长，带一百余人驻守虎林县城。

翌年，独木河沟里烟民乘"中东路事件"军队无暇顾及禁烟的机会，又私种了不少鸦片，李杜闻讯立即抽调步兵两个连、骑兵两个连编成混成第一营，于十月二十六日到达虎林（今虎头），召集地方各机关团体共同商议对独木河的禁烟措施。十二月十日，六六九团第三营营长孙召臣带两个连先行开到独木河队所。十二月十二日，六六八团团长陈宗岱、县长董春芳带步兵第六连到独木河，宣传禁烟。沟民始答应交出烟籽，不再种烟。翌年李杜在开江后又亲自带兵从依兰乘船来到虎林县城，逮捕了来县城的独木河保董顾洪洲。然后，带领路、陈两团长、县长，及很多官兵去独木河里，边走边铲烟苗。回依兰后，发来快邮代电："独木河沟此次聚众，保董顾洪洲实为祸首；该犯历年反抗军队阻挠禁烟，指官敛财，残害人命，种种违法行为，实属罪大恶极……兹奉司令公署阳电……允准先将该犯顾洪洲就地枪决示众。"遂于虎林县城将顾枪决。与此同时，饶河县小南河团总桑振海，因聚集八道沟自卫团数百人截击打毁烟苗的官军打毁烟苗，抵抗禁烟运动，李杜设巧计将桑振海召至饶河县城缉捕归案，执行枪决。随之，饶河、虎林两县的烟匪之患，一时得到靖宁。

民国二十年（一九三一年）"九一八"事变，日本侵占了沈阳，进而占领吉林。吉林省军署参谋长熙洽投降日本，并向各县发电报，叫投降日本。虎林县长乐绍奎接到电报后，立即召集县里头面人物开会商量，一致提出先请示李杜镇守使署后再定。李杜的复电是：坚决组织民众抗日，并指示虎林县成立依兰镇守使署战时自卫团第九大队。县奉命成立了二百二十七人的大队，任命高玉山为少校大队长。编成两个中队，下辖四个分队，共二十个班，驻守虎林县城。

一九三二年一月下旬，李杜亲自率领陈宗岱的六六八团挺进哈尔滨，联合东北军余部组成吉林自卫军，李杜被公推为总司令，指挥与日本侵略军作战，曾击溃、毙伤大批敌人，并参加了保卫哈尔滨的战斗。终因孤无援助，力不能支，二月五日哈尔滨失守，退至延寿、方正。四月下旬又至依兰，组织整训下江各县保卫团、山林游击队等地方武装，筹措弹药、物资。五月二十七日，依兰失守，李杜带领一万人撤至梨树镇、勃利、佳木斯整训。并委任张广喜为行军司令，率总部机关和一部分武装开赴密山，组织后方司令部，组织、改编密山、虎林、饶河三县地方武装作为后方预备队。同年七月一日，李杜被国民党行政院任命为代理东北边防驻吉林司令官，授中将衔，率领官兵对日作战。

十一月，敌人占领了八面通，李杜感到兵力难支，率部向北转移。至勃利遭敌狙击，转赴宝清。闻护路军司令丁超投敌，中途折奔密山。至密山遭敌截击，便奔虎林而来。一九三三年一月八日中午到了清和镇（今太和乡所在地），吃过午饭，至黑嘴子（今虎林镇）与李象山会面。停留很短时间，又乘小汽车去虎林县城（今虎头镇）。住在县城临乌苏里江的商会上坎的楼里。把第九大队长高玉山找到跟前说：我后面有日本追兵，我带的大炮、机枪、步枪全部给你留下，要拉到独木河沟里待机使用。高玉山接过了轻重武器后，派出很多爬犁连夜送到独木河沟里。

一九三三年一月二日，日军第十师团长、中将广濑寿助，在穆棱指使所部密山支队、园部支队、竹木支队（相当于旅），从一月四日开始，向东部围剿李杜、丁超（残部）的抗日部队。密山支队，由步兵第十联队（相当于团）主力、步兵第二十联队第一大队（相当于营）、野炮兵第十联队第三大队、工兵一小队及关东军野战汽车队组成。支队长是第十联队长人见顺士大佐。密山支队一月四日乘50多辆卡车自下城子出发，一月六日夜占领了密山。一月八日人见顺士留一部分官兵驻守密山，大部分主力继续乘车向虎林追击李杜，一路走一路打。当天上午十一时许，人见领队到虎林县境内的大青山，将李杜余部一百多人包围集体枪杀。一路侵占一路杀人，行至黑嘴子，汉奸李象山早站在那里卑躬屈膝地迎接。当晚人见等住在黑嘴子，听了李象山介绍虎林县城情况。

一月九日中午，人见率兵侵入虎林县城。而李杜早已接到报告，得悉一月八日敌追兵占领了黑嘴子。便于一月九日晨，带人越过乌苏里江进入苏界。正在与苏边防军交涉中，日军追兵已来到江边。架好了机枪、大炮，准备进攻。苏边防军听到李杜的陈述与要求，经向上请示同意后，始放行入境。人见仍然不死心，派两名少佐前去对岸要求引渡，遭到苏联边防军的拒绝，扫兴而归。李杜这次带至苏联的官兵、家眷，先后共约三千人。

李杜退走后，留在虎林一带的中下级军官继续坚持抗日。第九大队长高玉山在日军入侵之初，率一百余人编入虎林警察大队第一中队。至一九三三年三月一日，高率部举旗反正。此举当时被称为"虎林之役"，缴获敌伪枪支三百二十支、子弹一万八千粒、大米两千零三十包、罐头一千八百盒。当即将留在独木河沟里的第九大队另一部分官兵，并李杜留下大量轻重武器，调至虎林县城，成立了东北国民救国军，由高玉山任总司令，与陈宗岱率领的二千多名自卫军联合，攻克了黑嘴子、密山、宝清、饶河，使东北国民救国军发展到近万人，与敌转战。陈宗岱坚持到一九三三年十月由密山县平阳镇西的金厂领部队去了苏联。高玉山率余部进入饶河后日军自富锦来攻，被迫撤出。于一九三四年一月三十日从虎林境内入苏后辗转到了我国新疆。

注：刘翰章，虎林县第一任县志办主任。本文原载虎林县文史资料（一九九八年七月十五日）。

日寇口中的东北抗日联军

一九三三年（伪大同二年，即民国二十二年）五月，伪满警察协会出版伪满洲国警务总局警务科长冈部善修著《满洲国治安小史》一书中说："治安工作，这时（指一九三三年六月之后）渐入正规，本期中值得注意的是'匪团'分成小股，盘踞在偏僻的山区，盛行袭击县城、列车等事件，同时作为共产党一翼的共匪逐渐抬头。

这些小股"匪团"，当将讨伐时，便逃入高粱田或山中，一旦"讨伐队"离开，便又集合起来袭击，以一千至三千的匪力，袭击无日本军驻守的县城。

"特别值得记述的是满洲事变后在磐石附近活动的中国共产党县委组织了武装游击队，并称为红军，到大同二年（民国二十二年）九月，成为全国之首的东北人民革命军第一军，军长杨靖宇，在磐石暴动，同年十月，南下侵入奉天省所属的金川、柳河、清原各县。"

"在这一期间内（一九三四年四月到一九三五年八月），由于肃清工作的'渗透'，政治匪（指东北军及其他抗日部队）、没落土匪（自发的抗日武装）灭亡的现象，非常显著，相反的'共匪'的势力却继续扩张。对前两者具有领导作用，最后终于统一了抗日战线。这一期间的'匪团'，虽在数量方面比过去减少，但在质的方面则愈益进展，行动积极活泼，而且带思想问题的性质。"

"……结果遂使具有对抗思想的不同'匪团'，以至在本质上根本不相容的'匪团'之间，促成了因自卫而建立的相互协助，共匪的思想要浸润到

011

这些'匪团'的干部以至队员中，同时'共匪'则致力于以下层统一战线为目标的联合战线，努力争取其他'匪团'的下层。"密山、虎林一带，有东山好、徐司令、李司令一千五百人盘踞着……"

东北抗日联军的成立

在《满洲国治安小史》中又称："一九三五年八月一日，在中国苏维埃政府人民委员会和中国共产党中央委员会名义下发表了《关于抗日救国告全国同胞书》，在这个所谓'八一'宣言上面，要所有愿意抗日救国的部队，即东北人民革命军及各地反日义勇军组织单一的全国抗日军即抗日联合军，中共如此的指导转换和我国（满洲）内肃清工作之进行，使内'匪团'酿成统一战线之趋势，如是东北反日联合军政扩大联合会议，便于一九三六年一月下旬在汤原县境内召开了。出席'匪首'有赵尚志、李延禄、夏云阶、冯治纲等，结果在同年二月二十日以第一军长杨靖宇、第二军长王德太、第三军长赵尚志、第四军长李延禄、第五军长周保中、第六军长耿殿军，以及汤原游击队、海龙游击队的名义发表了《东北抗日联军统一军队建制宣言》。"

"如上所述，'共匪'统一了抗敌战线之后，其行动日益尖锐化……对民众的宣传日益活跃。同时在整个南北满积极袭击警察与森林警察队、兵器库等等……强行抢夺武器。……"

"七·七"事变后东北抗日联军的形势

《满洲国治安小史》中又说："民国二十六年（伪康德四年，即一九三七年）日华两军的冲突事件，战线逐渐扩大，遂成了中国事变，国内'匪团'认为良机已到，利用事变做广大有利的宣传，动摇民心……活跃行动起来……"

"上年度，滨江、间岛（今延吉一带）、吉林各省工作的进展，使'匪团'不能就此盘踞，如是各匪相继退入三江省，以此为新的地盘，亦即开始了活跃的行动，对警察机关进行了士兵工作，怀柔工作，'通匪'叛逆无抵抗解除武装之事甚为不少，在这种情况下，甚至发展了半农半匪的土匪……被迫分散为小部队的匪团，再度合流，结合起来组成大集团与"讨伐队"对抗，其行动颇有计划性和积极性。

"……民国二十七年（一九三八年）共产党毒辣执拗的后方捣乱愈加激烈……"三江省内二月袭击萝北县城，五月袭击勃利县城，九月在饶河西凤嘴子又发生了日野支队事件，震动了社会的视听；老爷岭地区尚有第九军，饶河方面有第七军的主力。桦川、富锦县境内有第三军第六军之一部，汤原县有第六军耿殿君，依兰、宁安县境有第五军之一部。

一九四〇年前后东北抗日联军的艰苦血战

《满洲国治安小史》中曾这样地记述道："共匪团"之再策动进行强力活动，纠合残匪并扩大之，一九三九年初组织如下部队。

第一路军由旧东北抗日联合军第一军第二军的中坚"匪"组成，总指挥杨靖宇，副总指挥魏拯民，以通化、吉林、间岛三省地境为活动区域。

第二路军由第五军第七军的残党组成，总指挥周保中，副总指挥赵尚志，从东安三江省边境以至牡丹江省之南部地区为其活动区域。

第三路军以旧第三军第六军为基干编成，当初由赵尚志任总指挥，后由张寿篯（李兆麟）接替，政治委员为冯仲云，盘踞于北安、三江、黑河、滨江各省边境小兴安岭山中。

"一九四〇年，随着时局的紧张，'匪团'的活动更加活跃，县城、森林警察大队、开拓团、铁道之袭击或士兵工作民兵工作的实行等等相继发生。"

"第一路军同年二月二十三日总指挥杨靖宇在濛江县被击毙，魏拯民代彼指挥袭击安图县红石河、五常县拉林河、山河镇、冲河镇以外，甚至还全部消灭了我前田"讨伐队"，但是三月击毙了第一方面军指挥曹亚范，九月逮捕了警卫旅长朱德范，十二月在宁安县内击毙第三方面军指挥陈翰章，他们最高干部相继丧失，同年冬季他们的残部分散潜入间岛、牡丹江边境附近。"

"第二路军于一九四〇年六月将军队改编为支队，一、二、三支队在东安、三江省边境，第五军在牡丹江省南部的山岳地带。但是他们也和第三路军一样。同年五月七日，第七军长景乐亭被击毙（实际是内部处死的），五月二十七日前第七军第一师长及其后的第二支队长王汝起，在大带河（金家店）被击毙，其第七军补充团长李乙平、政治主任邹鲁岫（实为郑鲁岩），第七军第三师长朱倜彬及张振华等及其部下或被击毙或被逮捕。到九月三日，他们又向宝清县七星河、乌屯国军进行士兵工作，十月十日袭击密山县东三道岗开拓团，更于八月及九月炸毁图佳线"。

日寇出版《偕行记者》在"满洲建国八周年"（一九四0年）号上说："在五六月份的时候，大股匪团都不是分散活动，到了夜半，则倾其全力，实行不意的突击，使你无暇抵抗，悠然掠夺而去，经常是在救援部队来到之前和拂晓时撤退。他们入夜就开始行动，大都在夜半一时左右就到达了目的地附近开始准备袭击，他们不是随便的作战，除了日军的抵抗者外，余不杀害，有时还给予食品及宣传共产主义（日寇把抗日民主主张都叫作共产主义），对未被杀害的进行思想宣传，把得到的物品叫老百姓搬运。"

乌苏里江一带人民掀起激烈的抗日斗争及抗日联军第七军艰苦抗日斗争的历史综述

（一）"九一八"事变及日军侵占饶河的经过

日本帝国主义早有图谋我东三省之野心。正当中东铁路事件、中苏战争停止不到一周年，地方烟匪尚未尽全平息之际，一九三一年（民国廿年）九月十八日，驻沈阳日军突然于柳条沟地方自炸铁路，反诬我所为，以此为契机，当夜炮轰北大营，爆发了举世震惊的"九一八"事变。

此间虽有爱国将领李杜、马占山等所部在哈东及松花江北（海伦）几经奋战，终因南京政府之不抵抗政策，将东北主力部队撤往西北，使东北战场既缺乏统一得力指挥，各抗日部队又孤立无援，加以日寇软硬兼施，利诱分化瓦解，汉奸纷纷投降，仅半年时间东三省全部沦陷日本手中。李杜部队、孤军无依，从宾县撤出以后，经依兰，东撤至宝清、密山，来到饶河，往来于密山、虎林之间，将部队番号改为东北抗日自卫军。此时日本在长春组成伪满洲国傀儡政府（三月九日），改中华民国二十一年为大同元年。十二月三十一日，日本关东军及伪满军从梨树镇及富锦两方面向密山、虎林、饶河进逼。李杜率所部在这一带活动近一年之久，由于敌人节节进逼，自卫军孤军作战，枪支、弹药、粮食、给养无以接济，一九三三（伪大同二年）一月队伍在虎林溃散，一部分跟李杜渡江，去往苏联，另有少部仍活动于饶、虎间。

一九三〇年（民国十九年）夏，饶河县长陶靖因病辞职，刘洪谟自抚远县调此接任。

一九三三年（伪大同二年）三月，县长刘洪谟接收日本关东军先遣司令官尹祚乾公函，去宝清县开会，饬令各县承认满洲国。宣读"建国会议"决议及满洲"独立宣言"（见《伪满洲国史》一三三至一三七页），作好新县公署组建准备，迎接日本接收官员，以资筹建各县自治指导委员会。根据关东军参谋部昭和六年（一九三一年）十一月十日正式成立之"自治指导部"系统，各县治机关设"自治指导委员会"，由日本人任指导员，即参事官（见《伪满洲国史》一〇五至一〇六页）。

十余日后，饶河县城上空，飘扬起日本国旗及五色伪满洲国旗，本县即此成为无日本人之"满洲国"治下的一个县。

日本关东军先遣司令部派驻饶河之参事官与警务指导官，原定三月末到达，因山路被桃花水冲断，未能按期来到。唯进驻虎林县之参事官与警务指导官，于三月二十日即已到达。时虎林县警察大队长高玉山，因手下人将日本参事官与警务指导官打死，高迫于无奈，乃奋起抗日。时响应者极多，定名"抗日救国军"，共一千余人，高任救国军司令，杨培石任参谋长，率部攻打密山。日军早有准备，在伪军配合下，在黑嘴子与密山之间给高玉山之救国军以重创，使救国军受挫，遂退守虎林，乃决计与饶河联合共同抗日。高命手下人修书一封来见饶河县长刘洪谟，冀期接纳队伍，不日即到饶河。

刘洪谟正准备迎接日本接收大员，不料虎林发生事变，遂召集县署官员商议，俱认为：现今日本大势已定，吾等焉能以卵击石，乃回信拒绝高来饶。也恐高之部队来饶，一切给养辎重都得由本县商农两会摊派支出，因此，县城各商号亦极力撺掇刘洪谟，拒绝接纳救国军。遂连忙调集各沟里保安队集聚饶河，以应不测。时有大带河保安队长龚金城一百余兵，小佳河保安队长苑福堂一百五十多兵，小南河小队长孟广林领兵五十，腰房子及七里钦（今永幸及五林洞一带）保安队长王德邦六十余人齐聚饶河守城。并调集城内居民连夜修筑土城，自大南山麓而北，以至于江边，奋战七日，方始告成。高玉山得知饶河拒绝接收，遂于四月初即率部来饶河。其时救国军已增至两千余人，分编为一、二、三、四旅，另有武术旅（即大刀会）500余人，相续开赴饶河。分驻于四合顶子（今石场北）、大带河一带。救国军总部及一旅、四旅十二团分驻在三义、岭南一带。其中四旅旅长为原桦川县县长张锡侯，率四百余兵众奋起抗日，统编为救国军。随救国军总部（中央暂编东北讨敌军总司令部）一起开赴饶河。

刘洪谟秉承县内官员及商、农两会意旨，拒绝开城，以五百袋精面粉、一百袋大米、五十头肥猪、五百两鸦片贿赂之。高玉山再次通牒，仍然拒之。四月十七日高玉山率队发起攻城。县长刘洪谟组织商团保卫队，坚守城池，高玉山围攻不克，遂逸去大和镇一带。后有马占山残部十二团臧敬之部下六百余人，由宝清来此与高玉山相遇。二人计议，非攻饶河，别无去路。遂于五月二十六日高、臧二路兵共两千余人，又一次发起攻城。高玉山部下一旅五百余人，自城西南至小南山入；二旅一百多人，四旅四百余人，居正西。十二团六百余人，分一、二梯队居城北。天拂晓发起总攻，双方接火，经两小时激战，怎奈守城兵卒总共不到六百人，寡不敌众，县保安大队长侯文彩把守西门（今县医院及农业科楼房附近），正指挥战斗中，头部中弹，当场毙命。坚守城北之小佳河治安大队长苑福堂及小南河治安队长孟广林，大带河保卫团长龚金城见高玉山队伍攻开西门，三人故意给救国军闪出一条路来，领兵自北城墙后退。拂晓四时，县城被救国军与十二团占领。此战县保卫团死亡四十多人，救国军死亡六十多人。

县长刘洪谟、商务会长邢克仁、农务会长孙行端及县府各科局长等，分别乘小木舟逃去抚远。自此饶河县上空重又升起青天白日满地红之中国国旗。

救国军进驻饶河后，安排部下金宝山为税捐局长，前财务局长李干臣为财务主任。高见地方无人维持，遂派其部下副官去抚远将原县长刘洪谟请回，允其官复旧职。派参谋长杨培石及军需处长刘美堂驻县公署协助处理财务税收等日常事务。高遂领兵攻打虎林黑嘴子。所部参谋长杨培石及军需处长刘美堂为摊派军需给养，商家或有不顺，旋将商行八大家及县长刘洪谟全部监禁。高闻讯，立即给杨来信，宣称不要莽撞行事，一切难题待回来处置。高归将上述人等释放。此系1939年七月事。嗣将臧敬之任留守饶河、抚远司令。高归再次领兵攻打虎林，代县长刘洪谟为司令部咨议。饶河由原警务局长刘鸿钧代理县长。高领兵攻打虎林（黑嘴子）失败，退至独木河屯扎。

日军探听饶河虚实，以原商务会长邢克仁、农会长孙行端为引路，八月十九日，驻富锦江防舰队司令少佐尹祚乾带领四只军舰一营兵力进入乌苏里江进攻饶河、虎林。八月二十二日至大带河口，未及天明，向县城内连放两炮，守城司令臧敬之为防止民户遭受涂炭已于二十一日将队伍撤走。日本江防舰队遂于饶河县城登陆。其时代理县长刘鸿钧、电报局长洪英晋、邮便局长赵霞震等悬挂日满国旗，出面迎接，并陪同尹祚乾司令一同去往虎林（今虎头）。二十五日由虎林归来后，刘鸿钧等提出跟随日本舰队赴哈尔滨避难，尹祚乾命刘继续维持地方治安，待报吉林核准后，正式任命。江防舰队来饶，引起极大震动。八月二十日驻守在县内之救国军开始撤退。第四旅长张锡侯率部向关门嘴子方向遁去。第一、二、三旅，向大别拉炕及独木河方向退避。当日晚十二团臧敬之率六百余人返回饶河。另有武术旅五百人，第四旅前桦川县长张锡侯四百余人同时入城，在添补一些给养物资后，旋即撤出饶河。

十月，高玉山率部众退至独木河，张锡侯退守至义顺号（大和镇），武术旅退至宝清县境。此时第十二团改编为"东北救国军骑兵第四旅"，臧敬之旅长兼饶河留守司令官。十二团团长吴广义，兼总指挥副司令。十月末，有土匪"九江与于翰章队伍投降救国军，改编为第十一团，因枪支弹药不足，与十三团黄元忠部下四百余人相伴在小佳河一带活动。"

其时，留守在县城者有经救国军任命之县保安队长龚金城及救国军独立第二团团长王德邦。王原为腰房子（今永幸一带）之保卫队长，高玉山攻陷饶河后，王曾任商团保卫队队长，共人数四十名。后任命为团长时，共有兵众八百多。龚、王本为饶河本地人，与苑福堂、孙行端、邢克仁等均是把子弟兄。自救国军进驻饶河后，苑福堂、孟广林携械遁逃至小佳河，后又逃至富锦与日本江防司令部取得联系。大同三年一月末，日本进攻饶河之前，即由苑福堂密与龚金城及王德邦联络。龚、王二人表示要与苑密切合作。此间，龚、王之行迹被救国军第四旅探知。苑福堂由富锦领日本军开赴饶河，1934年一月二十七日出发，一月三十一日到达四排。救国军第四旅旅长臧敬之及所部十、十二团计一千余人，即于一月二十九日由小佳河火速飞奔饶河，意欲将龚、王二入捉拿处决。不意龚金城早在一月二十七日同日本人由富锦出发同时带百余人开赴大带河、关门嘴子一带征调兵众，名曰抗击日寇进犯，实则配合日本军进占饶河，作堵截救国军出路之战略部署。王德邦意欲抵抗已来不及，被救国军第四旅生擒，所部八百人全部缴械（持械者不过五百人，另三百人乃空数）。三十日午后，将王德邦及教练员沈杰三等二人用铡刀斩首示众。另有十二团少校张某等六人，执行枪决。

一月三十一日日本军已进驻四排，闻救国军第四旅几个团齐集饶河，派代表谈判诱降，救国军严词拒绝，然虑及部队孤立无援，又加弹药缺乏，如正面相撞，必然带来重大损伤，且给县城人民带来涂炭。故在日本军自四排开赴饶河之前夜，即一月三十一日晚，救国军第四旅旅部及主力部队已由饶河撤至大别拉炕。二月一日正午十二时，日本军饭塚支队之先遣队今田部队分三个中队进逼饶河县城。其一为鹿田中队（大尉）三百三十多人打前阵，由城北门外太平桥一带起攻。其次为桑波田（大尉）中队二百八十多人，在今大带河桥南为第二梯队，乃机枪迫击炮火力中心。第三，阿部中队（大尉）三百多人，由西门外原飞机场（今第三小学）一带，齐头总攻。救国军后尾部队，做暂短抵抗之后，由江道撤离，奔大别拉炕方向逸去。下午五时，日军全部进入饶河。二月三日救国军第四旅全部转移至七里沁（今外七里沁河口——俗名江口），共一千余人过往苏联。与此同时，高玉山于一月二十八日率救国军主力一千五百余人攻打虎林（虎头）黑嘴子（今虎林）失利，已于当日由虎林渡江去往苏联。

日本军进占饶河，得到前小佳河保安队长苑福堂及县农会会长孙行端和商会会长邢克仁之积极配合引路、介绍地形、地方联络等事宜，龚金城在大带河及关门嘴子一带接应配合，追击救国军收尾部队，使得日军顺利攻陷饶河，得到日军嘉赏。

救国军撤退时，当地中、青年报名跟随而去者凡二百余人。此批包括渡江之救国军官兵，后经国民政府与苏联政府商定，全部发往当时的新疆省，编入盛世才部下，直至中华人民共和国建立后之一九五二年，始有零星返回者，大多留居新疆或散佚无踪。

（二）日军侵入饶河后之残酷统治及中国共产党领导之民族救亡运动

日本关东军守备队之所以顺利攻占饶柯，系由东三省全部沦陷之形势所决定，救国军孤立无援，尤其一九三三年(伪大同二年)以后，日本已全部控制富锦、同江、宝清、密山、黑嘴子，对饶河形成包围圈。此前本县一切粮食布匹及生活日用，历来仰仗由乌苏里江水道运进，日本进驻富锦后，在关东军守备队长今田(中佐)指使下，切断哈尔滨通往饶河之客货轮船运输，十二月间，又切断富锦至饶河之陆路运输。对饶河实行经济封锁，迫使救国军衣着给养失去来源，因此得以顺利攻占饶河。交战中，日本死军曹一名，士兵二名。日军占领饶河后第四天，即伪1934年二月五日，驻守富锦一带之于长斥属下第五团伪军开赴饶河，担任县内警备。二月十七日，关东军神田顾问率三十余名日本警官，乘汽车由富锦赶来，全部分配为县内各警察署指挥官，负责剿除救国军残余武力。

苑福堂率领日军攻占饶河有功，本应以县长职位嘉赏，因其贫汉出身，只字不识，未得任用。前代理县长刘鸿钧，虽江防司令尹柞乾曾安抚守护地面，然动乱中，多为救国军奔走效劳，唯命是从，不能任用，唯原县长刘洪谟尚属中坚。

刘洪谟跟随高玉山攻打虎林时，途中抱病，留居独木河，认干父吴宪亭。待高玉山逸去苏联后，刘闻讯赶往虎林(今虎头)，接触日本顾问及伪满军兰部旅团长，申明原委，顾问及兰部请示吉林省及新京(长春)，回复：令护送刘洪谟仍赴原任。于是派二十多名伪满军乘马爬犁护送至饶河。此系日本军攻占饶河第十六天事。

日军占领饶河后，为安服人心，将原县公署公务人员全部留用。三月一日借伪满建国一周年庆典之机，宣布新京满洲帝国政府任命书，刘洪谟任饶河县长，原代理县长刘鸿钧改任内务局长，前警务局长李相宸改任第一警察署署长，警务局长由龚金城担任(短时间，后仍由李相宸代局长)，其他财务局长、税捐局长、邮便局长等均作了安排。日本驻军头目神田任顾问，共有日军二百多人。县公署参事官由日人绪方义道担任。警务指导官由日人限元早苗担任。苑福堂任县警察大队长，孟广林任西林子警察署长。各警察署均派日本人教官充任指导官，自此伪政权建立起来。

人民新县公署成立不久，发布布告，宣称为维护县内秩序，必须服从满洲新国家统领，如有谋叛及反日行为，立即拘捕，格杀勿论。同时在县城各街角设置若干密告箱，暗里大批培植特务，搜捕爱国志士。

时上层人物，由恐日到亲日，下层职员，虽有些许爱国心肠，唯暗自慨叹而已。大批商号掌柜虽亡国凄然，念及日本人允其营业发福生财，因逆感已自泯然。

全县分布在各条沟里之平民百姓，生活越加不得安宁。自"九一八"事变以降，人民经济生活受到很大震荡。由于客货轮船中断，鸦片烟价下跌，粮食、食盐不能运进，造成粮荒、盐荒。山区农民、有几月不见一粒盐者。大批富裕户开始解雇佣工，使靠出卖劳力维生之独身汉，化为游民，陷入无法生存之地步。因曾经发生在民国十七年（一九二八年）之土匪扰乱，又一度勃起。许多无以生存之山东逃荒游民，在民族危机饥寒交迫双重压力下，遂乃揭竿而起，寻找生活出路。因靠打家劫舍混生之队伍纷纷而起。仅在一九三一至一九三四年（民国二十年至伪康德元年）间，据不完全统计，全县自发之山林队反日武装，竟有二十余伙之多。人数最多时达到六百余众，其中较大并有名气者十四伙，多则百余人，少则不足二十人。（见下表）

队头名	领导人	总人数	活动地域
东海胜	不明	260	饶河
治国	周其昌	60	饶河
安邦	姜尚平	50	饶河、富锦
天军	宋松臣（老六）	20	饶河、富锦
东盛	王凤林（小胡）	40	饶河
好盛	杨德山	30	饶河、独木河
北海	刘雁来	35	饶河
君子人	王左撇子	30	饶河、虎林
庄稼人	不明	70	饶河、虎林
九省	不明	50	饶河
双龙	不明	30	饶河
六合	不明	20	饶河
压五岳	薛钦堂	20	专以抢劫为业，饶河境内
九龙	不明	20	饶河花砬子一带

此零散之反日武装，多由原各山沟百家长属下会兵组成，如治国队周其昌，俗名小周，即是大叶子沟（今大牙克河上游）之会兵，跟随其干父王福森（百家长）起事；或为原地方保卫团分裂而起事者，如"压五岳"头目薛钦堂原系龚金城卫兵，因争女人而叛离落荒者；或为贫苦百姓，不甘做亡国奴而聚义者，如好盛、北海等。这些武装，因缺乏正确之政治领导，加以组织不纯，多为吸食鸦片之游民，名曰抗日，实则以掠夺财富为宗旨，因此非但使富余户受侵，且使中小自耕农受害。本属流寇，无以达到团结广大人民群众共同抗日之目的。

一九三三年一月二十六日，中共中央关于组织东北地区人民掀起武装抗日的指示发布后，中央派遣大批干部深入东北农村城市，组织群众重整旗鼓，开展党领导下之抗日武装斗争。早在日本军未占领饶河县城之前即一九二九年底北满特委党组织，派遣徐凤山、崔石泉（即崔庸健，二人均系朝鲜人）等共产党员来饶河县开展工作。徐凤山任县委书记，崔石泉管军事。

时秘密落脚于饶河县城西北十五里之三义村。百家长为李学福。徐凤山受党的委派来到此地，借助一家亲戚的关系，开始作李学福之工作。此前，李学福嫡兄子李永皓（一九五六年前任朝鲜驻中国大使）在北京大学读书，借探亲之机，对其叔父进行爱国抗日教育，曾劝其叔父将房地产卖掉，买枪支，组织武装抗日。李受启发，相继党正式代表前来宣传抗日，李遂下定决心抗日。其时日本尚未进占饶河，地方伪政权恐得罪日本，为日寇进驻本县时留条后路，多次拘捕鼓动抗日分子。

一九三三年（伪大同二年）六月，高玉山救国军攻占饶河后未久，乘反日风潮之机，徐凤山、崔石泉、李学福等人，开展组织募捐成立三义反日会。三义村民众齐起响应，利用亲友关系四处串联，共买七支俄制连珠枪、四支匣枪，另有洋炮、别拉弹三十多支，秘密组织抗日武装，定名为"朝鲜独立军"。七月被高玉山及十二团察觉，高对发动民众组织抗日救国会宣传抗日表示赞同，然对另立山头，单独组织抗日武装表示反感，于是密派三十余人携械将李学福、金昌极、李汉洙、黄哲云、徐汉龙等五人逮捕，后二人被枪杀，李学福、金昌极、李汉洙等三人只身逃走。李出狱后，继续宣传抗日。不久，聚起四十多名义勇军，宣布武装暴动，队伍拉进石头窝子西山。

白天隐蔽，晚间深入民众宣传抗日。崔石泉、徐风山旋去大佳河、小佳河一带发展抗日组织，李学福往来于小北沟，小南河，大、小别拉炕之间。不久，小北沟、小佳河、关门嘴子等地反日会宣告成立。仅二、三个月时间，全县反日会（又称抗日救国会）会员发展至六百余人，各沟里百家长，明里报效伪政权（当时日本军尚未进驻饶河），在抗日会之威慑下，暗里亦与抗日军通。未几朝鲜独立军改名为"饶河抗日游击队"。政治指导崔石泉、队长金文亨、副队长金昌镒，共有兵力七十余人。不久，游击队长李学福与高玉山谈判决定，游击队编为高玉山属下一旅特务营，营长金文亨、政治指导崔石泉，下设三个连，于伪大同三年（一九三四年）一月二十八日共同攻打虎林，共计兵力一千五百余人，攻占黑嘴子（今虎林）。未几，日伪军两面夹击，加以城内敌军残余之策应，救国军受挫，被迫撤出，共牺牲二百七十余人。高玉山直属部下死二百三十七人，特务营金昌镒以下牺牲三十余人。高玉山后被迫去往苏联。游击队（特务营）回转饶河时，只剩下三十余人，此后继续开展抗日斗争。吉东特委获知饶河抗日游击队在虎林战斗受挫，伪大同三年（一九三四年）二月派张文偕任饶河抗日游击队政委，崔石泉任代队长，继续同日寇展开生死搏斗。队伍在战斗中得到发展和壮大。

日军进占饶河未几，即逮捕杀害"反日分子"十多人。伪康德元年（一九三四年）六月，县公署有两名职员被逮捕，诬为"策动反日"而被处死。相续各沟里警察分队，不断地逮捕无辜百姓，送至饶河而被致死者不下五十人。因之反日情绪益加炽烈。

一九三四年（伪康德元年）八月，饶河县抗日队伍，在反日会支持之下，迅速得到发展扩大，同日伪形成对峙局面。全县共成立抗日救国分会十余处，分会下设支部，支部下设小组，县成立抗日救国总会，总会长郑鲁岩。

未几饶河游击队扩编为饶河游击大队。张文偕任大队长，朴振宇任副大队长，崔石泉任参谋长，李斗文任政治部主任。游击队扩编后，先后于小佳河、别拉洪、十八垧地、五林洞等地给敌人以沉重打击，敌人听到张文偕的名字闻风丧胆（见李延禄《过去的年代》三十页）。七月二十八日，张文偕率队伍转战去虎林，同山林队协同攻击日寇驻虎林三人班据点，不幸在战斗中壮烈牺牲。此后大队长由李学福接任。

日伪统治者为了对付人民的抗日运动，一九三五年（伪康德二年）二月由驻佳木斯第七军管区调来陆军第三十一团，兵员九百多人，团长于传堂，团副宋元林，顾问神田大尉。神田毕业于日本东京帝国大学，早年从军，参加过镇压朝鲜人民之革命运动，颇刁猾。来饶河后，为扑灭抗日力量大力培植特务，向各沟里分派，打进救国会内部。而后调遣兵力，进行讨伐搜捕围剿。一九三四至一九三五年（伪康德元年至伪康德二年）两年间，在本县培植特务(汉、朝)工作班共八十多人，调遣兵力八百多人，先后对佛寿宫（今大鼎子山后小安河沿岸一带）、小北沟、大带河等地进行三次大清剿，杀害无辜百姓一百五十多名，烧毁民房五十多座。秋，叛徒王可文出卖小北沟抗日救国会名单，至县城告密。神田亲自领兵到小北沟清剿抗日组织，一次杀死三十多名无辜农民。逮捕小北沟抗日救国会分会长于时干、组长倪福田等五人，倪因更名倪元德监禁六个月后得释，于时干等被拉到小南山前南湖汊旁杀害。

为打击日寇嚣张气焰，一九三五年(伪康德二年)三月抗日军在暴马顶子后，截击小佳河警察队苑福堂之"讨伐队"，打死打伤敌人十余名，缴获敌人步枪二十多支，弹药六箱。战后不久，敌人派出五百多人之"讨伐队"向暴马顶子围剿。抗日游击队闻讯绕至关门嘴子后堵（今屏岭山西）狙击来犯之敌，出其不备，在我沉重打击下，日本军一名中尉、两名伪军连长及所部30多名日伪军被打死。缴获枪支四十多支，机枪一挺，弹药多发。又于同年六月，抗日游击队集中一个连之兵力，夜袭三义北岗三连地方（今元山西北），将伪军卞连长以下二十余人缴械。打死十余人，余尽逃散。事后将缴获枪支子弹全部运至四合顶子间壁，随之绕到虎林县境打击敌人。七月初，在虎林县莲花山同日军遭遇，打死敌人五十多名。由虎林转战经马鞍山（今东方红东北）我侦察兵俘虏一伪军排长，利用家理教关系，令其写信，将全排兵力调出缴械。与此同时，留守在饶河之分散队伍，在小别拉炕（今太平村以西以南）、大别拉炕（今镇江村一带）进行了大小战斗多次，均给敌人以沉重打击。

此间，小南河佛寿宫民众组织红枪会、大佳河之大刀会，纷纷抗日。与此同时，饶河抗日游击队在饶河中心县委领导下，自一九三四年（伪康德元年)即开始收编杂牌山林队。至一九三五年三月,在大叶子沟,以饶河抗日游击队为骨干,吸收与改编十四个大小山林队,共计一百五十余人,统编为东北抗日同盟军。一九三六年二月改为东北抗日联军第四军第四团。李学福任团长,朴振宇为团副,李斗文任政委,崔石峰任副政委,崔石泉任参谋长。

一九三六年(伪康德三年)三月,根据中共吉东特委指示,在关门嘴子北文登岗地方,将四团扩编为四军第二师,师长郑鲁岩,副师长李学福,参谋长崔石泉,政委崔荣华。下设四、五、六、七团,一个独立营。总人数达五百余人。同年十一月受中共吉东特委指示,在石头卧于岭后(一说在暴马顶子)正式成立东北抗日联军第七军,军长陈荣久,参谋长崔石泉,毕玉民任副官长,葛善志任军需处长,董墨林任经济部长。下设三个师,一师长陈荣久兼,二师长李学福,三师长景乐亭。

抗联七军至一九三七年(伪康德四年)已拥有一千五百多人。先后历经大小战斗二百余次,共打死打伤日军七百多人,伪军及警察八百余人。

著名战斗有:一九三五年(伪康德二年)九月二十六日新兴洞北山大战,西通大战。因我抗日军烧毁了伪小南河保的会房子,缴七八支枪,将百家长王相披逮捕,进行教育后释放。当夜行至西通小北山朝鲜屯(今新兴洞山南),拟截敌汽船,被日本"讨伐队"尾追,共有日军一百余人、伪军一百多人,由水陆二路夹击我抗日队伍,被我察觉。在政委李斗文、团副朴振宇领导下,立起应敌,战斗最激烈时,团副朴振宇牺牲,终将日军击退。不料,六十余名伪警察,由西赶来,使我抗日队伍遭受重大损失。在日军进行第二次冲锋时,政委李斗文壮烈牺牲。队伍被迫撤退。本次战斗共打死日军富泉顾问及高木司令以下三十多人,伪满军及警察二十余人,其中有二名尉官。我抗日队伍牺牲二十余名。

一九三六年(伪康德三年)队伍经过整顿,继续同敌人迂回战斗,给日伪军以严重打击。一九三七年(伪康德四年)三月初,抗联及红枪会共同配合袭击西林子伪警察队及朝鲜工作班。日本驻县公署参事官大穗久雄亲率日伪军二百人由西林子插入新开沟里,妄图一举扑灭我抗联七军主力(在狐仙堂开会)。抗联七军军部得知后,自天津班沟口屏岭山东端始,沿路于各山头连设四道岗卡，大穗恃其兵多势强。三月六日拂晓，分坐十余张马爬犁，向天津班沟进发。我军前二道岗卡，已将敌人放过。待敌爬犁行至天津班东第二山头时，我抗联一百五十余人，前后分两路发起猛攻。敌机枪手被连续击毙，陈荣久军长率领战士前去夺取机枪，不料，被卧伏爬犁底下之日军伤员暗枪击中脑部，当场牺牲。我全体战士继续扫荡残敌，大穗手持战刀指挥其兵众，又一次向我抗日队伍猛扑，我一连长王振华站在雪地上，向大穗射击，连打五枪，命中，大穗当场毙命。王连长同时被敌人射穿右眼牺牲。此次战斗共打死日军大穗久雄以下三十多名，打死伪军一团副。抗联牺牲七人。陈荣久及另两名战士(侯培林、金元俊)遗体被当地救国会组织人员掩埋在天津班屏岭山后。此后，军长由崔石泉代理。至一九三八年（伪康德五年）一月部队进行改编，李学福继任第七军军长，郑鲁岩为政治部主任，崔石泉任参谋长。军部宣传科长金锋、副官长张文清、军需处长杨洪义。下领三个师。一师长王汝起，二师长周其昌，三师长景乐亭。不久，李学福因患肝病赴苏就医，不幸于八月八日病逝于苏联。此后三师长景乐亭继任军长，政委郑鲁岩任。伪康德三年，参谋长崔石泉与四团副姜尚平等去富锦、同江一带开辟基地。时抗联第七军活动已遍及饶河、宝清、同江、富锦、抚远等六县。

（三）"七七"事变后日伪实行靖乡归并"集团部落"政策

一九三七年（民国二十六年即伪康德四年）七月七日，日寇发动了卢沟桥事件，妄图侵占全中国。为巩固其后方基地，日本关东军对东北抗日武装采取多种策略。第一，采取清乡靖野、"归屯并户"政策，切断抗日联军同民众间之血肉联系；第二，对改编之杂牌抗日武装采取诱降、瓦解政策，对共产党领导下之抗日中坚力量，采取大兵团围歼政策；第三，加强交通城防、警务建设，巩固其法西斯统治。

一九三三至一九三五年（伪大同二年至伪康德二年），三年间，在我抗日武装打击下，日伪军在本县境内遭受很大损失。一九三四年夏，日寇曾派警察大队及伪军五百人，三次讨伐暴马顶子及小北沟一带，妄图扑灭抗日武装，连遭失败。敌人几次换防均不下一个团之兵力，最多时伪军人数增至一个旅，一千五百多人（见《饶河县志》卷六第三章·军备），配合日军警察清剿抗联。我抗日武装力量先后在苇子沟、大带河、大别拉炕、小别拉炕、小南河、暴马顶子、大鼎子后、西通等地与日伪军进行数十次战斗。一九三六年四月，暴马顶子大战，打死伪警察局长马元勋，六月，抗日军又在小木河截获日本汽船一只，缴获枪械二十余支，子弹多发，大米、面粉五十余袋。

　　一九三七（伪康德四年）春，伪三江省守备队司令长官秉承关东军在满头子的意旨和新京清乡委员会的具体部署，发布一条"靖安"训令："必须限令在一年之内，将山沟里之散民，全部驱赶下来，归并'集团部落'，建成若干村屯，加强城防警戒，切断匪团与民众之联系，断其粮源，以达全歼自灭之目的。"于是将大叶子沟、十八垧地、西风沟、暖泉子、大带河、关门嘴子、暴马顶子、七里钦一带居民约三千户人家，万余口人，深冬腊月在日伪军"讨伐队"威逼下，将房屋烧掉，男女老幼顶风冒雪四处奔逃，成了无家可归之流浪者。人们死于敌伪屠刀下，枪挑，火烧死以及无路可逃被迫自尽者数以千计。暴马顶子一带一次清沟，被杀死无辜居民一百多人。大带河沟里住户卢洪祥，清沟时因老婆刚分娩不过五天，未能迁出，日军赶到，将在家五口人全部用枪刺死，有两个十岁左右的孩子跑上山去，冻死在雪地里。三义村伪警察署长辛汉山，是清剿"有功之臣"，曾受伪三江省警务厅奖赏。公开宣称："我现在戴上鬼脸了，在大带河沟里，八十岁老太婆，我杀死三个，你们不搬迁，全部按通匪论。"（抗日老人倪元德述）这个魔王在石头窝、大带河、暖泉子、关门嘴子一带杀害无辜百姓计有七十余人。关门嘴子后堵，一次抓捕十数农民，指为抗日军探子，将其捆绑赶进一所空房子里，关上门，四围点上火，尽皆烧死。有两名跳窗逃跑者，被日寇用枪打死。年老体弱无处投奔，自缢而死者不计其数。仅在一九三七年十月至一九三八年二月，五个月时间，全县三分之一以上之居民区，化为残垣断壁尸横遍野之无人区。人们被驱赶到指定地点，隆冬数九，伐房料，盖房舍，归并"集团部落"。

　　日伪军经半年多之清乡剿除，然因地理生疏，偏僻隐蔽处，仍有独身居户，未曾离开处所。或迁往花砬子一带深山隐蔽，或被日伪赶下山来无处栖身营生，事后见形势稍有平缓，仍潜回原处，刨地耕种，拾蘑菇，采山货，谋取生计。仍与抗联沟通情报，送物资等。日寇见清乡仍不彻底，旋于一九三七五月至七月间，以近两千名兵力，分六路进剿扫荡县内各沟里居舍。此次清剿队伍名为"靖安军"，所到之处，烧杀劫掠无所不为，洗尽深山散民。

一九三八三月归并之"集团部落"（"大屯"）有：大带河、大别拉炕、关门嘴子、西南岔、西林子、小南河、三义屯、小别拉炕、三人班、四排、小佳河、蛤蟆河子、小北沟等。

"归屯并户"时，适正、二月份，天气寒冷，缺衣少食，又得砍木盖房。当年垦荒种粮供食，且肩负各种差役，修路、背给养、当苦工，缴纳各种捐税。人民负担日重，受尽牛马之苦。贫病冻饿而死者不计其数。有被赶进县城，无生活着落，随船迁往内地，商号因社会购买力大降，相继关闭者几多。不得不转靠农耕糊口。独身汉越江去苏联者不下二百七十余人。鳏寡孤疾者沦落街头讨要，相继化为饿殍。

日伪将百姓驱赶至"集团部落"，令挖土筏砌围墙。每村设一警察小队，少则六七名，多到二十名不等。轮班站岗，以监视村民行动。农民出村上田野，须至站门哨卡交"出门证"，下田回返时取回。如无出门证，断然不准进出。凡年满十四岁之男女，必须到警察队照相发给"证明书"，行走随身携带。无证明书者，按黑民及胡匪论处。警察队任意勒索民众，殴打百姓，不可言状。偶有得罪，即诬为"私通抗日"送进监牢，一去无回。或见其形迹可疑，立即予以逮捕，送交警察队拷讯，有的便相继投进大江或凿冰窟陷入水中。据不完全统计，自一九三四年至一九三八年五年间，被投入江流者不下二百人。

小别拉炕警察署长龚金城，因对日本下派使用不满，加以抗联之攻心战，自一九三六，即与抗日军发生秘密来往，为抗联运送枪支弹药，为抗联地下人员发放"证明书"。一九三七年，腰房子战事，龚领三十名警察，协同伪县警察队截击抗联。因战前已有联络，龚在进击中佯攻，将县警察"讨伐队"诱入抗联火力圈，使县警察队受挫，日人警尉懒户次郎以下十三名战死，龚败退时，抛下两箱子弹。一九三七年春，因龚之卫兵王凤阁与其妻私通，被龚察知，将卫兵革职。王逃至饶河伪警察本队告密，事破。抗联派人劝龚上山，龚不肯离去。县警察署以召集开会为名，将龚金城及翻译徐秉太、照相员庄成发、警卫员邓学吕等调至县伪警察署，予以拘捕，经严刑拷讯，末几月，将龚等四人押至饶河大南山前南湖汉旁刺杀。

一九三六年三月，抗日联军在李学福师长指挥下，协同小南河红枪会会长阎宝纯及法师李清和、李清连兄弟及抗日救国会会员田明玉、萧云会、黄占元等人，得到伪西林子警察队地下工作者慈月华之配合，将警察队三十五名警察全部缴械，虽因巡官唐忠臣反把，将李清和法师兄弟二人打死而乱阵，敌操枪械反扑，使红枪会蒙大损失，事虽未成，但给敌人以沉重打击。

一九三八年三月，小南河归村并屯时，我抗联人员混入运木材百姓群体中，隐蔽在其妻名小花（外号"红裤子"）者住户家中，出敌不意，将伪警察小队包剿，缴枪三十多支，打伤日本警尉一人。三义警察署长辛汉山，清乡中，杀害数十名无辜百姓有功，受日伪嘉奖，人民对其无不切齿痛恨。一九三八年夏，一首歌谣贴于辛之外门，歌曰："辛汉山、辛汉山，一幅坏心肝，杀害无辜百姓上百名，帮助日寇逞凶顽，阎王记下你的账，血债要用命来还。"辛发现后将村中百姓拘起对照笔迹，进行追询被怀疑者吊起毒打。因其内心惶恐，不三五日，忽精神失常，胡言乱语，一日晨，其妻为其端饭，辛口发狂语，操起筷子，直将己二颗眼珠挖出，二日后身死。同年九月二十六日，日本关东军少将日野武雄，乘汽船前往小佳河视察，被抗联察知，二十八日返回时，过饶力葛山西风嘴子时，在抗联领导人崔石泉、姜克智指挥下，将日野武雄少将以下三十九名全部击毙，将汽船打沉。

一九三九年初，抗联第七军三师师长景乐亭以下一百三十多人屯驻于臭松顶子岭北，派一班人去五林洞运粮，与日本"讨伐队"相遇，遂将日军引进臭松顶子前开火，打死日军七十多名。一九三九年（伪康德六年），西林子警察队长外号高大酒壶，欺压百姓至酷，有三名力士化装成鬼脸，当高夜间去城门查岗之机将其拖至村西北山神庙前痛打一顿，直吓得魂不附体，精神癫狂，未几，用刀自己捅死。

日伪妄图以归并"集团部落"切断抗联同人民之联系。然山里民众，冒生命危险仍为抗日军送粮、送被服。如关门嘴子村，群众采取下田穿胶鞋，回村时打赤脚，将鞋送与抗联，或在山上种玉米，收获后直接送给抗联，向日伪谎报灾情。小佳河居民，上山拉烧柴，将马套包子里装上大米或将粮食缚于车厢下，混过敌人城门岗卡，送给抗联食用。

（四）日伪严密封锁抗日联军活动进入最困难时期

日伪"归屯并户"政策，使抗日联军活动，受到极大影响，抗日战士死于冻饿、伤病者不计其数。抗日军队兵源补给亦渐次减少，少数沦为叛徒者。一九三五年收编之山林队"安邦"（当家名姜尚平，后改编为第四团团副）去同江开辟基地，因财经被朝鲜独立营所独占，姜不满，宣布脱离军部领导，后派郑鲁岩及杨洪义二人前去规劝，方始归从。一九三八年夏，姜在同江县青龙山被其部下孔范五打死，孔正待率全团人投降日本，后刘雁来巧计将孔缉拿处死。将部众收拢。同年十月，二师长周其昌之妻刘玉梅被日特收买，在大旗杆（今雁窝岛东）偷去富锦半月，得日宪兵队许多钱财。潜归后，撺掇周一起投降，三师长刘雁来受军部之命闻讯赶到，将刘玉梅立即处死，旋将周其昌调去花柱子开会，行至武士山将周勒死。周部下经整顿重编，由王汝起继任二师长，七军指战员继续活动于完达山东北支脉那丹哈达岭林海雪原间。

因条件之变化，粮食接济不上，军部决定，在花砬子、暴马顶子、臭松顶子等地建立三处密营，在挠力河北长尾巴林子（今菖平镇西南）、同江青龙山、虎林县大王砬子等地设置五处秘密种地处。密营多由女战士及伤病员看守，老弱负责种田。

尽管如此，密营据点仍常被日伪军破坏，抗日军进入最艰难困苦时期。一九三九年初（伪康德六年）在同江青龙山同蒙古兵进行一场激战，后将队伍划分若干小股活动。刘雁来偕同王汝起一起攻下抚远县之蒿通（今四合屯南，屯址已被江水冲蚀），将日伪存储之布匹全部缴获，后移至抚远县杨木岗（今外小山北）与日军相遇，物资被日军"讨伐队"劫去，经迂迴旋将失物夺回。并于此狙击敌人，将日军一先遣排全部缴械。并截获敌大米三十余草包，军服四十余套，后续伪军望风而逃。七八月间，军部下令选四十名青壮年，穿上伪满军服装，在王汝起、刘雁来二人率领下，巧计智取抓吉镇，击毙日本警察一名，伪警察十六名，缴获枪械四十余支，弹药多箱。

队伍旋即撤回饶河山里，本年冬，日伪集中千余兵力，围剿抗日联军。抗日队伍行至别拉洪东山(今民主村东山)绝粮。朝鲜村民用马套包子装来数十斤大米，聊以解饥，并报告次日有日本"开拓团"二十张牛爬犁上山运木样。翌日天拂晓乃截获之，共三十余头牛，遂杀牛解饥。在此休整四日，队伍沿别拉洪河向西撤离，忽被日军"讨伐队"追上，相距二里多远，将日军诱入北大林子(今洪河农场界)。该处有抗联工事。经夜，翌日晨接战，二百多名日军死伤过半，残敌不敢前进。待至天黑，队伍开赴大石砬子山(在富、饶二县界上为王玉书地河发源地)走错路，竟至小石砬子山，与伪满军相遇，因抗联处于不备，死伤三十余名。

此后队伍由抚远、同江、富锦回至暴马顶子密营，再分成小股游击，有七八名伤员在密营地窖里，因粮食无以接济，被全部饿毙。另在花砬子密营里，有八名伤病员休养，忽被日军"讨伐队"包围，在弹尽粮绝之危急关头，为不被敌俘去，八人将地窖子里柴门紧闭，一同自缢。

无数可歌可泣的英雄事迹，不胜例举。

一九三九年秋，第七军军长景乐亭送其妻去苏联治病，历时半年之久。军部指挥失利，损失较重。次年二月景由苏回，时队伍集聚在虎林境内之小木河休整。参谋长以其"图谋投日"将景处死。一九四〇(伪康德七年)三月周保中于小木克河主持临时改编会议，撤销原抗联七军建制，成立东北抗联第二路军第二支队，支队长王汝起，副支队长刘雁来，政委王效明，宣传科长于保合，军事教官刘凤阳，特派员鲍林，下设大队四，教导队一。崔石泉调二路军任参谋长。此后支队临时分成二股，王效明在虎林、宝清一带活动，王汝起、刘雁来在饶河一带活动，此时我抗日游击队人数总共三百五十人。

三月中旬王汝起支队长领队伍由虎林前往饶河，驻大带河金家店(今大岱林场路东蜂场附近)，闻讯日伪饶河北边公司在小木营一带伐木，流送原木，三月二十日由五十余头牛马向山里运送粮米猪肉等物资，并有警察护送。六十余名战士，意欲截获敌粮米物资及弹药。三月二十日夜，王带领全体战士埋伏于金家店河北秃山头(今大带检查站北面山头)地方。天拂晓(即二十一日)见有二十多名伪警察,护送爬犁队,另有三名穿便服百姓跟随。王乃率队截击,伪警察全部陷于包围之中,伪警尉赵振江(山东济南人)喊投降。王汝起就势喊话:"中国人缴枪不杀!"赵命部下将枪全部交出,举手就降。王汝起即刻领部众收缴枪械子弹。不料,二十米外一残破菜窖内躲藏有二名警察,有名叫李殿祥者(丹东人)暗中向王汝起支队长开枪,击中胸部,当即牺牲。场面倏乱,警察夺枪与抗联搏斗,激战十余分钟,抗日支队向北山撤去,回至暴马顶子密营休整。此次战斗,伪警察伤亡七名,抗日军牺牲王支队长以下共五人。敌将王遗体运至大带河村门外(今垒山),派民工看守一夜,次日晨,伪大带河警察队长高青照(警佐)派四民夫将王汝起尸首运送到县城警察队拍照报功。时,前师部政委郑鲁岩已于一九三九年(伪康德六年)在北秃顶子被俘,认得王师长面目,敌遂以木棺殓之,并示以追悼仪式后,葬于饶河县城西门外墓地(今二中及木材公司左近),以收买人心。

一九四九年(伪康德七年)春,日本为加强其后方基地建设,在本县内,将大带河村(今垒山村东岗)居民全部撵走,迁至大带河沟里老会房子小大带河南岸(即今大带河村),原大带河村为日本关东军守备队驻地(一个营兵力),在此四周建设永久性城防工事,建五百千瓦火力发电站一座。自一九四二年(伪康德九年)夏驻东安镇满军一连人哗变之后,驻留国境线上之满军全部调往内地。边境除地方警察外,全部由日本关东军守备队驻守。同年秋,又从华北扫荡抓来之"民夫"千余人,先后在饶河小南山城防四周、大带河村周、逮云岭西之迎门山及具有军事意义之要塞、高地构筑大量水泥结构之地堡工事。一九四三年(伪康德十年)旋自南满调来千余名"勤劳俸仕队"(俗称"国兵漏";强制征集劳动力《国民勤劳奉公法》)。一九四一年(伪康德八年)六月二十二日,纳粹德国希特勒突然向苏联发动进攻,以闪电战术向斯大林格勒和莫斯科进逼。日本当局图谋从满洲进兵,使用武力解决北方问题。九月间,本县日军骤增至三四千人,社会风云一时。不久苏联反攻开始,日本进攻之计划随告破灭。同年十二月八日太平洋战争(日本称谓"大东亚战争")爆发,从此日本更加强其边境防守。此前已将满军宪兵队撤走,设日本宪兵队,并专设特务机关。防御重点由对付抗联转至防守国际间谍，积聚力量投入太平洋战争。

本县自一九三八年（伪康德五年）至一九三九年（伪康德六年）两年间，全县先后被征集民工千余人，修筑县内乡村公路，其后每年均征调民夫修路。伪康德十年后，修建饶、饶虎公路。同年春，伪县公署颁令将三义、小北沟、大别拉炕、小别拉炕、西南岔、酉林子、四排等屯撤销，让与日本开拓团（见《饶河县志》卷二第三章，建置行政区划）。当地村民，另至大佳河、山里、西风沟、永幸、向阳屯饶宝线上之永福、石场、大牙克河桥北、里七里沁等地重建新村。

修筑公路概征集下层贫民出任民工，年达四个月以上。民工死于饥寒冻馁者不可胜数。开辟新兴洞公路。动工时（一九〇〇年九月），天气渐冷，民夫食不得饱，衣不遮体，踏冰磕挖沟取土，冻饿而死者三十余人。另修筑饶河至虎头公路，于向阳至五林洞间十五里处，一次即死亡十八名民工。皆埋于路北，后沿传该地为"十八座坟"。零散死亡，无计其数。

另日伪军讨伐抗联，抓派大批民工，为其背送弹药粮米物资，每人背负一百多斤重的东西，爬山越岭，踏冰涉雪，挨打受骂，死于饥饿疾病或溺水冻伤，冻掉手指脚趾，落为残废者，数以百计。

日寇为加强对边境人民之统治，以宪兵队（分遣队）特务机关为核心，收买培植大批特务。特务机关以叛徒王纲（山东黄县人，原为苏联情报人员，后被捕投降，充当日本特务，东北光复前死）为主干，组成北边公司，经营县内木炭、石灰、原木采伐、种植鸦片、抓皮张、下江河捕鱼等行业，组成庞大特务网，各经营业主自成一特务体系。其下又设若干分支，凡参与伐木、狩猎、撵皮张、采山货、捕鱼、烧木炭、烧石灰、必须挂特务名衔，否则禁止参与上述行业。举凡挂有特务头衔人员，均有搜集抗日联军情报及苏联派遣地工人员情报任务。同时组成"特搜班"在山林里打猎巡逻，追捕抗联及苏联情报人员。特务机关之特务总数包括所谓"腿子"，约计二百五十余人。另日本宪兵分遣队，以汉奸宪补张甲正（一九五四年枪决）为主干，组织大批武装特务，专门对付抗联人员及苏联情报人员，人数在一百五十名以上，凡捕获抗联及国际情报人员，及政治嫌疑犯、思想犯等，均经宪兵队处置。灌凉水、辣椒水，坐老虎凳，唆狼狗咬，施尽各种毒刑。有当场致死者，有暗地毒死或投入冰窟者，有发往哈市平房三〇七医院以为细菌试验胚者。仅自伪康德七年（一九四〇）至伪康德十二年（一九四五年）五年间，投入宪兵队人数有一百五十人，获释者不过十之二三。偶有获释者，亦多为日人所利用。

日本宪兵分遣队广泛征集为其效忠之亲日分子，进行特务训练，作为中坚力量。伪康德十年饶河日本宪兵分遣队在各村搜罗三十余名独身青年，在花砬子东南金山前麓开办训练所，培养国际特务。

警察队则专管地方治安，凡属民众与抗日军通报讯息，运送小量衣着品、粮食等，案均由警察队处置。警察本队设有特务系，自成特务体系。查办民众各种思想、经济案犯。饶河街有一个女特务化装成乞丐，讨得一碗大米饭，即到县警察本队特务系告发，直将施主以"经济犯"名义逮捕入狱，经三月有余始获释。一九四三年小别拉炕村长孙长春及其子孙肇选诬告十户良民通匪，宪兵队一次逮捕永幸、小别拉炕等村十二人，经过多次残酷刑讯后，全部发往哈市三〇七处死。叛徒戴玉珍告密，宪兵队于一九四二（伪康德九年）九月二十三日将饶河三多照相馆掌柜王乐甫、邹俭堂以私照违禁相片及通苏、通抗联等罪名逮捕，一去渺无音讯。大带河村抗日救国会长张华学、居民张宝贵等，因给抗联送过玉米面，被特务彭瑞和赵洪钧侦悉告发，于一九四四年秋一次逮捕10人。押至县警察队刑讯后，转至宪兵从，受尽严刑拷打，押解至牡丹江模范监狱受绞刑5人，病死4人，唯张宝贵一人得以存活，后发往鹤立岗煤矿当劳工，东北光复后始辗转回村。"广通茂"商号林向阳因为抗联上过几十双胶鞋，被特务告发，于一九四三年一月三日被宪兵队逮捕，后送至"七三一"做细菌试验处死。四排村小摊贩主曹忠岐，因有叫刘于范者赊五套衣服、十双胶鞋，长期躲债不还，后刘去富锦贩牛回来，被曹得知，扣押刘一头牛犊，刘怀恨当了特务，诬告曹通苏通匪，宪兵从将曹逮捕入狱，解至密山，用飞机又运至富锦，唆狼狗咬，旋又解送佳木斯装入麻袋里摔，后又押解到牡丹江用竹篾穿手指头，曹拒不承认，后又解至沈阳，最后到伪新京（长春）方始获释，发往朝鲜釜山服劳役。光复后辗转回国，一九五三年回至四排。妻子女儿已不知去向。

时山林中，抗日基本群众全部被驱赶至"集团部落"。并禁止农民入山采集，只许特务从事打猎、烧木炭、伐木等。木把头吴炳彩伙同王明训、郭玉先（外号郭大白话）等组成"北边公司"专门经营伐木、烧石灰等。在山里设置若干作业工棚据点，如伐木则在独木河、五林洞、七里钦（今向阳屯）、小木营等地，并配备警察监护。大别拉坑、望江台、烧石灰、苇子沟、坨窑山烧木炭，均系零散据点。抓皮张及江上捕鱼之特务，则均由宪兵分遣队宪兵补张甲正直接单线领导，搜集抗日军及苏联地工人员情报，同时日宪兵分遣队特务机关并收买赫哲族人，发给枪支弹药、鸦片等，允其打猎，兼以搜捕抗日联军。然从事山林生产人员，多属生活所迫，在山林中作业，暗自为抗日军传递情报，支援少量粮食、衣物等。北边公司水把头吴炳彩，则多采取两面手法，一面秉承日本意旨进山作业，另则亦不敢得罪抗日军，在不使日本人察觉之情况下，每年冬季采伐，均为抗日军送些粮米物资。

一九四〇年（伪康德七年）六月初，抗日军第二支队（四十余人），在支队长王效明、刘雁来的领导下，前往虎林，大、小木克河一带江边活动，截击敌一只汽船，打死伪警察二名，俘虏伪警察二十余名，缴获枪械二十余支、弹药多箱、大米一百余袋，全部运入江中心岛，将俘虏押解苏联。秋季西去宝清、勃利一带活动。入秋又回至饶河密营。本年底，支队长王效明带队伍进入苏境。副支队长刘雁来领三十余名游击队员继续在饶河山里，同种植鸦片之日特周旋。一九四三年二月，日本太平洋战争失利，对东北控制日益加强。游击队活动越加困难，为保持有生力量，迎接国际反法西斯战争之最后胜利，至本年底，游击支队全部由冰上过江去往苏联。

日本统治者为阻止抗日联军及苏情报人员于江上往来，自一九四三年起，以原小南河警察中队长孟广林（警佐）为首领，自密山第十军管区调集退役满军一营来饶河改编为国境警备队，沿江一带设置十三处边境哨所，每哨所配备一个班兵力监守，重点哨所多达二十名，并派以日本人做指导员。一九四四年冬十二月，马架子警备哨所誉长韩德章将日警备指导员山口康弘打死过江。

一九四五年（伪康德十二年），东北光复前夕，日本因太平洋战争节节败退，为应付战争局面，继将驻守在东北地带之兵力调入内地，致将边境守备队也调走百分之七十以上。后来在满开拓团及行政职员也相继被征调，补给前线之需。至东北光复前夕，本县驻守之日军兵力，总共不过二百人（包括分布全县各哨卡兵力在内），几乎达到了无以支撑之地步。

（五）日伪在饶河政治结构之演变及社会经济状况

日本侵占饶河至一九三八年"归屯并户"时，县城共有大、小商店六十余家，饭店二十余处。清乡并屯后全县农民生产生活遭到很大破坏。虽然并成二十余处村屯——"集团部落"，但人口大减，生产力下降。耕地荒废，只得凭镐头刨垦新荒，加以差役负担过重，无力耕耘，产量极低。且由于山林野猪之为害，许多农户忙碌一年，尚不足糊口。甚或竟至颗粒不收，只得以山菜充饥，购买力下降。使县城百余户商家，失去顾主，断绝财力来源，尤其鸦片生产中断，一时全县年减少收入鸦片一百二十万两至一百五十万两，折合伪国币二百五十万元，国民收入减少百分之八十以上，农民一贫如洗。许多商号手工业，不得不被迫关闭。中小商号倒闭后，有的将手中本钱买成蜜蜂，改作养蜂，或被迫改行务农，少数一举成为"配给店"之老板。

至一九四一年（伪康德八年）末，全县商号关闭百分之九十。很多商品实行配给制，统一控制火柴、煤油、日用百货供应，以原茶庄鞋店商行"东生泰"为主体组成"小卖联盟"，吸收部分原商号掌柜参加。不久小卖联盟转为"配给店"。至一九四二年，县内布匹、茶食、制酒、榨油、书店、印刷……全由"东生泰"一家控制。粮食供应，日本在此成立三泰公司，专门经营粮食（包括粮食配给）及煤炭。烟酒，早在康德六年即设置专卖局，统一掌管销售。清乡并屯及太平洋战争爆发后，经济日趋困难，烟、酒类除军需外，市面已绝迹。火柴、石油、食盐以人按月配给。人民在饥饿线上挣扎。

"归屯并户"后，县城涌入大批无业游民，既无地可耕，又无工可做，更无栖身之所。强壮者或越江去往苏联，或返回内地。无能走动之独身汉，靠拉小爬犁到二十多里外之西南岔、小北沟等地为商号或官吏运木桦糊口。有时晚归城门关闭，因饥饿疲惫，冻死在城外者并非少数。老弱残疾者，被迫流落街头沦为乞丐。伪康德五年满洲拓植会社，将地主手中多余之土地，收归国有（买回）配给无地农民耕种。然近地、好地多为权势之家所得，一般贫民，只能领到一点远地、薄地。并屯前本地以种植鸦片为生活来源。"归屯并户"后，生产遭受极大破坏，农民无力恢复生产。一九三八年伪三江省下拨本县一笔"罂粟更生贷款"约计十万元，用以资助无力经营之农民，添置畜力绳套、种子等。但到了农民手中则所剩无几，多为权势大户掳占。其后自一九四〇年至一九四三年，伪县公署曾几次派人去海拉尔购买马匹约二百匹，牛三百头，羊一千只。但强壮者，亦多为大户买去，一般农民买到耕畜，未及使役，便已死去。且日伪连年围剿抗联，农业劳力被派去背给养、修路、修飞机场，为日本驻军服劳役，缴纳繁多之捐税，如"飞机献纳金"、"所得税"、"禁烟税"、"卫生税"、"门户费"、储蓄之类农民几无以应对。成立县"兴农合作社"，以打粮食百分之六十至七十交纳"出荷"。因生产力低下，百分之六十以上的农户无耕畜，用镐头所刨土地有限，加以野兽为害及水旱灾害，所收粮食不足糊口，但催要出荷粮时，警察将农民的石磨、石碾贴上封条，违者非打即骂，严重者以抵抗"出荷"罪，随即逮捕。即是丰年，大多农户去了"出荷粮"尚须赖倭瓜土豆充饥。

与此同时，渔业生产也被控制。自一九四〇始，将所有渔民全部归入"渔业组合"，其后"渔业组合"统归"兴农合作社"领导。捕鱼钓具网线，统由"渔业组合"配给。捕得渔产（主要是大马哈鱼）由渔业组合包购，除供应日本驻军及少数上层官吏食用外，大部调往内地。伪康德八年太平洋战争爆发，边境控制日紧，凡江上捕鱼之民，必须经过审查，有"通苏"、"通匪"（抗联）嫌疑者，概不准下江。大多渔业主都持有特务机关证明，并交以情报任务。

至一九四〇以降，全县百分之五十以上居民无被褥，很多农民炕上只有一摊破棉花套子或破麻袋片。山沟里孩子长到十几岁尚赤身裸体。全靠多烧木柈取暖，聊以过冬。四排村竟至达到男子夏季在地里劳作，浑身涂些泥巴，腰间围破麻袋片遮体。朝鲜族家庭，炕上唯有几张稻草帘子，算是夜间遮身铺盖。除伪公职人员，每二年可配给一套协和服或制服外，一般贫民只得靠"更生布"（用破旧棉布更新之一种粗纬细经麻袋式布，穿不三五日即破）遮体。且收入低，买不起履具，多用盐腌渍生猪皮、鱼皮做鞋，或草鞋裹足。县城北有一专为五十余名乞丐搭盖之草房，其中有名叫徐大汉者，专门靠扒坟揭墓，扒死人衣服出卖过活，尚且买不到手。人民褴褛之状不堪忍睹。一九三九年，全县流行伤寒，虎痢拉传染病，染疾死亡者近百人。伪康德九年穆棱河泛滥成灾，密山、虎林一带粮食大歉，本县亦因雨涝歉产。一九四三年（伪康德十年），大馑，伪警察官吏，配给粮不足以饱肚，只得四处买黄豆煮食。一般农民买豆饼、挖野菜、稻糠、红松树皮充饥，且须负担繁重的差役，修路，修飞机场，"勤劳俸仕"等。本年早春，全县又一次瘟疫流行，染疾者千余人，死亡二百余人。最严重者为县城及西林子等地，人们述及可怖情景，有诗为证：

昨日城外出官差，今天死了要人抬。

活的又为死的哭，死的却把活的埋（人死亡较多之意）。

有抬葬死人者，路上忽然得病，及至回到家中便一命呜呼。时县城西门外，死尸横仰卧匐，不堪一睹。伪县公署虽采取对患灾疫家庭实行隔离消毒，也不顶用。直至六月草木争荣之时，瘟疫才告息止。

一九四四年（伪康德十一年）以后，日本在太平洋战争中战局失利，原来作为日本后方之"满洲国"，因欧洲战场德国节节溃退，日本大本营已知苏日战争之不可避免，因此日本凭借当时尚存之实力，开始部署对苏作战准备（梅本舍三著《关东军总司令部》）。作为满洲国境线的饶河，情势更加紧张。伪康德十一年秋，经日本当局部署，于县城西北隋家山（今一棵树）西一公里处，修十字形飞机场一处，到一九四五年春，尚未最后完工。同年春，伪县协和会青年训练所，征集五十余名"国兵漏"组成"勤劳俸仕队"到大带河及石场以西修筑公路。七月，利用县城小学暑假，组织五十余名十二至十六岁男性学生及七十余名民工，到关门嘴子及小南河等山区采集山葡萄茎叶，熬制酒石酸，为其作战需要，并由吉林师范大学派来4名大学生前来掌握具体操作技术。虽则如此，为应付太平洋战场，日本当局仍不得不将东北关东军一批批调走，至一九四五年春，留驻本县之关东军守备队山崎部队（原为一团兵力）撤走，剩下不足一百五十人，加上日本籍警察，总数不过二百人左右，日本行政官吏，"开拓团"员也不断被征调入伍。本年夏季往来于虎头、饶河、佳木斯、哈尔滨之轮船也大为减少。街面上日本人寥寥无几。五月欧洲德国战败投降。在满日本人心情十分恐慌，知其末日将临，社会上人们暗地里议论纷纷，谣传四起。其中一个谣传说：在牡丹江一带，一产妇生一对孪生儿，一个脖短，一个脖长。两个婴儿落地就会讲话，短脖郎说："别看我生来脖子短，到秋不受日本鬼子管"。长脖郎道："别看我生来脖子长，到秋不拿出荷粮"。民众对此谣传视为珍奇，到处传闻。人们冀期日本帝国主义之垮台。

饶河抗日游击队改编为
东北人民革命军告民众书

  亲爱的沿江各县的兄弟们、姐妹们！我们游击队，从东三省沦亡以后，起义救国，与日本帝国主义及其走狗满洲国，血战已经有三年多的历史了！在这三年当中，赖兄弟姐妹们的帮助，和我们武装同志的英勇善战，不惜牺牲屡次冲破了强敌的围剿，克服了第一段战线上不少困难，野蛮的倭贼和卖国的汉奸们，到了今天也不得不张皇失措地承认民众游击队是他们的有力对头。

  现在我们已经不是一个枪械简单，势力微小的队伍，我们在东北人民革命政府的指示之下，今将本队改编为东北人民革命军第四军第四团。今后我们要倍加我们的精神，去夺取新的胜利。当着东北失地尚未恢复，三千五百万父老同胞还淹没在血海，我们的任务是何等紧急而严重！兄弟们！姐妹们！你们从前尽力地援助过民众游击队，今后再号召你们更要尽力地援助人民革命军，今年明年我们劳苦群众的手，定要把日本在满洲血腥的统治反转过来！中华民族在自己的国土上也过着主人的生活。

东北人民革命军第四军第四团
（转载《救国时报》）

东北抗日联军第七军宣言

我们（东北人民革命军第四军第二师、君子仁队、北海队、三江队、宝山队、好胜队、友好队、东山队、海鸥君队、访贤队、永远队等）在这五年抗日战争中，得到血的教训，知道"团结则生，分裂则死"这句话是天经地义至理名言！我们深信中国苏维埃中央政府和中国共产党主张建立国防政府及抗日联军，停止内战，一致抗日，这一号召，实为救亡国存唯一办法；我们为的对立日寇"各个击破""并大屯""冒充抗日军"的毒辣政策和阴谋；我们没有统一领导，没有整个的计划，就不能在将来更大的事变中，取得更大的胜利；并且我们在这一年中，因为同志的英勇作战，群众的竭诚拥护，使我们的队伍有长足的发展，根据以上的条件，所以我们放弃个人的称号与山头，以平等的原则，成立抗日联军第七军。

自今以后，我们愿意与东北的各抗日联军共同组织统一的军事领导机关；我们希望全国各政党、各团体、各名流学者，本着"兄弟阋墙、外御其侮"的天良，早日实现国防政府以领导我们；我们欢迎"满洲国"的军队不要再受日寇和卖国贼的欺骗，赶快反正到抗日联军来，共同作抗日救国的神圣事业，我们愿意与日本爱好和平的士兵和劳动群众亲密地联合起来，打倒共同的敌人——对外侵略弱小民族，对内剥削穷苦群众的日本帝国主义者；我们不分民族，不分籍贯，不分党派，不分职业，不分信仰，不分性别，不管过去有任何敌对行为，不管有任何旧仇宿怨，只要是不愿意当亡国奴的同胞们，都要与他们巩固地团结，以打倒残暴的日寇，收复锦绣的山河，并且我们愿意牺牲一切，在抗日救国事业中作群众的先锋。同时我们不论家族、亲属、朋友，凡是亲日的都是我们不共戴天的血仇，与日寇一律地看待。我们相信唯有这样，才能实现中国共产党和中国苏维埃政府的预言："共产党和苏维埃政府坚决相信：如果我们四万万同胞有统一的国防政府作领导，有统一的抗日联军作先锋，有千百万武装人民群众作战，有无数万东方和全世界无产阶级和被压迫民族作声援，一定能战胜内受人民反抗外受列强敌视的日本帝国主义！"

东北抗日联军第七军
中华民国二十五年十一月
（原文载一九三七年九月十八日《救国时报》）

崔石泉——东北抗联第七军的创始人之一

李敏

一、乡籍及出身

崔石泉又名崔庸健，一九〇〇年六月二十一日诞生在朝鲜平安北道盐州郡。早在中学时代就因参加朝鲜民族解放运动，于一九一九年被捕，囚禁二年。

为了探寻革命真理，一九二二年来到中国，在上海南华大学学习。一九二三年至一九二五年九月又在云南讲武堂学习军事。毕业后，任黄埔军校教官，第五期第二区队队长。这期间曾与周恩来等相识并共事。一九二六年加入中国共产党，并于一九二七年参加了著名的广州起义。他亲自率领二百多名朝鲜族共产主义战士与敌激战十多个小时，在敌众我寡的情况下，仍固守沙河。这次暴动中朝鲜族战士牺牲百余人（现广州中山公园为朝鲜烈士立了碑）。起义失败后，特务们跟踪盯梢，到处想捉拿他，他冲破层层障碍和封锁，从广州带领参加广州暴动的一批朝鲜族青年，来到东北继续开展革命活动。

二、东北抗日联军战斗生涯

一九二八年初，他化名金治刚，先来到黑龙江省通河县的大古洞、小古洞西北河一带朝鲜村发展地下党组织，开展农民运动，组织抗日团体，建立反日武装，不久又来到黑龙江省汤原县梧桐河福兴朝鲜族屯以办学为名秘密开展农民运动，继续传播革命思想。

在短短二三年时间里，崔石泉在三江地区朝鲜族中发展了一批中共党员，并在福兴屯成立了党支部，下设河东、河西两个党支部。随后在萝北县鸭蛋河及鹤岗等地陆续组建党支部和党小组（这些地区主要是朝鲜族村屯的青年群众）。

为适应革命斗争的需要，他在满洲省委的指导下，于一九二九年春在汤原县鹤立镇附近的北七号屯（现在的新华农场）正式成立了中共县委。县委书记李春满，委员裴治云、崔圭福、金成刚，秘书金正国等。

一九三〇年秋，根据中共中央的文件批示精神崔石泉组织福兴村农民再次举行了震撼三江的农民暴动和示威游行，并取得了重大胜利。当时，根据满洲省委的批示，宣布成立汤原苏维埃政府。贫苦的农民群众，第一次尝到斗争胜利的果实，看到了团结的力量。一大批革命骨干也得到锻炼成长。这次农民暴动的胜利，极大地鼓舞和推动了三江地区的农民运动（注：三江为黑龙江、松花江、牡丹江），接着组建了农民赤卫队，用各种木制的土枪武装起来了。衣服是用锅底灰染成的灰色衣服，子弹是木制的，装在子弹袋以示有子弹，对外来敌人起威吓作用。

崔石泉把金正国、马德山、裴锡九、裴敬天等数十名干部派到萝北、鹤岗、富锦、集贤、桦川、桦南（湖南营）、汤原、依兰、通河、方正、延寿等三江各地，发展党团员，到处点燃革命烈火。从而使汤原中心县委所属的基层党组织迅猛发展到西自通河县，东至富锦县广阔地域。时值满洲省委进行干部调整，崔石泉等党员一起被派往宝清、饶河、虎林、抚远一带。一九三二年崔石泉在宝清县小城子对面城办起了军政训练班。近百名学员学习二个月的时候，日军的第十师团六十三队侵入到宝清一带。在敌人的"讨伐"中一名学员被捕叛变，供出了军训所在的地点。为此，学习班被迫停办，只带领五名学员来到了饶河县三义屯（朝汉民族混居村）同李学福一起办起小学，以教书为掩护，继续开展党的工作。随后根据饶河中心县委决定，当时仅有一只手枪，成立了由金文亨（又名金昌镒）、金东天、崔龙锡、许成在、朴英根等六人组成的特务队（抗日队），开展夺取武器的斗争，崔石泉亲任队长。第二年春，特务队从伪军警和恶霸手中夺得四十多条枪，队员也发展到四十多人。一九三三年四月二十一日，在大叶子沟，特务队正式改编为饶河农工义勇军，队长崔石泉、政治部主任金文亨。同年六月，崔石泉又在饶河三义屯举办了军政训练班。各地党团组织和反日会推荐的七十多名学员，经过两个月的受训后全部参加了游击队。到了七月份游击队发展到一百三十多人，但枪多半是砂枪和别里弹枪。

游击队成立后，困难也随之而来。快到冬天了还没换棉衣，粮食供给更是难以为继。特别是当时高玉山的救国军控制了虎林和饶河一带，随时在威胁着游击队的生存。于是队伍开到深山里住了二个月。在训练的同时，派李学福到虎林独木河救国军总部进行协商，联合抗日，得到高玉山的赞同。后特务队编入该部第一旅特务营。金文亨任营长，崔石泉任政治部主任。不久十二月七日拂晓，崔石泉与金文亨（金昌镒）等带领七十多名战士袭击了离虎林八里地的亲日走狗于保董。击毙日本指导官，缴获大小枪七十多支和粮食等军用物资。特务营与第一旅共同活动中处处以模范行动来影响友军的信任，取得多次胜利，得到群众的拥护。

一九三四年一月二十八日，高玉山司令率一千五百多名救国军攻打虎林县城的时候，特务营作为先头部队参加了战斗。其中第三连担负向日军司令部冲锋的任务，击毙日军官兵二十多人，缴获四挺重机枪等许多武器。第一、二连也攻克了城北碉堡。可是后来救国军后续部队见敌人反扑凶猛，畏缩不前。高玉山见久攻不克也失去斗志，下令撤退。特务营一、二连及时撤了下来，但三连因失去联络而仍在城内孤军奋战。在激烈的战斗中，连长许成在及崔龙锡等二十余名指战员壮烈牺牲，营长金文亨、二连长朴英根二人负重伤（经治疗无效不久均牺牲），救国军第一旅第一营的一百多名士兵也以身殉国。这次战斗，虽然击毙二百余敌人，但特务营损失也很大，队伍由九十余人减至五十余人。

进攻虎林县城失败后，特务营随第一旅退至虎林马鞍山（今东方红镇东北）地区休整时一旅参谋长王惠卿告知特务营：救国军中部分主降派企图对特务营缴械。崔石泉得到这一紧急情报后当即带领部队火速离开虎林，脱离了险境。一九三四年二月三日，在大带河召开党支部会议决定取消特务营番号，重新改为饶河反日游击队。由崔石泉任队长、张文偕任政委，游击队下设二个中队和一个手枪队，第一中队长崔石峰，第二中队长许植善，手枪队长金东天。会议还确定主要任务是发动群众，扩大队伍，打击汉奸走狗，建立根据地。

一九三三年末至一九三四年初，救国军的大部越境去苏联，有的回家种田，唯有饶河反日游击队继续战斗，成为乌苏里江畔各县抗日的核心力量。当时正值日伪军对吉东地区进行"第二次讨伐"，声称在三个月内消灭饶河游击队和其他抗日武装。然而，游击队不仅粉碎了敌人的"讨伐"，而且还开辟了以暴马顶子山为中心的抗日游击队根据地，同时也进一步壮大了队伍。一九三四年二月二十五日，二百多名日伪军进犯十八垧地。游击队五十名队员，充分利用地势险要的优势，经过近五个小时激战，毙伤三十多名日伪军，我方却无任何损伤。接着于四月份又攻打了大叶子沟日军的民团防所。不久又突袭了当地侵犯老百姓的两个罪大恶极的土匪头子，并将其处决。这一系列的胜利，使游击队在当地群众中的声威大振，此时饶河抗日游击队扩编为饶河抗日游击大队，张文偕任大队长、朴振宇任副大队长、崔石泉任参谋长、李斗文任政治部主任，七月二十八日张文偕率队伍去虎林三人班地方战斗牺牲，此后大队长由李学福担任（见李延禄《过去的年代》）。本年六月和七月，崔石泉、李学福亲率五十多名队员在暴马顶子山和大别拉炕分别袭击了破坏抗日、坑害百姓的苑福堂等两支投靠日伪的自卫团队，缴获许多枪支和马匹等军需品。

从此，以暴马顶子为中心，包括十八垧地、大叶子沟等抗日游击根据地初步形成。游击队也发展到九十多人，附近村屯也普遍建立了农委会、反日会、农民自卫队等群众组织。

从一九三四年十一月起，伪军为了破坏根据地频繁地进行了长达一个半月的"讨伐"和围剿，均被游击大队所粉碎。一九三五年一月十五日，敌人从佳木斯调来八百多名日伪军骑兵和步兵疯狂围攻暴马顶子根据地。此时游击队只有二百五十人。为确保以少胜多，部队集中埋伏在地势险峻，积雪深厚，离敌后方远，步、骑兵均无法行动的大王砬子。然后派出战斗组引诱敌人。一月二十九日，敌人果然上了圈套，向大王砬子追来。当敌人进入狙击圈之后，经过事先充分训练的滑雪队像飞虎般打得敌人乱成一团，与此同时，部队发起全线攻击。日伪军几次冲锋企图占领制高点，均被打退，经过一天的艰苦作战，打死打伤敌人一百多名，残敌溃逃。后来听群众报信说敌人冻死冻伤的也很多。而我军死伤仅六人。战士们高唱《冬季游击歌》：

雪地游击，不比夏秋间。

朔风吹，大雪飞，雪地又冰天。

风刺骨，雪打面，手足冻开裂。

爱国男儿，不怕死　哪怕艰难。

雪地游击，我们有特长，

足穿踏板，扶长杆，不用喂草粮。

登高岭，走洼甸，步履比马快。

赶走日本强盗者，功垂霄壤。

敌人溃退后夺取暴马顶子之心不死。仍派六十名伪军驻防该地，并加紧筑堡垒。李学福带八十名队员，于二月十日进行夜袭，经过三个小时的激战，利用手榴弹炸死伪连长以下十余名，俘虏九十多名。缴获六十支步枪和其他军需品。战斗结束后，对九十名俘虏每人发给三元钱打发回家。

至此，重新收复了暴马顶子根据地，彻底粉碎了敌人的冬季"讨伐"。

一九三五年三月，在大叶子沟以饶河抗日游击大队为主体吸收一部分被改编的山林队，统编为饶河抗日同盟军。一九三六年二月，再次改编为东北抗日联军第四军第二师第四团，下辖四个连和一个保安连及团部。共二百五十多人。团长李学福，政委李斗文，参谋长崔石泉，副团长朴振宇，副政委崔石峰。不久敌人的秋季"讨伐"开始，九月二十六日，四团崔石泉参谋长获悉驻饶河关东军守备队高木部乘船去哈尔滨的情报后，把总队开到新兴洞准备截击。新兴洞是朝鲜族聚居的村落，分前村和后村，前村距乌苏里江三里，后村距乌苏里江十余里，距县城九十里。四团急行军到江沿的新兴洞前村。但瞭望守候多时未见到鬼子船只。于是将总队开到后村。而此时由于奸细告密，敌人的"讨伐"队追了上来。四团迅速在北屯西北岗上设伏，与敌先遣队交火。霎时，八十多名日军乘三只船出现在乌苏里江上，并很快登陆赶到。当敌人距四团阵地三十多米远时，一梭子弹打出去，五六个日军应声倒下，枪声大作，敌人尸体横躺竖卧一大片，连日军指挥官高木司令也一命呜呼。经过二个小时激战，打退两次日军冲锋。正当四团准备反攻的时候，突然有二百多名伪军从北山迂回而上，已被击退的日军也趁机反扑。我军腹背受敌。战斗一直持续到天黑，崔石泉和李学福果断指挥总队周旋，甩掉敌人。此战击毙了高木司令等日本鬼子三十多名，打死打伤伪军二十多人，取得了重大胜利。但四团也牺牲了副团长朴振宇及政委李斗文等二十余人，伤十人。

新兴洞战斗，狠狠地打击了日本鬼子的嚣张气焰，极大地鼓舞了军民斗志，人民群众纷纷要求加入四团，不到十天就增加五十多名新战士。各个山林队也纷纷要求加入四团的行列，从而使总队扩大到二百五十人。敌人的势力只限在饶河县城，其余的地方都成了游击区或根据地。

从一九三五年十一月起，三千多名日伪军向饶河县的暴马顶子、大叶子沟为中心的游击区和根据地进行了冬季"大讨伐"。对此，我抗日联军采取化整为零，分兵活动，除李学福团长带领部分队伍留在饶河外，大部分则在崔石泉的率领下转战虎林一带，声东击西，截击敌人交通线，避免与敌人正面冲突。结果敌人在深山里转了两个多月，空无一人，只得拖着冻腿回去了。从而再次粉碎了敌人的"讨伐"。

一九三六年三月二十五日，第四团在关门嘴子文登岗地方，正式改编为抗联第四军第二师，师长郑鲁岩、副师长李学福、政委崔荣华，崔石泉任参谋长，此时日伪大力推行"集团部落"政策，实行经济封锁，动用数千兵力进行不间断的常年"讨伐"。面对这一严峻形势，二师部改变战略，提出不要再固守游击区，要分兵开辟同江、富锦、宝清、密山等地的游击区，在扩大游击范围中增强有生力量。六月下旬，崔石泉率二百五十多人到达同江境内。在熟悉地形和当地情况同时，派人深入到群众中去做抗日思想工作。不久派去的十二名同志把同江二龙山大排队的反动队长和一名日本教官击毙，策应二十名伪军反正参加了抗日军，并缴获四十支步枪。

六月十五日，崔石泉带领一百一十名队员在同江头道林子与日伪及地主大排队的三百六十名武装展开了遭遇战，其中仅日军步骑兵就多达二百人。战斗从上午九时一直到下午九时。崔石泉指挥部队展开政治攻势，在阵地前高呼"中国人不打中国人，专打日军"的口号。伪军和大排队开始产生动摇和消极，有的向天空猛烈开枪以骗日军，有的临阵哗变抗日，甚至有的暗地告诉指挥官的位置，有的还送来不少子弹。结果击毙日伪军五十多人，打坏敌重、轻机枪三挺，我方牺牲十六人，负伤八人。这次战斗虽很残酷，但我军对同江、富锦一带的影响日益扩大，甚至连一些豪绅也开始同情支持抗联。仅两个月就募捐到挤占费四万元，六十多人参加抗联队伍。这同一时间在虎林一带活动的郑鲁岩率领的二百多名队员也先后在黑嘴子、独木河、大马鞍山等地与日军多次激战，歼敌百余人。留在饶河的李学福为首的队伍于一九三六年三月十五日在大别拉炕召集"九省""保山""东胜"等山林队首领会议，根据他们的要求和实际情况，将其与独立营一起改编为抗联四军二师第六、七、八团。

一九三六年冬，二师主力陆续返回暴马顶子和大叶子沟根据地。

一九三六年十一月十五日抗联第四军二师根据上级指示在暴马顶子正式改建为抗联第七军。陈荣久任军长，崔石泉任军党委书记、参谋长。全军下设三个师，发展到千人。七军成立后，经过整顿，处决了混入队伍中的反革命分子，消除了派别活动。队伍不断发展壮大，短短几个月就取得了多次胜利。但是由于汉奸特务的活动猖狂，部队的行动往往被敌人探知，特别是从新京(长春)派来的"饶河地方治安工作班"(特务工作班)共四十六人组成，头子是朝鲜族金东焕、郑成忠，受过日本特务机关的特殊训练，专门对付抗联和地下组织。他们经常下到各朝鲜村、屯，逮捕地下抗日组织负责人和骨干分子，施以残酷刑法，甚至其家属也无以幸免。在这些特务的诱降策反下，抗联中的不坚定份子也有叛变投敌的。再由这些变节分子带路搜剿抗联密营。为了铲除这伙特务工作班的威胁，一九三七年三月四日夜，我一百多名抗联战士包围了西林子特务工作班驻地，但部队的行动已被敌人获悉。战斗打响后，敌人火力甚猛，防守甚严，遂决定撤出战斗。向西转移到天津班，与陈荣久军长会合。而此时陈荣久军长率领一百五十人，正与几支山林队头在天津班西狐仙堂地方开联席会议，商谈联合抗日事宜。但是消息被奸细告密，县参事官大穗久雄亲率二百多名日本军前来剿袭。我军随即布阵应敌，此战击毙日军饶河县参事官大穗久雄以下三十多人，伤十余人，部队终于突出重围。但也受到重大损失，陈荣久军长等共七名指战员壮烈牺牲。

不久，军部得知新来的七军政委罗英（原是四军政治部主任）在牡丹江看戏时被敌人逮捕叛变,给党的地下组织造成很大破坏,因此将其交吉东省委于一九三七年十月解至依兰南沟里处决。陈荣久军长牺牲后,七军随即召开党代表会议,决定崔石泉担任军委书记兼代理军长。会议还决定。要加强反奸细斗争,巩固部队团结,建立巩固的武装统一战线。据此,崔石泉在小南河召开各民众反日团体和山林队领导人联席会议,将"好友""姜国臣""孟尝君""天柱"等愿意接受"共同抗日纲领"的饶河、虎林、同江、富锦等县的各山林队五百多人编入七军序列,不久部队进行改编,李学福任七军军长,郑鲁岩任政治部主任,崔石泉任参谋长。

为了进一步扩大游击区,粉碎敌人的"讨伐",军部决定分兵作战。一路由崔石泉率军部、第二师和部分收编的山林队五百多人在饶河、虎林一带活动。另一路李学福和景乐亭第一、三师的七百多名队员前往同江、富锦一带开展游击。李学福率领的部队在富锦二道河子与日军小宾部队相遇,经过一天激战消灭了日军二百余人。崔石泉在饶河活动期间,成功地策动了大顶子山后佛寿宫一百多名伪军哗变。

入冬后,崔石泉派一部分兵力前往同江、黑嘴子(虎林)一带活动,牵制敌人的兵力,他率主力部队六百余人向抚远转移。十二月中旬,七军和五军联合突袭七星河镇,消灭伪军一个连,缴获步枪二百余支,轻机枪四挺,迫击炮一门及其他军用物资。随后,崔石泉率部回师饶河,积极主动地击败了敌人冬季"大讨伐"的计划。

一九三七年是抗联七军在发展游击战中,通过重新改编和整顿零散的各山林队(山林抗日义勇军),使总队获得较大的发展。到年末全军达到一千五百余人,并在暴马顶子、十八垧地山区、大叶子沟、四合顶子等地建立了许多密营,为七军游击打下了有利的基础。

一九三七年十二月三十日,吉东省委代表周保中来到饶河召集了下江(乌苏里江)特委扩大会议,重新改组下江特委,决定直接受吉东省委领导;二是决定七军编入抗联第二路军,并调整干部。由于军长李学福重病在身,仍由崔石泉代理军长,并由二路军总指挥部派遣王汝起和何可人分别担任一师师长和政治部主任;三是解决了干部之间的分歧和矛盾,肃清了敌人、奸细残余。这次会议对饶河一带的抗日斗争起到了积极作用。

从一九三八年春开始，敌人对抗联七军再次发起了疯狂的"讨伐"，加上日军实施的归大屯政策，部队与群众联系困难，然而七军将士不畏艰险，与日军进行了顽强的战斗。崔石泉率军部二十人留在饶河开展游击战。一、二师在富锦、同江等县活动，三师在宝清一带活动。八月三日，崔石泉带领军队二十余人奇袭饶河县小南河佛寿宫走狗队，智取轻机枪二挺，步枪六十余支，子弹一万多发。崔石泉用缴获的这些武器于八月间成立了军部少年连，共九十余人。

一九三八年九月二十六日夜晚，地下交通员朴永山到七军军部报告说，伪满洲国军政部要员日野武雄少将，在四十名军警护卫下已乘船到饶河县小佳河（汉朝民族混居村）巡视。一两天之内要返回饶河县城。当时大部队都在同江、抚远、富锦、虎林一带活动，设在老鹰沟密营的七军军部只有一个警卫连和一个少年连。留在密营的代理军长崔石泉和从同江回军部汇报请示工作的一师副师长姜克智商量决定率警卫连狙击。崔石泉和姜克智率警卫连四十多名战士从密营出发，急行军四十多华里到敌人必经的西风嘴子，分两道防线进行埋伏，等待敌人到来，下午三时左右日军的汽艇沿着蚯蚓形状的挠力河，由远而近，日野武雄乘坐的汽艇离岸仅三十米左右的时候，一声令下，步枪、机枪子弹像雨点般向汽艇扫去，刹那间，日野武雄少将和十几个随从被撂倒。余下的敌人，乱成一团。机枪手没到位就被击毙。驾驶员也被当场打死，汽艇无人操纵，随着水流向北岸漂去，战士们厉声高喊"缴枪不杀！"可是一点动静也没有。两名战士借一只渔船，一人划船一名战士端枪上了汽艇，悄悄地往船舱里一瞅，然后直起腰笑道："光有睡觉的，没有喘气的。"

战斗只用了几十分钟就结束了，经过搜检，连日野武雄一共三十九具尸体。这次阻击战我军无一伤亡。并缴获敌机枪一挺，长短枪三十七支，子弹四千多发，望远镜一架。极大地鼓舞了抗联战士和当地人民群众的斗志和抗日热情，有力地震慑了敌人。伪满洲国《大同报》十月二十日报道中哀叹"满洲国防一名将星陨落"。

随后崔石泉率军部在花砬子、四合顶子、臭松顶子、老鹰沟、暴马顶子一带开展游击，保护密营。一九三八年八月十七日夜（一说是八月八日），七军军长李学福身患重病，在苏联医治无效，不幸逝世。嗣后，十一月初在大别拉炕召开七军党扩大会议，决定：下江特委书记鲍林调任三师政治部主任，七军军长改由景乐亭担任；组建中共七军党特别委员会，由金品三任军党特委书记，郑鲁岩、崔石泉任党委委员。会后，崔石泉率二百五十多名步骑兵深入抚远开辟新的游击区。

一九三八年冬，由于敌人的大兵团围剿，加上原山林队首领邹其昌，王福森等投敌，部队大量减员，到一九三九年二月，全军一千五百人，只剩七百人左右。一九三九年三月六日，吉东省委下江"三人团"在虎林召开军党特委常委会，对七军工作进行了检查，认为一九三八年十一月的七军军委扩大会议是不符合组织原则的，决定重新整顿党和军队的领导机构。由崔石泉任七军党特委书记兼参谋长，景乐亭任代理军长，王效明任政治部主任，撤销郑鲁岩军政治部主任、云鹤英三师师长的职务。

会后崔石泉率军部警卫连和三师主力部队在饶河开展游击的同时，组织战士打鱼种地，准备越冬物资。然而一九三九年秋由于郑鲁岩被日军俘虏后叛变，七军在临时密营所种粮食几乎全部被破坏。十二月，代理军长景乐亭又因患关节炎很重，王效明等研究批准去苏治病，带领几名警卫过境入苏。而此时三千多名日伪军向七军大举"讨伐"。崔石泉把一百多兵力留在饶河钳制敌人，率领其余大部分队伍，冲破敌人的包围圈，迅速向抚远县一带转移。他利用灵活机动的战略战术，通过攻打敌人的薄弱环节来解决粮食服装等军需品。但这时的北方气温已降到最低点，满山都是厚厚的积雪，战士们又处于极度疲劳之中。加上日寇又利用汽车、爬犁、骑兵等进行追击，崔石泉带领将士们不畏强敌，十二月二十一日，部队到达抚远县新屯西边二十里的小树林子，第二天拂晓，日军教导团一百多名、靖安军七十名向七军进攻。当时我们的火力很猛，将敌人盖住，他们虽然伤亡很大，也不敢移动后撤，战斗整整持续了一天，直到天黑敌人才撤走。此战敌人死伤七十多人，冻伤的也不少，而七军仅牺牲二名战士。战斗结束后，崔石泉判断敌人肯定要纠集大部队来报复。于是决定迅速离开抚远，返回饶河沟里。为分散敌人兵力，崔石泉指派崔勇进（外号崔小胡）率朝鲜族干部七十多人往东方转移，他则率主力部队经同江向饶河挺进。当主力部队于十二月二十八日中午在同江县西石砬子山东三十余里点上篝火休息时，日寇的一个骑兵连（百余名）追了上来。经过五个小时的激战，缴获马枪十四支、手枪六支和军用地图及部分军需品，击毙连长、排长在内的日军共二十多名，俘虏四人。我军牺牲八人，伤三人。第二天当部队返回饶河后得知，被激怒的日寇派飞机和坦克，大批骑兵来追剿，狂轰滥炸，但徒劳无用。

一九四〇年四月一日至八日，抗联第二路军总指挥周保中、副总指挥赵尚志率小分队从苏联回到虎林县小木河北，召开了七军党代会。由三十八名代表出席的会议上，决定将七军改编为第二路军（由原抗联第四、五、七、八、十军组成）第二支队，支队长王汝起，副支队长刘雁来，总参谋长兼吉东省委代表。

会后，崔石泉与周保中、王效明等共同研究制订了二支队的活动计划。王汝起率一大队到同江、富锦边界活动；结果走到饶河大带河秃山头地方，截击伪警察部队的爬犁物资发生牺牲，此后继由刘雁来负责；王效明率二大队一部及教导队向密山、勃利方向游击；隋长青（刘延平）率二大队第二中队留在虎林、饶河一带游击。崔石泉于一九四〇年五六月间前往第二路军总指挥部任总参谋长。

三、战略转移在远东野营的日子里

这期间，由于敌人几年来实行"集团部落"政策，切断抗联部队与人民群众的联系，疯狂的连续不断的军事"讨伐"，各部队均遭到严重挫折和损失。南满、东满、吉东、北满的大片抗日游击区和根据地绝大部分被破坏，杨靖宇等许多优秀的指战员先后牺牲，抗联处境极为险恶。为了保存抗日武装，持久抗日，夺取最后胜利，一九四〇年初伯力会议决定，各地抗联部队留一部分在原地坚持战斗，其他部队实行战略转移，陆续转到苏联境内整顿训练。第二支队（原抗联七军），除留下刘延平率一少部分人继续在饶河等地战斗外，崔石泉率二路军的百余名将士先赶到宝清县，与从苏联回来接应的周保中队伍会合后迅速向乌苏里江边转移。日军得知情况后派两个营的兵力驱车赶到界江附近，准备布网拦截，全歼抗联将士。在十万火急的情况下，崔石泉派单立志指导员（汉族）连夜找来一支旧船，二路军的将士们在漆黑的夜幕掩护下，从河岔处起锚，向对岸驶去。十一月一日拂晓时分，数路日伪追兵到江边时，崔石泉和周保中已率部队过江全部到达对岸。事后，周保中回忆说："大江横隔，若无小舟渡过，则乌苏里江成为我之乌江矣。"第二年春天准备再返回东北开展游击战。但是一九四一年四月，由于苏、日签订了互不侵犯的《苏日中立条约》，一九四一年六月德苏战争已爆发，苏联为了保持远东边境的稳定，劝阻中国抗联队伍暂时不要返回东北。为此，抗联队伍不得不转入野营训练。

一九四二年八月一日，经苏联远东方面军同意，在位于黑龙江边，距哈巴罗夫斯克（伯力）七十五公里的雅克斯（习惯称苏联伯力北野营），抗日联军统一改编为东北抗日联军特别旅（也称"国际旅"，后又改为苏联远东红旗军第八十八旅，后来又称为国际教导旅）。旅长周保中，政治副旅长李兆麟，参谋长崔石泉。旅以下设四个营，二个直属营（无线电营、迫击炮连）。一营营长金日成（朝），政治副营长安吉（朝）；二营营长王效明，政治副营长姜信泰（朝）；三营营长许亨植（朝）（因许牺牲后由王明贵任），政治副营长金策（朝）；四营营长柴世荣，政治副营长季青（后由姜信泰接任）。

一九四二年九月十三日，教导旅召开全体党员大会，正式将原东北的东满省委、南满省委、吉东省委、北满省委合并组建为中国共产党东北地区委员会（也称教导旅中共东北党组织特别支部局）。会议选举崔石泉为书记，委员有周保中（白族）、李兆麟、金日成（朝）、金京石（朝）、彭施鲁、王明贵、金策（朝）、王效明、安吉（朝）、季青，候补委员王一知、沈泰山（朝）。中共东北地区委员会执行中共中央的政治路线，它包括在野营和已派遣国内的党员，对原有中共东北党组织的关系不变。从此抗联教导旅在以崔石泉为书记的中共东北地区委员会的领导下，在野营加强政治学习，加紧军事训练的同时，随时派出小分队返回东北执行军事侦察、搜集情报、抗日宣传、发动群众、进行小规模的游击等任务。

一九四五年八月，位于苏联远东哈巴罗夫斯克北部的雅克斯野营秋高气爽清风拂面。在中国和朝鲜即将光复的前夕，抗联国际教导旅充满了节日般的欢乐！一天崔石泉来到战友冯仲云（旅政治部主任）同志住的独身宿舍说："冯仲云同志，看来咱们是要分别了，想和你谈谈。"此时，旅部播音员李敏同志来取播音稿件（当时每天广播稿件是冯仲云同志从《真理报》上译成中文后交给李敏）。崔石泉见到李敏同志就说："小李，看来你们得同陈雷同志去中国战场了，我们是带不走你去朝鲜了，是不是？"然后，他又说："你也坐下听听咱们的谈话好不好？"他开始说起在中国的战斗十八年的感想，谈起中朝抗日将士和人民群众浴血奋战十四年的抗日战争即将取得最后胜利怎能不令人兴奋呢！谈起二十多年前他为了探寻革命真理而被迫离开沦陷的朝鲜故土——三千里锦绣江山的情景，在中国云南讲武堂习武，接受马列主义，后又在黄埔军官学校有幸与周恩来等杰出政治家相识，并加入中国共产党的一幕幕像电影般飞过他的脑际；广州起义，还有在汤原创办松东模范学校，举办军政训练班，到饶河创建抗联七军……他怀念起饶河游击队，抗联七军的李学福、黄继兴、徐风山、朴振宇、张文偕、李斗文、李福林、姜克智、李一平、王汝起等，也怀念汤原游击队，抗联六军的英烈李云健（张仁秋）、夏云杰、裴治云、金成刚、崔圭福、马德山、徐光海、吴一光、张星德、裴成春、裴敬天、李云峰、赵相奎、黄成植以及抗联十一军政治部主任金正国等。这些抗日将领很多是他亲手培养过的学生，他为此深感悲痛，他们先后都在抗日战场上壮烈牺牲了。还有他亲自培养入党的中共汤原中心县委书记裴治云、组织委员崔圭福、妇女委员金成则等十三位烈士在被日军活埋的死神面前仍大义凛然，无一变节，为国家和民族献出了宝贵的生命，留下了光辉的业绩！

如今，抗战已近尾声，他更加留恋生活战斗了十八年之久的三江平原，这一富有传奇色彩的黑土地，重返革命的老根据地已不可能了。因为以他为首的中共国际旅党委（东北地区委员会）刚刚做出决定：日军无条件投降后，东北抗日联军中的朝鲜同志，将回朝鲜组建新的朝鲜劳动党中央委员会；汉族同志将返回中国，配合苏军解放东北。如此说来，他与朝夕相处多年的亲密战友周保中、李兆麟、冯仲云、王效明、王明贵等国际旅的抗联将士，也不得不离别了！但他相信，在几十年枪林弹雨中结成的中朝战斗情谊，定会源远流长，与世长存！一九四五年八月八日，苏联外交部长莫洛托夫发表了苏联政府对日宣战宣言。八月九日零点十分，苏联最高司令部命令苏联远东军三个方面军从西、东、北三个战区，在四千多公里的广阔战线，向侵略中国的日本关东军发起了全线进攻。八月十日从广播里听取朱德总司令发表讲话，向八路军、新四军、东北抗日联军指战员致敬的消息，这就是总反攻的军令！早在七月开始，抗联教导旅派出数百名指战员，分成小分队担任苏军进入东北一线的向导。同时派出空降队到东满、南满、北满等地的日军后方，占领关东军要塞阵地，狙击逃跑之敌。

在苏联红军势如破竹的强大攻势下，日本关东军迅速土崩瓦解。一九四五年八月十四日，日本天皇宣布无条件投降。为了迅速及时接收东北，东北抗日联军于一九四五年九月初开始分几批进驻东北五十七个战略要点，担任该地苏联红军卫戍司令员职务。第一队：李兆麟、王效明、姜信泰等一百七十余人分赴哈尔滨、吉林、延边等地；第二队，由刘铁石、彭施鲁等带队飞赴佳木斯地区；第三队由周保中、冯仲云率领分赴长春、沈阳各点；第四队是王明贵、张瑞麟；第五队张光迪；第六队陈雷、王钧；范德林；董崇彬各队分赴齐齐哈尔、北安、海伦、绥化；第七队陶雨峰、乔树贵等进驻牡丹江地区。

在出发前，抗联教导旅的指挥员全都更换了假名。崔石泉改为崔庸健，周保中改为黄绍元，冯仲云改为张大川，张寿篯改为李兆麟。一九四五年九月八日上午，苏联哈巴罗夫斯克南机场，数架军用运输机载着这些抗联官兵，冲向蓝天，飞向中国。崔庸健同周保中、冯仲云一起乘机到达长春、沈阳。

十月十九日，崔庸健接到冯仲云打来的电报通知，与周保中一起乘坐只带一节车厢的专车来到沈阳。冯仲云带刘铁石开着两台吉普车把战友一直送到大帅府。以后的几天，对东北党组织和东北抗日联军是庄重的时刻。早在九月十八日到达东北的中共中央组织部长彭真和陈云等领导同志认真听取了东北党组织领导的东北抗日游击战的详细汇报。

汇报中，崔庸健向中共中央东北局移交了中共东北地区委员会的全部组织关系、党员名单、党费及档案。当时彭真同志语重心长地说："我们共产党人领导的革命斗争中，有三件事最艰苦：第一件是红军二万五千里长征；

第二件是红军长征后南方红军的三年游击战争；第三件是东北抗日联军的十四年苦斗！"

这次汇报结束后，东北局领导宣布中共东北委员会胜利完成了历史使命，予以撤销，所属各地党组织统一由东北局领导。

不久，崔庸健回朝鲜，冯仲云派抗联战士董金山护送到鸭绿江边的城市安东（现丹东市）。

四、回归朝鲜后

崔石泉同志曾在中国的最东北角饶河、虎林、抚远、同江、富锦、宝清一带，率领抗联战士克服难以想象的艰难困苦，同日本侵略者浴血奋战，英勇斗争，打了无数次苦仗硬仗，连续九个月每个战士每天只能以一碗黄豆或一碗苞米粒充饥，有时只得靠啃树皮维持生存，特别是在风雪严寒中露营，既不能生大火堆，又不能睡眠，有时夜里还要战斗，连吃饭的工夫都没有，崔石泉同志始终重视加强党的思想政治工作，鼓舞并激励抗日战士克服重重困难，沉重打击日本侵略者，终于迎来了抗日战争的最后胜利。

回朝鲜后，崔石泉用了进东北时起的名字崔庸健。初任朝鲜保安局长，后任保卫相，人民共和国次帅，朝鲜劳动党中央委员会政治委员会委员，共和国副主席，最高人民委员会委员长等重要职务。

一九六四年崔庸健在周恩来总理陪同下来到哈尔滨时，专门宴请抗联老战友陈雷、张瑞麟、武昌文、李敏等人，并向周恩来总理建议在通河、汤原、饶河为在抗日战争中牺牲的烈士建立纪念碑，周恩来总理当即表示赞同并批示划拨了经费，同时落实了具体行动事宜。

一九七六年周恩来总理病逝时，"四人帮"下文通告各国不准派人来参加周总理丧事，崔庸健不顾他重病在身，违背"四人帮"的规定带着花篮来北京参加追悼会。回去后即卧床不起。一九七六年九月十九日，崔庸健不幸病逝，享年七十六岁。崔庸健同志的国家治丧委员会由金日成主席，以及金一、金东奎、康良玉、朴成哲、崔贤等同志组成。朝鲜劳动党中央、中央人民委员会，政务院为崔庸健同志举行了隆重的国葬。

中共中央、国务院于九月二十日致电金日成主席和朴成哲总理，深切哀悼崔庸健同志逝世。唁电指出："崔庸健同志长期肩负国家重任，为反抗美帝国主义的侵略和干涉，为朝鲜的社会主义革命和社会主义建设，为争取朝鲜的自主和平统一，贡献了毕生的精力。"

崔庸健同志是中国人民的亲密战友。他多次访问过中国，为加强和发展中朝两党、两国和两国人民的伟大友谊和战斗团结，做出了很多贡献。崔庸健同志的逝世不仅是朝鲜人民而且也是中国人民的重大损失。

崔庸健同志的革命业绩永垂不朽！

本文作者：系抗联老战士，前黑龙江省政协副主席李敏同志，本书出版时略有增删。

[参考书目]

一、《东北抗日联军史料》(上、下册)，中共党史资料出版社，一九八七年十二月。

二、《东北抗日联军发展史略》，吉林大学出版社，一九九三年十月。

三、《中国共产党东北地方组织的活动概述》，黑龙江人民出版社，一九九四年五月。

四、《中共黑龙江党史大事记》，黑龙江人民出版社，一九九八年九月。

五、《冯仲云传》，黑龙江人民出版社，一九九四年十月。

六、《黑龙江朝鲜民族》，黑龙江朝鲜民族出版社，一九八八年十二月。

七、《黑龙江抗日烽火》，吉林大学出版社，一九九五年八月。

八、《抗日战争时期佳木斯地下党》(中共佳木斯市委党史工作委员会编)，一九八八年三月内部发行。

九、《松山风雪情》(李在德回忆录)，民族出版社，一九九九年三月。

十、《过去的年代》（李延禄回忆录），一九七四年出版，骆宾基整理。

十一、《抗联七军史》，元仁山著，一九八七年黑龙江人民出版社出版。

十二、《饶河县志》，一九九二年黑龙江人民出版社出版。

抗联第七军军需处长杨洪义访谈录

杨洪义，山东文登侯家人，一九〇六年（清光绪三十二年）生，自幼家贫，十三岁即出雇邻村为仆役，十八岁来东北安达县，受雇牛奶铺，放牧、割草饲饮为务。一九二七年（中华民国十六年）来饶河县小北沟在宋德朴家做长工，当时以鸦片代货币，宋以伪品付劳金，杨不能用，乃持斧逼宋，才付以真品。时值"九一八"事变，地方慌乱，宋家谋图陷杨，杨为避其害，乃毅然参加抗日联军，初为粮秣征募员，工作一丝不苟，未几加入共产党。一九三六年擢七军军需处长，常冒死在敌巢出入，贡献良多。一九三九年奉命赴苏联入后远东野营。一九四五年东北光复后，回国，历任富锦县公安局长，饶河县长，国营宁安农场场长等职。一九六八年"文化大革命"中，曾遭诬陷迫害，一九六九年一月病逝，一九七九年始得平反昭雪。

李学福发起抗日

李学福，又名李学万，"学万"二字，朝鲜语音便是"葆满"。因此，一般的人都知道李葆满，而不知其名字的来由。

李葆满，祖籍原是朝鲜咸镜北道，他一九〇一年生在吉林省延吉县山菜沟老虎山屯，七岁随父亲迁来饶河县三义屯，读过几年书，后来便下田种地，由于他为人精明能干，性格豪爽，仗义疏财，且好结交朋友，到三十岁左右的时候,他已置下很大的家业,种了十多垧稻地,牛马成群,后来他被民众推选为三义屯的百家长(保长),日子过得很红火的,方周里外,没有不认识李学福的,他在民众中已有很高的威望。一九三一年九一八事变爆发之后,东三省沦为日本帝国主义的殖民地,当时李葆满的侄子李永皓正在北京大学读书,回来探家时对他的伯父说:"朝鲜被日本鬼子侵占了,又侵占了中国的东三省,中国决不能亡国,你把牛马土地全卖掉吧"李葆满问:"为什么卖地?"侄子说:"卖了买枪打日本鬼子。"后来,李葆满又受到共产党地下的县委书记徐风山和崔石泉的劝说和启发,开始组织抗日救国会,于是他通过各种人事关系,搜集了三支砂枪,四把七点(手枪),一把支匣枪,组织了五个人,定名为"朝鲜独立军"。

当时白天躲进山里,夜晚回到村里开会或走家串户宣传抗日,募集了一些吃粮。当时各沟里的百家长不认账。所以会兵见了李葆满的人就打。

有一天,五个人在去大别拉炕(饶河县属一条沟岔)的路上,埋伏在道旁的草甸子里,正遇上大别拉炕下来两个会兵,每个人扛支大枪,腰里还别着一把匣枪和一把橹子,李葆满命令手下人上前把枪支截了下来。葆满向他们说明:"我们不是胡子,要枪是为了打日本鬼子,不打日本鬼子,有枪也得让他们给缴了去。你们如愿意参加,咱们便一起抗日。"两个会兵说家中有老有小的,不同意去,把枪交了。随之便让他们走了。

当时只有五个朝鲜人,颇感力弱,李葆满说:"不发动联合汉族人不行"。一次在虎林独木河西炮手营,遇见了两个吸鸦片的中国人,于是把他们吸收入伙了。把好枪交给了他们,每天还供他俩吸大烟,生活格外照顾,葆满经常向他们宣传朝汉两族人民团结的道理。一天正结队到虎林去准备发动抗日武装,可是途中这两个汉族大烟鬼却偷着跑了,战士们都不满意这两个家伙连枪都给拿走了。因而埋怨葆满,可是李葆满却说:"有什么办法,拿走就拿走了吧,以后再收人时,警惕些就是了。"

饶河抗日游击队发展概况

一九三三年七月在三义屯暴动,当时完全是朝鲜人,由崔石泉和徐风山等人发起的。李葆满也同时参加,他主管地方联络和军需物资一些事情。崔石泉即崔庸健,他是黄埔军校毕业,老共产党员,曾参加过北伐,升至营长,蒋介石"四一二"大屠杀之后,他来到安东(今丹东),"九一八"事变爆发后,他先曾在通河县,后到宝清县活动,后来又由宝清县来到饶河,徐风山是由珠河县(今尚志市)来的。也是老共产党员,徐风山上级原曾派他到萝北县搞抗日暴动,因他提出"打倒马占山,李杜……"等过激不实际的口号(马占山、李杜等都是东北军自发抗日将领)失败,后来又派到饶河。

一九三三年县委书记徐风山,军事崔石泉。当时全县普遍组织反日会(后改为抗日救国会)发展会员,募集款项,共买到七支连珠枪,四把匣枪,洋炮、别拉弹(一种人工打火的长枪)三十多支,暴动宣布成立"朝鲜独立军",不久即改为"饶河抗日游击队"。

一九三三年五月,虎林县高玉山领导的抗日救国军一千多人同原黑河镇守使马占山手下的第十二团臧敬之六百多人,还有其他一些抗日武装,共计两千多人把饶河县的地方武装打散了,随之占领了县城,驻守了半年之久。十二月末苑福堂、孙行端等人从富锦县将日本军领进饶河。这时,救国军方面只留下臧敬之十二团留守饶河,抗日游击队跟随高玉山的救国军去攻打虎林失利,抗日游击队一百多人,只剩下五十多人,高玉山残部由虎头去了苏联,臧敬之所部在日军占领饶河后,已由大别拉炕苇子沟地方过江去了苏联,只有共产党领导的抗日游击队又回到了饶河县山林中,其间有七人已被日寇逮捕枪毙。

在未去打虎林之前,崔石泉领游击队战士去大佳河组织宣传抗日,大佳河大刀会因有民族隔阂,当场打死了两名战士,被迫开枪自卫。回来之后,徐风山责备崔石泉怎不当场给大刀会以致命打击。因此说他犯了右倾错误,遂把好枪缴回。

一九三五年六月,在大叶子沟(石场四合顶子北)成立了第四军二师四团,团长李葆满,参谋长崔石泉,政委李斗文,团副姜尚平、朴振宇。

一九三六年三月在关门嘴子文登岗成立了第四军二师,师长郑鲁岩,政委于化南。

一九三六年十月在石头卧子(一说在暴马顶子的三道沟子)成立抗联

第七军。军长陈荣久，副官长张文清，政委罗英，参谋长崔石泉，一师长李葆满，二师长邹其昌，三师长景乐亭。罗英原在牡丹江一带活动，并任有要职。他在牡丹江已被捕叛变，将一个县委组织并青年团组织全部破坏。组织上尚未察觉。他过去同陈荣久都曾在一起工作过，听说陈荣久来饶河，他也要求前来（也可能是为了躲避他叛变的行迹），因获批准，他到任后不久，陈荣久军长便收到四军的密信，说明罗英是叛徒，要立即秘密处死。当时我（杨洪义）也是军部的核心成员，因而向陈军长和李葆满提出建议：七军朝鲜族同志占相当比重，曾有过一些民族间小的摩擦，罗英刚到任即被秘密处死，恐怕在人们心目中产生疑惑，陈军长和李葆满等接受了我的意见，遂假送四军部一封密信，传令让罗英到依兰南沟里开会，走时并配有两名随行人员，到了依兰南沟里交给了周保中，就地处死了。

陈荣久，原是东北军，后来参加了救国军，开始在四军任副官，因作战英勇果断，足智多谋，后派去苏联莫斯科东方大学学习。回国后，四军部派他以特派员的身份来二师处理领导层中间一些不协调的问题。他是一九三六年五月来到饶河暴马顶子东北岔，住在刘大升家，自称叫王福东，来找关系，当时军队都到富锦、同江一带活动去了，后来根据上级批示要成立东北抗联第七军，为了调处关系，便把他留下了。开大会成立七军的时候，才改称真名—陈荣久，当时他已被安排到五军，因七军再三请求，才把他任命为七军军长了。

大顶子山后天津班战斗

一九三七年三月五日，天还下着雪，陈荣久军长领着队伍正在天津班西北的胡仙堂地方开会，研究部队人员编制等问题。在此之前，七军某部曾去西林子与朝鲜工作班进行了一次交火，双方都有些损失，但不大，工作班是武装警察，带有特务性质，专门伺探抗日联军的动向，通过他们，县参事官大穗久雄得到消息，大穗去小别拉炕地方刚"讨伐"抗联回来，没来得及歇脚，便连夜又带领人马奔向西林子，进而向抗联七军开会的地方进击。当时日军并伪满军麻成部队共二百多人（加上后援警察部队共四百人），我抗联七军得知信息后，一百五十余人（日寇宣称三百人）于三月六日凌晨即进入新开村南小山前沿阵地，分设三道岗哨，埋伏在三个山头，扼住公路隘口，狙击敌人。准备诱敌进至山间谷地，聚而歼灭，当日伪军行经第三道哨卡时，陈军长一声令下，前后发起总攻，鬼子分坐在十几张马爬犁上，慌忙应对，因为没有思想准备，前后夹击，大穗当场被击伤，死亡二十多人，大穗仍持枪指挥，被我们一连王振华连长一枪击毙。然而王连长又被敌人射穿右眼当场牺牲。陈军长率队伍截击后路，一张马爬犁上的鬼子全被击毙，并有一挺机枪，横在爬犁上，陈荣久军长带领抗联战士上前去缴械，不料被爬犁底下一个负伤的日本鬼子士兵一枪击中胸部当场牺牲。当时陈荣久军长年仅三十四岁（《饶河县志》为三十七岁）。这次战斗，打死日伪军三十多名，除县参事官大穗久雄之外，并有伪军麻成部队一个团副，抗联方面一共牺牲七人，战斗结束，天已傍晚，队伍撤退的时候，用担架抬着陈荣久军长和班长侯培林，还有一名朝鲜战士（金元俊）三位烈士的尸体，准备运至狐仙堂沟里加以安葬，行经天津班红枪会李法师（李清和）地窝棚东北面的山头上，又遇到伪警察部队一百多人从西面包抄过来。不得已，当即草草用雪掩埋起来，并交予当地民众抗日救国会组织，事过之后，用柞桦木杆刻成棺材，将三位烈士就地埋葬在山顶偏后一点的岗坡上。陈军长的墓在上边，班长侯培林和战士金元俊的坟在斜下方。

杨洪义同志说：

"在饶河地面上牺牲最大的将领就是陈荣久军长了。我在那里当县长的时候（一九五〇——一九五二年）由于整天忙于日常行政事务，没顾得及为陈军长的坟上填填土，这是我的很大遗憾，你回去向现职的地方领导说一说，能把陈军长和另两名烈士的坟墓找到，去人填一填土，弄几块松木方子写个碑立在坟前，作个标志，以为后人凭吊和纪念。如果他们不采纳这个建议也就算了。"直到二十二年后的一九八三年五月十二日，才几次组织人终于把陈军长的墓葬找到（详见《饶河县志》卷十三《陈荣久烈士墓葬寻探记》）。

姜尚平扣留郑鲁岩

姜尚平山东东阿人，他原是饶河山林队的头目之一，队头名叫"安邦"，共有五十多人，活动在饶河、富锦、同江一带。一九三五年以后他被共产党领导的抗日队伍收编，统一改编为东北抗日同盟军，任第四团团副，后来姜尚平带领二连三连一百多人去到同江县青龙山一带开辟基地，因为财权都被朝鲜独立营控制着，他没有自主权，到了同江青龙山，后来他带领一伙人拉出去了，还想当山林队，同时还想摆脱军部的领导。当领导知道这个情形之后，派下江特委委员郑鲁岩到同江青龙山去劝说姜尚平归队，郑鲁岩到达青龙山密营之后，即被姜尚平扣留，鞋给扒了。郑鲁岩满不在乎，要吃要喝，姜尚平半开玩笑地说："你吃吧抽（吸）吧，到时候就枪毙你……"

郑鲁岩一去不见回来，军部又派我（杨洪义）前去。我找到了青龙山密营之后，姜尚平向我要枪，他说："你这次来，给我带来多少支枪和子弹？"我说："你要枪，枪也不是我个人的，而是抗联队伍上的，你扣留郑鲁岩，革命队伍也不能为一个人而迁就给你枪，等我们回去商量再决定好了。"郑鲁岩接着说："枪是有，一是给你枪，二是来打你，到时候我带人来打你。"姜尚平同这些人都是老同事老战友，也无计奈何，过了两天，不得不把郑鲁岩放了，我们一起回到了军部。

注：当时访问杨洪义同志时，他正患肺气肿痛，说话很吃力。他说："关于抗联的经历，我若不是有病，三天三夜也说不完，现在无奈，只好先说到这里，留待以后会面时再说吧。我一九三九年就过江去了苏联，明天我给你介绍一位抗联七军的副官郝升臣同志，现在宁安农场油库当主任。他从参加抗联以来，差不多战斗都参加过，而且去苏联最晚，他可以系统地向你讲述一些抗联战斗故事。"

附：前东北抗联第四军军长、松江省副主席、全国人大秘书长李延禄同志关于陈荣久军长生平的简介

姚中嶒同志：

由人大办公厅转来您的信，今将我知道的一些实际情况写给您。陈荣久同志是一九〇四年出生在黑龙江省宁安县东京城三家子村一个雇农家庭里。少年时期，因家庭生活贫寒，没有上学读书，帮助家里干些零活，自幼热爱劳动，憎恨地主的剥削和压迫。

一九三一年"九一八"事变，日本帝国主义为了侵略东北制造事端，蓄意挑衅，造成柳条沟事件，日寇关东军中将本庄繁和多门二郎联合进攻辽宁省沈阳市北大营。此时，陈荣久同志在东北军第二十一混成旅骑兵二营七连当兵。

"九一八"事变，卖国贼蒋介石和国民党不抵抗政策出卖了东北大好山河，中共中央毛主席（编者注：当时中央领导人是博古，即秦邦宪）九月二十七日召集中共中央苏维埃政府会议决定抗日，反对日本侵略东北，发动人民抗日，中共东北党按照毛主席的指示，组织东北抗日战争。荣久同志目睹日寇三光政策（杀光、烧光、抢光）的残暴行径，更是悲愤交加，仇恨满腔，痛骂国民党拱手卖国政策。拥护共产党的反对日本法西斯侵略东北政

策，他在士兵中积极进行宣传抗日。他的爱国精神得到了士兵们的支持和拥护，举行了起义，缴了七连连长的枪，战士们选举陈荣久同志为连长，领导抗日，并和孔宪荣合作抗日。

一九三二年十月左右，东北抗日救国军副指挥孔宪荣阴谋派刘万奎在穆棱县梨树镇杀害自卫军左路军总指挥马宪章和赵团长时，他坚决反对自我残杀，他说："国难当头，我们应该一致对外，团结起来反对共同的敌人日本帝国主义。"

一九三三年陈荣久同志率领部队来找宁安中共领导的东北抗日救国游击军——抗联第四军，愿在共产党领导下抗日到底。陈荣久同志到游击军后，主动接受党的教育和帮助，学文化，他学文化和学习政治进步很快，表现得很好，工作积极，努力学习，吃苦耐劳，朴实忠诚，能团结士兵，团结同志，对敌斗争是非常勇敢顽强的。于一九三三年六月由李延禄同志介绍陈荣久同志加入了中国共产党，成为优秀党员，提升为游击军的副官长。

一九三四年二月间，根据上级党委指示，派李延禄去中央汇报抗联四军工作时，由陈荣久与杨太和二位同志代理李延禄的工作。八月间李延禄回到部队。十月间中共抗联四军党委决定，认为陈荣久同志这段工作成绩很大，即被送去莫斯科东方大学学习深造，以便为党做更多的工作，于一九三六年回到了部队。

一九三五年根据毛主席"八一宣言"，在汤原县召开抗日联军大会时，批准了东北抗日联军第四军第二师为抗日联军第七军，由抗联四军党委决定派陈荣久同志为抗联七军军长。一九三七年（注：三月六日）在饶河县的大顶子山后战斗中壮烈牺牲。

陈荣久同志身高约一米七五，长方脸。

此复

致

敬礼

李延禄
一九八〇年元月十四日

陈荣久军长牺牲六十二年后,即一九九九年三月七日后生学者于洪江先生(饶河县人大原副主任)有《怀念抗联七军军长陈荣久将军》诗二首,附记如下:

(一)

虎吼雷鸣天地惊,青山血沃益峥嵘。

秋来枫叶红如火,烧尽东洋十万兵。

(二)

云散烟消旭日明,林深难觅昔时旌。

秋枫依旧红如火,片片丹心枝上擎。

抗日联军经常涉渡的三江平原沼泽地

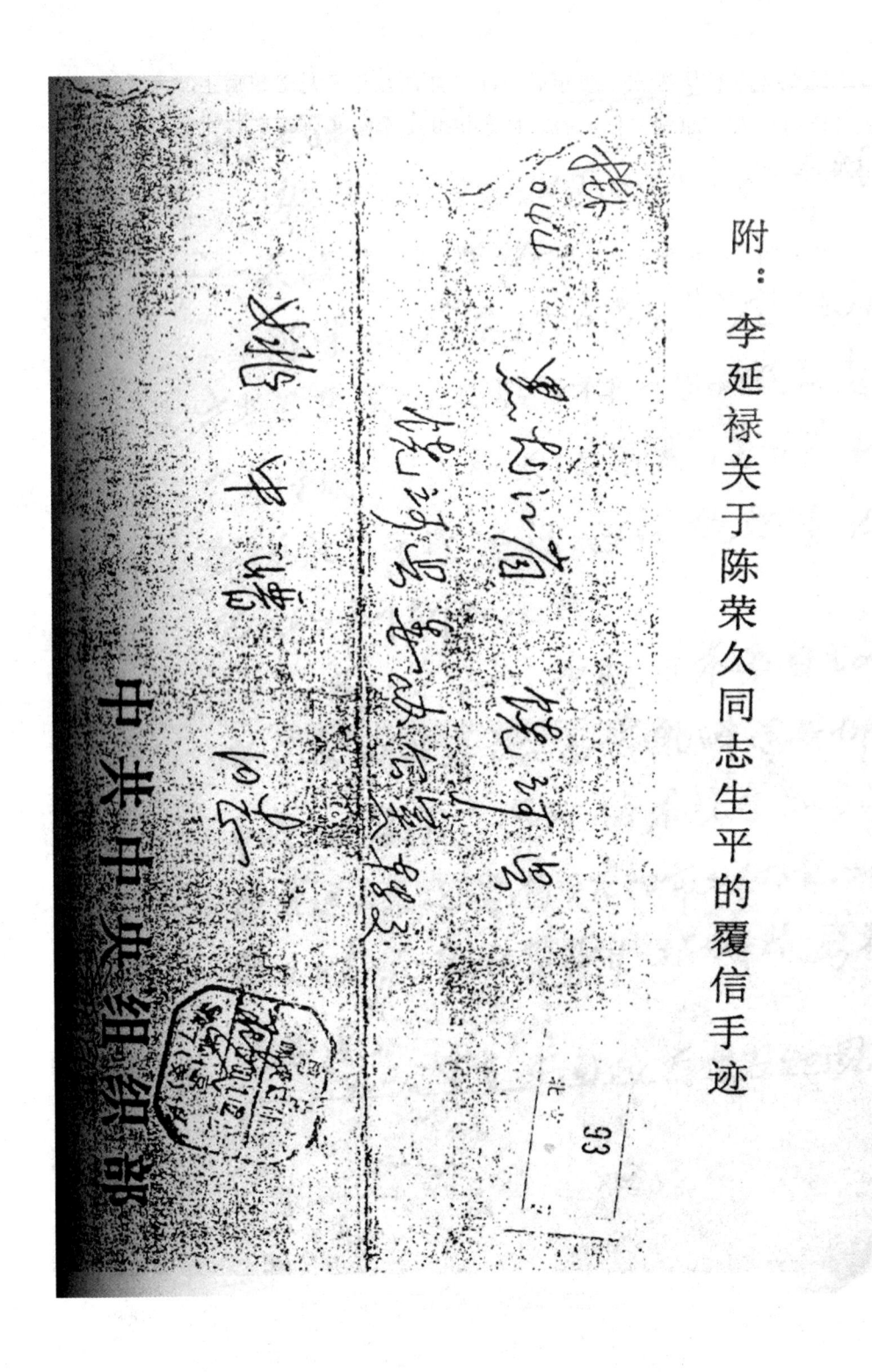

附：李延禄关于陈荣久同志生平的覆信手迹

姚中嵇同志：

由太办公厅转来您的信，今将我知道的一点情况简给您。

陈藻久同志是1904年出生在辽宁省兴安县东宗城三家子村一个贫农家庭。少年时期，因家庭出身贫苦，没有上学读书，帮助家里干些杂活。自幼热爱劳动，憎恨地主的剥削和压迫。

卅一年"九一八"事变，日本帝国主义拟侵略东北，制造事端，蓄意挑衅造成柳河沟事件。日寇关东军中将本莊繁和负门二郎联合进攻辽宁省沈阳师北大营。此时陈藻久同志在东北军第廿一路军独立骑兵二营已连当兵。

"九一八"事变卖国贼蒋介石和国民党主欺

抗联某部去了东北大森林。三，中共中央毛主席4月廿六日召集中共中央苏维埃政府会议决定抗日反对日本法西斯侵略东北。发动人民抗日，中共东北党据照毛主席的指示组织东北抗日游击战争。数以万日睹四短三光政策。杀光、烧光、抢光的残暴行经。更是悲愤交加，仇恨满腔。痛弃国民党执卒卖国政策。拥护共产党的反对日本法西斯侵略东北。他在太阳中天报进刊宣传抗日政策。他的爱国精神得到太阳份的支持和拥护。举行总攻撤了七连之民的武装。他们选举陈荣久为连长领导抗日。董知孔光荣参加抗日。

一九三六年十月左右，东北抗日救国军司令指挥孔光荣阴谋叛列万金花拷枝县某村陈荣久的第三军左路军指挥孟宪奉知道团长

峰..他坚决反对自我残余.他说："团结起来,针
对成后一致对外.团结起来反对共同的敌人
日本帝国致."

一九三二年二月陈荣久以志幸饮邻以参战导
安中共饮导的东北抗日救国游击军一抗联第的
羊.欣在共产党领导下抗日到底.陈荣久志到
游击军后.主动接受党的教育如帮助学文化
他学文化知识学习政治进步很快.表现很好
以作死报.劳动译真w食苦耐劳.朴家.忠诚.听团
结.志束.团结心志.於一九三二年 对敌斗争是那麼勇敢这挹的 二月 由李延禄介
绍陈荣久志加入了中国共产党.我将就是党员.
担任游击军的付官专.

一九沙年二月向报告上级党爹搭亲.派李延
禄去中共中央汇报抗联的年二作专.由陈荣久与

杨书记筠同志代理李运昌同志职。八月间李运昌回到部队十月间中共扩大执委会完全决定,改为陈菜久同志继任,以我绩绩扩大,叮嘱送选去莫斯科东方大学学习,深造地接受以更多知识下给予坚决回到了部队。

一九三五年根据毛主席"八一宣言"在冀热辽已有抗日联军大会师地址,东北抗日联军第〇军第一师抗日联军第七军,由抗联执委会完全决定派陈敬久同志为抗联七军军长。

在三七年化装行署一大坂子山战斗中壮烈牺牲。

陈荣久以志身经一百余战,最后五·长方腔。
此致
敬礼
                                   李运昌
                               一九八〇年元月指

李延禄同志第二封覆信

李延禄同志一九八一年十一月二十六日关于抗联七军一些领导干部的身世情况给饶河县志办的另一封覆信，全文如下：

北京市
中共中央组织部老干部局
王文亭同志 收

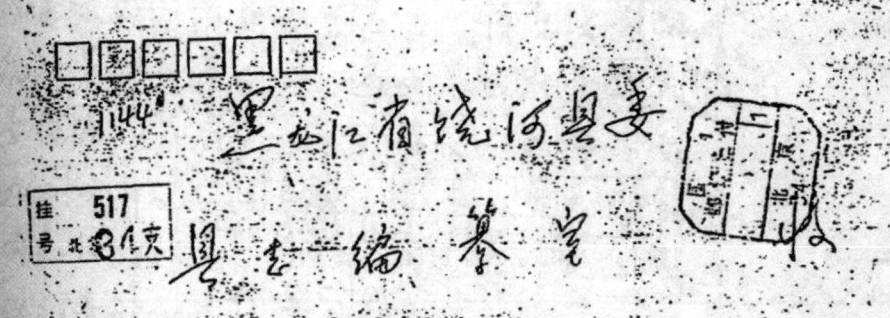

黑龙江省饶河县委县志编纂室

中共中央组织部

崔石泉同志是中共党员，朝鲜族。一九四五年抗日解放后改名崔镛健。在云南讲武堂毕业。参加广东暴动后，经周恩来同志派到东北通河县，清河沟里朝鲜屯做党的地下工作，发展党员。崔石泉同志是当时的党支部书记，发展了李葆满等同志，发动朝鲜族参加中国共产党领导的中国革命活动。于一九三一年带领廿余人到了饶河。九一八事变，在饶河组织了虎饶游击队（即虎林县、饶河县。）队长李葆满同志，崔石泉同志是政治指导员。

一九三二年经党组织决定，虎饶游击队由抗日联军第四军领导。一九三三年，第四军张文偕改委去饶河崔石泉同志处，将虎饶游击队改为抗联第四军第四团。崔石泉同志为团参谋长，李葆满同志为团长，郑鲁延为政治主任。

一九三四年这个团改为抗联第四军第二师。崔石泉同志任师政委，李葆满同志为师长，政治部主任郑鲁延，于化南同志为任主任。

一九三六年春经中共党组织决定，将第四军第二师改为抗联第七军，陈荣久同志任军长。

崔石泉同志任政委，李学满同志为参谋长，郑鲁延任政治部主任（曹波曰是遇捕？大话说。）

陈荣久同志是中共党员，抗联第七军任军长。一九三〇年秋，组织上派往莫斯科东方大学之省。一九三六年夏回国派到抗联第七军任军长。牺牲后，崔石泉同志任第七军军长，彭施鲁同志任政委，李学满同志任参谋长。

于化南同志是中共党员，抗联第七军军师政治部任主任。一九三六年组织上派于化南同志到莫斯科东方大学之省。一九三八年回来，在延安在毛主席处保卫工作。一九四五日本帝国主义投降后，组织上派他到东北任勃利、密山、虎饶地委书记。一九四六年春，苏东进攻勃利县时，于化南同志率领地委工作人员转移文东，走到林口县一个朝鲜族屯子时被谢文东上匪包围，在战斗中牺牲。

李延禄
一九八一年十一月廿六日

李葆华同志什么时候代光华军长，我不知道。

郑鲁飞被捕事，步峰下边报上来，李经调查是王波排或报美。无证据。李子树去，无结论。

彭梅鲁同志是中共党员。现在北京国防科学委员会工作。

耿凤同志（女）是中共党员。曾在抗联第e军工作。现在吉林省长春市住。她爱人孙铁峰同志是吉林省地质局局长。

东北抗日联军第七军副官、国营宁安农场油库主任邴升臣访谈

我叫邴升臣，今年五十九岁（一九〇一年生），我家是山东即墨，从小家穷，没读起书，十二岁便出雇当牧童，后因灾荒，无法生活，十七岁随乡亲来到梨树镇挖煤，二十七岁来到饶河腰房子（今永幸村）西老秃顶子沟种大烟，都说能发财，不料想"九一八"事变、日本鬼子侵占了东三省，清剿烧杀，胡匪掠夺，搅得山沟子里的百姓没法生活，一九三四年八月我们伙计两人一起参加了李葆满领导的抗日军，我那个伙计名叫王振华，比我小五岁，那年参加时才二十几岁，老家是山东掖县，他后来升为连长，一九三七年大顶子后天津班战斗，同陈荣久军长同时牺牲的，他持枪将大穗久雄参事官打死的，日本鬼子又把他的右眼打穿了一个大窟窿，他牺牲的时候，在队伍上才干了两年半多一点的时间。顶数我的命大，在队伍里干了十几年的时间，直到"八一五"东北光复。先后当过排长、连长、团长、军部副官，凡是一九三五年以后同日本或满军的大小战斗，我没参加的不太多，我先后负了七处伤，没被打死，能活到现在就算万幸了。解放了，现在是人民当家做主的天下，大家都过上了安乐的日子，我也没有文

化，不能为国家挑重担，组织上安排我管油库，我能把工作干好也就心满意足了，杨场长（杨洪义）说你（指作者）来了解抗日史料，我就从头把我所经历的战斗和所了解的事情，一段段地跟你慢慢地说吧。

（注：邴升臣，在队伍里打仗英勇果敢，意志坚决，屡立战功，可谓九死一生。光复后历任庆阳农场副场长、国营宁安农场加工厂厂长、油库主任等职务，组织上帮他找了一个寡妇做妻子，生有一子二女，一九八〇年三月二日病逝，享年七十九岁。）

关于抗日救国会

抗日救国会，是在共产党领导下的群众组织，饶河县的抗日救国会，是从一九三三年三义暴动后即发起组织的。到一九三五年，全饶河县每道沟（即每个区每个保）都有抗日救国会组织，县里有总会长，下边有分会长、小组长。每个组里有十几到二十几个人，也有组织委员和宣传委员，每个会员每月交五分钱的会费。党员不脱产的每月交二角钱党费，脱产当了抗日军就不交了。军队打仗缴的钱全部交给国家。

抗日救国会小组，每半个月开一次会，总会长都到各沟里开分会或组会。救国会的主要任务有四：一、向民众宣传抗日，为抗日救国出人出力出钱；二、选送抗联兵员；三是为抗日联军作好物资供应，粮食、盐、火柴、衣服、鞋、乌拉等；四、通报情况，鸡毛传信，日本鬼子和伪军"讨伐队"多少人，什么时候动身，向哪"讨伐"的？县城的救国会立即发出报告，通知南岗（今朝阳村南一里处，原有住民），南岗马上传知小北沟，小北沟马上再转报抗日联军本部。

当时抗日救国会会员，除了发展普通民众之外，包括商店掌柜的、唱戏的、开旅店的、伪军士兵、伪职员，驻小佳河一个伪军姓刘的上尉连长都曾发展成为抗日救国会会员。

饶河县抗日救国会最为活跃是一九三三年至三六年，到一九三七年，日本军靖安军几次大扫荡，特别是到了一九三八年日本鬼子实行靖乡清沟，大肆烧杀，逼迫民众归并"集团部落"之后，抗日救国会组织已全部解体，抗联要深入敌后了解情况，只能靠一些为数很少的情报人员，秘密联络，越到后来活动越是不容易的了。

暴马顶子大战

我参加了抗日军，最初参加打仗便是一九三五年三月在暴马顶子的一次战斗（当时的暴马顶子并不是现在地图上所标记的石场以北的暴马顶子，而是在小佳河正南四十多华里今杏树村东南太平沟一带，泛指地名叫"暴马顶子"）。暴马顶子沟里住有上百户散民，有汉族，也有朝鲜族，都是靠种植鸦片为生，种少量庄稼（主要是玉米，都是为了自食的）。当时驻守在小佳河的警察大队长苑福堂，派了四十多名警察驻在暴马顶子沟里，名目是保护百姓种植大烟（鸦片），实际是害怕抗联没收烟税，只许日伪当局专收。他们在太平沟北岸一共盖了五大间木头垛房子。四周夹有木栅栏院套，前后都设有岗哨炮楼子，主要任务就是要隔绝抗联与民众的联系。

当时抗日游击队长李葆满（李学福）和队副朴振宇商量，这帮狗警察在这里对抗日游击队的活动有妨碍，太不利，于是决定，要拔除他们这个据点——缴他们的械！

阴历三月，还是山雪融化、桃花水哗哗淌的时候，月黑夜里，抗联队伍五十多名战士。从警察队的营房北面的树林子里悄悄地摸上前来，警察驻守的木栅栏外边，是东西一长溜堆得很多木桦子垛，我们沿着桦子垛周围往前攻，虽然是河水哗哗声响，使敌人的哨岗不容易发现，但毕竟人多走动，终于被警察的哨岗发觉了，遂即向外开枪，这时屋子里正在睡觉的警察也一齐跑了出来对付我们。由于黑夜他们不便于发现目标，抗日军的队伍有几名眼明手快的小伙子，随之便拆木桦子垛，作为踏脚，随即爬上了桦子垛顶，向院子里抛出了几枚手榴弹，轰轰几声，敌人当场便死伤有七八名，步枪也向里边射击，一时打得警察们蒙头转向措手不及，忙喊道："别打了，别打了，我们投降！"李葆满立刻踏上桦子垛向他们宣布："你们看吧，我们是抗日军队伍，缴枪不杀！"于是两下都不开枪了，抗日军的队伍把警察的大长房子围起来，逼着警察头目把枪支和弹药全部归拢起来向抗日军缴械。这次战斗，抗日游击队没有伤损一个人，便缴获了四十多支步枪和四十多个子弹袋，另外还有两箱子弹。我们缴了敌人的械，很快日伪军加上警察队便从四面八方向抗日军追扑过来。我们知道敌人是不会善罢甘休的。李葆满领队伍连夜撤离暴马顶子，走到三道沟子，把枪支弹药进行了间壁，立即改变行程，南去向着虎林县境内走去，使敌人一时摸不到我们的踪迹。……

虎林城北莲花山一战

一九三五年六月，李葆满领着我们抗日游击队来到了虎林县城以北十余里的莲花山地方暂且住下，敌人发觉了之后，遂来讨伐。我们的队伍开始向山上攀爬，基本队伍在东边，山林队骑兵在西侧，当敌人扑上山来的时候，山林队骑兵却偷着跑了。这时我们的队伍已占领了山上的制高点。因为山顶上有一栋木刻楞小房。房门外还有一个砖坯垛，可作掩体，队长李葆满发出号令说："我们一定要守住山头，要不将是很危险的。"这时我的嘴唇已在爬山途中磕伤，嘴里流着血，也顾不得疼痛了，趴在砖坯垛后面便向来攻的敌人射击，敌人用机枪扫射作掩护，步兵向山上进攻。三次冲锋，都被我们打退，这时我的左臂已中弹负伤，好在没伤骨头，马上用毛巾扎好，血流的少一些了，继续同敌人战斗。我们把敌人的机枪射手打死了，敌人没能冲上来，不得不向后撤退。这天夜里，敌人已退至山下小河南岸，我们在莲花山住至夜半，恐怕敌人绕到山西再从北面来包抄围攻，因此，我们的队伍悄悄地从山的东坡撤了下来，选择了一个居高临下，进可攻退可守的有利地形在那里守候着，一直等到第二天日暮时分，不见有敌人的动静，这时队长李葆满领着我们的基本队伍六十多人向东北方向转移，另外还有十几名伤号让我领着向后方撤退。

当时河水很深，又没有渡船，不走还怕敌人追来，正在这时，就听到远处日伪军的枪声又响起来，这时，我走在最前头向同行的伤员们喊道："同志们，实在找不到船只的话，鬼子追了上来，我带头先投河，你们随后跳河，也不能让鬼子抓去！"大家异口同声地说："就这么办！"昏黑的夜里，找不到船只，我们向东北绕行了有十几里路，进入山林，河水变窄了，我们正遇上了一个大倒木横卧在河水之上，我们一个接一个地扯着树木的枝条挂着棍子，总算过到河的北岸。我们走了两天，到了马鞍山（今东方红东北）几处地窝棚里休息了四五天。同基本队伍会合了，这时我的左臂伤口开始愈合，我要求跟随基本队伍参加战斗，随之一些轻伤号都回到战斗队，只有六名较重的病号，李葆满打发他们回饶河抗日密营地三道沟子休养。

这次莲花山战斗，日伪军死伤约二十多人。我们只负伤十五人，没有阵亡，同我们一起作战逃跑了的山林队骑兵二十多人，在渡过莲花山的大河时，却全成了日伪军的俘虏。

日本鬼子兵和伪军是怎样过河的呢？原来敌人在讨伐中围攻莲花山时早将一部分兵力绕到另一个地方，在大河南岸潜藏起来，只让老百姓出来（内中有特务），对北岸的山林队看船人说："我们是特地给你们送粮食来了。"他们一伙人也真的背着扛着不少粮食，山林队逃跑到河边上，不加分析，误以为老百姓给他们送吃粮来了，随着将一只木船往返了几趟把人都摆渡到了南岸，正要接收粮米，却被埋伏的敌人包围，全部被敌人捆绑起来解走了。

回饶河途中的几场小战斗

从虎林撤回来，经过马鞍山（今东方红东北十余里的地方），那里住着伪满军一个排，排长是家理教信徒。李葆满就利用在家理教的关系，写了一封信，将那排长调将出来，走到西边我们屯扎的树林子的时候，向他说明了抗日游击队的用意，排长摇头说："我们虽然都是在家理教一家人，但让我把全排的枪全缴了，岂不是让我掉脑袋，我怎么能向日本人交代得了哇？"李葆满说："你放心好了，就说抗日军将你们的营盘全包围了，突围不出去，被迫缴了械。"那排长还有些支支吾吾不同意，但迫于形势无可奈何，只好顺从了。他领着抗日游击队往营盘走，还有里把路的时候，李葆满差人将排长反背捆绑起来，李葆满对那排长说："暂且只得委屈你一会儿了。这就是给你留的一条后路，向日本鬼子有说话的理由了。"走进营盘，门岗刚要上前盘问，却见排长反背绑着走了过来，一时愣怔不知是怎么回事。排长说：" 我刚才在营盘周围察看了一下战壕和掩体工事，不成想抗日游击队摸上来了，大家都不要动，各自保全一条性命算了。"随之命令将枪支弹药全部收拢在一起，摆在营盘门外。等待我们收缴。李葆满对三十多名伪军士兵进行了一番训话，他说："抗日军的政策，即缴枪不杀，你们都是中国人，不要再给日本人卖命了。"抗日游击队把枪械子弹收拢起来之后。遂将排长释放了。我们缴获了三十多支步枪还有若干子弹，又在这里缴了一些吃粮和二十多套军服，接着便向北山里走去。

第二天走到三人班（虎林县境）时，太阳已经偏西，这里有伪军的一个机枪连。伪军正在吃晚饭，被我们抗日游击队包围，李葆满站在大门外自报抗日游击队名号，让他们的头目人出来答话。

接着李葆满向他们喊话："中国人应该一致抗日，不应该自残骨肉给日本鬼子卖命。"屋子里出来两名官长，一声未吭，接着进到营房差派几个士兵抬出两箱子弹，其中一个头目说："本应该参加抗日，因为我们都拉家带眷，太不容易了，请原谅吧。"李葆满让我们把子弹分拆开来拿着，随着带队便离开那个地方。

又向北走出半天多的时间，经过腰段，这里住守着有十几名日本军，我们原想全部歼灭，不料想事前因特务告密，不等抗日游击队来到，他们就已经全部溜走。等我们到时，却扑了个空。

再往北，经过东大沟也没抓到日本鬼子，随之便回到饶河县的大叶子沟（四合顶子以北）石头北沟，队伍休整了几天，接着召开大会，根据上级的指示，饶河抗日游击队改编为东北抗日游击军第四军第四团。团长李葆满，政委李斗文，团副朴振宇、姜尚平。整个会议是李斗文主持的。李斗文仪表堂堂，山东掖县人，年仅二十七八岁，北京大学（实际是北京宏达学校，属于高中）毕业，文化很高，据说他父亲是中国人，母亲是日本人，只是传说，不了解实底。他善于演讲，每当打仗时，他还能自编战歌，教战士们唱，宣传抗日，向敌人喊话，中国人不打中国人，中国人应该团结一致打倒日本帝国主义等，这是一九三五年阴历六月之后的事情。

第四团，下属几个连，一连长是朝鲜人老金，二连长王忠昌，三连长徐春泰，四连长也姓王，是山东莱阳人。成立四团不久，即分头出发活动，一连、三连去暴马顶子，二连、四连去关门嘴子，开始收烟刀税（鸦片种植按烟刀计算，每三亩为一把烟刀）。成立四团之后，临行军之前，买回一只肥猪杀了，各连分了，大家吃了一顿猪肉。

作者注：关于四团政委李斗文的民族和籍贯，早在一九三五年（伪康德二年）日伪在沈阳出版的《饶河县事情》一书中即标注："李斗文山东掖县人，北京宏达大学（实为高级中学）毕业。"抗联人士杨洪义、邴升臣、李福珍等都是李斗文的同事和部下，他们都说李斗文是山东掖县人。一九九〇年饶河县委党史办公室主任张子华和工作人员徐尚卿前往德州拜见抗日游击队三连连长杨培英时，也一再证实李斗文是山东掖县人，而一九八七年出版的《东北抗日烈士传》中却说，李斗文是什么民族、乡籍是哪儿还难以断定，一九八七年元仁山著《东北抗日联军第七军》一书由黑龙江人民出版社出版，把李斗文说成是朝鲜族，岂非错上加错，大有纠正之必要。

漆黑夜刺刀交锋

我当时被编在四连三排当排长，我们前往驻守的地方是关门嘴子。那时的关门嘴子没有归屯子，老百姓都在山沟里散居，东一户，西一户，整个关门嘴子沟，南北有三十多里，东西有二十多里，分布着二百多户人家，我们的队伍，分两处住的，相隔不到半里路。我们四连住在文登岗后堵一条小河的北岸一个山坡上，东边有个小山，岗哨就设在小山顶上，二连住在河南岸，也是一个比较敞亮的地方，四下都能跑出去。

我们的抗日队伍开进关门嘴子沟驻守之后，很快便被特务告发了。日本鬼子兵连夜向我们攻来，我们驻扎的营房，西边是一片开阔的大烟地。当时我们的岗哨设在东面的山冈上，不料想狡猾的日本鬼子借助漆黑的夜里从西边大山树林子里绕道摸了上来，匍匐有一里多远的大烟地，摸进了我们的营房，深夜，查岗的班长刚好回来招呼岗班，黑暗中日本鬼子却偷偷走进屋里，对着正在睡觉的丛司务长就是一刺刀，当听到"啊……"的一声，满屋子里的战士立刻惊醒，忙持枪起来抵挡，当时抗日军也在虎林县马鞍山缴收了一些伪满军服穿的，在院子里拼刺起来，黑暗中一时也辨不清哪是鬼子，哪是自己的人。两方面都有些迟疑。我当时听到枪响，立刻起来操起匣枪即向外走，刚到门口，被日本鬼子一刺刀，刺在肚皮上，只觉得一阵冰凉，好在没有刺伤，我举起匣枪即冲日本鬼子射去，鬼子立刻闪到一旁，我一个箭步即冲出门外，蹲在土炉子旁边，见两个日本鬼子狰狞的正向我们的抗日军战士刺去，我端起三八式长枪两枪就把他俩全打倒了。我随之喊道："三排跟我出来！"三排的战士刷地从东门出走，绕到西边去围歼鬼子，谁知鬼子想去堵东门，和我们碰了个对头，于是出其不意，我们一阵排枪，将鬼子撂倒不少。

二连驻在河南岸，听到枪声，急忙过河从西边来接应，两下夹攻，把日本鬼子消灭了有二十多名。

武术手田玉林大显身手

也是这个夜里，敌人穿着黄呢子军服，我们的战士也有相当数量穿的是伪军黄呢子衣服，黑暗中一时也很难辨清。双方正在迟疑的激战当中，只见一个日本鬼子兵端着刺刀对准我们一个穿黑衣服的战士刺来，原来那个战士叫田玉林，是山东文登田家床村人，祖传的武术。只见日本鬼子端着刺刀向他刺来的时候，他手握着一支套筒子长枪，怎么来，怎么挡。像戏台上演武戏一般，听去像是打得有节拍似的。正在拼刺当中，田玉林一个扫堂腿将那个鬼子打翻在地，他用枪托子去砸鬼子的脑袋就好了。来不及思考，他伸手去掐日本鬼子的脖子。不料想却被身后一个鬼子兵把田玉林给刺死了。我们又把那两个鬼子给用枪打死了。

正在激战当中，敌我服装一个颜色，辨不清楚。团副朴振宇喊道："是我们的同志立刻蹲下！"抗日军战士随之刷地蹲了下来，他用手枪接连又打了倒了不少敌人。这一仗抗日军获胜，残余的日本兵狼狈逃窜。

西通大战

一九三五年（伪康清二年）九月，抗日游击军四军四团共一百四十多人，夜里走到小南河把保长王相波绑了起来，缴了会兵八支枪，把会房子（保长办公和会兵们住的地方）也给烧了。接着押着王相波往西通小北山（新兴洞山）走，准备去截击日伪的运物资汽船。路上团长李葆满、政委李斗文对王相波进行了一番爱国主义教育，说明中国人应该一致团结起来抗击日本帝国主义的侵略，不应该给日本鬼子卖命，王相波也有些转变，到了小北山，就把他松开了，第二天早晨队伍就在新兴洞朝鲜屯住下了，队伍在山上每个连各设一道岗哨。队伍刚开始吃早饭，就发现日本鬼子在江上开过来一艘汽船，很快便靠上岸边，接着便是一长串鬼子兵穿过树林草甸子向山上冲来，当时团副朴振宇命令立即行动，布置好阵地，准备迎击敌人，各连随即进入各自阵地埋伏起来。山南坡是村子，日本鬼子从东北坡赶了上来，他们轻机枪重机枪一齐开火，图谋抢占山冈，朴振宇团副一声令下我们在高处对准敌人一齐开火，二土别金藏在一座坟墓后边，连续打死了八个机枪射手。朴振字下令让排长王尚武押好子弹上前抢敌机枪，王排长向前冲了几步，忽然倒在地上，这时只见敌人扛旗的士兵被我们接连打倒几个，只见打倒一个，又上来一个，正在这时，朴振宇团副中弹牺牲了，这时伪满军一百多人从山前坡攻了上来，李斗文政委唱着战歌向他们喊话："满军兄弟们，中国人不打中国人，调回枪头打日本……"因为队伍早与他们有过联系，他们扔过来四五袋子弹，并向空中开枪……正在这时，苑福堂的警察大队六十多人从西北坡袭来，李政委正在向他们喊话，却被他们开枪打中胸部当场牺牲。经过几个小时的战斗，虽然打死日本军高木司令、富泉顾问以下三十多人，伪满军及伪警察三十多人，我抗日军也牺牲了三十多人，损失很大，我们的指挥人员相继牺牲，这时我见三连的人已所剩无几，四连正遇到伪警察大队，双方开火了，火力正猛，这时小南河保长王相波弓着身子跑到我近前说："三连所剩无几了，快撤退吧，继续打下去要吃亏的。"这时四连人也不多了。他们从北面撤走了，二连从东边撤离，撤退时我让连副先把队伍带走，我在最后作掩护，等队伍走远，我走到一个破房框子隐蔽着巡看了四周没有动静，刚想迈步，却被苑福堂队的伪警察当头就是一枪，出其不料，一下子打偏了，我想从西边拐过去好跑，结果敌人也从西面冲上来，没等敌人拐过弯来，我早把枪对准他瞄准，迎头一枪把苑福堂的一个警察打倒了，我撒腿就往稻田地里跑，稻田地里没有水，但一走一陷，跑到快出稻田地了，准备往树林子里跑，忽然日本鬼子的机枪爆豆似地响了起来，正冲我打来，子弹就在我的身后，溅得土块子直飞，我立刻在小河沟边上卧倒，回头一看，鬼子的机枪还在向我扫射，我匍匐着爬到稻田地边一个土棱子旁边，对准前来追赶的鬼子就是一枪，啪的一声，那鬼子应声被撂倒了，我用手去正帽子，才发现我的帽子顶上不知什么时候已穿了一个窟窿。马上提枪要走，结果枪栓都没有推上，顺势就向一片白桦树林里走去。队伍打散了，只得一个人持枪往回走了，经两天两夜的时间，才回到抗日军密营地三道沟子，许多人见面时都哭了，李葆满安慰大家说："干革命就是要牺牲的，为革命牺牲是光荣的，活着的同志，就得擦干眼泪，为死难的烈士报仇！"

挠力河上阻击战打死日野武雄少将

一九三八年（伪康德五年）有特务报告，小佳河村民通匪（抗日联军）。日寇阅边司令官日野武雄少将来到饶河乘汽船由县城出发经过东安镇上溯挠力河到小佳河视察，消息传到抗联队伍，在七军参谋长崔石泉和一师副师长姜克智的领导下不到四十人，连夜由老鹰沟据点赶赴西风嘴子山进行狙击。

日野武雄来到小佳河视察期间，小佳河警察队通知村内百姓一律戒严，不准划船去挠力河捕鱼或在村内外进进出出。

九月二十八日这天，敌人派了一个熟悉山野地形的特务，一大早就前往西风嘴子刺探情况，察看西风嘴子有无抗日队伍，一旦发现，当即回来报告，如果没有抗联踪迹就不用急着回来了。

崔石泉参谋长和姜克智副师长领我们三十多人刚好是九月二十七日赶到西风嘴子的，随即在临河的山崴处构筑隐蔽工事，山崖显露处连一个树枝一棵草都不许碰动，四处都布设了监视岗哨。这天中午，崔石泉、姜克智领着三十多名抗日弟兄们正在西风嘴子渔梁子吃鱼，我当时正在山顶上站岗执勤，老远就看到从远处走过来一个人，行走很怪，东张西望的，我随即报知队伍马上派人在道旁草丛里设下埋伏，等那人来到近前，随即将他抓住，捆绑起来。经审问，才说出他是前来刺探情况的，并告知今天日野武雄少将返航等等。随之将他扣留在西风嘴子，并警告他："如果你是撒谎。即枪毙你！"大约过午一点多钟，我刚下岗回来吃饭，就听到日本鬼子的汽船马达声，并连续放了好几枪，因为挠力河到西风嘴子山拐了一个大弯，然后河流一直沿着山根向东北流去，沿西风嘴子山是一片莽莽丛林，敌人怕有抗日联军埋伏，因此未到山根之前，先鸣枪震唬一下，也许闻听枪响即躲逃了。这时我扒了几口饭，急忙又进入阵地，当时，队伍三十多名同志全部在山坡上的树丛里埋伏起来，一点声动也没有。日本鬼子汽船见杳无声动，顺着挠力河直冲山边而来，拐过山隘处，汽船正在山崖下经过，相距不过三四十米远，只见日野武雄正坐在舵楼里拿着望远镜四处眺望，姜克智给了我一个眼神，我首先一枪即将日野武雄少将击毙，随之机枪，步枪一齐冲着汽船射击，汽船即刻停了火，也无人操舵了，眼看着汽船打横了，向对岸的柳树丛里漂去。经过用渔梁子的小木船前去搜查，船上三十九名鬼子兵连同日野武雄少将和汽船司机全被打死，缴获了一挺机枪、三十多支步枪、手枪和几千发子弹，还有一台望远镜，大家兴高采烈地欢呼我们打一个大胜仗，那个被我们扣留的特务，被我们教训了一顿，最后释放了。

十二团副姜尚平青龙山开辟新基地

姜尚平原是山林队"安邦"的头目，收编以后被提为四团团副，后改为十二团。一九三六年春天，他带领二连、三连一百五十多人到同江、富锦县开辟新基地。二连是收编的队伍，三连是基本队伍，当时我任三连连副，也一起跟随去了。姜尚平在同江、富锦两县无论是在地主，或是普通民众中都很有威信，当时以同江的青龙山为根据地。那里山多林密，距县城又远，敌人不容易来到。当时在四处募集来粮食布匹衣服胶鞋便往山上运。那时三连连长原是一个姓蒋的，辽宁人，他原是东北军海军陆战队队员，办事情很自负，有骄傲情绪，开会讨论问题，常常和姜尚平顶撞，因此姜尚平便把他的连长职务撤了，把我提为三连连长。队伍开进同江、饶河、富锦三县交界处的长尾巴林子，正赶上民众打麦场，和日本鬼子打了一仗，敌人死伤很惨重，我们伤亡了八九名。

当时朝鲜独立营与四团副姜尚平不太和，财经都被独立营一手操纵着，姜尚平什么也管不了，没有实权，姜尚平本是酒色之徒，交朋好友，没钱是不行的。于是他自己带一支匣枪便走了。

在这之前，姜尚平曾个别和我透露过，他说："你看，朝鲜独立营，代表团部和政治部把经济都抓过去，真是不能同他们在一起干了。"我回答说："这是他们个人的事儿，组织上并不是这个意思吧。"姜尚平见我同他的看法不一致，因而队伍带不出去，便自己离开了队伍走了。

后来，队伍里一百多号人中，有相当一部分人想回山林队投奔姜尚平去。有一天，连里一个姓魏的班长拉拢鼓动了一伙人突然把我的手枪缴了，并用绳子捆绑起来说："就是你个别，在这里当绊脚石，要不大家是不是跟姜副团长一起到大山里去了，过着舒心自由的生活了，不用受朝鲜独立营的气。"因而要把我拖出去枪毙，多亏大多数战士们讲情不同意，才免于一死，随着把我绑了，他们拉着一百多号人要去投奔姜尚平，连我也带着到了挠力河南岸的小根菜嘴子，见到了姜尚平。我对他说："干革命还干出罪来了。"姜尚平一见我被绑着，一时很惊讶，还不知哪的账，随之命令将我松绑，我对姜尚平诉起冤来，我说："我忠心耿耿的打日本鬼子，还有罪了……"姜尚平说："他们一时的误解，把你放了也就行了，你还要怎么的？"姜尚平对我说："我走出来，他们奔来，我不收也不好，你若是同意干的话，也还让你当连长。"我说："我老辈也没当过胡子，我不干。"他们随之把我放了，还有于司务长，枪都缴了，只两个空人回到了饶河关门嘴子岭西四条沟子（今杏树村以西）密营地，向李葆满汇报了，李葆满说："你们回来了就好枪丢了没关系，人回来就好。"随之我们二人又各发一支枪。

后来姜尚平见挠力河南守着抗联本部不便于活动，于是带着一百多号人回到同江青龙山安营扎寨，后来军部派下江特委委员郑鲁岩前去劝说姜尚平归队，却被他扣留起来，后来又派军需处长杨洪义前去说和才将郑鲁岩放回，郑鲁岩和杨洪义回来向军部汇报姜尚平在富锦、同江开辟基地很有功劳，只是朝鲜独立营在财经上太专权了，才使他分裂出去，事出是有因的。军部遂将独立团营长赵明政委、崔石峰等五六个人撤职，不久，姜尚平又归了队，直到一九三八年四月被他手下的士兵孔繁五杀害（见后《刘雁来只身除叛》一文）。

送两名特工人员去苏联

一九三六年六月，师长郑鲁岩派我秘密护送两名抗联特工人员去苏联，因为他们拉山道不熟悉，由我带领把他们俩送到虎林县的公司（今珍宝岛西侧209高地），他二人由那里往南直奔小木克河，他们二人计划到那里，编一个木筏子过江。当我们走到东大沟（可能是五林洞正东外七里沁河谷）时拾到一个掷弹筒，大半是日本"讨伐队"战斗中遗失的。我往回拿不方便，由那两个特工人员带上苏联了，从公司分手之后，我便穿山越岭又返回三道沟子密营地了。

因为本年三月在关门嘴子后堵召开大会，四团扩编为四军二师，师长是郑鲁岩，政委是于化南。十月在暴马顶子的西三道沟子开会，二师扩编为抗联第七军。陈荣久任军长，所以这次护送特工人员是受师部指派的。

蒙古兵进攻青龙山

一九三七年三月大顶子山后天津班战斗，打死驻饶河县日本参事官大穗久雄，陈荣久军长牺牲之后，军长由李葆满接替，这一年在饶河地面上抗日联军同日伪军发生了多起小战斗。一九三八年日寇派来靖安军在山沟里大肆烧杀，强逼百姓归入集团部落，抗日联军只得分成小股在各地活动。姜尚平在同江青龙山建立的根据地很是稳固的，这里他领导的二百多名抗联战士，在一个大漫岗上树林子里盖的房舍，周围挖了许多堑壕，还建有地下营房、地下伙房，岗哨和团部都通电话。一九三八年三月日本鬼子纠集了蒙古骑兵、满洲军、日本兵总计四百多人围攻青龙山，一共进攻五六次，打了一个多星期的时间也未攻破，不得不败兴而归。不久敌人通过特务拉拢抗联内部奸细孔繁五将姜尚平打死，后来正要带队伍投降日本，被副师长刘雁来一举把孔繁五铲除，将队伍带了回来。

大旗杆除叛，坚守暴马顶子密营

一九三八年，日寇的讨伐活动越来越厉害了，山沟里普遍开始烧房子，强迫老百姓归屯并户。这年夏天七军军需处长杨洪义最早一批去苏联了，崔石泉参谋长冬天过苏联去了。

这年秋时，三师在饶河、宝清二县边界大旗杆屯驻扎，由于敌人的围剿，条件十分艰苦，战士们没有吃的，经常挨饿。师长邹其昌的妻子刘玉梅，偷偷地去到富锦和日伪当局接了头，回来时，带回许多面粉、大米，还有猪肉，声称日本皇军过些天还要来送些给养，只要队伍同意皇军接收，一切物资都不用发愁了。正在秘密撺掇她的丈夫邹其昌投降日本。此事被军部得知，派政治部主任郑鲁岩带百余号人到大旗杆召开大会，名目是研究与确定对敌作战方案，正在开会当中，宣布刘玉梅是叛徒，随即将其逮捕，当即处死，邹其昌所属的队伍一百多人也全部被缴械，邹当时当众做了检讨，说明他老婆刘玉梅的活动，他一概不知，军部这样果断处理是正确的。他本人是决心抗日到底，可由组织上考验等等……当时邹所属的队伍，对缴械很是不满，大家说"想投敌叛变的只是极少数人，我们出生入死决心抗日，怎么也受到这样不合理的待遇？……"随之经过整顿，思想站队，一致表示愿意跟从抗日到底，随后把枪支又发给了他们。散会之后，郑鲁岩把邹其昌带走，说花砬子山去养病，实际是带到花砬子山枪毙了。

翌年三月（一九三九年）郑鲁岩在永幸村西北老秃顶子密营被日伪"讨伐队"俘虏。

到一九三九年，饶河地面上，散乱的山林队死散降亡已全部没有了。只有一师副师长刘雁来带领一个警卫连一百多人，在暴马顶子南头道沟子种了有四垧多地，有苞米、倭瓜、土豆，靠打野猪、拾蘑菇改善生活。

在这里住了一冬一春。还有无线电电报员于保和，他是中学生，还会日本话，夫妇二人都是在依兰县学校里读书时入党，五军军长周保中给派来的。当时同苏联都能联系，每天夜间拍发电报，向远东八十八旅（抗联在苏联的总指挥机构），汇报抗日活动和侦察敌人的情况，同时也能收到上级拍来的指示。每次拍发电报都需要一个多小时，然后把电台收拾包裹起来。

这时刘雁来的妻子已被日寇逮捕一年多了，闲谈中刘雁来也常发出叹息说："老婆被捕不要紧，最挂心的是孩子哩。"

当时暴马顶子密营地只有一台手摇缝纫机。另外在密营不远还有一处被服厂，后花砬子也有一处，为抗联战士做服装。

森林种地处

一九三九年以后，由于民众被赶进"集团部落"，归并了村屯，老百姓被警察看管起来，同抗日联军切断了联系。队伍上的粮食给养只得靠自己耕种，凡闭密险要的大森林里或周围是沼泽夏季无法通行的孤独林子里都建有森林种地处。主要耕种的是玉米、倭瓜、土豆、萝卜、饭豆等。收获之后，附近的抗日军前来背运食用。或就在密营周围耕种，就地食用。也有被日伪"讨伐队"发现给破坏的。当时的种地处，有五六处，主要是大王砬子岭前、花砬子、红石砬子、暴马顶子、头道沟和三道沟、挠力河北宋家大林子、大旗杆等处。多设在山崴层林中四处进不去人的地方，平时除指定人员进出外，一般人进不去。收获到粮食，搬运出去，或埋在地里，或藏在大树窟里。

处决日本劝降走狗范长山

一九三八年二月军长李葆满因患半身不遂（实际是肝病），六月在小木河过江去苏联治病，先到伊曼，后经拉左到比金医院养病，当年八月死于医院，其后军长由三师师长景乐亭担任。郑鲁岩任政治部主任，崔石泉仍任参谋长，我（郏升臣）任副官。一九三九年春崔石泉由苏联回来，开会宣布军部的新领导班子，当时是在大带河暖泉子（今去石场大岭，又名逮云岭，山东坡有泉名暖泉于）岭西召开的大会。随后队伍便分头出发了，当时师长王汝起、副师长刘雁来领着一百多人跟随着军部，行军走到大带河老会房子（今大带村西北八里左右），捡老百姓撩的黄豆泡了泡，用一盘旧石磨磨了，又挖了些鸭子嘴野菜（石竹科沟繁缕的幼苗，状似鸭嘴故名）合在一起做的小豆腐吃。

正吃饭当中，关门嘴子百家长范长山扛着伪满洲国红蓝白黑满地黄的旗子来了，是通过队伍的两名士兵领进来的，他曾到暴马顶子走了好几个地方才找到抗联队伍的，他说了来意："队伍在山里太遭罪了，还是下山归顺日本人吧，一切都保证安全，从优待遇，"随之也留他一起吃了饭。王师长问："你来干什么，扛着满洲国旗？"范长山说："扛着满洲国旗，领队伍下山，遇到'讨伐队'不受阻拦。"王汝起师长说："抗日联军遇到走狗是不客气的，你这东西枉披了一张中国人皮，今天就把你留在这里了！"遂命令手下人将范长山拖到树林子边给刺死了。临拖他的时候，只听他哭嚎着哀求道："饶了我一条命吧，饶了我一条命吧……"

把范长山处决之后，王师长命令，把剩下的大豆全部炒了，每个战士各装了一些当给养，路上好吃，随之穿山越岭奔小根菜嘴子过挠力河，向同江青龙山去了。

穿过三百里荒山进占蒿通

一九三九年春天，我们的队伍到了小根菜嘴子，奔同江青龙河去了。一路上吃炒黄豆，都迈不动腿，于是到了青龙河西圈河两边有一片大林子，很隐蔽，军部就在这儿住下，小部队出去，和在外边种地的老百姓接上头，买到一些粮食。

后来我们又奔勤得利：走到一个公路口，看到江边一个赫哲人正蹲在那里钓鱼，见我们来，撒腿就跑了。附近靠江边不远有一个小村子，我们就进去了，人都逃跑了，哪里也找不到粮食，只有些鱼，我们便背了一些，向着东南方向走去了。一路上涉渡了不少沼泽地、水泡子和小河，走到一个大漫岗，上边长满了柞桦树、很干爽，我们的队伍就在这里住下了，炖鱼吃，休歇的时候，人们补衣服的，缝鞋的，吹拉弹唱的，好不热闹。

敌人发现我们的踪迹，随后便撵上来了，他们看到我们在野地上趟出的道很宽，脚印很多，不知抗日联军有多少人，因而也不敢进犯，只好远远地监视着。

后来我们从这里向东插下去，直奔抚远县靠近乌苏里江的一个村子蒿通去了，通过村边的吊桥，正碰上几个警察围坐在警察队的小院里打扑克，他们还不知是怎么回事儿，就被我们全部缴械，在这里我们上了些吃的，连买卖家销售的布匹、胶鞋、火柴等物资让我们带走不少。

桦木林子截获伪军警枪械物资

这年夏天，队伍跟日伪军接了几次火，后来走到抚远县的杨木岗，我们在蒿通得到的东西又让鬼子警察抢去了。可是抗联队伍迂回转了一个弯儿，又把东西夺回来了。但是敌人的讨伐队伍，紧追不舍，我们便和他们在低平的沼泽地里、荒草岗上、大树林里周旋起来，有时他们在前头，我们又绕到他们的后边。

一天我们走到一个叫桦木林子的地方，遇上一户人家，老乡对我们说："你们往东去不了，日本人和警察正派背小背的民夫往这里送给养，大队正在东边等着接呢。"于是我们决定打他们，每个抗联战士都装扮成背东西的模样，向东走去，采取突然袭击的办法，把四十多名伪警察全缴械了。对打残的重伤号，给他们发些烟土（鸦片），其余的全放了，我们取得了胜利，随之队伍开始往南走。途中又碰到十多个逃跑的警察，也被我们缴械了。正好敌人抓来四十多个民夫背小背，运送粮米的，全被我们截住，大米、咸菜等全部留下，让他们给背过河。每个背小背的民夫给他们包一头巾大米，让他们走了，路上好吃，并告诉他们：如是遇上日伪"讨伐队"来时，就让他们过来好了，我们正在这里等候他们哩。也巧，民夫们刚过河，日伪的"讨伐队"来了，听民夫们说大米等物资都被我们截了，他们也不敢往前走了。

这次战斗，不仅缴获了敌人四十多支步枪，同时还扒下来四十多套伪警察服装，全部让抗日军拿走了。当时我们离开此地时，我带领战士们截电柱、掐电线，以切断敌人的通信设备。

打抓吉镇

一九三九年八月，正是炎热的夏季，我们的抗联队伍绕过敌人的"讨伐队"，向抚远县的抓吉镇去了。未到抓吉之前，我们就把抓吉镇的实底摸清了，军部下命令，挑选四十多名年轻力壮并且身段脸形长得漂亮一些的战士，全部穿上了伪军的衣服。王汝起和刘雁来穿上军官的衣服，全副武装向抓吉镇大摇大摆地走进去。站岗的正在城门口旁边一个小房子里吸大烟，见队伍开进城里忙出来应承问道："辛苦了，哪里的队伍？"王汝起师长说："我们是'讨伐队'！"当时也没理会站岗的，队伍走到最后两个人，过去就把门岗的枪掳下来，将他扭送到炮楼捆绑起来，我们的前头部队岗哨立即摆旗，后边的队伍一齐跟了上来，直接开进营盘，门岗点头哈腰问："辛苦了！"刘雁来副师长答道："不辛苦！"随之领人闯进了警察队部，当时把二十多名伪警察全部缴械，伪军衣服全都扒下来，随着盘问他们："你们这里四十多人，剩下的都上哪儿去了？"伪警察俘虏说："上海青去检查渔场去了。"又问："什么时候回来？"他们说："马上快回来了"。当时我们在北门、西门、南门各安有一个班，江边炮楼子里架有一挺轻机枪，等不多久，只见江上面漂来两只花鞋船（较大些的渔船），每只船上坐有十几个人，有的在船上喊道："到家了。"我告诉机枪手："先别开枪，别往他们身上打，朝天空点射几枪镇一镇，都是中国人。"可是机枪朝空中一响，这些家伙却真的打起来了。我随之推上一匣子子弹，连同机枪一下子把两只船打乱了，死的死，跳江的跳江，伤亡无数，还抓到一个日本鬼子，质问他另一个日本人哪去了。他什么也不说，问警察，他们说跳水了，副师长刘雁来划船领了三个弟兄去抓那名跳水逃跑的日本鬼子，只见他全身都浸在水里，只露着个鼻孔在外面喘气。刘雁来伸出手去只一枪就把这个日本鬼打死了。回来，晚上召开民众大会，事先我们已在群众中分别了解，哪个警察好，哪个警察坏，全部秘密掌握了，当晚用刺刀把那个被抓到的日本人警察头目开了膛，把五个坏警察装在麻袋里扔进了大江。面粉、物资我们拿走一些，其余的全分给了老百姓，并当场警告伪警察们，以后谁若效忠日本鬼子，欺压百姓做坏事，就是这个下场，并把一个三十多岁的警卫捆绑起来带走了。一路上，他苦苦哀求，饶他一条命吧。咱们安慰他："不要害怕，你人缘还不坏，不能处死你。"但他一点饭食也不进。第二天王汝起师长向他说明："现在就把你释放了，但还得绑着你。你向上司交代时就说是绑缚着押解你行走，半路逃跑的，这是为你着想的。"放他走的时候，走了几步，还怕要杀他，回过头来朝着王师长深深地鞠了个躬，然后迈步走了。走有十多步远，撒腿就跑起来。

以后，我们又回到同江青龙山住了两个多月，然后往西穿过石砬子山跨过挠力河，经过小根菜嘴子，又回到饶河大山里，途中又几经险遇。

民众用马套包子送大米

进到饶河地面，天开始落雪了，日寇集中各地上千名兵力，在深山老林里追堵讨伐抗联。我们的队伍行至别拉洪村（今八五九农场民主村）东的山林中，这时队伍的生活就困难了，首先是没吃的，逼得师部领导也直打转转。我们正愁得没有办法，忽然在树林中间的雪道上遇到一个朝鲜族老乡，赶着马爬犁拉木杨子，刘雁来副师长向他了解了一些情况。第二天他来拉木杨子用马套包子给装来三十多斤大米，他告诉我们，明天有日本开拓团四十张牛爬犁上山运木杨子，你们可以截堵他们。

第二天师部很早就设了卡子，截下来四十多头牛，于是我们天天杀牛吃牛肉，大的一天杀一头，小的一天杀两头。

那天天非常冷，夜里生篝火，火都点不着，干桦木都着不起来，用铁桶煮着牛肉，天不亮就吃。大家让参谋长崔石泉吃，他说："我这些日子天天闲着还吃啥，一点儿也不饿。"于是管伙食的司务长盛出一些给他留着。天刚蒙蒙亮，日伪的"讨伐队"的枪便响了，于是队伍急忙赶牛就走。把煮熟的两铁桶牛肉装进布口袋里，放在牛身上驮着，烫得牛直蹦高，向前跑去，费了好大力气才把牛撑上。走在雪地里，敌人队伍就在身后紧跟，相距四里多地，他们也不打枪，主要目的是想把抗日联军饿死拖垮。

风雪赶赴大林子

正在漫天飞雪行走当中，王汝起师长传信让我往前头去。到了前头，王师长问我："你认不认路？如认路，领队伍走，到去年春天咱们活动的大林子去。那里有咱们挖的壕沟工事，不然咱们就不好办了。"

于是他把参谋长崔石泉的马让给我骑着，缴获日本开拓团的牛在前边拉道。天黑走进过去养伤的小林子，王师长问："这是不是咱们所要去的大林子？"我仔细看了一下说："不是"。随之继续往西行走，走了两个多小时，果然走进大林子，当即扎营。点上火，开始杀牛，煮肉吃晚饭，这时敌人也跟了上来。他们走到小林子也安营扎寨了，远远可以看到篝火闪射着火光，他们也不敢连夜前来攻打。

第二天天刚放亮，军部便命令大家找好地势，扫清雪障，进入阵地，等待敌人的到来。天刚亮时，敌人蜂拥而上。结果出其不意，我们的机枪和步枪同时开火，敌人穿着大棉袄皮大衣从爬犁上下来聚成一堆，走路很笨，结果被我们的机枪打死不少。机枪的螺丝筒也打裂了，只好全用小枪子打，敌人不敢上来，把他们的马队都打散了。

当天夜里，我们就离开了那个地方，往富锦县境的大石砬子山走去。因为记错了位置没有走到，结果到了东边的小石砬子山，误入伪满军的营盘。我们没有思想准备，处于被动局面，被他们打了一下，死伤三十多人。我们不得不立即向南撤退，躲过敌人的锋芒。

八伤员密营自缢

从富锦县的石砬子山撤到饶河大山里之后，有八名伤员安排在暴马顶子前坡一处密营里休息养伤。所谓的密营，就是在山石陡险树木密集不容易被敌人发现的地方，就地挖个方坑，上边铺上椽檩盖上些白桦皮和野鸡膀子草（蕨类植物），上边再覆上些土，就是一个地窖子。当时把从同江带回来的一点苞米黄豆粒不过有六七十斤，全留给他们食用，其余的人化整为零分别去到各地方寻找粮食，自谋食物。有的一个班凑到一起，寒冬腊月在密林间倒树上寻找风干的冻蘑菇，有的剥下榆树皮来煮食，有的会支木碓下夹子，捕抓山兔树鸡充饥，不过猎捕山物是太不容易的事情。一天参谋长崔石泉找我带了三个人去关门嘴子岭西二道沟子一个山包上背粮食，说是副师长刘雁来通过秘密关系，村子有两个老抗日救国会员利用上山砍柴的机会倒腾出半麻袋小米子，插（间壁）在二道沟子口门北边的小山上一棵枯柞树窟窿里放的，让我领三个弟兄前去运取。我们按照他们指示的地点，涉着没膝深的大雪在山里走了两天多的时间，终于插粮的大枯柞树被我们找到了，小米子装在一个破旧的麻袋里，旁边被山老鼠已咬出一个大窟窿，赶到我们把麻袋拖出来，掂了掂，剩下的小米子，充其量不过七十斤，我们四个人分头把小米子倒出来分成四个兜子背了。又走了两天多的时间，因为临走的时候王师长有话，让我们把背回来的粮米，直接送到伤病员居住的密窑里，不料想当我们走进地窖子里一看，屋子里黑洞洞的，悄然没有一点声动，仔细看去，原来八名伤病员围坐在屋柱四周全部自缢而死。划火看看煮饭的吊锅子里什么食物也没有，同行的班长王金明从死者身旁还发现一块白桦树皮，上面用铅笔模模糊糊地写着一些字，拿到屋外念给大伙听，大意是说："首长和战友们，我们几个人不能为打日本鬼子再出力了，反而给首长和战友们增加了不少负担，弄不到食物，又怕鬼子'讨伐队'将我们掳去，我们一起走了，再见！"听到这里，我们几个人不由地全都失声地痛哭起来。

我们只好把粮食背回红石砬子密窑，见到王师长和崔石泉参谋长，他们是从大别拉炕同日本"讨伐队"战斗才回来的，他们说："我们这些天在大山里只得靠采冻青（寄生）解饥哩，你背回粮食，先给伤号同志们送去吧。"听到我们介绍的情况，王师长说："不料想这些同志饿得没法，也怕被日本鬼子俘去，竟自寻短见了。"几位首长一时也不由地落下眼泪，王师长和崔参谋长随即决定他们带领在家一共二十多个同志，一起赶到八个伤员居住的地窖子去举行简单的凭吊仪式，王师长祷告说："我们心里很难过，请同志们安息吧！我们将立誓同日本鬼子血战到底，完成同志们未竟的事业，待光复中华大业时，再告慰先灵！"当时在场的人没有不落泪的，有的同志竟号啕地痛哭起来。哀悼毕，王师长命令大家四处折些干柴塞在地窖子里，纵上火烧了。王师长再三祷祝说："同志们安息吧，我们总不能让日本鬼子看了笑话！"

风雪七昼夜

这年冬天，队伍回到饶河大深山老林里，弄不到吃的，战士们饿得面黄肌瘦，前面介绍的凄惨情景：八个伤病员，忍受着伤口和疼痛，还吃不到一点粮食，无奈凑到一起自缢而死。……活着的同志，没有粮食吃，还要同日本鬼子战斗，怎样个维持法，军部领导心里实在是犯难啊！有一天晚上参谋长崔石泉把我叫到近前对我说："老邬，你看在饶河地面，四处都是大山林，村屯里居民也少，耕地也不多，加上日本鬼子的封锁，实在是难以搞到粮食，队伍里这么多的弟兄，没有粮米进肚，怎么能够同敌人战斗啊？经过军部研究，你对同江一带比较熟悉，办事还沉着老练，因此，派你和朱老七两个人，给你带十五张老头贴子（票面额一百元的伪满洲国国币，俗称老头贴子），共计一千五百元，到那里买些粮食，就地在山林里'插'起来，以便队伍转移到那里时好吃。完成任务之后，就回来。"王汝起师长还补充了一句说："两个人，人少，不显眼，便于隐蔽，行动方便，所以只派你两个人前去。"头天晚上交代的任务，第二天早晨吃过早饭，我同朱老七便启程走了。几百里山荒，到处是白雪茫茫，没有道路可走，只得穿荒而行。临走的时候，王师长把仅有的十几斤炒苞米粒给我们带上了，路上好当干粮，朱老七是地方山林队收编过来的，年纪二十七八岁，山东曹县人，为人好吃好喝，还有吸鸦片烟瘾，派我和他俩去同江，为队伍上买粮，两个人行动随便，不像在队伍里那样受拘束，同时到了同江和老百姓接上了头，还能吃饱肚子，起码苞米碴子，大饼子可以管够吃，不用挨饿了。因此，他是很高兴的。随身带了一支长枪和一支短枪，我们走到同江青龙河东大林子，找到了当年抗联的被服厂遗址，在地窖子里住下了，第二天我们便跟在那里打木桦子的老百姓接上了头并把钱交给了他们，他们用很巧妙的办法给我们搞到了好多粮食，全部运到山林里埋藏起来，我们在那里一共住有半个多月的时间，白天我们就跟随打木桦子的老百姓一起吃饭，什么玉米大饼子，煮苞米碴子等，吃得很饱。当我们完成任务之后，心里特别高兴，第二天我们就开始要往回走了。那天晚上，我同朱老七躺在地窝棚里，我高兴地对他说："这回可好了，当队伍再开回来的时候，同志们便不用挨饿了。"朱老七心不在焉地说："咱们回去了，买这点粮食吃光了，以后再怎么办？"接着他又唉声叹气地说："咱们这算干的哪一行道？是兵没有饷，是胡匪吧，还不准抢？"

朱老七出山以来，就有些反常，他是一个好吃懒做的怕吃苦的人，当时派他来，我就有些不同意，当时首长们说："他身强力壮，跟你去还是个膀背，让他去吧。"好在出山以来，两个人比较随便，跟随老百姓还能吃饱肚子，明天开始回程，到了队伍里，又该不自由了，肚子也要挨饿了，更没处弄到大烟抽，因此，他对筹集到粮食，胜利地完成了任务，根本不感兴趣。因此，他散布出一系列的悲观论调……我对他解释说："再粮荒，饿不死没眼睛的瞎野鸡，何况我们的抗日军还有枪，只要同老百姓接上头，只要出山活动活动，何愁弄不到吃的——车到山前必有路嘛！"朱老七心不在焉地"哼"了一声，转过身去便睡着了。我们自从出山以来到了青龙河地面，不是住在地窨子里，就是住在临时的草窝棚里，每当夜里休息时，都是两个人轮流睡觉，一个睡觉，另一个站岗，怕发生意外的情况。这天晚上，先是朱老七睡觉，我站岗，赶到我睡下，他便起来站岗，我刚入睡不大工夫，只听"啪"一声枪响，把我惊醒了，我马上去摸枪，右臂不好使唤了，已让朱老七把右臂打穿了，转过身用左手去摸枪，发现手枪已经让朱老七拿去了。这时他拿着我的七星子手枪对准我的脑袋又是一枪，黑暗中没有打准，结果子弹从我的左大腿穿了进去了，我对他说："老朱，我们都是抗日弟兄，你不想干了你就走，伤我干什么呢？"朱老七让我说得有些迟疑了，他说："你把背兜放下，钱给我，子弹放下！"好在朱老七打伤了我的胳膊，大腿没伤骨头，他回身来取背兜要子弹时，我转身从墙上取下长枪，就往外跑，在草窝棚外边躲了，想撂倒他，由于臂膀负伤，不听使唤，一枪没打中他，朱老七这家伙也挺鬼，怎么也不靠前，随后我转过身子就跑，朱寻思我持枪还要继续打他，撩腿也跑了，跑出有十几步远又停下来招呼我："你回来，你回来！"对着我又是一排枪，也没有打着，他就向远处走了。这时我才联想到朱老七昨天夜间唉声叹气的说话，是想引诱我同他一起叛逃啊，他见我的意志坚决毫不动摇，他才对我下了毒手。

　　这时天上挂着斜月儿，凛冽的冬夜，风刺骨寒，这里距饶河抗联密营足有二百六十余里，大雪漫地，身上负了两处伤，四个伤口流血，大腿伤处，血将棉裤都浸透了，冻得硬邦邦的，也顾不得疼痛了，跋涉着没膝深的大雪，一直走出有三十多里远。这时，天已大亮了，白天不敢行走，找到一处榛柴岗在那儿隐蔽了，躺了一会儿竟站立不起来了，伤口剧烈地疼痛，挣扎着爬起来直熬到天黑，又一拐一拐地爬下山坡。午夜天又起了大风，卷着鹅毛大雪直向身上扑来，不知不觉我被大雪埋睡了，幸而雪堆还不觉得太冷……骤然一阵剧痛，醒来，伤口流着血水，实在是难以忍受的煎熬，肚子里又渴又饿，背兜里准备的一包炒苞米粒本想归程里当干粮，不成想让朱老七全带走了，睁眼满目昏花，眼前直冒金星，如何走得了？不走，万一被敌人遇上或是碰上野兽，岂不完了吗？第三天又蹒跚跋涉了一夜，在一棵大柞树根上歇息了，醒来，我浑身伤口疼痛难忍，心里饿得直发颤，心想这如何能赶回密营？不如在此吊死算了，我想就死在那里了，转而又想，我能扔下同志们，那样做，岂不辜负了首长们的寄托和希望了吗？我想起儿时人们讲述的两个故事：传说从前有个煤窑塌方了，几个矿工被埋在地洞里出不来了，没办法，他们用煤充饥，结果没有饿死，等人们将堵死的煤洞子挖开，结果他们得救了；相传还有的人在海上行船，遇到了大风暴，船被刮到一个大荒岛上，没吃的，人们将衣服里的棉花撕出来吃了，结果也没饿死，终于熬到了得救的时候，……我当时也饿得没有办法，随之撕开棉裤，拽出一些棉花，填进嘴子嚼成了棉花团子咽了下去，渐渐感觉身上有了些力气，心不那么慌。傍天亮时到了挠力河边的小根菜嘴子渔梁子，梁子的工人全被日本"讨伐队"给撵走了，这里的两栋住房，全都空空的，院子里的积雪被日伪的兵马给践踏平了，灶塘铁锅里还剩下一点点鱼汤，全都冻成冰坨，旁边还拾到一只冻萝卜，随着啃起来，把鱼汤也吃了，身上觉得有了些力气。我正在那里盘桓，只见前边走过来五十多张牛马爬犁，大半是往富锦运鱼才返回来的，定有警察跟着，我怕被他们发现了，马上钻到深树林子里隐蔽起来。第三天经过一个山窝棚，里面发现了几个冻土豆子，随之又带冻啃了。这天夜里就在那里宿下了。第三天又走到一个山窝棚，原来屋里还住着一位山民，名字叫张树洞，过去曾经很熟悉，这次见面都认不出来了。他原是一个独身汉，在深山老林里自耕自食，老家是山东海阳人，年已五十多岁，日本鬼子清沟扫荡时，没有发现他，是侥幸躲过来的黑户，只一个人待在那里，什么都不怕，他说日本鬼子再清沟时，把我捅死在这里，还算他们行孝了，送老子就葬在这里了。我到了张树洞老头家里，就再也走不动了，就在那里养伤，跟他吃倭瓜土豆子，住了有六七天的时间，伤口稍微见好了些，才又投奔暴马顶子抗联密营去了，路上曾遇到许多冻饿而死的抗联战士，王师长领队伍出山打游击去了，崔石泉参谋长听我汇报事情的经过，又见我身上负了几处枪伤，遂安慰说："你是一条硬汉子，终于突破艰难险阻回来了，都怪领导考虑不周，安排使用人员不当所造成的，让你受罪了。"他还安排我要静下心来养伤，我一直在密营里休息了两个多月，伤口总算愈合了，然后跟随部队继续参加战斗……

（注：这段故事，部队一位作者，曾用同样的文题《风雪七昼夜》发表在一九五八年七月号《北京文艺》上，是作为人民解放军三十周年征文入选的，作者姓名记不清了，本文是根据口述记录再次整理的。）

景乐亭事件

还是去年（伪康德六年，一九三九年）秋，军长景乐亭经过请求上级的批准领妻子王玉洁一起去苏联看病，他患的是严重的风湿性关节炎。一去半年之久，这期间抗联队伍辗转抚远、同江一带与日伪军警多次战斗，如青龙山大战蒙古兵、石砬子山等战斗，抗日战士牺牲六十多名，队伍损失相当惨重。因而在抗联队伍内部怨声载道，人们纷纷议论："在最艰苦的关头，军长脱离队伍，领着老婆到国外去图清闲，许多同志在冰天雪地里牺牲流血，这些惨重的损失，他应该负主要责任……"加之景乐亭平时为人做事有些主观，自从他接替李学福（李葆满）任军长职务以来，由于大权在握，做事常常有些武断，因此，他和同僚们也处得不太融洽。原来景乐亭原籍是山东省章邱县人，父亲早年闯关东来到虎林县的太和村，后来开了一处烧锅，一处铁匠炉，远近闻名的景家烧锅，四乡八邻都到他这烧锅里买酒喝。景乐亭一共兄弟三人，一个姐姐，他排行老三，还是他二十岁那年被征去当了张作霖手下一名东北军，在密山一带驻防。五年后，他熬上一名连长，由于他在剿伐地方土匪的战斗中十分骁勇，因此深得领导的信任，才把他提到领导的岗位上来。特别是民国十八年（一九二九年）中东铁路事件中，苏军大举进攻东三省，他在密山杨木岗地方，一次歼灭来犯之敌三十多名，因此立下了军功，一时成为驻守在密山东北军的拔尖人物。"九一八"事变后，他曾跟随依兰镇守使李杜参加抗日救国军，提拔为营长，后来李杜在密山、虎林一带失利，过江去苏联，景乐亭归附了李延禄领导下的东北抗日联军第四军，任三团团副并加入了共产党。一九三五年，升任团长，一九三六年十一月成立七军时，他调到七军提为第三师师长。他作战勇猛，一九三七年冬，在臭松顶子，同日伪"讨伐队"遭遇，打得敌人丢盔卸甲，截获敌人数十草包大米，还有些其他物资。同时，景乐亭在富锦、同江一带对敌作战和瓦解伪军，都做出了很多成绩，因此就有些居功自傲，做事主观武断。一九三八年八月，李军长（李学福）去苏联比金城治病死去之后，军长职一时无人承当的情况下，景乐亭有点舍我其谁的气势，把代理军长的席位弄到手，也难免招惹争当军长之嫌。因此，景乐亭在同僚中埋下了不满和嫉恨的种子。后来他的工作感到很吃力，因此，一九三九年秋天，他提出领妻子到苏联去看病，一去半年多，抗日队伍在这期间同敌寇的战斗中蒙受了很大损失，几十名战士牺牲，军长不在位，队伍里一时怨气很大，虽然代理军长之职由参谋长临时担任，但全军上下无不迁怒于他。

（注：本书作者一九八三年四月在佳木斯市宾馆访问前抗联七军领导成员彭施鲁时对景乐亭也是这种看法。）

一九四〇年三月，刚刚开始化冻的时候，当时，抗联七军的队伍只有一百多人，全都聚集在虎林县的小木河渔梁子后山休整。快要吃晚饭的时候，景乐亭从苏联回来了，只他和秘书、护兵三个人，没有领他的妻子。当时抗联队伍一些领导同志还和景乐亭握手言欢，只听景乐亭说："我老婆病还没好，留她在那边养着哩，我这一去半年多，你们辛苦了，我也不能总不归队呀，再过些天大江就解冻了，不容易过了，趁没跑雁翎水的时候，赶快回来了。"只听景乐亭还说："在苏联我见到周总指挥（周保中），"他说，"过些天，他将过来有新的任务部署，可能是我们的抗联队伍的编制机构，还将要有新的变动哩。"一夜无事，第二天吃过早饭军部召开全体战士大会，这时只见景乐亭已被捆绑起来，军部当场宣布："经查明，景乐亭在我们对敌寇斗争的最困难时期产生动摇，企图投敌，他在我军内部结集反革命小团体，并同俘虏过来的两名伪军士兵密谋叛变，经军部决定判处景乐亭死刑，并立即执行。"当时景乐亭申辩说："怎么可以这样胡来呢？哪次战斗我不冲杀在前头，我若企图投敌，还归队干什么？"一时也没有理睬他的。这时，景乐亭还有他的秘书李某被七八名战士押到小木河山北坡样子场附近处决了，这个事件，当时在抗联队伍里有很大的震动。

过了不到十天的时间，抗联第二路军总指挥周保中从苏联过来，来到小木河，闻听景乐亭已被处死，很是有些不满，但是事情已成为现实不可挽回，又有什么办法呢，只是批评了几句也就算过去了，何况景乐亭在最艰苦的时期他不在岗位，许多战士牺牲了，难免迁怒于他……（此情节，抗联七军前军需处长杨洪义同志也曾这样讲述过）。郝升臣说：这些都是上面领导层的事情，下边只是猜想罢了，没有上边发话，谁敢把一个军长随便处置了，尽管我身为军部副官，详细情况，我也是不了解的。

（注：详见虎林市革命老区建设促进委员会所编《抗日烽火》。）

成立东北抗日第二路军第二支队

一九四〇年四月一日，东北抗联第二路军总指挥周保中、副总指挥赵尚志率小分队从苏联回到虎林县小木河北，召开了七军党代表会，共出席党代表三十八人，决定：将抗联七军改编为抗联第二路军第二支队，下设二个大队和一个教导大队。支队长王汝起，副支队长刘雁来，政治部主任王效明，并研究制定了二支队游击活动计划，决定分成小股打游击战的方法开展斗争。王汝起率一大队到大旗杆（在饶、富、宝三县的边界处）、同江、富锦一带活动；王效明率二大队和一中队教导大队到密山、勃利开展游击活动。隋长青（刘延平）率二大队二中队在饶河、虎林一带活动。

王汝起支队长秃山头战斗牺牲

王汝起支队长带领六十多名战士，前往大旗杆，路经大带河金家店地方（今大岱林场小河东岸），闻听日伪饶河北边公司在小木营（大带河源头一带）伐红松原木，行将准备开河流送。三月二十日由十几张牛马爬犁向山里运送粮米、猪肉等物资，并有二十几名警察护送。支队长王汝起想领我们六十多名战士截获粮米物资及弹药等。三月二十二日夜，王汝起支队长想带领我们埋伏在金家店河北秃山头（现在大岱边防检查站河北岸的山头）地方。天拂晓见有二十多名警察护送爬犁队，另有三名穿便服百姓跟随，恰好走到离秃山头不远时，王汝起支队长率队开枪截击，伪警察全部陷于包围之中，双方拼了刺刀，当时打死三名警察。这时有一名伪警察喊话投降，王汝起支队长就势宣布："中国人缴枪不杀！"那喊话的警察名叫赵振江，山东济南人，伪警察中是其中带队的小头目，命令部下将枪械全部交出，举手投降，王支队长即刻领部众收缴枪械子弹。不料，二十米以外一个残破菜窖内躲藏两名警察（土地改革时查明一名叫李殿祥，丹东人）暗中向王汝起支队长开枪，击中胸部，流血很多，当时还说了几句话："同志们，继续战斗啊，我是革命到底了，不能为党工作了……"随即牺牲。当时场面十分混乱，警察纷纷前来夺枪，同我们搏斗起来，激战约有十几分钟，抗日队伍不得不向北山（坨窑山）撤去。回到暴马顶子密营休整，这次战斗，伪警察伤亡七名，我抗日军牺牲王汝起队长以下共五人。

（注：大带河老村民王选科被派去看守王汝起支队长尸首，他介绍说，战斗停止后，大带河村警察小队长警佐高吉照，派爬犁将王汝起支队长的遗体，运到村警察队部旁一间空房子里，夜间派他同另一个村民陈宗武看护着。第二天早晨奉饶河县警察本队命令，高吉照派了一张马爬犁将王汝起支队长尸体从今垒山村（老大带河村旧址即今饶河农场二十四连东岗）送至县城，经拍了照片。前抗联二师政委郑鲁岩，于去年（一九三九年）三月在北老秃顶子被日军"讨伐队"俘虏，软禁在饶河，因他熟悉王汝起师长面目，经他过目证实确是王汝起，日伪当局遂买了一口木棺将王汝起尸首收殓起来，并举行葬仪后，埋于饶河县城西郊墓地（今木材公司到第二中学附近），那两名枪杀王汝起支队长的伪警察李殿祥和赵振江一九四八年土地改革时已分别在石场和今大带河村枪决。

接任交通护送员

我前年冬天被崔石泉参谋长派去同江青龙山一带购买粮食，夜里宿在山窝棚里，被同伴朱老七打成重伤，险些没有丧命，经过七个昼夜，总算回到密营，休养了半年多的时间，从去年下半年开始，又跟随部队到处打游击，但身上的伤痕处，仍然是经常疼痛。伪康德七年（一九四〇年）春天，第二路军总指挥周保中把我抽调到在小木河江边不远一个交通所里工作。另外，还派了一位姓董的年轻战士同我在一起，白天躲在深树林子里隐蔽休息。专门在夜间往江东岸苏联那边接送抗联人员。我向周保中提出："再只两人干事我可不干了。"周保中笑着说："这个同志是共产党员，绝对可靠。"于是我便领了任务，就在这里做交通护送工作了。

截获敌人的运粮船

一九四〇年（伪康德七年）六月，抗联第二支队长王效明，领七十多名抗联战士，在山上吃不到东西，也根本弄不到粮食，走到独木河木营（伐木点），老百姓给支援一点米面，也解决不了许多，没有办法，副支队长刘雁来领一部分同志来到乌苏里江边潜伏在柳条通里钓鱼，整天喝鱼汤，也弄不到盐，鱼汤一点咸淡都没有。有一天傍午，远远看到江面上下来一只风船（帆船）。王效明支队长下令在柳树丛里隐蔽好，把机枪支在江岸上。等到风船走近一些，用望远镜一瞅，船上坐有二十多名警察护卫。船顺水而下，快要走到近前，随即下令开枪，枪声一响，船上的伪警察们无奈，只好喊投降，当场已打死两名，随即命将帆船靠岸，枪支弹药全部缴了，并命令将他们的警察服全部剥了下来，船上装的米面、油盐和香烟，全部卸到苏联岗哨对面的岛子上，剩下的全部背在身上。副支队长刘雁来领人把帆船划到大木克河里，截断桅杆，帆篷也烧了。随后派人将情况报知护送交通所，把二十多名警察和船夫全部送去苏联。队伍在那里吃了几顿饱饭，支队长王效明高兴地对大家说："还是我们抗日军的生活好啊！"队伍在那里把粮米间壁好，第二天一早便撤走了。

日伪当局发觉之后，连续讨伐了一个多月，既没找到船，也没找到人，杳无下落，不得不败兴而归，嗣后又派特务到处寻找。一天，两名特务竟闯进我们护送交通所的小房里，没等他们说几句话，就让我和小董两人将他们俩捆绑起来给勒死了，填进了大江。

此后，我们在护送交通所里很好，每逢有抗联人员过江我们夜里用独木舟把他们送到对岸，再偷偷地划回来，除此之外，什么事情都没有，敌人也发觉不了。每天夜里下钩，一到天蒙蒙亮把鱼蹓回来了，既有粮吃又有鱼吃，过了七八个月的好日子。

西去宝清

一九四〇年秋时，眼看要跑冰排了，船也不能通行了，交通也不能跑了，我又被调回部队。部队决定西去宝清县一带活动，二路军总指挥周保中说："径直往勃利县去炸火车道。"我们一路上穿林爬山，躲过日本人的眼目，都是绕过村庄人家走，经过五六天的时间进入宝清县境界。一天我们走到一个山头上，看见山下有一大片苞米，晚上下山去摸，结果棒子都掰走了，放了空，正好还有些红小豆没收，顺便搓了一些，也没搓多少就走了，又看见地里长着一些日本大白萝卜，随之拔了一些，每个人都攥着大白萝卜啃。正走着，日本鬼子兵撵上来了。越来越近，但敌人没有开枪，他们想捉活的。正走当中，战士刘贵一转身回头就是一枪，把前边一个骑马的鬼子打死，跌落在马下，咱们的抗日队伍立刻散开。日本鬼子兵随即开枪，满山撵我们，我跟随队伍直往山上树林子里跑，刘贵和另一个战士柴俊明却往甸子里跑去，藏在一个柴草垛里，结果敌人搜索时被俘。后来刘贵被押解到饶河，没有杀他，监押了几个月之后，又被日本特务机关利用了。这次行军，第二支队政委姜信泰（朝鲜族）一同率领我们的，除了刘贵和柴俊明被俘之外，其余的战友们都完好无损。

政委姜信泰和支队长王效明领我们五十多人继续往西插去，进到大山里面。找不到吃的，遂派孙振山副官到附近村庄找老百姓接头好弄些吃粮。不料孙副官走近村子，在一个大树墩旁被敌人抓去，接着鬼子漫山搜索，把我们藏在山树窟里的炸药包都搜走了，炸火车道的计划落空了。这时成帮的日伪"讨伐队"伍，连夜追赶我们，敌我相距不远，由于长途跋山涉水行军，战士们的鞋子和衣服也都剐破了。有一位年轻的朝鲜女战士许昌淑，他的脚趾磨破了，几乎不能走路了，这时只得选择一个山崴子树密的地方暂且休息一下。敌人正从我们的脚下经过，大家都主张开枪打，政委姜信泰不让打，又转过一个山头，让许昌淑把鞋子整理好，大家都埋伏起来，当鬼子兵向前摸来，咱们的机枪冲着敌人便一阵好打。傍黑敌人退了，我们的队伍在一个烧木炭窑的山窝棚里住下了，仍然弄不到吃的。这年冬天往返宝清，因为弄不到吃粮，又饿死了许多同志。

抗日联军撤往苏联

一九四一年冬天，第二支队政委姜信泰和支队长王效明在饶河十八垧地大叶子沟会合了。这年夏天，我抗日军在大山里又收了一季种植大烟的烟刀税。那时在深山老林种植鸦片的都是日本当局安插的特务，为日本人当耳目，调查我抗日联军的活动情况。他们得到日本当局的许可到大山里种植鸦片，就得为日本人效力，但他们也不敢得罪抗日军，否则就没了他们的活命。因此，他们是两面办事，两面应酬。当大烟（鸦片）收过了，除了向日本特务机关缴赋税，也得向抗日联军缴纳税费。这年刘雁来副支队长和崔石泉参谋长始终没离开饶河地面。

一九四二年（伪康德九年）春，支队长王效明也从宝清地面回来了。秋时，政委姜信泰领十几名战士从虎林县也赶回饶河地面来了，集中在大王砬子种地处休整，再没同日伪军打仗。根据上级的指示，为保持抗日队伍的有生力量，准备过江，全部撤往苏联。经军部研究决定分批过江，第一批让我带队，首先是无线电台怕丢失，要先带过去。还有些老弱伤残、妇女等一共有二十多人，决定让我带走。于是我们就在大王砬子的东南坡抗联种地处的地窖里（即地窖子）等待封冻过江。

大约等到十一月二十几号，初冬已过，快到小雪的时候，江封冻了，冰上可以走人了，我们爬到公司附近的山顶上察看了敌人江岸上布防的情况。独木河以上，公司地方都有打鱼的，下边也有打鱼的，那时设在江边的打鱼房子的打鱼点，都是日本人的眼目——特务据点。经好几天的观测摸底，最后决定在敌人的警防薄弱点——苇子沟地方过去。过江的时间选在拂晓之前,一点声动没有,四处还看不到人的时候。结果很顺利。

后来又有一批,是在冬季过去的。刘雁来、王效明、姜信泰、是转过年的一九四三年三月初还未化冻的时候过去的。至此,我们抗日的队伍全部撤到苏联境内,统编入"远东第八十八旅",又叫"远东野营",为迎接反法西战争的最后胜利在做着新的准备。

此后,我抗日人员进入伪满洲国境内都是零星的或接受了某项专项调查任务而潜伏过来的,任务完成之后再过去,没有在这边驻扎的。

东安镇伪满洲国军一连人哗变去苏联

伪康德九年(一九四二年)六月,驻守在抚远县东安镇伪满军一个连哗变,将日本人连长打死(实际连长没有被打死,而是将值日官,电话长和几个排长打死,连长荒仁成男逃跑,详见《东安镇伪军哗变记》),起义人员带领上百号人划着木船去了苏联。事件发生前一个月左右,我们的抗联队伍正聚集在西风嘴子渔梁子休整。当时驻守在东安镇的伪国军起事领导人(周岩峰、国有福)密派祁排长(实际不是排长,而是班长祁连升,也是哗变的领导人之一),借前往西风嘴子渔梁子买鱼之机,通过梁子上的渔工要秘密求见抗联二路军参谋长崔石泉,提出带领全连人入伙抗日,崔石泉怕是阴谋,且伪满军人数多,我们人少,怕他们入伙之后,弄不好再让他们给收拾了,岂不悔之不及,因而拒之未见。事过不到一个月,果然哗变成功了,上百号人全部去了苏联,等我们过江去了苏联之后,一看他们起义人员也都编在远东野营,竟成为一个战壕里的战友了。

东安镇伪军哗变记

伪满洲国时期,从伪康德五年(一九三八年)起,饶河县挠力河北东安镇以北地域,划归了抚远县管辖。伪康德九年(一九四二年)六月上旬在东安镇发生了一起伪国军一个连哗变,七十五人全部携枪械乘船跨过乌苏里江去了苏联,打死日本人值日长一名,电话长一名,连长老婆被打伤,连长荒仁成男逃跑。事件惊动了整个伪满洲国,事情的经过是这样的。还是伪满洲国康德八年(一九四一年)驻守在南满锦州省盘山县一带的靖安军,受军长梅歧太郎之命,对全东北各地的抗日武装力量进行所谓的"剿戳",士兵们连日作战,疲惫不堪,而且饮食粗劣,军官打骂,战士们士气低落。当时一团二营士兵,多为北满富锦县人。其中六连士兵周岩峰是伪康德六年(一九三九年)入伍,到伪康德八年(一九四一年)开赴盘山县附近乡村休整。有一个星期天,周岩峰进到一户农民家去买鸡蛋,认识了村里一位老人,那老头年约六十岁左右,虽是农民,却很有些学识。那位老者见周岩峰为人憨厚,遂和他开诚相见地攀谈起来。那老人说:"东三省本是咱们中国人的地盘,被日本人给侵占了,现在中国人有志之士纷纷起来抗击日本侵略者,反而遭到他们的所谓清剿,我看你是一个有志的中国青年,再若出去讨伐抗日军,打仗时应该把枪铳朝天射击,切不要对中国人抗日战士们开枪啊。"接着他又说:"正直的中国人,切不要为日本鬼子卖命。"周岩峰从此受到了抗日的教育,思想上开始有了觉悟。从此以后,每逢星期天,他便进村找这位老者谈心。后来有一天那位老人对周岩峰开导说:"以后如能找到机会,聚集一些士兵携械投奔抗日军,则必大受欢迎,别给日本鬼子卖命。如不想投奔抗日军，弃械返籍也好，队伍上还能资助盘费……"后来周岩峰把这些情况对他最好的知心朋友他所在的班长丁云善说了。丁云善说："那老头讲的是很有道理。"并且嘱咐他，此情不要对任何人言说。周岩峰并表示："我一定要注意保密的。"从此以后，又经过几次"讨伐"、"剿匪"活动，周岩峰目睹无辜百姓惨遭杀害，不仅为之义愤填膺。不久，周岩峰和丁云善已与本连排长国有福，战士祁连升在一起通过气，思想很是一致。很快，他们四人，又与二连同乡战士孙发谦等六人结为义弟兄，共同发誓："中国人不打中国人！""枪口对外！""不当亡国奴！"如有机会，将一致行动。伪康德九年（一九四二年）四月，二团奉调开赴北满佳木斯，二营长斋藤夫富带所属二百六十余人调往饶河县驻扎，十一月又将六连一百二十人调驻东安镇。转过年来端午节休假的时候，周岩峰、国有福、祁连升、孙发谦等好友一共八九个人，相聚在一起饮酒。正酣畅中，上士祝先予闯了进来，因为祝先予为人好趋炎附势，好在领导面前献殷勤，大家都烦恶他，因此，他闯了进来，也没人让酒搭理他。祝一时受到冷漠，遂破口大骂："你们不要以为我不知道，你们密谋聚众哗变，岂是容易，手铐脚镣和笆篱子（监狱）都在等着你们呐！"祝先予的一番谰言，不过是恫吓罢了。实际他是一无所知，对于祝先予的恫吓，周岩峰说："你胡乱造谣，我们还怕你吗！"祝无可奈何，只好恨恨而去。

　　当时周岩峰是荒仁成男的勤务兵，在此之前，已暗自从连长居处窃得短枪一支，子弹三十发。见此情势，遂派战士刘云深随轮船去县城饶河，通知五营同伙，定在六月十日共同起义，次日又搭同班客轮返回东安镇。连长荒仁成男得知刘云深擅离职守去饶河一事，遂决定待刘归来时，即予拘留，并拟于次班轮船送往佳木斯监押拷讯，遂于六月七日上午召集全连各班长会议宣布："本连有不轨分子，图谋哗变，为首者即是周岩峰等人，如果不从实坦白交代，将予以监禁……"但是对举义的组织者国有福、祁连升、孙发谦等人并不了解。当时周岩峰和孙发谦并未参加会议，战士孙东义借外出小便之机，报信给周岩峰。周岩峰果断决定："今天夜里即起事！"并差咐孙东义秘密转知各位，当天中午休息时开会决定起义步骤。恰巧国有福是夜间执勤司令，并把持枪支子弹库。到了夜里，首先将岗哨撤掉，当即打开枪械库取出手枪二十四支，子弹和手榴弹。在此之前已将另两名班长领至酒店灌醉，祁连升专管备置船只，用两挺机枪封锁军营外门。周岩峰领先闯入，少士李福光首除日本值日官，遂后踢开二道门，日军电话长正想逃跑，被周岩峰一枪击毙。随之闯入士兵宿舍，周岩峰随即向他们喊话宣示："愿意一同起义者，立刻整装一同跟着走，不想起义而要返籍者自便，如有反抗或亲日份子立即除掉，概不客气！"一时响应一同起义抗日者共七十一人，请求回家的有二十多人，皆依其自便。起义人员随即入库装备枪械子弹，列队在江边，准备上船。此时，周岩峰急入连长住处叩门，荒仁成男惊问："刚才何故开枪？"周当即一枪，未有命中，其妻外逃被击伤大腿倒地，连长怆皇逃跑，不知去向。这时恰巧室内电话铃响，周岩峰随即接听，是驻守在东安镇北二里多远下营的日本警察队长询问："何故枪响？"周岩峰随即用调虎离山计告诉他说："有二十多名土匪来偷袭，你们快去后山制高点堵截！"随之命令起义人员马上登船，船小人多，共分四批，才渡至江东岸，赶到最后一趟渡船行至江心，日本连长荒仁成男站在江岸上凄厉呼喊："周岩峰，你们回来吧，死伤几个人算不了什么，既往不咎！"喊至再三，无人理睬，大家都笑他不知深浅！

　　进入苏联境内共七十五人，苏联边防军专车引渡至伯力城，受到苏联远东军区司令阿巴那琴柯大将接见。当即发给苏联军服，起义组织者周岩峰、国有福、祁连升、孙学义四人，授予中尉军衔，不久便编入中国东北抗联野营，即远东

东安镇近景

八十八旅。日本当局，自此事件后，将驻守在边境地带的伪国军全部撤至内地。国境线上，全部由日本守备队及携妻带眷的警备队驻守。伪康德十二年（一九四五年）八月，东北光复时，这批起义人员大部分都回到祖国，在各地任事。

（注：本文系伊春市友好木材综合加工厂厂史办公室马宝泉同志一九八九年根据东安镇伪军起义人员孙发谦口述提供资料整理。《饶河县志》使用时又经删编。）

二〇〇二年十月十五日又记

别拉洪河沿岸沼湿地

抗联七军机要交通员李福珍访谈录

李福珍，山东文登葛家镇人，一九〇二年（清光绪二十八年）生，从小家境贫寒，十二岁即出雇当佣工，十八岁流寓海参崴，卖苦力为生。一九二八年（民国十七年）跨江来到饶河县小北沟扛长工。一九三三年（伪大同二年）参加抗日军，一九三五年加入共产党。历任战士、庶务长，师部、军部机要交通员。意志坚强，屡次立功。东北光复后，曾于抚远县任木　场场长，因无文化，后辞职来饶河县靠民政部门抚恤兼以夏季卖冰棍为生。一九七六年十月病逝，享年七十五岁。

参加抗联的因由

我从小家穷，十八岁跟随同乡闯了海参崴，在伐木帮上和煤矿里都干过。正赶上俄国闹穷党（即共产党）国内战乱，别说赚钱，连肚子都吃不饱，后来跟人们又回到中国，来到乌苏里江边的饶河县小北沟，和一个同乡叫吕世同的在一个小屋里居住，各自刨地耕种鸦片，独立营生。一九三三年（伪大同二年）七月割大烟的季节，吕世同和地主宋德朴（排行老三，都叫他宋老三）在一起赌博输了，没钱给他，宋老三便来家端他的烟盆（盛装鸦片烟浆的瓷盆）竟将我的满满一瓷盆鸦片烟浆也端走了。当时我不在家，等我回来听说此事，很是气愤，吕世同输了，你端他的烟浆还情有可原，我也不欠你宋老三任何东西，为什么将我一年中用血汗换来的一盆烟水子（足能

113

晒制三十两鸦片）给无辜端走，我便找宋老三去说理索要烟水子，宋老三不讲理说："谁让你跟吕世同住在一起了，盆子上也没粘个帖子，反正他输钱，欠了我的，拿了就是拿了，你愿咋的就咋的。"他还有三四个弟兄宋老四、宋老五、宋老七，我同他们评理，他们一齐冲我攻来，我打不过他们，想拿刀去暗杀他全家。当时小北沟抗日救国会小组长倪元德和我是同乡，又是朋友。他知道这件事之后劝解我千万不能那样办，他当时有向抗日联军输送兵员的任务，就把我同隋长青（又名刘延平后来是吉林省军区司令员）一起送到抗联四军四团去当兵。当时队伍上发了枪支之后，有一次我路过小北沟，还想到宋老三家去报仇，倪元德大哥又把我劝阻了。他说："男子大丈夫国仇不报，为了那几个钱去报私仇，弄个好好歹歹，哪犯得上？"就这样我把报私仇的念头打消了，一心朴实地用在报国仇上，多杀日本鬼子，恢复了咱中华国。加上队伍不断进行抗日救国的教育，我的思想觉悟也有了提高，很快便加入了共产党，打过几次胜仗之后，便被提为庶务长。一九三五年秋天，被提调到二师部当机要交通员，十一月扩编为七军，我又是军部机要交通员。十几年来，苦没少吃，仗没少打，经历很多，一时也想不起来许多，想起一件说一件吧。只说日本投降以后，我从富锦县回饶河的时候（一九五一年），经过西风沟（今西丰镇）时，宋德朴（宋老三）兄弟三个（宋四、宋五）都住在西风沟，都成了穷棒子老贫农了，听说我回饶河来，弟兄三个特地把我请到家去吃了顿饭，包的饺子，喝了几盅白酒，过去的事一概没提。只说了些家常话，但在宋家弟兄脸上却现出了惭愧的面容……下面就选择几次主要的战斗事件说吧。

我所经历的西通大战

一九三五年（伪康德二年）阴历八月下旬，我抗日军四团一百多人从小南河西北三道沟子开往西通去截击日伪的汽船。行至新兴洞的小西山，停下来开始挖堑壕，炊事员在做晚饭，岗哨设在山顶，刚要吃饭，岗哨回报：东北方向来了日本鬼子，于是李学福、李斗文、朴振宇登山用望远镜一望，一百多名鬼子兵从东面乌苏里江边的树林子里朝着新兴洞小北山方向冲来，

114

前头三个尖兵，后面紧跟着的就是一个扛机枪的……随后就是扛长枪的鬼子士兵，像一条蠕动的长蛇，朝着我们冲来……团部随之发布命令，立即准备战斗，迎击敌人。霎时，我军一百多名战士全部进入阵地，当时山坡地里的庄稼刚刚收割，每个人找一个黍丛（糜子）做掩护。未等鬼子兵进地，我们便开了枪，当时主要的任务是抢夺鬼子的机枪。鬼子正在前进当中，我们的枪就响了，三个鬼子尖兵首先被打倒，敌人的机枪射手刚刚把机枪放在树杈上，只听嗒嗒……的响了几声，机枪射筒便朝天了，敌人的机枪射手被我们击毙了。团部立即发出命令："同志们前进，夺取机枪！"我们接连冲上三四个人，都被敌人打死了，随之再没有前去抢夺机枪。

敌人在洼甸子里，所处地形不利，前头的被打死了，后续的队伍便不敢往山坡上冲了。天刚要昏黑，伪军和警察队伍一百多号人，从西南方向，吹着进军号，攻了上来，我们的队伍立刻分成两路迎击敌人。

李斗文政委站在土岗上，向伪警察队伍喊话："我劝满军弟兄们，你们快快回心转意，调回枪头打日本，中国人不打中国人！"

可是伪警察哪听这些，两面发起总攻，我正端着枪朝着敌人射击，连长忽然将一支大盖枪扔给了我。我把连珠枪又扔给了连长，一会儿又扔给我一支小马盖枪，我心中一怔。暗想，这不是李斗文政委使用的那支小马盖枪吗？心中犯了疑惑。

战斗直打到日落时分，只见鬼子兵走到山边一所朝鲜民户居住的房屋跟前，即刻把那栋房子点着了，燃起了熊熊大火。当时我向四周巡视了一番，才发觉怎么不见自己的人了？回头一看，只有一名朝鲜族战士，这时战斗也已停止。我们两个人一起走进西南山坡下的朝鲜村子，去寻找抗日队伍，一点影踪没有，我们顺便在老百姓家找了些饭吃了。随即又回到了小西山藏在树林子里过了一夜，第二天又穿山越岭回到了三道沟子（小佳气河西支流在今宝马山林场南十余里地方）。我同那位朝鲜族战士一进屋就见连长抱头痛哭，他说："许多弟兄们都没回得来……"团长李学福当时心情也很沉重，他劝慰说："不要哭了，我们同敌人斗争，牺牲是避免不了的，为国牺牲也是光荣的，有价值的，没牺牲的同志们，总会回来的。"

这场战斗结束之后才弄清楚，我抗日军队伍，李斗文政委和朴振宇团副以下共牺牲二十多名同志。打死日军富泉顾问、高木司令以下共三十多人，打死伪军及警察二十多人，其中有两名尉官。

在杂牌军里当指导员

我参加抗联队伍，干了不到一年的时候，参加了十几次战斗。领导见我打仗很勇敢，做事也很认真，因此一九三五年（伪康德二年）初，我就被吸收为共产党员。开始当班长排长，后来被派去邹其昌的队伍里当指导员。当时共产党领导的抗日队伍，为了壮大抗日力量，打击日本侵略者，对各种杂牌军山林队，采取团结的政策。因此，当时我们正规抗日军向各山林队派指导员，对他们进行政治宣传，开展爱国爱民全心全意抗日的教育，逐步提高他们的思想觉悟，改变他们的一些抢夺等流寇习气。

当时胡匪队伍实行说黑话，走到哪儿，抢到哪儿，老百姓反对他们，团长李葆满召集杂牌军的头头在一起开会宣传一致抗日，并要联系群众，李葆满对他们说："不然我们站在群众的对立面，侵犯老百姓的利益，群众就都背我们而去了，我们就站不住脚。"

那年七月，在邹其昌的队伍里当指导员，上边规定，任务就是向他们宣传一致抗日，做好思想教育，逐步影响和改造他们，遇到不合理的事情，只能汇报，不能直接生硬地去处理。当时杂牌军的处事态度，就是抢抢夺夺，他们说："抗什么日？连李杜、高玉山那么些军队都没打得过日本鬼子，你们还想那些干啥？弄些好吃的好穿的享用了，就是死了，也是赚下了。……"

一次在小南河佛寿宫攻打伪军六连的战斗，连长决定：不准随意打枪，以免暴露目标，可是二排、三排都是杂牌军，他们说："听他那一套哩！"结果没有事先摸清敌情，轻举妄动，终于吃了败仗。有些时候，我提出建议，他们也不听，后来我向邹其昌请求回小北沟种地去，他批准了。实际我没有回去，又回到正规军四团三连。团长李葆满笑着对我说："回来不错，我们没能领导人家，也没有被人家领导去，这就很好。"

苏中和劝降亡命

苏中和是小南河沟里的保长，老家是山东济南人。当初李葆满未举义组织抗日军时，曾是三义新屯子的百家长（相当村长）。他们原先都是磕头的把字弟兄。"九一八"事变后，日本鬼子侵占了东三省，李葆满跟从崔石泉参加了抗日游击队，后来成为四军四团的团长，而苏中和却投降了日本，成为日本鬼子的走狗，这期间他曾为日本人干过许多坏事，李葆满早都把他记在心里。一九三五年冬季，苏中和受日本当局的指使，举着一杆日本膏药旗和红蓝白黑满地黄的伪满洲国国旗，赶着两张马爬犁，拉着猪肉、面粉、卷烟、粉条之类物资，以会见磕头弟兄为名，前往抗日联军驻地——花砬子北沟去劝降。我当时正是在抗联正规军本部当总务长，亲眼看见苏中和对着李葆满倾诉道："几年没见你的面，乍然一看，你瘦多了，现在满洲国大局已定，你可别在大山里遭罪了。你若下街（去饶河）归顺日本，太君说了，还可以让你当团长。你若不放心，我领着你，咱俩一起去。……"李葆满说："你叫我下去干什么？你给我送来多少门大炮，送来多少枪支子弹？"

苏中和说："你若是下去，我敢保险，你还照样当团长，机枪、大炮、子弹多的是。"

李葆满很沉着地说："我的队伍，现时都分布在各地，没在近处……"

苏中和说："那很容易，可以把他们调回来嘛！"

李葆满立刻由平和转为恼怒，他从座位上站起来指着苏中和的鼻子说："苏中和，苏中和，你害我一个人不要紧，你还要把全体革命同志当作礼物献给日本鬼子，我x你个亲娘祖奶奶！你的心可够狠毒的，你是我的磕头三哥，定给你留个好尸首，子弹留着打日本鬼子。"随之命令手下人把苏中和用绳子捆了，拖到山林中给勒死了。

这个日本鬼子的汉奸走狗，就这样得到了可悲可耻的下场。

交通员月夜击毙两特一叛

一九三九年（伪康德六年）我在抗联七军当机要交通员，那是阴历五月中旬的一天，我接受了一项紧急的任务，从独木河北沟前往老等窝（小木克河南，刘寡妇泡正北）一个密营点去送信。穿过独木河南大山，天刚放亮，清早起，露水覆满了草木的叶子，我正在往前走着，忽然发现前面的毛道两旁的露水好像被人趟过一般，我当时猜想：莫非是山牲口在这里穿行，把草上的露水给趟掉了？正猜想中，又走了一段路程，前面发现有两个行人，见我走来，他俩竟踌躇地停下了，我急忙把信件做了很好的处置，继续往前赶路，原来是两名抗日联军，我也没有躲藏，径直冲他们走来。近前一看，原来是六连的一个排长，名叫王志财和另一名姓刘的战士，我开口便问："王同志，你们俩这么早往哪里去呀？"王志财回答说："不要叫我们是同志，我们是叛徒！"他俩随之将我反绑起来，王志财对我说："老李你是知道的，叛徒如果被抗联碰上，没二话可说，就是就地勒死，反过来，抗联如果被叛徒遇上，也是毫不客气，一样要就地勒死！"王志财继续对我说："你是军部的通讯员，还当过庶务长，咱们过去相处得还很好，不能勒死你，你给我们拉道（当向导），领出山去，就放了你，愿上哪去都可以。"他一边走着一边说着："老李，我告诉你可要明白点，你若是把我们俩拉上抗联的据点，我们首先把你打死。"开始听到他们的说话我还以为是在开玩笑，就在昨天晚上开会当中，还听到排长王志财发言，革命的意志还是那样的坚决，怎么今天早晨竟变成叛徒了呢？但是听到他的说话和举动，已经叛变无疑。因此，我为了不吃眼前亏，便随着他们说起来："什么叛徒不叛徒，要干什么，咱们一起干就是了。"排长王志财说："你把我俩领到二道梁子"我说："这我完全可以领到。"就这样我领他俩在林莽湿地中穿行着。半路途中，还遇上一个五十多岁的老头把他也押着给拉道，一起奔赴二道梁子。那老头是去山里捡黑菜（木耳）的，无可奈何地强逼着跟着走，我对王志财说："如若上二道梁子还要两人拉道干什么？我定准把你们领到就是了。你快让这老头走吧。"就这样他们把那个老头放了。见我一个人领他俩走，一会儿钻一道白桦林，一会儿又穿过一片灌木丛，一会儿又涉渡一片沼泽乌拉草甸子，傍午时分，来到阿布沁河边，远处看有两处种地的窝棚，随之便奔那地窝棚去了。进了屋吃过午饭，王志财说："不走了，暂且在这里歇息几天。"随之便向地窝棚主人要鱼钩，要在阿布沁河里钓鱼吃。我随之也迎合说:"钓鱼,我可是拿手活了,你们要下山,你不早说,谁还愿意吃那个苦,遭那个罪呀,咱们一起下来就是了。"王志财和姓刘的战士见我也一心要跟他们脱离抗联队伍,有说有笑的还跟他们一起钓鱼,对我也不戒备了,随之把我松了绑,我同他们一起挖蚯蚓,到河边去钓鱼。半天时间,竟钓了有满满一瓷盆鲫鱼,晚上屋主人烀的苞米面大饼子,炖了大半锅鲫鱼,每个人吃得满头大汗。我故意地麻痹他们说:"在队伍上,还能有这等好生活?"第二天,我们还在河边钓鱼,王志财对我已完全不见外了,他抽空到前边渔梁子上去和那里的一名特务接了头,让那名特务去虎头和日本当局联系说明有三名抗日军要携械投诚,让他们派人来接收。王志财回来对我和姓刘的战士说:"梁子的马工头说了,他马上去虎头报告,办得顺当的话,明天下午就能回来的。"这一天一日无事,第三天太阳偏西的时候那位梁子的马工头来到种地窝棚,通过王志财的引荐,同我和老刘都见面了,马工头兴高采烈地说:"我同虎头日本太君说了,他们很高兴,让我马上带你们去虎头,五十多里路,全是漂筏甸子,很不好走,今天晚上,我也不回渔梁子住了,明天一早咱们就从这儿一起走。"那马工头,一口东北臭米子口音,三十四五岁年纪,他领一伙人在阿布沁河上以挡渔梁子为名,实际在为日本鬼子特务机关做耳目,难得有这样的好机会,又可得到日本人的表彰和奖赏了。那天晚上,马工头和我们一起在地窝棚里吃的饭,他同这两个种地户,相隔二里多路平时都认识,因此,晚上就在这里宿下了。

  对于面前所出现的情形怎么办,这两天我就想逃脱出去,可是在他俩的眼皮底下,我怎能逃脱得了。今天夜里如果走不出去,明天我也让他们给送礼了,这天夜里躺在炕上,翻来覆去,怎么也睡不着,我故意把行李掀掉,不大工夫,只见那位姓姜的民众,又把被子给我盖在身上,快到半夜了,我听到炕上是一片匀称的鼾声,知道他们都睡熟了,我悄声地从炕上爬起来,蹑手蹑脚地到墙上去摸枪,头一次伸手,把枪背带上的铜环子碰响了,心里怦怦直跳,又悄声地回到炕上,稍停了一会儿,我装作去便所的样子,借着屋外影射进来的昏暗的月光,看准了枪挂的位置,伸手从墙上把一支三八式长枪摘了下来,快步走出门外,拉开枪栓,借助月光一看,枪膛里装有四粒子弹,当场我把子弹推上枪膛,进屋对准叛徒排长王志财就是一枪,当即被打死，接着对另一个叛徒又是一枪，这时人都惊醒了，那个姓马的特务工长弓着身子往屋外跑，被我一枪又撂倒了。随之我便跑出外门，向那两个农民种地户宣布："两位老乡，不要害怕，我主要是要铲除特务和叛徒的，你们不要走动！"我刚说完话，忽然"啪"的一声枪响，子弹从屋子里打了出来，我知道那个叛徒姓刘的没有被打死，我急忙闪到门西阴暗处月光射不着的地方窥视着。只见那个姓刘的叛徒，端着枪走出门外，正向四处寻觅，我"啪"的一枪正好击中了他的后背，当场倒地死亡。我的枪膛里子弹都打空了，我拾起他（叛徒老刘）的枪，准备再给他添上一枪，不料想，推上枪膛，一扣扳机没响，原来是一粒臭子弹，这时我见这三个坏家伙都已死挺了，随之背上枪支连夜奔队伍而去，第二天下午我便回到了抗联密营，全体同志为我欢呼庆祝胜利。

原来抗联队伍，早在我被叛徒逮捕劫持的第二天就听被放了的那位采黑菜（木耳）的老头，报知了讯息，因此，军部又重新派了一名通讯员。我回来的第二天，军部又派出七名同志，让我领着到阿布沁河种地小屋去查看情况，只见两个种地户全逃跑了，怕日本鬼子来找他们的茬口，屋子里，三具叛徒和特务的尸体仍然横躺在那里都发臭了。身上都招了苍蝇，我们把枪支子弹全部收拢回来，随之便离开了那个地方。

臭松顶子大战

一九三九年(伪康德六年)正月下旬，天正下着雪，随下随化，当时抗联队伍一百五十多人都集结在五林洞的臭松顶子（神顶峰与皮克山一带）密营。那天军部正在召开会议，当时李学福军长已故去了，三师师长景乐亭临时代理军长，郑鲁岩是军政治部主任。那天，军部派了十四名战士去五林洞河南朝鲜民户家去背粮，排长王可安领队去的。走到半路途中，遇上了日本鬼子"讨伐队"一百多人还跟着背小背的辎重队六十多人，加起来，约有二百号人。我抗联背粮的十五名同志被日本鬼子"讨伐队"发现，跟踪撵上。我们的岗哨发现了敌人的踪影之后，军部立即下令将密营一切什物器具隐藏好，随即将队伍拉到一条大山冈上埋伏了。鬼子兵正在向山冈上行走，一声令下，我们枪弹齐发，首先将三个尖兵打倒，随之把三支枪缴了，鬼子的队伍随后赶来，枪炮齐发，向着山冈冲来，被我们的机枪一阵扫射，敌人被打得落花流水，丢盔卸甲。我正在上前从一个被打倒的日本军官身上抢一把战刀和一条皮带，被敌人的一颗子弹擦了一下肚皮，险些没有穿进内脏，捡了一条性命。直到天傍黑的时候，敌人吹了退兵号，我们抗联队伍，一直在山冈阵地上停留了一夜。第二天早晨我们开始搜索战场，只见鬼子兵，早已狼狈而逃，雪地上，血迹斑斑，皮帽子，皮带，铁饭盒，麻袋包，空弹药箱，弃置得到处都是……并发现敌人在深雪里埋蔽着十六草包大米，被搜索出来，全被我军缴获。

交通员月夜过江

我自从担任军部机要交通员之后，经常一个人跨越乌苏里江到苏联那边去为抗日联军本部通信。乌苏里江两岸，苏联和日本双方戒备都很森严，去苏联，早有约定，用特别的联络讯号，指定地点，夜里划支火柴为记。他们见到江西岸有火光闪烁，便开船过江来接，但江西岸日本鬼子也布满了岗哨。一旦让他们发现了，落入魔爪便只有死路一条了，因此往来过江都选择敌人戒备最薄弱的环节横渡，冬季夜里直接在雪地上横江而过，夏季里就得靠苏联边防军用汽艇接送。一九四一年，有一次我在苇子沟上面过江，因为江上有雾，我划火柴，他们也发现不了，没办法，我用手锯把日本鬼子的电线杆子截倒两根，用铁丝子缠好，推入水中，骑上去，用手划着水便过去了。从苏联那边回来的时候，白天先从对岸用望远镜看好从哪儿上船下船，哪儿没有敌人的哨卡，夜里乘上汽船急驰逆水而上，然后熄灭，汽船顺流而下，使敌人失去警觉。到了指定下船的地方，船拢到滩上，人下船之后，用手一推，汽船便急驰而去。我就用这个方法，六七年的时间，在乌苏里江上，往返有几十次之多。

在虎林马鞍山同伪军战斗的故事

一九三九年（伪康德六年），我军部两个通讯员在虎林县马鞍山地方被驻守在那里的伪满洲军捕获杀害，我七军部当即给伪军营长去了一封信，那时还没有东方红林业局这个名字，到处都是一片莽莽丛林，马鞍山就在现在东方红镇东北十五里的地方。我军给伪军营长去信说："我们原来考虑你们都是中国人，因此处处都给你们留情面，不曾想你们竟连续杀害我们两个通讯员，看来你们已不是中国人，完全投靠在日本鬼子脚下，为虎作伥，中国人是杀不绝的，你们今后可要小心点，定有好果子给你们吃的。"从此住在那里的伪军，不敢随便出头，我们派了三个连在他们周围频繁活动，并在独木河西沟里将敌人的电话线掐断，伪军派来二名电话员出来查线，被我们抓获，随之释放了，并通令他们不要再来修了，要求他们的头目前来应对，回去后，好多天不敢轻举妄动。后来我们得知马鞍山的伪军派出二十多名士兵前往独木河运粮，回返时被我军截击，将敌人全部打退并缴了械，还缴获了一千多斤粮食（大米、面粉和高粱米）和一部分油盐及咸菜等。战斗结束后，大家背着缴获的战利品开始往密营走。三连指导员吕式铭由于战斗中过分劳累正躲在草甸子里一棵大树旁边歇凉，不觉竟昏睡过去了，醒来四处一看，不见有队伍上的人了。正想前去寻找队伍，未等迈步，只见迎面走过来两名伪军，他俩大半也是战斗中逃跑走散的，也朝这棵大柞树走来，吕式铭随即隐蔽在大树下的榛柴丛里，等伪军来到，他大喊一声："别动，中国人缴枪不杀！"两个伪军乖乖地缴械投降了，随之把他们放走了。队伍回到密营三天以后，都以为吕式铭失踪了，正在开庆功会发奖品，吕式铭才走了回来。本来以为不知他出了什么意外，结果他又缴回两支三八式大盖枪和四条子弹袋回来了，经他说明情况，军部领导宣布他将功折过。事后也发给了他一套奖品。

副官吕式铭

吕式铭，是山东省文登县西于屯村人，高个儿，一脸麻子，因乳名大喜都叫他大喜麻子，为人信实肯干，作战勇敢在前，独木河西沟截粮战斗后，第二年他被提调到七军部当副官。后来派他到富锦县二甲一带收募粮食，住在民众家里，被伪军大排队堵住，当即被打死，牺牲时年仅二十六岁。敌人曾将吕式铭的头颅割下悬挂在二甲村门外的电线杆子上，后来被大排队的头目得知很是畏惧，责令其部下说："这是李葆满（当时已故去）手下的副官，打死了，切不可声张。"遂命将吕式铭的头颅取下，又缝合起来埋葬了。

抗联七军副官杨德山访谈录

杨德山,一九〇三年生,山东即墨人,自幼家境贫寒,二十二岁随乡里来到虎林县独木河前卡给人家当雇工,后被独木河保挑去当会兵。"九·一八"事变后,日本帝国主义侵占了东三省,他因为不堪当亡国奴,同独木河前卡保会兵小队长李元聚,一起于一九三三年六月聚众起义,共五十多人,定队名为"好胜"。转战虎林,饶河一带,同日本鬼子展开了殊死的斗争,取得很大业绩。一九三六年被李学福领导下的抗联七军收编为副营长,一九三八年提调军部副官,一九四二年后撤往苏联,入抗联远东野营。一九四五年八月,随同苏联红军解放东北,授上尉军衔,来到饶河,苏联撤军后,请求留在饶河。一九四八年任饶河土产公司土特产检质员。一九五六年夏,在禁烟禁毒运动中,因其手中积有若干鸦片藏之未交,被捕入狱,三个月后获释,仍原任。一九五八年迁富锦,一九七四年病逝,享年七十二岁。

起事前后

我从山东即墨老家出来,就到了虎林县独木河前卡(今独木河村)地方,给人家扛活,种大烟,一干就是八九年的时间。也没剩下多少钱,后来经人介绍我到保会房子里当会兵。一九三一年"九一八"事变,日本鬼子侵占了我国的东三省,到了伪大同二年(一九三三年)虎林饶河一带也被日本鬼子占领,当时中华有识之士纷纷起来抗日,尽管屡屡遭受挫折,但不甘心当亡国奴的中国人,抗战之火风起云涌,给日本鬼子以沉重的打击。

虎林县独木河前卡是一个两山夹一沟的地方。在沟口上住有五六十户人家。管理行政事务和维持地方治安的保会房子也设在这里，总共有十二名武装。小队长是一个三十多岁的中年人，名叫李元聚。我比他小两岁，那年三十一岁，被推选为副队长。一天，有人从虎林县城（当时县城设在今虎头）送来信件，说日本鬼子三五天即要来占领这些地方。李元聚当时召集大家商量："弟兄们，我们愿意当亡国奴吗？"大家异口同声地说："舍死也得跟他们拼哪！"可是人太少，寡不敌众，怎么办呢？最后决定：先把队伍拉到山上。当时沟里养有枪支的民户很多，经过联络活动，很多爱国青年纷纷报名参加，越聚越多，六七天的时间就聚有五十多人，由李元聚和我两个人率领往虎林（虎头）方向进发了。

走了两天，遇上黑嘴子过来一支抗日武装。领队的名叫杨富贵，年纪也是三十多岁，两支队伍汇合后，我们向他询问了黑嘴子那边日寇的活动情况，杨富贵说："日本鬼子来势很凶猛，武器也很强，只是他们新来乍到，对这里的地形很生疏，常吃苦头，不过我们分散着干不了，必须联合起来才有力量。"经过两方面商议意见统一之后，我们这两支队伍便联合在一起了。杨富贵仪表堂堂，身强力壮，而且精明干练，于是我同李元聚一致推选他当领队的当家人，李元聚和我是副职——二三把手。遂之把队头的名字定下来叫"好胜"，我们便一起奔黑嘴子方向走去，准备联合大股的抗日队伍。

只说我们这支队伍一百二十多人，朝着黑嘴子走了两天，驻扎在一个叫"老等窝"的地方，距虎头约七十里。在一条小山岗上落了营，侦察员忽然报告：日本鬼子的队伍约有一百多人从虎林（今虎头）追来，预计明天即可以赶到，我们"好胜队"全体指战员，随即连夜挖掘工事战壕，整整等待了一天，不见鬼子兵的影踪。第三天一大清早，就发现敌人从东南方向赶来。我们的队伍随即摆好了阵势，杨富贵领一伙人在山南坡道下埋伏着，我和李元聚领一伙人在山北头埋伏着，呈交叉阵势夹攻敌人。

正当鬼子兵从山南头顺道走了上来，被杨富贵一阵枪炮打得他们措手不及，正要向山北坡逃走，我们的枪声又像爆豆般地响了起来，前后夹攻，一百多名鬼子死伤过半，直到天黑，鬼子只得弃尸而逃。

战斗结束了，我们随即在山西坡一个村庄里落营，老百姓煮饭烧汤招待我们抗日军，全村男女老少，欢歌笑语同队伍一起庆祝胜利。第二天一大早，我们领着队伍便向倒木沟方向进发了。

与"乐子"、"九省"会合大战倒木沟

在倒木沟还有一支抗日队伍叫"乐子"，负责人忘记了姓名，年纪四十多岁，共有七十多人；还有一支队伍叫"九省"，八十多人。我们的"好胜"队进了倒木沟也就和他们住在一起了，总共二百五十多人，日本鬼子明明知道，但不敢轻举妄动。

一天，倒木沟的一位老乡来到寨里传信，说是宝清县有支伪满叛军二百多人，三挺机枪，准备来投奔入伙抗日，不知以为如何？当时"九省""乐子""好胜"三个队头的领导人在一起进行了研究，我当时提出应当很好了解清楚，再做答复，以防意外。"九省"的领导人说："昨天侦探人员即报知了此事，说是鬼子兵正在后边追赶这支队伍。"大家分析来去，觉得这支起义队伍还是实情，并非欺诈，因此便写信回复，通知他们？次日上午在穆棱河南岸排队迎接。

第二天吃过早饭，我们的队伍，正在穆棱河边排队迎接，起义的队伍个个骑着马按顺序过河，天将傍晌，只剩有十几个人了，忽然有人报信，日本鬼子追上来了，事不宜迟，当时只留下一小部分人继续协助起义军渡河，其余队伍马上撤离河边，奔向近处的山林，每个队伍各自占领一个山头，窥视着鬼子的动向。

夏季山林中树木苍翠，四百多名抗日战士埋伏得声影不露，山下正是一个六七十户人家的小村，村边有条横山的行道，岗哨忽然发现敌人二十多名先头部队从东南方问扑来，随之钻进一个农户的大院。"九省"当即召集各队头商议，决定派"好胜""乐子"一百余人下山，出其不备进行围剿，缴了枪支，将二十多名日伪军人绑了。鬼子的大部队随后赶来，我们的"好胜"和"乐子"两支队伍立刻撤到山顶，鬼子兵向山上空放了一阵枪炮，屁事不顶，接着便又走了。

我们的抗日队伍还没来得及整顿，随之便向荒草岗方向开去了。

在荒草岗联合"庄稼人"进攻虎林城

在荒草岗（今八五六农场附近）又有一支队伍叫"庄稼人"，有七十多人，也汇合在一起了。

五月，天气转暖，四五百号人的抗日队伍，衣服给养得不到供应，依靠老百姓零星支援也无济于事，于是决定要向鬼子索取。侦探人员到虎林去了三天才回来，探知敌人城内只有三百多人，分驻在两个局所，重武器只有三挺机枪，随之决定围攻虎林。

当时由我、杨富贵同"庄稼人"共七人为探头尖兵，大队人马连夜赶到。只说我们七个人在前头领队，走到虎林县城，已是午后四五点钟了。各人扛着锄头，挑着菜担，或手握着镰刀，装扮成农民模样，相续随着人群走进城来，杨富贵四人各奔亲友去了。"庄稼人"和我在饭馆里吃了些饭，随之扮作卖菜模样在警察局门前溜了几趟，把情况探查明白，又往城边各出口观察了一番。天黑以后，我俩便钻进了鸦片烟馆，装作是来吸大烟的，向掌柜的买了两份大烟抽了。只听隔壁房间里有两个抽大烟的，听话语像是个特务和警察，特务说："他妈的，听说胡子（指我们）今天要进街，真是妄想！"警察说："没有事，咱们有二百多人，他们就打进来了，城西早安上岗了，我还得查夜去呢。"不大工夫，只听那个警察和特务脚前脚后走了。

又过有一个多钟头，只听大烟馆的外门唰啦一声又开了，烟馆掌柜的忙说道："来吧，刘警尉，里屋坐吧。"

"好吧。"刘警尉挎着洋刀，还跟着一个查户口的牌长，走进账房，声明说："我们是来查夜的，检查户口和证明书。"

烟馆掌柜笑着说："啊，有，什么都有，一会儿我再领你到房间里查查。"只听账房里不停地翻弄着纸本。

我和"庄稼人"当家的早看好了地势，两人用手比量了一下，便蹑手蹑脚地走出屋去，躲在附近的一个便所里，停了有十几分钟，伪警察和牌长走了出来，我和"庄稼人"随后便跟了上去。夜色漆黑一片，街上只有狗叫的声音，我们在后边跟着，只见在一个静僻的拐角处他们两个向东走去，我和"庄稼人"猛蹿了几步，喊了声："举起手来，别动，吵吵就打死你！"

只见两个小子哆嗦战栗成一团。那个肩上扛着一道杠二个花的伪警察举着手躬着腰，洋刀向后撅着，在黑夜里活像一条狗。"庄稼人"枪口对着伪警察和牌长，我搜了他们的衣兜，在警尉身子上搜出一支撸子（手枪），洋刀下了。我对他俩说："不要害怕，只要帮我们做点事儿，就饶你的活命！"伪警察连连点头求饶，我问："你是哪个警察局的？"伪警察说："是警察本队的。"

"你们城里有多少人？"我又问。

"没有多少"伪警察说："总共不到百八十人，听说抗日军要进街，大都聚在西门里防守呢。"

"你们今天夜间的口令是什么？"我又问。

伪警察说："协和。"

我们把敌人的防守情况全部弄清楚之后，随着让那伪警察领着我俩从北面闯出城去，那个牌长吓得苦苦哀求放他回去，我对他说："不要害怕，到时候一定要放你的。"穿过山边的苞米地，通了两句暗语，抗日队伍早都围拢上来了。随着逼那伪警察把门岗骗了，绑了起来，抗日队伍从东边北边一拥而进，先把西门的伪警察队围了，又把日本守备队围了，城中一片火光，枪声喊声震耳，一百三十多名伪警察大部缴械，日本鬼子守备队六十多名，死伤二十多名，剩下的狼狈而逃。

天明，城中百姓手舞足蹈，欢迎抗日队伍。我们向城里居民交代了战时的方针政策，随之打开了日本仓库，各人背走了一些布匹和日用物资，绑起了几个汉奸，第二天一早我们就撤出了虎林，回到了荒草岗，鬼子瞪眼不敢蠢动。我们在撤离虎林县城的时候，城中百姓依依不舍。这次战斗我们取得很大胜利，不幸的是我的"好胜"队的当家人李元聚，在围攻守备队时，壮烈牺牲。这是一九三三年八月中旬的事情。

全歼高顾屯伪警察

在虎林城西有一个高丽屯，村中伪警察十分嚣张，常常抓住外来的老百姓便活活地用刀刺死。一九三四年（伪康德元年）六月的一天，从高丽屯逃出来一个老百姓，警察将他抓住，说他是抗日可疑分子，正待要杀他。借外出小便的机会逃了出来。"九省"负责人问他："屯子里有多少名警察？"答道："三十多名警察三十多条枪。"那人说："不过处置他们也须要做些准备。第一是这个屯子四周有城墙，城外有一条很深的护城壕；第二，四个城门外都设有吊桥，破它时，必须有临时木桥。"经过队伍研究了一阵，又派人到近前做过调查。弄清楚之后，抗日队伍共计四百多人，全部赶来，将整个村子团团围了起来。扛来四个梯子，各城门一个，只留南门，因为南门外是水泡子，不能通行，因此把梯子横放在护城壕上，顺着梯子，爬进城去，将警察队团团围住，枪弹齐发，吓得二十多名警察屁滚尿流，从南门外逃走两名，被水淹死六七名，其余全被生擒。经过审讯将其中最坏的五名头头当即处死，其余的经过警告后，放他们走了。共缴获枪支三十多支，子弹八百多发。

包剿义和屯伪警察小队

在虎林县黑嘴子西南靠近穆棱河边有一个村庄名叫义和。一九三五年（伪康德二年）三月的一天，我们的抗日队伍就住在这个村子里，刚刚吃过晚饭，忽然日本鬼子军队二百多人袭来，战士们正要准备入睡，不得不立即持枪应敌。我们的侦探人员察觉西南方向敌人的火力较轻，随之一个传一个全力从村西南方向突围。我们从村西南全部安全地撤退出来，鬼子追赶不及。

这年冬天，由于队伍人多，行动很不方便，我们接受了抗日联军第四军二师师长李葆满的召集，在饶河县十八垧地南红石砬子密营开会。为了使各股抗日武装团结起来，统一领导，统一指挥，有力地打击日本侵略势力，我们全部被收编，我们"好胜"队被编为四军二师一团三营，杨富贵为营长，我当副营长。一九三六年（伪康德三年）三月在腰房子（今永幸村）西老秃顶子战斗中杨富贵牺牲，后又派夏文志当营长。一九三七年（伪康德四年）八月，我调到七军军部任副官。

救护苏联失事飞机护送苏军飞行员

一九三五年（伪康德二年）九月七日，抗联队伍一百二十多人正集结在暴马顶子抗日军本部休息。一天早晨，忽然听到有飞机的声音，掠空而过，我们原以为是日本鬼子的飞机从空中经过，停了有一个多小时。太阳东南晌的时候，七里沁东北十八垧地，种地的百姓来到抗联的驻地报信说：一架苏联军用战斗机，因为演习迷航，落到一片农田开阔地，机上两名苏军飞行员，急切地要找抗日联军，要同他们的领导人接头。饶河抗日游击大队政委李斗文、队长李学福和参谋长崔石泉等在一起合计了一下，遂立刻派人前去探寻，等把两名飞行员接到营中，已是中午吃午饭的时刻。四团几位领导人接见了苏联两名飞行员，并招待他俩吃了午饭，当时我们的队伍已与东海胜队合一，统一接受游击大队的领导。各队的骨干正在七里沁聚集开会，研究下一步的对日寇作战方案。想不到竟出现这宗情形。苏联的飞机，怎么会降落到伪满洲国境内呢？李学福大队长也不明白事情的原委，因此他也在探问这个情况。两名飞行员都是二十几岁的年轻人，当时队伍上没有会俄国话的，现从当地种地户当中，找到一个叫刘古别子的人，为什么叫刘古别子呢？原来老毛子话，把商人叫作"古别子"。刘古别子也是山东闯关东的农民，从前他曾在远东地方做过买卖，因此老毛子都叫他刘古别子。来到中国以后，人们仍习惯地叫他是"刘古别子"，刘古别子成了他的绰号了，他的真名谁也不知叫什么，都以刘古别子相称。通过刘古别子的翻译，才知道两名飞行员都是军人，一名叫谢盖（疑为谢尔盖），一名叫斯维大罗（疑为斯维尔德罗夫），谢尔盖年龄小些，个子却很高，而斯维尔德罗夫年龄比谢尔盖大些，而个子却矮些。通过刘古别子给当通事，斯维尔德罗夫说："我们是苏联空军驾驶员，在训练中由于机器出了故障，一时早晨雾大，迷失了方向，不知已飞越过乌苏里江，来到中国境内，没办法临时找到一块开阔地（鸦片烟田）降落了。年轻的谢尔盖说："我们知道飞机已降落到日本占领区内，很怕落到日本人手中。因此，我们很想得到中国抗日军同志的支持，赶快帮助将飞机上的两挺机关炮卸下来，飞机已经是不能起飞了。看看怎么能赶快帮助处理掉，免得落在日本人手中。"李学福队长和崔石泉参谋长，还有李斗文政委在一起商量决定，立刻派出两连人总共约七十多人，前往飞机降落地点连同当地种地户一起，将飞机围护起来，并选拔了两名通晓枪械的人员配合苏联飞行员前往拆卸机关炮。当时飞机降落地距抗联驻扎地只有二十多里路，我们七十多人的队伍，全副武装快步行走，一个多小时即赶到了，两名苏联飞机驾驶员和抗联两名通晓枪械的人员，立刻登上飞机驾驶舱去拆卸机关炮。当时政委李斗文和队长李学福都亲自来到现场，领导战士们和当地民众，四处搜集木柴，用快马子锯伐站杆，用斧子砍干枯树木，往飞机周围堆积，把个飞机全用木柴围了起来。当飞行员将两挺机关炮拆卸下来之后，李斗文政委和李学福团长果断决定：点上火，将飞机烧掉，不到两个小时，飞机驾驶舱、机身和机翼全都塌陷烧变了形，变成了一堆废铁。这时李学福团长命令队伍立刻撤离飞机残骸现场，并领两名苏联飞行员回到野营驻地，只待了一宿，团部各位领导人在一起分析了形势，考虑苏联飞机降落到日伪所属领地，日本当局必然要派军队来截获，为了躲开日伪的锋芒，决定次日晨整个抗联队伍，并两名苏联飞行员立即向纵深地带转移。果不然，抗联撤走的第二天，日伪军来了一百多人，企图前来缴获苏联飞机，不成想飞机已烧成残骸，只好败兴而归。我们的抗日队伍经过两天两夜的跋涉，来到四道沟子抗联根据地，并将两挺机关炮也扛到驻地。在那里休息有三四天的时间。李斗文政委和李学福团长，通过手势和简单的翻译对两名飞行员说："你们如果同意在中国参加抗日，我们表示热烈欢迎，如不想留下来，即将派人送你们回国。"那两位飞行员表示："尽管我们飞机出了事故，降落到日本统辖的地域，为了不使日本人得到，我们在中国抗日军同志的帮助下，将飞机烧掉，不论怎么说，我们也是犯了大错误，回到国内必然是要受到处分的。我们是苏联的军人，就是受多大的处分，我们也是要回去的。"就这样，李斗文政委和李学福大队长，对两名苏联飞行员的要求表示支持。过了五六天，即伪康德二年（一九三五年）一月十七日，我抗日游击大队特地组成八人的护送队，穿山越岭，夜行日驻，跨过乌苏里江送两名苏联飞行员回国，为什么要那么多的护送人员呢？原因就是带两挺机关炮，需要轮流扛抬，每挺机关炮都有二三十斤重，不轮流扛抬，只凭一个人肩扛，谁也承受不了。在临走的时候，那个年岁稍大、个头矮一些的飞行员斯维尔德罗夫还再三向李斗文政委和李学福大队长解释说:"这两挺机关炮中国抗日军同志无法使用。否则我们将把它留给中国同志了。因为不能用,我们只好带回国去了。"李斗文政委对他们说:"我们完全理解你们的心情,我们中国抗日游击队同志一定要安全地把你们二位送回国去。"抗联护送的八名人员组成是:抗日游击大队抽调三连连长张玉凤外带一名战士;东海胜队由我负责,外带两名年轻力壮的战士,鲁祥队由鲁祥带队,外带两名战士。统由鲁祥总带队。张玉凤和我是副领队。临走的时候,抗联队伍特地给每人携带十只白面和玉米面两掺的馒头,每个人员给两大块咸萝卜,两位苏联飞行员同我们一样的待遇,这在当时算是极特殊的待遇了。我们从十八垧地东北四道沟子地方出发,翻过岭走到小安河源狐仙堂,再东去经佛寿宫(今小南河),翻过岭跨过小北沟,直奔王家店江边的于老客地窝棚,深更半夜跨过乌苏里江,到达苏联的毕金河口(华西列夫小队),通过苏联华西列夫小队联络,毕金方面来汽车将我们接到毕金城,苏联的边防大队长接见了我们,对中国抗日游击队护送他们的飞行员回国深表感谢。两名飞行员第二天就由苏联军方领走了。让我们八个人在毕金城一直休息了五天,领我们到澡堂里洗澡,到电影院去看电影,吃的是酸列巴(面包),咸大马哈鱼干,还吃了两顿牛肉土豆汤。那时候,苏联的经济也是不富裕的。临走的时候,送给我们连珠子弹八百发,光板羊皮大衣四件,防寒毡靴四双。苏联毕金大队长派汽车将我们送到乌苏里江边的库比村(库列比亚克依内),这里西边紧对中国的苇子沟,距山林很近,人烟稀少,日伪巡防不太严紧的地带,我们准备从那里连夜过江。临走的时候,苏联边防大队长见鲁祥是八名护送人员中年龄最大的一个(六十二岁),因此将库比边防小队的巡逻马,赠给鲁祥一匹,他说:"你年纪大了,走路困难,给你一匹马骑着走,走路还轻便。"我们在临走的时候,再三向他们表示感谢。就在那天深夜,我们从苏联岸边踏着积雪向西岸走去。那匹马是铁青色的,过江时为了缩小目标,鲁祥没有骑马,而是牵着马走。他想等到苇子沟登岸进山穿树林子的时候再骑,不料想从苇子沟登岸向前刚走出不远,就发现日本军的军犬突然狂咬起来,原来是日本军"讨伐队"正住在那里。瞬时鬼子兵便追扑上来,枪声爆豆似的响了起来。鲁祥喊:"快往西南奔山林突围!"怎奈是夜间,敌人发现我们的行踪一时还摸不太清楚，我同张玉凤带领五名战士，绕过敌人的防守地，很快进入密林，不料，鲁祥年纪大了，脚上还穿着苏联赠送的大毡靴，走起路来很笨重，他几次想跳上马去，赶快奔走，结果连马背都没有爬得上去，就被日本军围住，连人带马都当了俘虏。

编者注：鲁祥原籍是辽宁省海城人，早年闯过海参崴，后在虎林密山一带拉起六七十人的山林队，专靠杀家劫舍过活。"九一八"事变后，他投奔陈东山和李杜一度挑起抗日大旗，曾经炫耀一时，世称"鲁司令"。李杜、陈东山过江去往苏联以后，鲁祥曾同高玉山合作过，后投靠中共领导下的抗联四军四团李学福麾下，还没来得及正式改编，护送苏联飞行员归来，在苇子沟即被日军俘获，在狱中监押了三个多月后放出。日本当局见他年事已高，也无多大反抗能力，因此对他不予深究。因他独自一人无法生活，在朋友们的接济下开了一个小型大烟馆，聊以糊口，直到一九四〇年（伪康德七年）六十六岁时，才离开饶河，回到南满老家去了。终果未详。

（伪康德三年出版的《饶河县事情》一书及一九九二年出版的《饶河县志》328页"护送苏飞行员回国"均有简短记述）。

挠力河口堵截伪警察

一九三六年（伪康德三年）六月五日，抗日联军得知小佳河伪警察队用风船（帆船）到东安镇运取军装武器。我们的情报人员到西风嘴子抗联密营报告，伪警察有二十多名乘坐一只风船在东安镇住一两日，七日即能返回。当时营长姜文志和我共率领一百三十多人，六月六号我们连夜即往挠力河口船营渔梁子奔去。到达目的地时，天已漆黑。

在挠力河口梁子南岸，有两栋木刻楞房子，前"东亚"的头目人王东祥推门一看，屋里全是警察，退出来便跑，忙喊："警察，警察！"一百三十多人的抗联队伍，立刻将房子围住。伪警察们见势不妙，推开后窗撒腿就跑，当即打死四名，抓捕三名，逃走了八名。第二天早晨在江边的渔窝棚里又发现两名警察正在睡觉，也被同时抓捕缴械。

由于这次事件的发生，住在挠力河口等候风船的警察，全遭围歼，船也不敢走了。

第五項　露機飛行士護送

本年一月縣內七里星に於て不時着露機飛行士を

1、李學萬隊第二連連長張玉鳳及部下一名
2、東海勝及部下二名
3、魯祥及部下二名

都合八名は李學萬に相談の結果、露機飛行士を饒河對岸「ワンロスク」に護送し、其の返禮として

1、大型鞏鈦彈藥　　八〇〇發
2、毛皮外套　　　　四個
3、防寒靴　　　　　四足
4、馬　　　　　　　一匹

三江省　饒河縣

抗日老战士金昌连回忆参加七军少年连

一九三七年，我的父亲、哥哥相继参加了抗联七军。第二年秋，在一次日伪军"讨伐"时，我和母亲被敌人追赶，逃到暴马顶子东山山麓的小道上，在混乱中，母亲被敌人的枪弹击中身亡。当时我才十六岁，失去了母亲，感到万分悲痛。就在我没有任何依靠，走投无路的时候，是抗联队伍救了我，把我收留在七军少年连。从此，我开始了抗联的战斗生活。

少年连是一九三六年底组建的，直属军部领导。我到少年连的时候，全连二十三人，其中十八人是朝鲜族同志。少年连除连长、指导员外，战士中最小的十六岁，最大的十八岁。连长叫郎占山，指导员叫金元国。

连里的干部就像大哥一样，时时想着我们，处处照顾我们。行军时，战士们累了，他们帮助拿东西，有时还搀扶着战士走；休息时，常常给战士们讲民族英雄抗击外敌入侵的故事，教战士们识字，教战士们唱《抗日游击队之歌》和《露营之歌》；宿营时，给战士们烧洗脚水，帮战士烘干湿鞋，总是东看看西瞧瞧忙到很晚才睡。战士们深深地感到革命队伍的无比温暖，我也很快地适应了部队的生活。在训练中，我们也经常学大人的样子，一个个挺着胸脯，绷着脸，一派小大人的气概。

少年连担负着一些通信联系、取送物件和当向导带路等非战斗性任务，其中主要是联系和取运粮食。特别是进入秋季，少年连就要全部出动，一部分战士负责联系粮食，一部分专门取运粮食。由于敌人的封锁，粮食是非常紧张的。粮食对抗联队伍是生死攸关的大事，敌人也正是想通过封锁粮食置抗联队伍于死地，所以筹粮的任务既艰巨又复杂。在少年连时，同我朝夕相处的几位挚友，就是在一次取粮中献出了宝贵的生命。

一九四〇年深秋，我们少年连的李亿松（军长李学福的侄儿）、金在元和刘铁汉奉命到小北沟山弯处一个地窖子运取粮食。住小南河的伪警察队提前获得了这一情报，当李亿松三人进入地窖子时，被埋伏的敌人包围了。过了三天，首长派我和七名警卫连的老战士去小北沟查询他们三人的下落。小北沟的乡亲看到我们，便含着眼泪向我们讲述了三位同志被害的情况。我们听了万分悲痛，决心找回烈士的尸体。当天晚上，趁着朦胧的月光，我们摸进了这个地窖子，找到了烈士的尸体，把他们安葬在一个不易被敌人发觉的山腰上。

残酷的斗争生活锻炼了少年连的战士，使大家迅速地成熟起来。在执行筹粮任务时，为了隐蔽行踪，不能在道路上行走，只能靠着记忆在森林、草丛、漂筏甸子中穿行。逢夏秋两季，山上枝叶繁茂，灌木和野草密集丛生，抬头不见天日，往前也只能看出去三五步，当地人把这一时期叫作"关门期"。这时期，人们在林中穿行很容易迷失方向。在冬季，部队在雪地里行走，容易被敌人发现，使我们更加谨慎。长期的隐蔽行动，锻炼了我们的记忆力和判断力。哪里是密营，哪里储存着粮食，哪个村屯在什么方位……一切了然于胸，并能根据山势和其他物件做出准确的判断，顺利地找到目的地。

除了具有很强的记忆力和判断力以外，还要有密切的群众关系，机智勇敢的应变能力。在这方面，我们充分利用自己生长在饶河，对饶河情况熟悉的有利条件，经常出现在群众之中，机智勇敢地出入戒备森严的敌人据点，积极为部队筹集粮食，解除部队的后顾之忧。尽管这样，首长对我们执行任务还是很费力。他们根据少年连每个战士亲属居住的地点，每个人的身材和言谈举止做出不同的分工。哪些人联系，哪些人取粮，怎样接头，都要做细致的研究和周密的安排；对可能发生的意外情况，该怎样应付，也要进行反复地交代和演习。临行前，首长总是千叮咛、万嘱咐，生怕我们这些人毛手毛脚发生意外。

少年连没有战斗任务，每当看到警卫连战斗归来，我们心里总觉得不是滋味。警卫连也是直属军部的一个连队，又叫政治保安连，负责首长的安全保卫工作。他们有一部分是骑兵，武器装备在当时也是很好的。在战斗中，他们用缴获来的各式各样的武器，优先装备自己，这使我们非常羡慕。作为抗联战士，谁不希望自己手中能有枪？谁不希望上战场打敌人？这种情绪渐渐地膨胀起来，全连战士秘密约定，就是谁见到首长都要不厌其烦地要求发给武器。于是，我们就采取了"蘑菇"战术，用学过的政治理论向首长展开了"攻势"，要求给我们发武器。

一九三八年前后，抗联七军连续多次取得战斗胜利，缴获了敌人的大批武器，从而大大地武装了自己。在这种情况下，首长决定加强少年连。记得一九三八年十月的一天，举行了发枪仪式，军首长还讲了话。我们少年连的战士领到了枪，个个笑逐颜开。从此，每个战士都有了一支"四四"式步枪，大伙把这种枪叫"小马枪"，是带刺刀的。另外，连里还有两挺日本造歪把子轻机枪，打的是"三八式"子弹。

发枪仪式后，我们开始了紧张的军事训练。抗联老战士非常关心我们，经常来指点我们，特别是几位出名的炮手，对我们更是关心备至，精心指导，不管是谁，只要稍有进步，他们的脸上就会露出真挚的笑容。机枪射手兼射击教练，是不久前从小南河警察队反正参加抗联的王庆奎，他在警察队就是机枪射手，教得很用心。我们知道有这样的训练机会是很不容易的，大家也下了苦功夫，争分夺秒地刻苦操练。经过一段时间训练后，大家要求参战的愿望也与日俱增，一个个跃跃欲试，一有战斗任务就向首长请求。军首长望着我们这些小伙子，总是笑着说"你们年纪还小，首要的是练好杀敌本领，以后有你们参加战斗的机会！"后来，我们参加了几次小的战斗，军首长认为我们年龄小，没有实战经验，所以，在这几次战斗中都是安排我们配合警卫连作战，让我们在实战中得到锻炼。经过这几次战斗，少年连的军事素质得到了很大的提高，不少战士受到军首长的好评。后来，在几次较大的阻击战和攻坚战中，军部都指名抽调了少年连的一些战士，我就曾被抽调参加了花砬子、西风嘴子两处的大型战斗。

在一九三八年至一九三九年间，抗联七军同敌人作战很频繁，三五天就打一仗，但战斗规模都很小。我们少年连第一次参加的较大战斗，是一九三八年冬歼灭挠力河北伪满军。这一个连的伪满军有一百二十人，住在挠力河北的一个名叫龙山洞的朝鲜族屯子里。他们依仗日本军队的支持,为虎作伥,无恶不作。他们抢光吃光了全村的猪、鸡、鸭,打骂百姓,奸淫妇女,还经常全连出动,袭击我抗联部队。为了打击敌人的嚣张气焰,军首长决定消灭这支伪军。经过周密的部署,由军参谋长崔石泉(崔镛健)指挥,警卫连、少年连共八十多人参加了这次战斗。

记得那是春节前夕一个风雪弥漫的夜晚,我部队从暴马顶子出发,直奔挠力河北的伪军驻地。全体战斗员都是轻装,每人左臂系一条白毛巾做标志。少年连的战士除挎上自己的小马枪外,每人还携带三颗日造手榴弹。论徒步行军,我们少年连不次于警卫连,大家腿脚利索,连跑带颠,高兴得不觉得累。天将拂晓的时候,部队按时赶到了敌人住地,分三路摸进了敌人的据点。尽管我们行动迅速,悄悄摸进,但还是惊动了几处老百姓的狗。听到狗咬声,部分伪满军持枪登上了岗楼。他们依托着围墙,首先向我部队开枪射击。我们这一路队伍一边还击,一边按照作战计划,迅速地抢占有利地形。经过短暂的激战,这部分敌人被消灭了,另两路部队则直捣伪军巢穴。屋里的敌人被枪声惊醒,有的被打死打伤,有的夺路逃窜,这次战斗,共打死敌人二十三人,俘虏三十七人,缴获大小枪支五十多支,我方仅有三人负伤,可以说是大获全胜。打扫完战场,我们少年连的战士高高兴兴地押着俘虏,转道奔向大顶子山密营。经过这次战斗,少年连不仅增加了实战经验,而且更坚定了必胜的信念。军首长也说:"少年连比较成熟了。"

在这次战斗后不久,也就是刚刚过了春节,连长郎占山带领我们二十人去别拉洪河一带取运粮食,准备运往花砬子密营。当我们刚刚翻上别拉洪河畔的一座小山时,突然发现山下黄乎乎的有五十多名敌人,多数是鬼子,少数是伪满军。这股日伪军骑着高头大马,大摇大摆地在山脚下向北走着。连长立即小声急促地命令:"卧倒、隐蔽!"大家盯着敌人,可是敌人并没有发现我们。在这种情况下,连长对同志们说:"不能眼睁睁地看着敌人从我们眼皮底下溜走。"又问我们:"你们有没有胆量把敌人引上山来。"我们这些年轻人找这样的机会还找不着,都异口同声地赞成和敌人干上一仗。于是,连长做出决定。他要大家在树墩子后和洼地隐蔽好,然后指定我们几个故意在山顶暴露,装作刚上山顶发现他们而惊慌逃跑的样子,诱骗敌人上山。他又命令担任狙击的战士，一定要弹无虚发，有效地消灭敌人。我们几个负责吸引敌人上钩的战士，便一起直起腰来，假装作刚过山头，并做出惊慌失措的样子。估计敌人看清了我们的人数，我们又装出畏敌的样子，返回身往山后逃跑。这番表演很有效，敌人开始一阵紧张，都下了马，把马拴在树上，持枪向山上围攻。在山顶狙击的战士将这一切看得清清楚楚，每个人的枪口都瞄准了敌人，静等连长的命令。敌人看到我们的几个战士翻过山去，见我们人少，便放开胆，往山上猛冲。当敌人离我们二三十米，完全进入有效射程的时候，连长喊了一声："打！"顿时枪声大作，一下子撂倒了好多敌人。他们被打得晕头转向，伤亡惨重。没有中弹的敌人狼嗥般地滚下山去，有的骑上马就向南逃窜。这一仗打得十分漂亮，我们的战士欢呼着，高兴得无法形容，待连长命令打扫战场时，大家才平静下来。经过清点，打死敌人二十三个，其中日本兵十九人，缴获来的战马，驮上粮食，高高兴兴地返回密营。这次战斗，我们无一伤亡，大获全胜，是少年连独立作战的唯一战例，并受到了军部的嘉奖。

一九三九年以后，由于战斗任务和当时形势的需要，少年连的战士陆续充实到七军其他各部。一九四〇年秋，少年连建制取消，改编为教导团第二连。

东北抗联第二路军第二支队队长刘雁来访谈录

刘雁来，山东平阴人，一九〇二年（清光绪二十八年）生，从小家贫，十七岁随宗亲来到哈尔滨在东亚轮船公司所属某帆船当篙夫，二十七岁来到依兰、富锦等地做脚行工（装卸工）。未几，来到饶河耕植鸦片为业，时逢"九一八"事变，日寇侵占东三省，时局纷乱，在老友王老九和高俭扬影响下，于一九三三年（伪大同二年）参加高玉山部下救国军一旅二连当战士。后高玉山东撤，散为游民，找个饭店当跑堂。因受抗日首脑人物李葆满的启发，常为抗日联军通情报，后被捕入狱。出狱后，毅然组织抗日山林队，定队名为"北海"。一九三四年（伪康德元年）被抗联四军四团团长李学福收编为机枪连连长，一九三五年升至七军二师四团团副，同年加入共产党。一九三九年升至第七军一师副师长。同年撤军，改编为东北抗日第二路军第二支队队长，身经数十战，战绩辉煌。一九四五年东北光复后，任富锦军分区司令员，一九四九年十一月调任松江省轮船公司经理，一九五〇年任东北内河航务局副局长。一九五四年改任黑龙江省航运局副局长，一九六七年五月十四日病逝，享年六十六岁。

青龙山只身除叛

一九三八年（伪康德五年）十二团在同江的青龙山因为团长姜尚平被士兵孔繁五打死，剩下一百三十九人，离心离德，分成七八伙，孔繁五并准备胁迫队伍投降日本。当时抗联七军军部得知这个消息，认为情况十分紧急，因此派我前去收拾场面。我当时考虑，如果直接去青龙山，必定把事情弄糟，而且十有八九要失败的。因此，我想出一个智除的办法。即我在未动身之前便定下一条谎诳之计，说二师长邹其昌把四团副刘雁来罢免开除了。刘雁来既憋气，又窝火，他要回山东老家种地去了，名声散布出去，很快传遍四方……

阴历五月，我一个人赤手攥空拳往同江青龙山去了。走到距青龙山密营还有三十多里远的时候。在一个农户家里住下了。这家农户过去都和我在一起打过日本鬼子，孔繁五叛变后，就把他给开除了。他在这里干活，心里也很是窝火。见了我不免诉说姜尚平团长惨遭杀害的经过，我当时对他的实底并不了解，因此也决不能向他表露自己的政治态度，因此我便推脱说："这些情况，我既不了解是怎么个情形，加上我已退出抗日军，什么事也不过问了，只奔着回老家种地去了。"

停了一天，这个人到密营去了，孔繁五见了他要枪毙他，说他是探子，他说："我是和刘团长（指我）一起来的。刘团长因为脚磨起了大泡，要改日再来。"于是才把他放了，孔繁五一伙当时还向他道了歉说："别上火，都是误会，别见怪"。

隔了两天，我独自一个人往青龙山密营去了。一见面，孔繁五的帮手刘二虎便说有诈，孔繁五解释说："刘团长早就洗手不干了。有什么诈，尽是胡扯。"随之，给我安排了吃住，背地里有一名叫李胜文的战士悄声对我说："这些家伙，把姜团长杀害了，就要准备投降了，刘团长来赶快把这些坏家伙收拾了，省得他们还得作害。"我当时解释说："我是到磕头弟兄家去串个门，千万别给我惹出意外的麻烦啊！"一天吃过早饭，我见到孔繁五在拆卸姜尚平团长的手枪，安装不上了。孔说："刘大叔帮我安上吧。"我说："我一个洗手不干要回家为民的人了，枪不是别的东西可以随便摆弄，再出了差错就不好了。"

孔繁五说:"没啥,刘叔我还不了解你吗!"随之,我帮他把手枪安好了。我对孔繁五开玩笑说:"咱俩比试比试瞄准吧。"孔繁五说:"好。"于是我让孔先叫开"狗头"先打,我然后再打,我把他领到门外说:"瞄准打吧,看谁能打中那桦树梢子!"孔繁五不敢打,说:"我哪敢跟刘大叔比试呢!"

又过了两天,晚上,吃过晚饭,李胜文凑到我近前说:"刘大叔,再不动手,明天他们就走了,连你也得带着送给日本人当礼物哩。"我看出他是一片真情,遂问:"你们真有决心吗?"李胜文说:"我们坚决干!"随之,借上便所和在外边散步的机会,到了姜团长的坟前,祷告了几句说:"为你报仇来了,请你助一臂之力!"于是决定第二天晚上动手。那天吃过早饭之后,我把随身携带的十几两烟土(鸦片)拿出来七八两交给大家抽,还特别掐出一块大的有二两多,交给了孔繁五,我说:"我最近就要回山东老家了,再见面是很不容易的,没别的当辞行的礼物,只这么几两烟土,让弟兄们抽了,也算是我一点心意了。"当时大家的情绪很热烈,人们各奔住处,三五成帮的吸起大烟来。正当我向人们送烟土的机会,人们不在意的时候,李胜文等人将枪支的撞针全部卸下来缩短。这时,我走进孔繁五的屋子里,他正躺在炕上和两个收降的特务在吸着大烟。让我抽,我说:"我刚才抽过了。"只见孔繁五的手枪正放在头顶,我随之爬上前去说:"这支匣枪昨天卸下来我重安的时候好像有点毛病似的,我再看看。"孔繁五一时吸着大烟正在兴奋的时候,说:"刘叔你拿吧!"我上前一把操起手枪,拨开狗兵,顶上子弹,对准孔繁五和两个特务的脑袋,说道:"别动,我正是来缴你们械的!"李胜文等人一时全拥过来。将孔繁五和两名特务一起绑了起来,连同孔繁五的帮凶刘二虎一起被押到树林子里枪毙了。一时大家兴高采烈除了大害,为姜团长报了仇,我在那里一直又呆了七天,经过整顿,统一了思想,又改编成两个连,最后一起带了回来。

鲍雅卿击毙投敌叛变的磕头弟兄郑老客

在抗日战争时期,我跟随抗联队伍在饶河、虎林、抚远、同江、富锦等县打游击，整年居无定所。我的妻子鲍雅卿那时年仅二十多岁，生活没办法，我把她安置在富锦县东南，靠近饶河边界不远一个叫东半截林子的地方，那里居住的民户不多，但却是饶河通往同江、富锦的交通要道，尤其是每到冬季，饶河通往富锦的过客很多。我求朋友帮忙在那里盖了两间挂拉草窝棚，让妻子在那里开了一个大烟馆，以卖大烟的名义赚饭吃，实际是抗日联军的地下联络点，也是抗日联军的地下交通站。我每年打游击或秘密到同江、富锦一带搜集敌伪的情报时，也能回去几趟。一九四〇年以后，日本鬼子统治愈加严密了，抗联队伍不便在平原开阔地活动了，全部撤到饶河县的深山老林里．便于隐蔽藏身，便于迂回。因此，妻子鲍雅卿也跟着撤到饶河县的大叶子沟，那里山高林密，在一个山根下盖了一座马架子房，权且栖身，同时也是抗日联军的秘密联络点。她是个缠过足的小脚女人，走路很不方便，但她意志很顽强，除了为抗联队伍做些缝缝补补的后勤工作之外，房前屋后还刨了有一亩地大小的园田，抗联队伍每当过往的时候，也都受益匪浅。当时有个后勤人员名叫郑先海的，他曾和我拜过把子弟兄，比我年纪大两岁，从前他曾做过买卖，因此人们都给了他起了个外号"郑老客"。郑老客为人能说会道，脑子十分聪明。一九三六年他在七里沁一带开小铺子，后来山林队"九龙"绑了他的票，并把他的货物抢了，他在被絷的过程中，借夜间上便所小解的机会逃跑了，径直跑到抗联四军四团来找我，要一心跟着抗日并报"九龙"的仇。我当时看他态度很坚决，他的身世我还是了解的，因此我便向李学福团长作了推荐，把他收下了。我向他开导说："报国家之仇打日本鬼子是真格的，'九龙'之仇不必去计较了，他们将来也都得被收编，一致对付日本强盗。"郑先海表示应承，他开始跟随部队，打过几次仗，还算勇敢。因为也通晓经商之道，后来队伍派他专做后勤工作，到富锦去买火柴、咸盐、胶鞋以及其他物资等。起初通过各种社会关系、多种曲折的道路为队伍上确实买过不少东西，我妻子鲍雅卿居住的小山窝棚就是他的转运站，每当从富锦卖回物资都放在我妻子那里，然后再往山里转运。他每当从富锦回来都住在那里，我的妻子鲍雅卿就叫他是磕头的大哥。当时经常住在那里还有通讯员赵喜林和残疾人老曲头——曲宝生。他们在一起处得很亲密，就像一家人似的，后来通讯员赵喜林跟随队伍走了，老曲头上了大旗杆（饶、富、宝三县交界处）种地处密营去了，只剩下郑先海一个人从富锦回来住在那里。一次，老郑从富锦回来没有带回任何东西，他并且对我妻子鲍雅卿说："弟妹，我领你到富锦去吧，到那里要吃有吃，要住有住，擎等着享清福吧，干这个营生，终究是闹玄的买卖（危险事）哩。"妻子鲍雅卿当时没有表态，只是说："干革命还能怕吃苦吗？"郑先海再也没有往下讲什么。第二天起来吃过早饭又走了，定的是七天回来。恰巧郑先海走后第三天，我由队伍上回来了，妻子对我说起了老郑的态度。我猜测郑先海一定是有了缘故，随之在窝棚里一直等了他五天，不见回来。我因有任务在身，不能久留，第六天我便走了。临走的时候，我留下一支橹子交给了妻子，我说："老郑回来之后，万一有什么变故，你要果断处之，避免上了大当。"结果我走后第二天，郑先海回来了，问鲍雅卿："刘雁来回来没有？"妻子瞒哄他说："没回来。"郑先海说："没回来也好，就咱俩一块儿走吧，富锦街里，房子住处一切都安排好了，何苦躲在这里受罪。"随之问鲍雅卿："你这里是否有枪？"鲍雅卿说："我这里从来没有枪，你还不知道吗？"郑先海明知道我妻子那里是没有枪的，我给她留下一支手枪，老郑根本不知道。第二天早晨，郑先海到房东头厕所撒尿，妻子做饭，手提着浑水桶，借倒浑水的机会，朝郑先海身后开了两枪，当场倒地死亡，随之将他拖到屋后树林子边上埋了，免了一场祸难。这是一九四一年夏天的事情。赶到秋天，日本鬼子又一次"讨伐"清沟，妻子鲍雅卿居住的山窝棚被敌人的"讨伐队"发现，直将她抓走，监押在饶河县城一个水牢里（地下室）关押了四年多的时间，敌人施尽各种酷刑威逼她给我写信，劝我下山投降。她一句话不说，一问三不知，使得敌人也无可奈何。直到东北光复日本无条件投降之后，才得获释。她被捕的时候，已经怀有身孕，在监狱里生了一个女孩。赶到出狱时，孩子已经长到三岁了。妻子鲍雅卿被捕之后，我心里一直惦记着她，更担心孩子不知是个什么情况，总算是老天照应，她们都顽强地活过来了。一九四五年八月东北解放时，我由苏联回到了中国，很快我同妻子女儿便团聚了。

（一九五九年八月二十一日位于哈尔滨市区省航运局访谈记录）

红 店

姜清池记

在历史上有不少关于开店的故事，什么孙二娘开店，马寡妇开店等等。不过，那时孙二娘开的是黑店，马寡妇开的是客店，还没听说有谁开过我这样的红店，也许你要问，你开的是什么红店？那还得从开头说起。

那是一九三三年的冬天，我在高玉山领导的国民救国军一旅一营二连当兵。国民救国军攻打虎林失败后，除特务营和一旅的全体官兵被留在虎饶坚持抗日外，救国军大队人马撤入苏联境内。

有一次我回三义屯探亲，听说共产党领导的游击队就在这一带活动，我琢磨打日本还是参加这个队伍好。主意打定后，回到连部我把枪往上一交，就又回到三义屯，等待时机准备上山寻找游击队。

说也巧，到家正打算进山找李学福，他却到屯子里办事来了。一见面他就问："雁来，你不在高玉山队伍中干，怎么回来又抢起锄杆来了？"我把心里的话一一向他讲了一遍。他高兴地说："那你是想参加我们的游击队啦！""不为打日本鬼子，我就不找你李学福啦！我刘雁来是条铁汉子，大山倒下也砸不弯，你就只管分配任务吧！"李学福睁大了眼睛望着我，突然他扑过来，紧紧握着我的手，闪着激动的目光对我说："雁来，你暂时不要上山，这一带你很熟，留在三义屯开个小店，给队伍通风报信，做我们的耳目，同时，咱们队伍上山入林也好有个落脚的地方。""好哇！为了抗日我干什么都行。"我们两双手紧紧地握在了一起。我们俩又谈了一会后，李学福又赶回山上，我用他留下的五十块钱筹办起开店的事来。

第二天清晨，我到村里找大粮户王振兴，见了面就忙说："大爷，这半辈子不当兵了，我想做点小本生意，请您老拉我一把吧！"这老头看我穷酸样子，寻思找他借粮，带搭不理地说："做生意可不易啊，这年头要没有个三头五百的可干不了什么营生的呀！""钱吗，我还是有几吊，我是打了几张元皮卖了几块钱。"说着我从兜里掏出两块银圆往桌上一扔，只听当啷一声，银圆一下子滚到炕里去了。老王头见钱眼升，马上满脸是笑地说："中！中！凡我能帮办的事你只管说吧！""我想在咱屯子里开个小店，你能不能把道边那五间草房租给我用用。""什么租不租的,兄弟发财我沾光,兄弟吃肉我喝汤嘛。""那就一言为定,我要能吃上两顿饱饭,决忘不了大爷恩典。"王振兴爬到炕里边,把两个银圆拾起来,假惺惺地说:"拿着吧!"还没等我说推辞话,他早把银圆装进腰包里了。

要开店还得有个帮手,我早就看中了一个人,那就是刚满十四岁的李成相。这孩子人小忠厚,还念过几年私塾,记个账什么的准行。我看中他还有一个原因,他根子正,小成相的爸爸原来当过村长,就因为他给游击队搞子弹,被鬼子抓去扔到了乌苏里江。小成相无依无靠,要是用他跑腿学舌保险不会走漏风声。当我把开店用他当小伙计的事一讲,他满口答应。接着,我们俩到饶河买了些油盐酱醋,酒肉米面,回来盘灶摆桌,生火冒烟,小店开业总算有了眉目。

开业那天,我特意请来一位老先生为小店写了一副对联。上联是"生意兴隆通四海,"下联是"财源茂盛达三江",横批是"四通八达"。小成相乐得闭不上嘴,连蹦带跳忙得脚不沾地。贴上了对联,店幌子挂到屋檐下,成相把挂在门上长长的鞭炮用香火点着,叭叭的响声引来不少人,街坊邻居都来打招呼表示祝贺,我这个小店也就正式开业了。那时开铺子单靠本钱不行,上下狗官、腿子都得打点应酬。有财主王振兴、小商业掌柜的等,满满两桌酒席一扫而光。我在想,小子们吃吧,为了掩护抗日工作,咱这红店对你们可大方着哩!

李成相这孩子真机灵,什么道理一点就透。我把开店目的直接讲给他听后,他和我就更贴心啦。他在客人们中钻来钻去,不多日就成了行家里手了。

有一天,小成相正在门前向来往行人念叨生意口诀:"南来的、北往的、进城的、下乡的,都来住我们的店。我的店,真方便,煎炒烹炸样样全,四喜丸、熘肝尖……"。这时从正东走来一个人,歪戴帽子从店门口走来走去打量店铺,好像不满意,便直奔店门而来,还没等到跟前就问道:"有房间没有?""有,请往里边走。"贼眉鼠眼的家伙进屋把房间都号上了说:"我是宋团的特务长,我们边连长奉命上山讨伐共产党,劳苦功高,今天要在你店过夜,你们要多给预备些酒菜。""长官,你只管吩咐吧!"

这小子回头瞭了我一眼后,出了店门扬长而去。

　　傍晚,伪连长带领一百多伪军直奔小店而来。我和成相站在门口,把伪军都迎到店房里,又对成相使了个眼色,他马上放开八仙桌子,端来早已备好的酒菜。特务长陪着边连长吃喝一顿,酒足饭饱,他们打个呵欠,懒洋洋的地倒在了炕上。我看这两个家伙脸上蜡黄的,就知道有烟瘾。"长官,搬尖吧?""好,拿好烟泡来!"边连长命令着。"是!"我应了一声,急忙把大烟灯点着,把烟签子递过去。边连长两手捧着大烟袋杆子,特务长在一旁给他拨弄着,两个人佝偻在一起,活像一对大虾米。边连长咕噜咕噜的往肚子里大口吸烟,抽了几口,仰面朝天,从鼻孔和嘴里吐出乳白色的烟圈。这两个家伙过足了烟瘾,倒在那里睡着了。我看他俩睡得像死狗似的,便放心了。我随后叫成相在跟前照应着,顺手提着一壶白酒,就到当兵的房间去了。"弟兄们,辛苦了!我没有好东西招待你们,喝点酒解解风寒吧!""刘掌柜的,喝酒是好事,可没有钱给你呀!"一个伪军班长说。"来吧!烟酒不分家,有钱就给兄弟扔几个,没有就算我请客。"这时成相又端来了几盘牛肉。伪军一听白吃白喝,个个争先恐后夺酒杯,酒鬼见酒不要命,他们喝了一壶又一壶,个个喝得酩酊大醉,东倒西歪躺在炕上。"弟兄们,大家都出来当兵,可一进山讨伐,皇军吃牛肉罐头,你们吃芥菜炒黄豆。"我有意在问道。"他妈的!别提了,这还不算,一进山讨伐,他们让我们走在前头,给日本人当替死鬼。"一个伪军结结巴巴地说着。"山里哪来那么多胡子,剿也剿不完哪!""哪是胡子,都是些共产党,此地人多,不等你上去,他们早就过岭了。""唉,唉……这分明不是中国人打中国人吗?""谁还不说,当官逼着你去打,这有什么法呢?有时遇上共产党我就朝天放几枪,就算那么回事了。""哎呀,放空枪这不白白浪费子弹吗?有那些子弹干什么不好。明天你们上山少放几枪,把子弹给我留几发,有空我借支枪,上山打些野味回来,咱们哥们在一起喝上几盅,岂不更好吗!""要别的没有,要子弹有的是。"这个伪军以为我真要上山打猎,忙从子弹袋里拿出两链子弹递给我,其他伪军也跟着给了。全连一百多号人,一下子就收集了1000多发。我把子弹装在面袋里,连夜叫李成相送给游击队并捎去伪军"讨伐队"的情报。第二天,太阳都照屁股了,伪军们才爬起来，边连长领着一群幽魂似的伪军向山里走去。游击队得知情报后，由李学福带队，带着伪军送上门的子弹埋伏在分水岭上。当伪军走过后，小鬼子进入埋伏圈，游击队打了一排子枪，鬼子们都应声倒下去，伪军吓得屁滚尿流，狼狈逃窜。

日久天长，我同一些伪警察和伪军混得很熟，常在一起吃吃喝喝、唠唠扯扯。他们言者无心，我这听者有意，有些情报就这样从说笑中就弄到手了。干这行工作，一要心细，二要联系人，三要辨别是非，物色有用之人。有好多不愿当亡国奴、决心抗日的同志就是从这走上革命道路的。有的身在曹营心在汉，县伪警察局的王福森就是其中的一个。这个人原是大叶子沟的百家长，手下有200多人。日本鬼子想尽一切办法要收降他。王福森既不想把人交给日本，又不想扔下家业，死逼无奈，他把人交给干儿子拉进山里打鬼子，自己到饶河去见小鬼子。日本鬼子为了收买人心，就把他安插在警察局里。自从我们把王福森争取过来后，县城鬼子只要一出去，他总要想方设法把情报捎给我们。别看这五间草房不起眼，这小小店铺却让敌人吃了不少苦头。

有一天，小南河十家长雷献诚进城办事路过小店。我炒了几个小菜，烫了一壶酒陪他喝起来。雷献诚是个远近闻名的人物，他和警察署伪军大小头目混得挺熟，来往不断。乡里邻居有个大事小情，他都要在中间周旋一番，然后从中抽点抽水。雷献诚两盅酒到肚，便开口说话了，"兄弟，小店买卖不错吧？""哪里，不赔就够本，这年头兵荒马乱做什么也不得安生啊。""兄弟，常言道：天下兴亡，匹夫有责，我要像你年轻力壮就不开店，去扛枪。""扛枪？打谁去？""打小日本呀，你没听说小鬼子走到分水岭，被游击队包围打的够呛，这真给中国人出气啦！"他边说边向外扫了两眼，悄声对我说，"兄弟，别看我年老，我也真想打鬼子，还想在游击队里找点活干，怎奈没有牵线的。你开店见识多，如果游击队里有朋友，给我引荐一下。"听着他慷慨激昂一席话，还真有点爱国之心。可又一想，平白无故地找我唠这些话，你那往日皇军长、皇军短不离嘴边的话都哪里去了。我越寻思越不对劲，夜猫进宅无事不来，这里一定有鬼。我也假装关心地用手指着北墙黑字说："雷大爷，你怎么乱说些什么呀！"雷献诚回头一看,"休谈国事"四个大字后,他连连点着头说:"哼哼,你还拿我当外人哪!""我是个良民百姓,做小本生意的,你要砸了我的饭碗,那我可要到警察署报告去。""哪里的话呢,我只不过是爱国心切,一时失言,望你海涵,不要见怪,我哪有夺你饭碗之心呢?若是你真有揭不开锅那天,我不能袖手旁观。"随后他从兜里掏出一块钱给我,我婉言谢绝说:"雷大爷,把钱拿回去,咱们在一起吃顿饭算有缘分了,只要你以后多多关照比什么都强。""好说!好说!"他一边点头,一边把钱收回去,抹了一下嘴巴离开了小店。此人前脚走,我随后打发李成相监视他的去向。不出所料,雷献诚的确到警察署去了,可见敌人已经注意这个小店。为防不测,我赶紧把这一情况及时汇报给游击队。

为了加强党对饶河抗日游击队的领导,上级党组织派来了张文偕任大队长,李学福任军需长。有一次,李学福派队员李国清、赵华江、王义福和潘老疙瘩四个人,半夜来到我开的小店,执行搞枪支任务。我接到这个任务既高兴又担心,若是完不成任务,辜负领导对我的重任,怎么对得起山上浴血奋战的同志。根据李学福的指示和我们掌握的情报,我们几个人做了周密安排,然后把行动、步骤定下来,这时鸡已叫了头遍。

根据王福森捎来情报,雷献诚最近买过枪支,说是打猎用。他吃狗食当然改不了秉性,分明是对付游击队的。我假装以要账为名,直奔雷献诚的家。说也太巧,我刚进他的堂屋,嗬!老头子正在炕上摆弄枪呢。"刘掌柜的,怎么今天有空到寒舍来啦?你是无事不出门的呀。""雷大爷,我的小店快关门啦。只因为赊账的太多,又买不进米来,我是想来和你借一石苞米,好开门营业。""兄弟有言在先,求到我的名下,没有不成的。明天你可打发伙计来背吧。"这可真是踏破铁鞋无觅处,得来全不费功夫。粮食一谈就妥了,搞枪的事也有了头绪。这老东西是个无利不起早的人,不得便宜不下口咬,他借给我粮食必有用意,还是先发制人吧。"雷大爷,这几天没上山打猎吗?""我买了几支枪;又没子弹,拿什么去打呢。刘掌柜的能不能帮我讨换一些子弹来?""你都弄不到,我上哪弄呢?""好吧,等我弄到子弹再找你帮我上山打猎去,怎么样?""行!叫我出力保证行。雷大爷,我该回去了。""好,明天叫伙计来背粮吧!""好哇!

多谢雷大爷帮忙！"

当天晚上，我同四位同志又碰了一下头。通过多方证实，雷献诚家有长短枪7支，如果全部挖出来，有可能还能引出许多枪。既然敌人已经发现小店可疑并派人暗中监视，根据李学福指示，必要时，宁肯放弃小店，也要保守秘密和人身安全。

天刚蒙蒙亮，李国清等四名同志就去雷家背粮。正巧，雷献诚家里伙计都下地干活去了，他要亲自到仓房称苞米，这就更方便我们的行动了。李国清趁雷献诚弯腰称苞米的机会，上前一把将他按倒，顺手下了他腰中的手枪并严厉地说："对不起，你要抗日马上跟我们走，同时要把枪全部交出来！"李国清用手枪对着他胸口逼问道。"我……我上了刘雁来的当了，原来他果真是'红胡子'呀！"老东西面色苍白垂头丧气地自语着。这时等在仓房外的潘老疙瘩跑过来，用毛巾堵住了雷献诚的嘴，然后从兜里掏出麻绳把他五花大绑装进麻袋，背到沟里打个半死不活后，扔到路旁。李国清等同志背回了枪支返回小店，我把小店东西卷巴卷巴就一同上山回到游击队了。

雷献诚半夜从疼痛中苏醒过来，他这一肚子冤气无处发泄，便一瘸一拐地到饶河警察局报告去了。警察局长听了气得像疯狗似的，龇着牙骂道："宋团统统的被刘雁来赤化了，今夜派兵去抄他的小店！"

王福森领着鬼子当夜奔往三义屯，他深知这次行动就是自己报信，游击队起了雷献诚的枪。可他又担心游击队员待在小店里，所以一路总是磨磨蹭蹭，故意拖延时间。当他们赶到三义屯围攻小店时，这里早已是人去店空了。

游击队早已做好战斗准备，他们埋伏在敌人返回的交叉路口。当鬼子返回途经交叉路时，游击队猛烈射击，鬼子死伤大半，剩余的夹着尾巴逃回了饶河。战斗结束后，李学福指着鬼子尸体和缴来的武器说："雁来，小店这回够本了吧！""哼，咱们游击队开的红店什么时候赔过钱哪！"我神气十足的一席话，逗得李学福笑起来，连参加战斗的队员们也都跟着哈哈大笑起来。

（本文系黑龙江省广播电视台记者姜清池记录整理，摘自《饶河抗日风云一书》）

抗联七军一师政治部主任彭施鲁访谈录

一九三八年底，东北抗日部队普遍遭受了严重挫折。因此，抗日联军第七军在制定一九三九年的游击活动方针时，确定以保存力量为主要目的，伺机打击敌人。一九三九年四月，抗日联军第七军第一师奉命离开饶河，向敌人统治薄弱的抚远县进军。二团和警卫连在师长王汝起、政治部主任彭施鲁和副师长刘雁来的带领下，从饶河山里出发，越过挠力河，向北穿过一大片尚未完全解冻的沼泽地，经过三天的行军，进入了同江境内。我们进入同江县一是要暴露自己，迷惑敌人，二是搞一批粮食用以改善战士们的生活。我们在同江边沿的小屯子征得几千斤粮食，并购买了一头黄牛后，又返回沼泽地休息，以求养精蓄锐。几天后，部队途经勤得利和八岔两个地方，再一次征集一部分粮食又上路了。这次行军中，我们切断了同江与抚远电话线路、锯断线杆四十多根。五月中旬，沼泽地已全部解冻，我们必须在二天时间里，通过二百里宽的沼泽地。当时的沼泽地地形复杂，为了安全起见，我们在同江地区找了一位赫哲族猎人做向导，我们按预定时间顺利到达了第一个小村屯，抚远县是新开辟的游击区。为了不引起群众怀疑，我们首先派人进屯做安民告示，一是宣讲抗日救国道理，二是了解一下敌情。为了加快行军步伐，在一个漆黑的夜晚，我们突然进入蒿通镇，部队一枪没放活捉警察所两名警察。第二天我们放火烧了蒿通警察所的房子。夜晚，在当地群众帮助下，部队坐上十几只木船逆流而上，直奔国富镇。国富镇和蒿通镇大小一样，也有一个警察所两个警察，可惜两个警察不在镇里住。

我们北征行动引起了敌人的注意，为了预防不测，王汝起带队迅速离开国富镇进入沼泽地隐蔽起来。几天后，伪军一个连兵力从饶河东安镇乘船追来。敌人摸不清部队人数和行动方向，不敢进沼泽地搜查。其实，我们与敌人相隔只二十里路，中间一条小河。师长王汝起根据毛主席提出的游击战争十六字诀"敌进我退、敌驻我扰、敌疲我打、敌退我追"的原则，在敌人出动后，我们避开他们的锋芒，现在敌人要安营，我们扰敌的时候到了。于是我们派少数流动哨向敌人的方向打冷枪，利用夜间敌人不备之机送传单上门，然后再放冷枪让敌人把传单带回营房。敌人"讨伐"七八天，不见抗联人影，非常恼怒。过了几天，敌人又向前移动住进了杨木林子。这个屯离我们部队不过三十里路，在林东五里路有一个不太高的岗地。王汝起认为敌人疲倦了，该是打仗的好机会。当天下午，部队用一条木船往返十来次，把战士运到小河东岸。黄昏时，部队急行军绕过杨木林子先抢占了东面高地。王汝起命令所有指战员将白毛巾缠在左臂上做识别标志。部队分成两组从杨木林子北和东向伪军攻击。当时部队战斗力强，情绪高涨，行军速度快，当部队已经看到屯子轮廓时，敌人还没有反应。在部队离屯子二百多米处时，王汝起下达了进攻命令，顿时，机关枪、步枪响成一片。这时伪军慌了手脚，有的趴在屋角射击，有的向没有枪声的南边逃跑。战斗仅用了半个小时就结束了。我们挨家逐户搜索，共打死伪军十多人，俘虏二十多人，缴获步枪四十五支，子弹一千多发，部队有五人受伤。

第二天清晨，我们又返回东面高地休息。杨木林子百家长还为部队杀了一口肥猪表示慰问。我们对俘虏进行宣传教育，留下的我们欢迎，要回家的发给路费。

注：彭施鲁，原东北抗联七军一师政治部主任，新中国成立后于中央军委总政治部任事。

小北沟抗日救国会小组长倪元德访谈录

倪元德本名倪福田，山东文登迎山前村人，一九〇〇年（清光绪二十六年）生，幼年家贫，初出雇为佣工，后入牟平缫丝房，二十三岁流寓海参崴当煤矿工人。一九二九年（民国十八年），回国来到饶河县小北沟岭后开荒耕植鸦片、玉米度日。"九一八"事变后，日本帝国主义侵占了我国东北，倪元德因不甘当亡国奴，于一九三四年（伪康德元年），参与组织小北沟抗日救国会并任小组长，先后为抗日联军荐送兵员十余人。后被叛徒王可文出卖，被日本当局抓捕入狱，遂以其回山东老家的侄儿倪元德名为己名，而隐去其真名倪福田。狱中，屡遭毒打，终不改口，拒不供认其为抗日救国会小组长。历半年之久，始得获释，但腰椎已佝偻成为残废，后出雇为帆船船夫。一九四五年东北光复后在小北沟（后改名朝阳屯）落户种地自养，土改后任该屯屯长，合作化运动中，成为一心奉公的骨干，八十年代退居为村中五保户，一九八五年一月三十日晚，因为室内砖炉烟囱冒火屋焚烧死，享年八十五岁。

叛徒王可文带领日寇进山搜捕抗日人士

我从江东（指苏联）过来，是中华民国十七年（一九二八年），就在饶河县小北沟岭后搭个地窝棚，靠种植玉米、鸦片度日。中华民国二十年，日本鬼子侵占了东三省，中国人有识者不愿当亡国奴，纷纷起来抗日，小北沟一带百姓，积极参与组织抗日救国会，为抗日事业出人出物出力。日本鬼子为了扑灭中国人民的抗日烈火，出动大批军警武装进行所谓"讨伐"，屠杀无辜百姓。

当时李葆满领导下的抗日军里，有个搞宣传工作的王可文。王可文原是团山子城（饶河）里西成泰商号一名学徒，后来他在小北沟参加了抗日军。由于他年轻有文化，因此得到了领导的信任，在队伍上搞宣传工作，经常在民众中宣传抗日，募集物资。因为他有吸鸦片的坏习惯，暗自拉拢了两个同伙在山沟里砸孤丁——抢劫，攫取了几百两烟土（鸦片）。一天上午，王可文逃到小北沟，来到我的住处要水喝，卷了一支烟，抽完就走了。我见他惊慌失措的样子，不知出了什么事情，赶到他走后没有两个钟头的时间，上边传信来说，不论哪家哪户，凡遇到王可文的，一定要把他扣下，不料想他已走远。这是一九三五年四月的事情。

王可文暗地里搞抢劫的事被队伍查知，遂传令要立即将他逮住处死。不料想，他偷偷溜走，投奔了日本鬼子，把小北沟一带抗日救国会的名单，全都向日本人告密了，日本鬼子随之派出六十余名警察前往三义屯、小北沟一带搜捕。正是五月种地的时节，警察和日本鬼子到了小北沟岭后，首先将抗日救国会会长于时干的房子围住了。没找到于时干，因为他正在房后树林子北边刨地，见鬼子和警察来抓捕他，随即朝我住的房舍跑，敌人的枪不时地响着。于时干惊慌地跑到我家说："二哥完了，二哥完了，日本鬼子来抓捕我了！"我随即告诉他说："快往北山树林子里跑，快往北山树林子里跑！"于时干一时不知所措，正在迟疑间，只见警察们已经追上来了。我见势不妙，原想拖他到我地南头的大倒木跟前躲藏一下，于时干却挣脱着向西跑去。刚出小林子，后边枪连声响了起来，子弹嗖嗖的就从我们的身旁穿过，没来得及找藏身之所，后边一个穿蓝袍的王可文和穿警察服的吴回子（警佐）枪口直抵着我和于时干两人的脊背，喊道："还跑，枪毙了你们！"遂将我们两个用绳子绑了起来。吴回子问于时干："你就是于时干？"于时干匿名说："不是。"王可文说："你还抵赖什么？"吴回子上去便是一顿毒打。又问我的姓名，我隐去真名倪福田，假托去年秋时回山东老家的侄子倪元德的名字为己名，也遭到了一阵毒打，随之被他们押着往小北沟保会房子走去，在那里待了有两个钟头。他们在沟里一共抓了八个人，全用绳子捆了，其中还有于时干的弟弟于士贵、姜德和、于元伦、宫福贤，他们把我们夹在两匹马中间走，往饶河解送。行经三义屯西北大带河桥的时候，我真想一头钻进河去，可是他们用绳子绑着无法挣脱。走到三义屯东岗的时候，只听两个巡官在暗自议论，一个说："王可文这小子纯粹是王麻子膏药——没病找病。"另一个说："我原想途中把王可文这小子毙了，不料想日本人紧跟在后边，现在已办不成了……"可见叛徒王可文的行径，在伪军警内部也是不得人心的。

在 狱 中

我们这批被抓来的人都押进伪警察本队的监狱里，每个监号不足八平方米，很暗，只有后边留有一尺半见方的通气小窗洞，中间还镶着钢棍，怕犯人扒开逃跑，整天就坐在地板上，晚上也就躺在地上睡觉，又凉又潮。我的腰腿，很快就佝偻不会动弹了。笆篱子里一共押有四五十号人，每天三时放风，出去大小便，除此之外，一律不准出去。每天开两次饭，每顿饭每人发给一个苞米面小窝窝头，一小勺咸盐豆。抓进来的犯人分刑事犯和政治犯，凡是偷盗等刑事犯，还可以被押着出去干活，到外边走动走动，我们这些人都属于抗日的政治犯，整宿带夜地关在黑屋子里，哪也不许去，三天两头过堂逼迫交代参加抗日救国会的活动，给抗日联军送过多少次信，送过多少物资，我至死不承认。他们便用皮带，用棍棒打，灌凉水，灌辣椒水，有时被灌得没气了，他们再用凉水把你喷过来。我们进监狱不到二十天的时候，一天早晨放风，我看到于时贵、于时干兄弟俩被折磨得腿都迈不动了，拖着一副大镣铐，直打颤，撒尿时，于时干偷偷地对我说："二哥，我们被王可文咬着不放，索性由他去吧，你可千万咬紧牙关挺得住呀，不能随便给他们口供啊！"我暗自点了点头。果然，没过三天，放风时再也见不到于时干、于时贵弟兄二人了。后来听说他俩受不住刑罚，加上他哥俩是小北沟抗日救国会会长和副会长，和抗联队伍经常接头联系，尤其是叛徒王可文都认识他们，抓进监狱，王可文盯住不放，因此不能脱逃，也逃脱不了，最后被敌人拉到城南的南山前南湖汊边上用枪挑死了。

我在监狱里被关押了三个多月，挨了不少毒打，受了不少折磨，至死不承认和抗联和救国会有过联系。同时我一口咬定名叫倪元德，而不是倪福田，他们也无处去调查一直结不了案。有时提出去过堂，旁边就是受酷刑的。一个姓鲁的司法股长威胁说："你不怕挨打受刑？什么时候还顽固不化？"尽管他怎么引诱恫吓，我也不变，打就打，上刑就上刑，随你们的便！那鲁股长气得没法，随边写了一篇假口供让我画押。正在这时，一位姓陈的股长走上前来，看过鲁股长的笔录。遂用手点着我说："你真是不想出去了吗？"我一时不知他是什么意思，竟不知所措。在此之前陈司法股长，也过了我几次堂，我把我在小北沟种地为民的情形向他陈述过，我说："抗日救国会的事我不曾沾边。"他听了我的陈述，对我似乎有些同情，我已经被押了四个多月。腰腿因受潮湿，也都佝偻了。他是正股长，今天上午他见鲁股长又在审我的案子，不知什么原因，他又走了进来，只见他斥责我之后，又把鲁股长训斥了一顿，并说："什么时候了，人家中午都下班了，这个案子本来都已了结了，你还搞什么名堂？"说着他把手提公文包往桌子上用力一放，递过一张写过字的纸说："就按这个写！"那鲁股长斜瞟了我一眼，心中很是不满，也无可奈何，只好照办了。过了半个多月，那位陈法官对我宣布："你积德了，现在你可以出狱了。"并劝我："你到城里找些活儿干吧，别在待山沟里待了。"我再三向他道谢，便从监狱里出去了。出狱不久，那位姓鲁的股长，一天又传我去，让我给他弄两流木桦子，言外之意，似乎我出狱是由他的宥赦和宽大似的。我当时说："我既无畜力，又没钱，怎么个办法，过些天再说吧。"后来我去三义屯和百家长宋文玉说了这件事，他劝我："再困难也给他买两流柴火送去吧，他们有权力，若不应承，以后再找你个茬子，又够你受的，可别去得罪这些人了。"因此，我才买了二流木桦子给他送去了。

狱中见闻

在监狱里什么气都得受。一天上午,狱囚们刚刚吃过午饭,各自便又都蹲坐在地板上,不准互相喳咕说话,不准吸烟,不准东张西望,只允许闷坐在那里。骤然间,不知谁放了个屁,看守(狱卒)立即走过来用一根木棍子捅我,训斥道:"谁叫你随便放屁?"我申辩说:"不是我放的……"那看守又责备说:"你为什么让他放屁?"我满腹愤怒,无处说去,只好忍气吞声地过去了。

和我住在一个监号里有个犯人姓常,他是因为偷了人家的东西被抓进监狱来的。一天我正在睡觉,忽然听到锯木嘎吱嘎吱的声音,醒来一看原来是那姓常的犯人用一把锯条将监狱里一根木栏锯断了,我心中很是害怕。我递眼色给我身旁的一个犯人,那人立即告诉了看守,看守把全监狱里的人立刻关进笆篱子,将那姓常的犯人拖去过堂,又是打又是骂,审问他,而那个姓常的却供认说是因为我要背他们三个戴脚镣子的犯人过江,所以他才截木栏的。看守把我又解去过堂,挨了一顿毒打,我拒不认账,最后也无可奈何地把我解到另一个监号里了,不再同那姓常的住一个监号。

据说那姓常的小偷很有本事,他一个夜晚,竟能从商号里偷出二十四捆粉条,两桶豆油,还靠着一个娘们儿,领三个徒弟,他会装狗叫。伪警察们对他说:"你不用乱咬,等砸死你!"那家伙还会爬着走路。

一天,监号里又关进一个犯人,他是西林子的住户,进到饶河街才被抓的。我问他是因为什么案子把他抓进监狱的?那人说:"我也不知是为什么,还是昨天我从西林子下街到饶河买些油盐火柴等日用物品,在街上碰上王可文,王可文说:'老刘哥,我一年多没见到你了,很是想你。'接着便拉我到饭馆里吃饭,他要了一盘包子,两个炒菜,一小壶烧酒。饭菜刚上来,他说:'你先吃着,我出去办点小事就回来。'我本想他出去,马上就会回来的,不好意思自己先动筷,只等他回来两个人一同吃。不曾想直等了半个小时,不见王可文回来。我正在急得没法,忽然进来两个伪警察,把我捆绑起来送进了监狱。"

据说,王可文自从投敌叛变以来,凡是他在各道山沟里认识的抗日救国会人员，一共被害有三百多人。一是日本鬼子带武装到山里清剿逮捕，再就是让王可文在街里巡查辨认。凡举报一个抗日人士，奖金五元，他举报被逮捕的人中有一百多人，全都被填进乌苏里江。有一次街上一个卖浆子果子的小贩被抓进监牢，人不见了，只剩下挑子放在大街之上没人经管。有一天，一个耍银匠手艺的人，被押进监狱，那人自供，是因为逛窑子，那窑子娘们招待不好，被他打了，连老鸨子都被他打了，后来他们上告了杨子厚。当时杨子厚是司法公署的监狱长，直差派伪警察将他捕进监狱，据说那银匠蹲了一年多的时间，才托人要了出去。据说此人被释放之后，回头就骂警察和杨子厚："操他亲娘祖奶奶！"

有一次我们早晨放风时，看见两个伪警察在暗自唾骂王可文，当时王可文又进警察署去举报某人，才引起他俩的唾骂的。一个伪警察说："这小子坏透了心肠，丧尽天良的东西！"另一个伪警察骂道："他简直是一条狗，若得便捅死这个王八蛋操的。"可见王可文的行迹，在伪警察心目中都是招人恨的。

王可文在县城里红火了不到两年的时间，伪康德三年（一九三六年）就得病死了。据说，他是因为拉痢疾而死的。

注：王可文其人在《饶河县事情》一书中都是载名的，说他曾是抗日军的宣传部长，后投敌叛变。

丛 玉 发

小北沟有一户独身农民，名叫丛玉发，是山东文登崮头人，清宣统三年（一九一一年）生。他为人耿直，身强力大，凭着自己一身力气在小北沟岭前独自开荒经营有十亩地，种些玉米和鸦片，自给自足以维持生活。一次，抗日杂牌军"治国"三更半夜来到他的住处，准备砸他的大烟土（鸦片），他明知道来人的用意，避而不给开门。怎么说明和解释也不给开门，"治国"的队伍在外边等急眼了，威吓说："把他的房子给点上火，看他开不开门！"就是怎样恫吓威胁也不给开。当时天寒地冻，"治国"几十个人在外边冻得受不了，丛玉发让他们对天盟誓："如有不轨，将对不起枪子。"

丛玉发遂将门开了，说了声："是朋友进来！""治国"队进了屋暖和了一阵，丛玉发为他们做了些饭吃了，没敢向他索要钱财，天明之前就走了。

丛玉发为人倔强，不怕硬的。一次，一个警察通知他给警察队送木桩子，两流木桩子两天之内必须送齐。丛玉发向他说明，木桩子在山上，还得用爬犁倒下来，然后才能送，最低也得七天的时间。那警察向他耍蛮横，被丛玉发上前一个扫堂腿把警察撂倒，骂了声："不行你自己运去吧！"那警察回去向上司投诉。头目来找，丛玉发对着警察头目说："你们想，我对你们不讲实际，还能说胡话吗？说完成，到时运不来，岂不是说谎吗？"那警察头目听了，也无可奈何，只好宽限他一个星期内送到。

土别赵连庆

小北沟老爷岭前有一个种地户名叫赵连庆，是山东省胶州人，兄弟三人住在一起，都是独身汉，哥哥赵连庆为人处事过分吝啬，因此，人们送给他一个外号叫"赵土别"。一九三五年（伪康德二年）冬天，一次治国队邹其昌领三十多人夜里赶到他家，邹其昌问："有无白面，给弟兄们熬碗疙瘩汤喝？"赵连庆刚磨出一大布口袋小麦面粉，他硬说："没有。"白面在屋地下明摆着，他瞪眼说谎话，气得"治国"头目人邹其昌命手下人把赵连庆吊在屋梁上一顿好打。最后宣布弟兄三人，每人各罚十两烟土（鸦片），要三百双胶鞋，限十日内交齐，逾期不交，定要重罚。"治国"队走了之后，吓得弟兄三人不敢在山沟里住了，一起跑到了县城饶河。由于这一起事件，造成人心惶惶，很多人都想往县城里迁。后来抗日联军李葆满队知道了，特地差派人到城里说和，又把他们兄弟三个动员回小北沟了。并在民众中开会做解释，抗日军同老百姓是鱼水之情，是相互依存的关系，而不应该视若仇敌。

枪击"三连"卡连长

三义村西北二十余里地方，有一条山冈，正当大顶子山前关门嘴子沟口，一九三四至一九三七年（伪满康德元年至伪满康德四年）间，在那里住有伪满军一个连，共一百二十多人，序数叫"三连"，把守要隘，堵截我抗日联军。因此，后来人们便把那个地方叫作"三连"。当时三连有个连长姓卞，一九三六年（伪康德三年）三连士兵在山林中发现三名抗联战士，卞连长亲自带人前去追赶，追到大顶子山西南脚万福砬子地方。三名抗联战士躲藏在一棵大柞树旁，对准伪军便开了三枪，打死了两名伪军士兵，并穿透了卞连长的帽子，子弹擦头皮而过。抗联战士警告说："都是中国人，给你留个情面，倘若不听警告，让你们通通有来无回，"卞连长吓得只好收兵回营。驻扎在三连的伪军，直到伪康德五年（一九三八年）归屯子以后，才撤去。

辛汉山积恶狂疯而亡

由饶河县城出北门，过二道桥之后，不远就是去三义村的岔道。伪满时期，直到二十世纪五十年代在岔道西去不到一华里远，路北有一个砖砌的坟丘，因时间久了，砖塌了，里边露出了白铁皮包裹着的棺材。铁皮棺材里装着的死尸名叫辛汉山，那辛汉山原是伪满初期三义村的警察署长，是当年煊赫一时的辛署长。他原是南满辽阳人，来到饶河时是一个警尉官衔。由于他拼命为日本人卖力效忠有功，没三年便升至警佐官衔，伪康德四年至伪康德五年（一九三七——一九三八年），他在三义村领警察在关门嘴子、大带河、小北沟一带烧房子、清沟，强逼百姓归并"集团部落"，杀死的贫苦百姓不下数十名，他自己还洋洋得意地说："我现在戴上鬼脸了，在大带河沟里，八十岁的老太太让我就杀了三个，你们不搬家归屯子，通通按通匪论处。"

由于他作恶太多，一九三九年（伪康德六年）他坐在屋子里吃饭，忽然神志迷惑，狂喊道，有人向他索命，不时地在屋子里东躲西藏狂吼乱叫，直用竹筷子将自己的两只眼睛挖了出来……不到三天便死去了。他的死，饶河百姓无不称快，民众奔走相告："辛汉山死了，饶河百姓除了一大祸害"。因为他是南满人，死后没有正式埋葬，而是用铁皮将棺材封裹起来，准备将灵柩运回南满，暂厝三义路旁。后来无人帮他经理托运，直待棺朽丘塌，被人纵火烧掉。

直人朱洪甲

一九三二年（伪大同元年），小北沟有新迁来住户名叫朱洪甲的人，他原籍是河北省河间人，清光绪十八年（一八九二年）生，从小家穷，十几岁就闯关东来到奉天（今沈阳），后经人推荐，在张作霖手下当兵，由于他为人正直，遇事肯于吃苦，作战又勇往直前，很快被提升为班长、排长。一九二七年（民国十六年）调防依兰、富锦东北混成第九旅四十二团路永才部下，提为三营七连连长。一九二九年（民国十八年）春，中苏中东铁路事件未爆发之前，奉上边命令，派七连、八连二百八十多人来饶河打毁鸦片烟苗，既来到此地。朱洪甲闻听本地百姓历来靠种植鸦片为生，既然禁植鸦片，何不在未种之时即行下令封禁。现在时值六七月，田野上鸦片烟苗正在茁壮生长，打毁之后，播种粮谷也来不及，百姓何以生存，哪可绝其生存之路？何况苏联因中东铁路收权正在寻衅，已呈弓满待发之势，外患当头，中国人哪可自相鱼肉！遂向上级陈述拒毁烟苗的道理。团长路永才再次催促：这是奉上方的命令，必须坚决执行，不准动摇！当时饶河县地方保安大队（独立营）队长李广堂奉命率领二百余人已前往关门嘴子，八连紧随其后，前往沟里打毁烟苗，行至万福砬子，被民众阻截。朱洪甲托词有病，未肯前去。后来团长路永才闻听饶河百姓数百人在关门嘴子阻截官军，遂亲自来饶河督阵，见民众一时反抗力量甚大，亦不肯动武，遂用妥协办法，先种一年，明年再行严禁。但是，他听说朱洪甲对砸毁烟苗有抵触情绪，遂撤掉朱洪甲的连长职务。朱洪甲被撤职之后，携带妻子来到小北沟耕地为生。当时野猪为害农田很是厉害，民众都设法用枪械防护，或挖深陷阱之，唯朱洪甲一任其便。邻里们都劝他："朱大哥，你种苞米，不进行防护，还能收粮谷吗？"朱洪甲说："野猪吃玉米也是为了自谋生存之路，我哪忍心杀我的一家子啊（因"朱"与"猪"同音——同姓）！"就这样，他接连在小北沟住了三年，每年收获不足自食，常靠采山果野菜解饥。我见他为人很正直，曾搓了二斗苞米送给他接济不足。一九三四年（伪康德元年），日寇出兵扫荡小北沟，我被逮捕入狱。朱洪甲冒着生命危险到县城警察队去担保，申明他同我是邻居，证明我是良民，要求将我释放，遭到了日伪军警一阵毒打，监押了二十多天才放回来。后来他迁到关门嘴子，因为朱洪甲为人正直无私，民众都推选他当保长。这却成了赌棍姜开河的眼中钉，心中十分妒忌，因而多方谗陷朱洪甲，诬他私通抗日联军，曾被捕入狱，因而未获允准。保长之职，一直被姜开河霸占着。这年秋天，朱洪甲的妻子忽然得病身亡，他一时悲愁凄楚无以寄托，遂毅然投奔了抗日游击队，那年他已经是四十四岁的人了，他自誓以老命报中华。每逢同日寇作战，他都果敢奋勇在前，不久又被提升为连长。曾参加突袭暴马顶子警察所，西通战事，天津班狙击大穗久雄战斗。从来冲杀在前，因此屡立战功。一九三九年（伪康德六年）十一月，他从暴马顶子东二道沟子率领十六个战士去关门嘴子背粮，未到达目的地，途中即同日伪军遭遇，遂且战且退，奔走四十余里，才将敌人甩掉。因过度饥渴，餐风饮雪，突发疾病，战士们不得不搀扶背行。在山林中露宿三昼夜，未到密营地，便在二道沟子死去，部下遂将他的遗体掩埋在雪谷中，那年他才不过四十七岁。

抗联英雄于化南

我在小北沟种地时，抗日联军经常从门前过往，有十几二十几个人成队来的，也有零星单个来办事的，其中我印象最深的就是于化南。他是文登县孔格庄村人。他的父亲于树兰，字祥庭，早年来到饶河，一九三〇年（民国十九年）前，曾在饶河县公署任庶务员。于化南在家乡文登县城高级小学毕业之后，无事可干，便出外奔父亲来到了饶河。适逢"九一八"事变，日寇侵占了东三省，时局动荡，于树兰隐退到了挠力河边王八脖子（今鱼丰）种地为生。于化南来到此地开始靠办塾学为业，后因接触抗日人士李学福和郑鲁岩受启发，遂毅然参加了饶河县抗日游击队。因为他有文化，为人憨厚正直，做事认真负责，忠贞不贰，因此得到领导的信任，开始做宣传工作。一九三三年（伪大同二年）加入了中国共产党，很快便当了中共饶河县委委员。不久四团扩编为二师，他被任命为四军二师政治部副主任。曾参加多次战斗，并负责为部队筹集粮秣物资做供应工作，常常一个人奔走于山野间，风餐露宿而不知其苦。我的北邻王秀东，是山东文登寺前村人，与于化南是乡亲，老家相隔不过四五里路，那年王秀东过了鸦片烟市想回老家看看。听说于化南从队伍上下来募集钱粮，住在我的地窝棚里，特地来见一面，他问于化南："我要回老家，老哥有无钱捎寄？"于化南说："现在国都没了，那里谈得上家呀？抗日尚且不足，哪里能顾得其他，到家你可以向他们告知，必待抗日胜利之后，才能回家的……"当时我听了这话，不由地心生敬重之情，感动得热泪盈眶。从那次走后，再没有见到于化南的面。后来听抗联七军军需处长杨洪义说："一九三五年于化南提任为吉东特委委员，后调任中共中央驻满洲代表联络员兼吉东省委常委。不久又派去苏联莫斯科东方大学学习，两年后回国，调延安在中央作保卫工作。一九四五年东北光复后，调任北满勃密虎饶地委书记兼任人民自卫军司令，驻勃利县城，进行建军建政。同年十二月十三日夜，有奸细发动叛乱，于化南连夜组织反击，怎奈敌强我弱，遂率领基本队伍十余人撤到山林间，落荒而走。意想往牡丹江方向靠拢，行至林口县龙爪乡一心村时，想进村觅些饮食时，误入国民党东北光复军匪窟被絷。匪团副梅双吉是抗联叛徒，指认于化南是共产党要员，遂施之以酷刑。于化南凛然不惧，并厉斥叛徒，慷慨陈词。匪徒遂将于化南杀害，年仅四十一岁。据说他离乡二十四年，因工作两次经山东，而未入家门，于化南献身民族救亡事业的精神是多么崇高啊！可叹，他与日寇苦战十余年而九死一生，不料竟惨死在土匪手中"。

山林队违军纪

一九三四年（伪康德元年）五月，日本鬼子进山大扫荡之前，抗日军杂牌"山林队"一次来到小北沟岭后，抢了民众的东西，又逐户摊派交纳烟土（鸦片），少则一两，多则四五两，不给还打骂，引起民众的不满。一次，抗联二师政治部主任郑鲁岩从小北沟过往，抗日救国会向他反映"山林队"抢夺民众东西的情况，郑鲁岩解释说："都是我们收编的队伍，我们也经常向他们强调要遵守群众纪律，不准拿民众一针一线。但是个别不受约束的人总还是有的，要向群众解释，就像新栽植的一棵小树一样，必须不断修剪才能使他长得顺直，光急也不行，请民众原谅。"

送乌拉草

那是伪满洲国大同二年（一九三三年）冬天，我受小北沟抗日救国会的委派一共四个人，给抗日联军往关门嘴子岭西二道沟子背送乌拉草。

乌拉草都是民众秋时割的，晾干然后捶软，按户分摊任务，收上来送到抗日联军队伍冬时穿用。我们每个人用背夹子背有一百多捆乌拉草，走山道，两天多的时间才送到。接收物资的原是"山林队""九江"的头目人。我也不知他叫什么名字，只管他叫"九江""九江"的。大约被收编之后，他已有了新的职任，我们也不知道。我们只管把乌拉草交了，回返的时候我和侯振奎的水乌拉鞋在途中穿林爬山剐破不能穿了！"九江"说："队伍上也没有存鞋了。"找了两双印脚鞋（差班鞋）我们勉强穿着回来了。

在给日本鬼子卖苦力的年月里

我从监狱里出来，因为小北沟的地窝棚也被日本鬼子给烧了，一时没处去，就住在老乡于树显那里。他也是个独身汉，靠拉大锯为生。因为我在监狱里受酷刑加以受潮湿，腰佝偻了，不能干重活，他帮我找了一个地方，给协和会青年训练所做饭。后来因管伙食的人贪污，散摊子了，把受训的人弄在一个饭店里吃定食。我没处去，又在杨奎五（牟平人）的凤船上当船工干了两年。后来杨奎五的凤船卖给了虎林，我又失业了。一次日本守备队进山讨伐抗联，派小工背小背，我是无业游民，就把我派去了。六七十名苦力跟在日本军后边，每人一草包大米，足有六七十斤，他们见我腰腿不好，没让我背粮，而是背铁锅等炊具——做饭。在深山老林的深雪里跋涉了三四天，有的人衣服不厚，鞋不好，手脚冻坏了，走不动，便拳打脚踢，有的就死在半路途中了。一次，在关门嘴子岭西，日本鬼子和抗日联军接上火，日本军被打死不少，一时没人收尸，遂派我也去抬死尸。他们通知我，我一时还没

163

听得明白，质问我："你的上山抬死人的，不愿意去的有？"我说："我去抬，我最愿意干这个，抬也抬不够。"遂之免遭了耳光子。

从山上回来正好日本守备队缺人干活，遂留了五名中国苦力给他们喂马、喂猪、做饭、劈柴、挑水等，我仍在伙房里打下脚。一天上午，我正拖着小爬犁上江坎下边去拉水，刚走到上坎，过来一名伪警察，拿着根木棍，逼着我给他运一趟东西。我心想：我是给日本鬼子守备队卖苦力的，耽误了做饭，可怎么交代，我便没有停步，直往胡同里走。这时，那个伪警察嘴里骂骂唧唧提着个大木棍便冲我撵来，恰巧，对面从日本守备队大院里走出一个日本上士，知道我是他们的勤杂人员，见警察前来追赶，顺口喊了一声："巴嘎牙鲁！"便去打那伪警察，吓得那伪警察一溜烟似的跑了。那日本上士遂问我："你的认识不认识，我的打死的！"我说："不认识的。"才算罢了。

有一次，我正坐在工棚子里休息，忽然走进来一个警察，质问我："你为什么不干活？"我回答说："我天天干活，哪里还得消闲，才干完活回来歇息的。"警察遂要我的《证明书》看，我给他看了，又问："你在哪里干活？"我说："伊玛达队（日本小头目名叫"野田"）干活。"旁边有名妇女补充说："人家天天干活，这才回来歇息，让你看见了。"那警察知道我是日本鬼子的苦力，随之自惭地说："我还不如一个老薄待（老百姓），连这个名字都不知道。"他用这一句话找台阶下，随之掏出卷烟来抽，还递给了我一支抽了。

一九三九年秋天，我和秦伯达去小根菜嘴子打鱼，途经大佳河，日本鬼子哨卡把我们带的东西全翻出来。那日本哨兵指着我们背的干粮问道："这个胡子（抗日联军）的给？"我说："不知道。"那日本哨兵又说："什么不知道？"他经过一番翻检之后，知道我俩是普通百姓要到小根菜嘴子去打鱼，遂说："你的梁子去的，鱼的拿来米西米西（日本语："食"叫米西，不通口语的中国人常借来当吃饭的意思）"。走到山里屯，为了图近，从小道进的屯子，未走城门，被警察发现，撵来冲我就是两耳光子，遂要《证明书》看。他看到我干活的单位有"野田"两个字，遂解释说："误会了，不了解。"于是把东西也给了我，而秦伯达的《证明书》上没签"野田"二字，因而扣住不给，我气愤地说："痛快给——我们是一起的。"那警察才把《证明书》给了他。借助日本鬼子的名气，还唬了伪警察。

伪军警争战功

伪康德七年（一九四〇年）春天，在大带河暖泉子（今逮云岭东坡）抗联同伪饶河警察本队和伪满国军麻城部队打了一仗，打死伪警察三人，抗日联军牺牲五人，见敌人人多势众，遂绕山而走。警察本队回县城为战死的三名警察开追悼会送葬时，只见有三个死者的女人，其中有两名呜呜直哭，还有一名女人在不时地偷偷发笑。原因是那个女人是个荡妇，经常遭到丈夫的殴打。丈夫被打死了，清除了障眼物，是以发笑。

这次战后，县警察本队和伪军麻城部队发生了矛盾。警察本队说："同抗日联军激战时，只有警察部队在场，麻城部队根本没靠上前。"而麻城部队却说战斗是他们打的，警察没靠上前，后来官司直打到东安省，经过上方调停结论是："不要为小事争竞，要团结一致消灭抗日联军。"

林殿臣和吕华亭

伪康德三年（一九三六年）八月，收割大烟（鸦片）市过了，民众给日本人交完官刀税之后，又暗自向抗日联军交纳一份。一次小北沟住民林殿臣和吕华亭两人，给抗日联军收募烟刀税，被特务告发，深夜派来警察将他俩抓走，那次一共抓走了六个人，关押在县城监狱里，打得死去活来，申斥他们是"通匪"。林殿臣和吕华亭都是山东文登老乡，几次过堂，吕华亭因为身体软弱，被酷刑折磨得奄奄一息，暗中向林殿臣说："林哥，我肯定是要死在日本鬼子和警察的手里了，我已承认了'通匪'啦，任他们发落去吧，你若能熬出监狱，给我家去个信，我老婆今年才二十六岁，领着个四岁的小男孩在家空守，本想我出外发了财回家，不成想被日本鬼子快折磨死了。我死了之后，告诉她领着孩子改嫁他人吧，不要为我厮守了。"说着便泣不成声，林殿臣说："男儿应有点骨气，进到虎口里就是死路一条，还考虑死后的事干什么！"一次日本鬼子警察队长亲自过堂，问："你们为什么通匪?"林殿臣说:"我们也不知道谁是匪,谁来管我们,老百姓都得应承。你们如果不让给胡子(抗日联军)交烟刀税,你们来人把山沟都封起来,用人看着,老百姓自然不能向他们交烟税了。你们既管不了他们,硬是说我们通匪,有什么法子,你们要杀就杀要砍就砍吧!"日本鬼子队长骂了一声"巴嘎牙鲁!"但这次没有打他。一共把他们六个人监押了两个多月,大半他也分析了林殿臣的辩驳是不无道理的,因而最后竟把他们释放了,并警告他们:"以后胡子(抗日联军)来要烟土的,不能给的。"

商铺掌柜李平安

在小北沟(今蓝桥村西南)黄魁地窝棚北面,正当饶河通往西林子,小佳河通道北边,有一处商铺,掌柜的名叫李平安,是山东掖县人。为人精明,买卖做得也很不错。伪满康德二年(一九三五年)山林队"东盛"当家人王凤林(外号叫王小胡)将李平安绑了票(拘为人质),要他出资一百两鸦片烟土,李平安无奈捎信给他的朋友杨茂令,让他到家跟他妻子说明,让她筹划款项,准备赎身。不料,杨茂令心术不正,见李平安妻子有几分姿色,欲图霸占。他把烟土骗出来没交给王小胡,而是自己掖藏起来,当面对王小胡说:"李平安家说了,没钱交给你的,是杀是砍任凭你们处置去吧。"王凤林气急之下,遂将李平安撕了票(处死)。一面杨茂令又到李平安妻子跟前套近乎说:"王凤林嫌给的太少,气急败坏地把李大哥给撕了票,真是没有办法。"接着他又说:"以后日子没法过,有兄弟我在,穿吃不要犯愁……"后来实情被李平安妻子得知,一时又惹不起他,暗中托高腿鸡(女光棍辛秀花)的女儿,撺掇她靠上了一个特务系的警察,暗中将杨茂令杀死,填进了大江了事,为李平安报了仇。

伪警察为日本警官解裤扣

伪满康德七年(一九四〇年)我在班主杨奎五的风船上做饭,冬天没事了,在家闲呆。一天,上源生东商号去买咸盐,正好路过饶河警察本队门口，正逢上两个骑马的日本警察官进城开会，由于天冷，手都冻挠勾了，憋得要到墙根上撒尿，就是裤扣解不开了。只见旁边跑来两名伪警察忙去为日本警察官解裤扣，其中一个警察没捞到解，脸上还带有羞涩的样子。我当时看到这种情景，心中简直都龌龊的慌，中国人给日本人当亡国奴，竟连羞耻都不要了。转过年来夏天，那个没捞到帮日本人解裤扣的警察，却又到风船上去讨饭吃，传说，他不知因为什么被警察队免职失业了。

小南河抗日救国会会员田明玉访谈录

田明玉简历

  田明玉，山东省文登县田家床（读双）村人。一九〇三年生，农民，青年时逃荒来到饶河山里种地为生，为人豪爽正直，见义勇为，疾恶如仇。童年时曾习过武功，见不平事具拔刀相助之概，伪满初期曾加入抗日救国会为会员，为抗日事，多有奉献，又是红枪会成员。伪康德四年（一九三七年）三月初，参加攻打西林子朝鲜工作班，是主要骨干之一。事败，多次遭到日伪的追查审讯，但拒不承认，敌无凭据，因未得治罪，直至东北光复，方获释放。凡三男二女，均培养成材，奋战在不同的工作岗位。本人一九九一年逝世，享年八十九岁。下文是一九六〇年三月作者到小南河村拜访田明玉先生的访谈实录。

红枪会攻打西林子警察队

  一九三六年（伪康德三年），日伪当局在饶河县西林子村驻扎着伪满军一个连，设立了一个朝鲜工作班。所谓工作班，实际就是警察分队，只不过组织成员，大多是朝鲜人。一共四十多人，这些家伙做事极端毒辣，对待老百姓非打即骂，到处抓捕抗日人士，杀害了很多无辜。住在小南河一带的老百姓，对他们无不恨之入骨。那时我正在大顶子山前沟居住，一次我和邻居上街买豆饼，行经西林子遇到工作班（朝鲜警察），当即把我们截住，说我们不是好人，而是"胡子"，我向他们辩驳，一拳把我的脖子打肿，多少日子不敢转弯，压在心头上的火气真不知什么时候才能消除。

只说小南河后沟天津班地方，有兄弟二人李清和、李清连的独身居户，老家是山东青州府，兄弟二人相伴居住，耕种有七八亩地，主要是种植大烟，少量耕种些苞米解决自食。兄弟俩都是三十上下，经常因为日本鬼子和警察们的欺凌，以及零散的"山林队"的掠夺而不堪忍受。李清和青年时曾参加过红枪会，遂起意联合沟内百姓秘密组织红枪会，互相自卫，给抗日联军通风报信，送物资等等。当时，我也报名参加了红枪会组织，人们都尊崇李清和为"李法师"。

那是伪康德四年（一九三七年）一月的一天，李清和法师派他的弟弟李清连传递鸡毛信，通知到小南河前沟（大顶子山前）开会。在我居住的方周里外的住户，大多数人都参加了。会上李清和说："西林子工作班太坏了，我们准备收拾他们，不知怎么样？"经过一阵讨论商议，大家一致拥护赞成。当时我却暗中对李清和说："商量此事须一个人一个人地秘密进行，当众提问，也不得不防备走漏风声。"李清和说："都是自己的人，没什么可怕的。"当时人们纷纷表示说："我们让他们逼迫得没法过了，就得干！"议论了一上午就这样散会了。

又过了几天，李清和亲自到我家来说："最近咱们兴许去打西林子"。遂让我把招远人黄占元、平度人萧云会、掖县人高广增几个人召集在一起商量，因为这几个人都是红枪会的骨干。当时，几个人都一致表示：遵从"李法师"的决定。散会之后，李清和个别对我说："初步确定二月二十六日行动。"李清和走后，萧云会问我："到底是多咱行动？"我对他笑了笑。萧说："没关系田大哥，多咱动员，咱就多咱干，一句话，咱就跟着干哪！"我于是将细情告诉了他。随之，开始准备刀枪，又过了三天，来信通知到北沟抗日联军总司令部开会，当时我和萧云会、黄占元三个人一起去找高广增，高广增说："你们先去，我也不是不知道路，我马上就去。"

我们三个人各持着扎枪往大顶子后沟走去。路上遇到两个人走在我们的前边，一个穿着警察服装，一个穿着便服，萧云会说："定准不是好人。"我说："咱们快些走，把他俩兜起来，一定跑不了。"赶我们走到近前，见他们肩上背着背兜很沉。问上哪儿去？那人慷慨地说："实不相瞒，我俩是到抗日联军司令部去的，当够亡国奴了。"随将他们领到前边不远一座小房里，请房主人给他们引路，我们三个人便直接走了。我们到了抗联七军总司令部，抗联首脑李葆满热情欢迎，当天晚上吃的油饼，饭后，开了干部会，研究攻击工作班的事。随后讨论，大家异口同声地说："只待司令一声令下，我们立即行动，奔哪都可。"当时为了保密起见，不提打西林子。

第二天又讨论选举司令、总指挥、副总指挥。司令是李葆满，总指挥是崔石泉，副总指挥是阎宝春和李清和。散会之后，红枪会人员单独进行"培法"。什么叫"培法"？即每个人都脱光了身子，上下一丝不挂，然后由李清和法师向身上喷法，冲洗掉在家染上的红尘污秽之气，达到纯净洁白之原质，法师一边诵读咒语，一边向身上喷法壮气。五十多个人，进行了有多半天的时间。第三天开始排枪，由萧云会烧香、叩头，请法师升坛。霎时萧即上神，李法师将一个黄兜兜悬挂在屋内房山墙上，然后画符念咒，命手下人开枪射击，李清和说："法术恢宏，刀枪不入，众位看着。"枪手随之发了第一枪，果然没有命中，大家都以为法术应验，接着又打第二枪，黄兜兜中间突然被穿透一个窟窿。我当时心中便生惶惑，李清和随之焚香，接着萧云会又上神了。说黄兜兜上缺少两个人名，一查果然少写了两个红枪会会员的名字，随之补写上了，又把黄兜兜挂在墙上，命人射击。果然三枪不中，遂命再挑人选射击，萧云会当时手持红缨扎枪，找抗联战士射击，都不敢打。后又将黄兜兜挂在百米外一棵大树上射击，结果未有射中。于是大家的意志坚强，信心十足。抗联首领李葆满随后讲话，鼓励大家，当即将抗联队伍抽出七个班并入红枪会（武术旅）作先锋队，正规抗联队伍一百五十名战士，由参谋长崔石泉率领，暂编四师一团还有一百多人，分四路攻打西林子。当夜吃了饭，随即向西林子出发，到达西林子恰好是半夜十二点。当时武术旅进门就打，司令部命令尽量少伤中国人，大部队留在城的外围。

当时西林子伪警察分队（工作班）有个伪警察名叫慈日华的，是山东文登人，通过秘密关系，早就确定他为内应。当时半夜十二点到下半夜是他的岗班，他一等不来二等不来，心中十分焦躁。这时屋子里查岗的人员也来巡视，险些漏相。查岗人员刚才回去，这时，他听到远处有汪汪狗叫的声音，这才放心。我走在最前面，拍手为记，慈日华将外门打开，我们一齐拥入大院。接着我同抗联的先锋队同时去踢内门，霎时内门也开了，随即手持扎枪闯入警察寝室。副总指挥阎宝春命手下人将机枪支在门口，向正在睡眠的警察们喊话："抗日联军来缴你们的械了，谁也不准乱动，举起手来投降不杀！"只见一个个警察不知哪的账，浑身战栗成一团，正在接受搜检。我和抗联的一名队长，一共四个人忙去缴收枪械，一共是二十八支，随即拿走。缴械正在持续中，忽听门外枪又响了起来，原来住在东间（隔壁）的巡官唐佐臣领一伙人从外边打了进来，这时屋里屋外乱成一团。有个田连长从门缝伸出枪去啪啪啪打了一梭子子弹，未有打中，外边又向屋里打枪，推门，里边用桌子椅子支上了推不开。只听里边一些警察急摇电话——不通，原来一天以前，抗联即派外勤人员杨洪义等人将电话线给掐断了。

这时红枪会武术旅人员正在喊着"杀、杀、杀！"忽听窗外向屋里开枪，子弹正从我的臀部擦身而过，觉得一阵冰凉，我的衣裾和裤子上穿了一个窟窿，好在没伤肌肉。这时屋子里的人都忙向外走，我是最后走出来的。只见李清和法师等五六个人在院子里同敌人枪对枪刀对刀进行肉搏战，已躺在血泊中，院子里昏暗暗的，只见反抗的敌人齐向屋子里钻去，我同黄占元跑进东房，用火将屋棚点着，立时熊熊大火将整个房子烧着。本想能将工作班的警察们烧死，不成想慈日华和另一名武术旅队员在屋子里让烟炝昏迷，活活被烧死。这时我四处找黄占元，黄占元也在找我，正巧又碰到萧云会，他的屁股负伤，子弹还没取出来，我伸手从伤口处给他抠，只见屁股炸开一个窟窿，他受不了。我说："摸一摸就不痛了。"萧一时伤口麻木了，他说："还不觉得痛。"子弹也没抠出来。因为情况紧急，只得和黄占元两人将他扶着撤走，警察反了把，将好些红枪会成员都就地给打死在院子里。

我同黄占元，萧云会几个人总算活着突围出来了，李清和、李清连兄弟俩都战死在伪警察队的院子里了，我们回到抗联大顶子北沟密营里休息。萧云会在密营里养伤，因为他是独身汉，伤口养好之后，就直接留在抗联队伍里了。我同黄占元家中有妻子老小，只得回家，假装不曾知道西林子发生了什么事。因为邻居高广增没去参加，又怕他密告了，又怕李清和红枪会的名册被敌人缴去露馅，我同黄占元两人随之拿着干粮跑到大顶子山上去躲藏。

日出而藏，日落而归，还请了一个姓李的老头（是邻居）给听风。一直躲藏了二十多天无事才回到家来。事过半年之后，西林子伪警察分队还来小南河审问我好几次，我拒不承认，后来不了了之。

攻打西林子这一仗，后来听说，打死敌人二十多人，红枪会和抗联战士牺牲十三人，很多红枪会成员因为有了装备都参加了抗联，被编入暂编一师一团阎宝春部下。这次战斗尽管没有完全打胜，但也打击了敌人的嚣张气焰，再不敢像从前那样逞凶了。

萧云会参加了部队之后，作战英勇果敢，曾经立过几次军功。后来听说伪康德六年（一九三九年）队伍去到富锦县作战，一次战斗，我抗联队伍四十多人损失殆尽，只剩下萧云会一个人坚持战斗，后来被生俘，敌人将他拴在汽车上被活活拖死。

突袭小南河警察队

小南河村北有一个中年女子，外号叫"红裤子"，因为她经常穿着一条红色的裤子，所以人们便给她送了这么个雅号。年纪三十岁左右，也不知她的丈夫是谁，领着个十一二岁的小女孩度日，全凭开大烟馆为生。每天到她家来吸大烟的，有干官差事的伪警察，也有吃游荡饭的二流子、懒汉，还有来自深山密林里的抗日联军密探。那是伪康德五年（一九三八年）正月间的事，有一个警察名叫张相武，常来"红裤子"家中吸大烟，和抗日联军地下工作者杨玉顺结交成朋友。两个人常在一起吸大烟，无话不说，最后成为至交。一天吸过大烟，张相武说："我真当够亡国奴了，我也想投奔抗日联军去。"杨玉顺说："当抗日联军不一定马上投奔队伍，用你警察的身份做掩护，为抗日联军办事，岂不也同样是抗日嘛！"两个人交谈已久，在一起研究了一个包抄、突袭小南河警察队的方案，并经抗日联军总部的赞同和配合，决定马上着手准备行动。

事情正选择村民进山伐木、运木、盖房子的机会，特别是村民们帮盖村警察队的机会进行。抗日联军一共派来二十多人，头五天就进村来了，混在老百姓里边，一起扛木头，割木料，为日本鬼子盖警察队部。到第五天头，又来了三十多名抗日联军战士，埋伏在村子四处，混进盖房的老百姓当中。三月十五日中午，当伪警察队全体警察们正在院子里休息吃午饭，张相武遂抱起机枪支在门外，喊道："不准动，谁动打死谁！"敌人措手不及，埋伏在干活老百姓当中的抗联战士们一拥而上，立即动手，把警察队的枪械全部缴了。日本人警察小队长，刚下班回到小木板房——他的住处，准备吃午饭，听到外边一阵吵闹声不知出了什么事，刚一出门，被抗日联军战士打了一枪，没打中，随后，同我抗联战士交手肉搏起来，没分上下。警察队长的老婆，随后跑来，即抽出她丈夫的战刀向我抗联战士砍去，直将我一名抗联战士胳膊砍伤。这时，许多抗联战士叭叭几枪，将日本警察队长和他的老婆全部击毙，还打死一名妄图动手反扑的伪警察。

这次突袭小南河伪警察队，一共缴获大小枪支六十余支，子弹数千发。当时杨玉顺协助抗联送枪，他是一副普通百姓打扮，回来在居民徐广堂家串门。突然进来警察盘问："你是干什么的？"杨玉顺怎样解释也不中，直被捆绑起来带走。随之被抓捕的一共十三个人。当时被处决的有三人，其中有杨玉顺；"红裤子"被敌人活活打死，其夫未被打死而逃跑了。当时日本鬼子兵来了二百多人，将全体村民撵出家门，进行审问。曾想将小南河村百姓通通血洗，他们说小南河是胡匪窝，所有老百姓都与"胡匪"（指抗联）勾连，没有好人。多亏当时县长张祥廉领村民到村东山凤凰台去烧香叩头对天盟誓，说明小南河村的百姓大多是良民，如有不轨天将殛之，最后才算了事。

小南河警察队哗变未遂

伪康德五年（一九三八年）秋天，小南河又出现一起哗变未遂的事件。哗变的带头人是三义村警察小队长陆德祥的内弟侯振德，他是一个警尉补官衔，年纪二十五岁，为人精明强干，他因为同警察小队长马长山不和，因而串通全体警察小队十五名警察暴动，未待动手；事发被小队长马树增举报。饶河县警察本队遂来人把小南河警察队的警察全部逮捕。审讯中，全体警察一口咬定，是小队长动员他们哗变的，大家不赞成，反而把责任推到我们身上。……日本鬼子遂将小队长马树增逮捕起来，严刑拷打，最后填进了乌苏里江，其余警察监押半年之后，全部被清洗，遣返回原籍。

小南河西山生擒七伪警察

归并小南河屯子已经三年了，伪康德六年（一九三九年）的时候，小南河村周围修成了土城墙，警察防守的很严密。

那是春季四月的时候，一天我去西山收拾地场子，忽然地邻黄占元从西边走过来说道："走，到我的地边上去歇歇。"走到黄占元的地边上，忽然从树林子里走出两名抗日联军。一个姓张，一个姓王，一见十分熟悉，却叫不出名字来，我们几个人都在苞米秸子上坐了，抽着旱烟（用纸卷烟抽称其为"旱烟"，早年有水烟（袋）之别），唠起嗑来。我问："现在抗联队伍的情况怎么样？"那两位抗联人士说："现在由王汝起师长负责，这人很有谋略，只有四五十人，先后同敌人打了几个胜仗。现在日本鬼子实行归村并屯的政策，队伍后勤供应很是困难，一是缺粮，再是盐和火柴都接济不上……"我随之把日本鬼子的残酷统治情况向他俩说了。应允再上地来干活时，随身少带些来。第二天上地，又在老黄的地边上相会了。我随身带了些盐和火柴给他们。从此，我们上地，经常在黄占元地头树林子边见面。等到快种小麦的时候，每当百姓出城都有十几名警察跟着，名谓"保护力"，实际是在监视农民，怕在山野里同抗日联军通气。有一天我上地，天傍晌的时候，又在黄占元的地边上和三个抗联人士相会，他们说："多咱警察来田间，请你们打听着，提前给我们报个信。"有一天，村警察队通知后天城西地户上田开种小麦，我和黄占元第二天上地，就把这个信息报告了抗联。等到第三天警察到城西大顶子山前看护种小麦时，我和黄占元托词有病却没有去种地。果然，抗联在小西山、北山、南山都设下了埋伏。警察刚走到时，即被抗日联军包围，直撵到一个沟谷里，七名警察全部被俘，将他们的枪支缴了，子弹全部透了出来，抗联自己拿的，枪支捆了起来，押着七名警察给扛送到大顶子山西坡，才放他们回来。另将种田的老百姓所带的麦种、粮食全部圈入山场，拿走了一部分。当天下午，小南河、西林子伪警察分队得知了消息，遂来讨伐。他们进攻小西山时，被抗日联军打退，遂向小南山和小北山猛攻，不时用机枪扫射树林，抗日联军早就隐蔽起来，向着远处退去。伪警察无奈，只得扫兴而归。

　　过了四五天之后，小南河伪警察分队长孟广林差人把我同黄占元传到队部，质问我和黄占元："在西山出事那天，你们俩为什么没去种麦子？肯定是有缘故。"（这大半是个别献殷勤的民户向他反映的）黄占元说："听到警察队通知去西山种小麦，我把种子、犁杖什么都准备好了，正赶上我父亲那天肚子痛拉稀，折腾得死去活来，只好留在家里给他找医生、弄药，因此才没能去成。"我说："种麦子，谁还不想早种、抢种，我是咱村里有名的老胃病鬼子，孟队长也是知道的，哪有什么缘故，那天若不是胃病犯了，痛得厉害，我肯定是去了。"孟广林一听也很是个理由，也就不再盘问了，因而就不了了之。加之孟广林是旧中华民国时期小南河保的自卫队长，日本鬼子来了，为了生计，又给日伪当警察，内心里还有些民族感，因而一切事务表面应承而已，对日本人交代下去，不出大纰漏也就可以了。他也不想去过多地伤害中国老百姓，所以事情才有这样的结局。若是换个别的伪满警察学校毕业的小警察当小南河警察队长，出了这宗事，追根问底，我和黄占元肯定就沾了大包了。

刘思平访问记

刘思平，山东掖县人，清光绪三十年（一九〇四年）生，农民，十八岁来到饶河县关门嘴子沟里，种地为生，饱经伪满洲国时期日伪的压迫和蹂躏，两个孩子被日寇杀害，他本人险些丧命，直到东北光复以后，生活始得安宁。然而，被日本鬼子火烧烟熏成肺气肿病，长期折磨着他，五十岁即失去劳动能力，没有子嗣，夫妇二人相依为命。不幸的是又死在一九六一年一月正当饥馑之期。

归屯并户房屋被烧

我是中华民国十年（一九二一年）跟随叔父从山东掖县来到饶河县关门嘴子岭西的，靠伐树、开荒、种植大烟为生。那时期胡匪很多，杀家劫舍的事情经常发生，弄得整年不得安宁，种些苞米土豆子，不够野猪祸害的，弄到年终，勉强混个吃喝，真是没有法子。民国十八年（一九二九年），因为张学良要收回中东铁路管辖权，引起老毛子（当时苏联）不满，全线进攻东三省（中东铁路事件）。咱们团山子（饶河）也被他们过来的兵烧杀掠夺，损失不小，当时弄得全县百姓不得安宁。刚刚稳定不到两年，日本鬼子又侵占了东三省，老百姓遭受的苦难简直如同处在水深火热之中。日本鬼子为了扑灭中国人民的抗日势力，消灭抗日联军，切断抗日联军和老百姓的血肉联系，不让抗日联军有立足之地，开来大批军队，进山实行所谓清沟、烧房子，强迫山沟百姓全部归并"集团部落"。深冬腊月撵搬家，一时走不及，房子给点上火烧了，人给活活捅死烧死，残酷的情景简直没法说了。

那是伪满洲国康德三年（一九三六年），我在关门嘴子岭西居住，正赶上日本鬼子的"讨伐队"进山清沟，把房子给点上火烧了，撵搬家，没办法我把老婆领到岭东孙孟桃家暂且居住。自己家养的猪、鸡还在原处，鬼子兵走了，我背着背夹子，想到原来的地窝棚去往回搬弄。还没走到地方，便发现鬼子兵又来了，不敢往前走了，只好返回。走到半路，发现后边也来了鬼子兵，我急忙往孙孟桃家跑，进屋孙孟桃领着妻子老小都跑到树林子里躲藏去了。我急忙拖着老婆、抱着两个孩子往外跑，想到后山闹虾塘（闭密的藤条灌木丛）里躲一躲。不料想被鬼子兵发现了，随之便撵了上来，把我一个三岁的男孩和六岁的女孩给用刺刀捅死了，把我和老婆全绑了起来，说我们是抗日的胡子，押着往岭东走。路上还遇见邻居家一个十七岁的男孩，被鬼子绑着用刺刀挑了，投进一座空房子里，用火给活活烧死了。凄惨之状，不堪忍睹，加上两个孩子被杀，心如刀绞。老婆想孩子，一边走，一边哭。走到关门嘴子后堵保会房子，经过证实，我是良民，才把我们夫妻俩放了。然而两个孩子被挑死了，悲痛的心境，总也放不下。我们两个人每天用眼泪洗面，简直死的心肠都有。经过邻里亲朋的劝说："总还得活下去呀，没办法。"转过年来，就在关门嘴子后堵西边靠山坡的地方挖了个地窖子暂且居住，拾了半垧撂荒地耕种着，权且糊口。

火 里 逃 生

那时日本鬼子统治很残酷，中国人被他们杀死的不计其数，但是有爱国心的中国人是杀不光的。那时抗日联军整年在大山里打游击，老百姓也纷纷起来参加抗日救国的行列。送粮、送米、送衣服、送胶鞋和日用物资，支持抗日的行动。那时，我也是关门嘴子抗日救国会的会员，那是伪康德四年（一九三七年）的秋天，我受救国会的委派，为抗日联军买了二百斤小米子，分装在两个麻袋里，我和老婆背了两趟，才将二百斤小米送到岭西头道沟子后山一个大枯树里存放着。传信说，抗日联军指定八月二十三日（阴历）派人来取，我和老婆两个人临时在山顶石砬子缝里搭了个"小呛子"

（用树木枝条和草搭成的临时栖身之所），等待抗日联军来取小米。结果过了八月二十五日，还不见影踪，心里十分焦躁发急，又不敢撤离，不成想八月二十七日下午，日本鬼子的"讨伐队"摸上来了，立即将这个"小呛子"包围，四处搜查，结果将二百斤小米的麻袋也给搜查出来了，一顿拳打脚踢之后，遂将我和老婆一起捆绑起来带走。路上，老婆从马背上掉了下来，不知敌人是怎么处置的，我被押着在前头走了，从此再没见到老婆的面。直到半年以后，我从火海里逃了出来之后，才打听到她的下落。她在监狱里押了三个多月被释放了，又回到了关门嘴子岭东孙孟桃家暂住的。我被解到饶河县警察队监狱里关押了二十多天，受了多种刑罚，苦不堪言。阴历十月初二日那天，把我从监狱里提出来了，一共提出来有五个人，向我们宣布：让我们为"讨伐队"进山拉道（当向导）。走到关门嘴子东北分水岭，日本警察官询问我们："胡子，胡仙堂的有，哪边走？"我们都不知道哪里是胡仙堂，遂摇头说："不知道。"日本警察官骂了一声："库拉，巴嘎牙鲁！"遂和手下小官捅咕了几句，意思大半是："领这么几个人有什么用，还是个累赘。"因此，往东北坡走了不远，道旁有一所空房子，把我们五个人都撵进空房子里边，一个满洲警察官宣布说："送你们回老家去吧！"遂四面用人围上，将房屋点着，立时房屋燃起熊熊大火，一时我们五个人被火烧烤被烟熏呛得四处躲藏，没办法只得趴在地上，头冲墙角透风的地方挣扎。转眼身上的衣服被烧光了，后背被烧得火辣辣的痛，我呛得透不过气来，只得用手扒出个土坑，把脸靠在坑里，直到房子着落架了，警察兵才离开。刚走出不远，从房屋里跑出一个人，想借机逃走，被"讨伐队"发现，回手一枪，将那人打死。警察立刻又转身回到被烧的房子跟前，从四处向里边投干柴，心想：这回可全部烧死了，随后才放心地走了。停了有吸袋烟的时间，从破房子里又跑出两个人来，身上的衣服全烧光了，拖着漆黑的身子走了。我随后也跑了出来。我临走的时候，一看身边那个人已呛得不省人事了，我想把他背出来，背了好几次都没有掀动，只好自己走了。看那样子，肯定是活不过来了。这次被烧的五个人中，烧死的只一个人，另一个被打死，三个人活着逃出来了。主要原因是土墙四周有透气的地方。要不，一个人也剩不下的。这时天已过午，深秋天气又冷，我光着身子在树林子里行走，想投奔一个人家，过了天津班北沟，走进一座小马架房里，一个独身的老头在那里居住。我向他要了一件破裤子和破褂子穿了，聊且遮住丑了。要吃的，老头说："粮食是一点也没的吃，我每天只是蒸倭瓜吃，现在已经冷了，你不妨就着咸菜吃倭瓜吧。"我吃了几块凉倭瓜，随着又向前走，在另一个山窝棚里住下了，那户人家还有苞米面饼子吃。直到第二天下午，才回到关门嘴子岭东孙孟桃家，正好老婆也住在他那里。在他那里过了一个冬天，整好，转过年来伪康德五年（一九三八年），归并"集团部落"，我便随着山沟里的民户，也迁到关门嘴子屯里来了，一晃又是二十多年的时间过去了。我这个哮喘病，就是那次被烟火熏呛的，怎么也不见好。

一九六〇年三月二日去关门嘴子村访谈实录。

抗联七军地下工作者李连生访谈录

李连生民国七年（一九一八年）阴历十一月初五生于虎林县倒木沟孤榆树地方，父亲李宝林原籍山东栖霞，由爷爷挑来关东的。父亲粗浅识些字，后在东北抗日联军七军七连当连长，活动在虎林县黑嘴子（今虎林市区）一带。伪康德三年（一九三六年）收烟刀税（鸦片），送到黑嘴子大通号，因特务告密，被日本宪兵队抓捕监押在西岗监狱，受尽酷刑，后打了一针毒剂放回，三天后即死去。从此母亲领着李连生兄弟三人，流离失所，开始到了虎头海军司令部附近一座小窝棚里栖身，靠为人家洗衣、捡破烂为生。后又迁至虎林县清河镇，三年后又迁到今东风附近的"半拉锅"地方种地为生。李连生被姑父邹由中接到小木河鲫鱼瓜窝子（今珍宝岛南二十多华里地方），他有两个儿子都生病死去，遂把李连生接去当自己的儿子抚养，初送他读私塾，十四岁经抗联地下工作者孙正藻介绍，参加了抗联并入党【孙正藻伪康德八年（一九四一年）被日本抓捕，初解到东安省第十一军管区监狱监押，后解至佳木斯西教其镇刺死】。十五岁开始在乌苏里江边为抗日联军摆渡，其后一直做地下工作。伪满洲国后期，曾派往饶河县及佳木斯市做地下工作。东北光复以后，在合江省政府署事，一九四八年因病退职，后迁居虎林，住虎林镇，为国家优抚对象。二〇〇四年八月十七日病逝，享年八十七岁。

三义屯龙王庙里定策谋

一九三五年我十八岁,那年被组织上调到饶河,为共产党做地下工作,主要任务是探听风声,传递信息。记得那是六七月份,我被派到距饶河县城西北十五华里的三义屯。在屯长罗占山的二哥罗占鳌家里闲住,以卖零工做掩护,四处奔走,为抗日游击队做耳目。那时日本鬼子刚刚占领饶河一年多的时间,山沟里的民户都是散居状态,东一户西一户,没有固定的住址,只是三义屯,人家比较集中一些。汉族人种植鸦片、玉米杂粮等,朝鲜人主要是种植水稻。当时,饶河抗日游击队在全县各道沟抗日救国会的支持之下,队伍迅速壮大。一九三四年末,饶河抗日游击队已扩展为抗日游击大队。当时,张文偕任大队长,朴振宇任副大队长,崔石泉任参谋长,李斗文任政治部主任。先后在小佳河、别拉洪(今八五九农场民主村)、十八坰地、五林洞等地给敌人以沉重打击。张文偕后来率队伍去虎林战斗,不幸在攻打三人班据点时壮烈牺牲,此后大队长由李学福担任。日本侵略者为扑灭抗日队伍,一九三五年二月从佳木斯调来陆军三十一团九百多人,团长于传堂,团副宋元林,顾问神田大尉,随后对抗日游击大队进行三次大规模清剿。记得我来到饶河县三义屯之后,在村西龙王庙的废旧屋子里,开过多次会议,研究对敌作战方略。三义屯西龙王庙是木刻楞结构,规模同虎头关帝庙相差无几,庙的位置在三义屯西一个土岗上。周围有浅树林,距屯子不到一华里,庙里还有一个大土坑,后边还有个土坯屋,平时也没人住。游击队开会,都是选在夜间进行,看文件打着手电筒,记得我在那里一共参加过三次会。第一次是五月份,参加会议的人员有张文偕、李斗文、李学福、崔石泉、朴振宇、申永信、徐凤山等,一共有十五六个人。朝鲜族占半数还多,每次开会的议题,都是研究宣传民众、抗日救国、破坏日本侵略者的设施,以及粉碎日寇的围剿计划。有时会直开到下半夜,才各自散去,回到自己的住处,而后再分别行动。有一次听说日伪军要进山围剿游击队,我们在龙王庙里开过会之后,队伍连夜在三义屯西去石头窝子的路上,挖大深沟,上边覆上树木枝条,盖上土,外面不留一点痕迹。两天以后,当日伪军向山里进军,从道上经过时,辎重车呼隆一声,连车带人带马全陷进沟里。鬼子队伍正集聚一起向外拖车马给养物资时,被我们埋伏在树林里的游击大队战士们一顿猛攻,打得敌人措手不及,打死日伪军二十多人,还缴获了十余支枪械,上千发子弹,还有大米饼干、咸菜等物资。当敌人后续部队前来围攻时,抗日游击大队早向石头窝子方向的深山密林里撤去。

还有一次,我们的游击大队的战士埋伏在三义屯通往小北沟的一座木桥底下。正赶上日本鬼子兵一排人从桥上经过,抗日军出敌不意随即开枪,当场打死敌人五名,其余的人狼狈逃窜。

日伪当局为了对付抗日联军,由满洲陆军三十一团派出第三连,一连人长期驻扎在三义西北十五里一个靠近山坡的地方,后来那个三连的驻扎地就得名叫"三连"了。连长姓卞,非常刁滑,他常常亲自带兵在山里搜捕抗日军。后来抗日游击大队在队长李学福的领导之下,狠狠地教训了他们一顿。一次突然袭击,当场将他们打死七人,受伤有三四名,卞连长的军帽被打穿了一个窟窿,吓得他屁滚尿流。抗日指战员们警告他:"你是中国人,不应当替日本鬼子卖命,再若不知好歹,跟抗日联军为敌,必将要了你的狗命!"从此,那个卞连长胆战心惊,再也不敢正面进山对付抗日联军了。敌人见"三连"长期不见战绩,后来把这一连人全部撤回了县城。从此,三连的驻地徒留"三连"的空名字。据说流传到现在,足有七十多年的历史了。

用"木雕"船送李葆满过江去苏联治病

伪康德五年(一九三八年)前,我一直在小木河鲫鱼瓜窝子居住,姑父(郑由中)家经常有抗日联军来往,他们来到住所,大部分是由这里去苏联,或由苏联返回,在此落一下脚,再往大山里走。冬天过往苏联都是由冰面上越江而过。那时日本人江上警防还不是那么严密,越往后越严紧,夏季里由西岸向东岸去常靠划舢板船,因为船只很显眼,容易被敌人发现,因此便采取隐蔽渡江的办法,即将一棵大杨木截成四至五米长的木段,用锛子、凿子将内中木质凿空,呈木槽状,上面固定四道横木梁,可以乘二至三人。人坐在圆形大槽子里,名谓乘"木雕"。用双头小木桨划水行进,速度很快,但必须是风平浪静的天气才可以行走,如遇风浪是绝对不能走的,木雕摆渡大多数是夜间进行，只要有月亮看得见方向，就可以行走。如行至江心，遇有敌情，必须每人把住一个横撑子，立即将木雕翻转过去，人沉在水中，一只手把住横梁，一只手拨水，摆渡人心里记住方向，就可以顺利驶向彼岸。人头在木雕里面，可以呼吸，敌人即是发觉，看不见人影，只以为是江上漂流着的一根原木。

　　那是伪康德五年（一九三八年）六月初，一天下午，从我姑父住处的西面桦树丛里走过两个人来，进入窝棚，一见原是抗日联军第七军军长李学福，又叫李葆满（朝鲜族）；另一个是他的随行人员姓金，也是朝鲜人，二十五六岁年纪，长方脸，汉语说得很流畅，过去未见过面。军长李学福曾几次从这儿过境，我早就认识他。那天一进屋，我见李学福的脸色有些发黄，加上在大山里风吹日晒，变得有些黑黄。李学福那时只有三十七八岁，看上去已有四十好几了。一进屋，李学福见我在那里收拾鱼钩，便问："小伙子，要下钩去吗？"我说："没事干，想钓条鱼吃哩。"李学福笑着说："钓条大鲤鱼，我们也跟着沾个光。"不大一会，我把几十把软线渔钩下到江里，当天晚上还真蹓回二尾鲤鱼和几条重唇鱼。那天吃饭很晚，晚饭姑妈烀的苞米面大饼子，炖了一小吊锅子鱼，李学福虽说爱吃鱼，但实际并没吃多少，但是他那个护送人员小金却吃的满头大汗。吃过晚饭，李学福军长和那个姓金的护送人员就和我睡在一个土炕上。李学福问："小伙子，这几天江上有无什么动静，明天送我俩过江可以吗？"我说："头七八天以前，我曾往对岸送过两个同志还比较安全，日本鬼子公司边防哨所（就在现在的珍宝岛对过），每天沿江向上到西北湖巡逻一趟，早晨上去，下午就返回，大约有六十多里路。咱们明天起点早动身，赶在他们的前头，等他们走过来我们就到了彼岸，让他们发现不了。"李学福说："好，就这么办。"晚上我们早早就睡下了，第二天早晨五点钟，姑妈就把饭烧好了。我们三个人吃过早饭，我把大木雕从柳树丛里拖了出来，顺到江边，我让李军长和姓金的同志上木雕坐稳，他两个人各背了一个小挎包，很轻便，坐好之后，我挽着裤角把木雕推入水中，随之跳了上去，我让他俩坐稳，我也端坐在木雕的后槽，一个人划着独木双桨向对岸划去。那天早晨江上雾气很大，没有风浪，水很平稳，木雕朝着下游漂动，走出有三里多远，江上雾气开始消散。这时向外可以看得出去，因为原先有雾，看不清对岸的山景，水流较缓，结果走偏斜了，因为木雕不大，里边又乘坐了三个人很沉，吃水很深，人坐在上边一动不敢动，因此速度很慢，走了很久还未越过江心。这时我开始拨正方向，向着正东方向划桨前行，不知怎的，我们的木雕却被日伪的巡逻人员发现了，远远便招呼起来："痛快回来，痛快回来！"喊了一声又一声，他们见木雕不往回返转，随之向木雕开起枪来，只见枪子弹在身旁嗖嗖的响，打在水里直翻水花，我看情况紧急怕发生意外，让他们两人握住木横撑，我要将木雕翻转过来。我告诉他们："你们不要惊慌，只要握住横撑就万无一失，如握不住横撑子，掉了下去，就没命了。"李学福与那姓金的同志说："我们一准握好，你只管翻扣吧。"这时我把单木双桨用绳子拴在横撑上，我两手握住横撑，身子朝旁边一倾斜，呼隆一声，木雕一反扣过来，每个人虽然都在水里扎了个猛子，因为双手都紧握着横撑子，很快都漂浮上来。这时每个人的头都扣在大木雕槽子里，什么也看不见，我只凭着水流辨别方向，然后用一只手握住横撑子，另一只手拨动着水向对岸慢慢漂游。敌人巡逻人员看不见人影的时候，枪也不打了。这时我们几个人因为双手总是向上握着很是疲累，我告诉他们只要握紧横撑木，两只手可以轮换放下来一只手歇歇气。因为每个人心情都很紧张，谁也不肯说什么。六月份江水不算太凉，也是够受的。这种情况，尽管再难忍受，也得忍耐着，大约又走了半个多小时，我们终于漂流到苏联岸边了。我们三个人把木雕拖上岸边，在沙滩上放了，这时只见李学福军长满身鸡皮疙瘩，被激得直打冷战，那个姓金的同志还没怎么的，这时天已近午，我到高处一看，距苏联边防哨所还有四里多路，我们是在对岸达子营（清代旧居址"布库拉"，苏联改为"下米诲洛夫卡"，民众俗称为"鞑子营"）南边靠的岸。我们把衣服脱下来拧了拧，又穿在身上，这时天已近午，阳光晒着已不觉冷了。我领他俩直奔哨所走去，到了哨所，经过通报，李学福军长把信件递给了他们。原来他来之前，军长派人去苏联联系好了，因此苏联方面早已有了安排。让我们在哨所休息了一下，大约有两个小时，烤烤衣服。午后两点钟左右，开来一辆吉普车，把我们三个人都拉到伊曼城，在那里为我们安排了一顿晚饭。黑面包、苏布汤（牛肉和土豆），还有奶油，这在当时要算是很高的待遇了。由于我们中午没吃饭,肚子里确实有些饿,我和金同志都吃得很多,只是李学福军长身体有病,加上江上泅渡,身体很疲乏,脸上现出极端憔悴的样子,只吃了两片面包,喝了半碗苏布汤就停下了。第二天上午八点多钟,李学福军长和护送员金同志被接送到伊曼城医院看病去了。在临走时候,李学福军长还握着我的手说:"你这项工作一定注意两件事,一是安全,二是要注意隐蔽和保密,不要让任何人发现一点踪迹。"我向他表示:"军长放心,我一定按你的指示去做。"然后李学福说:"好,等回来时咱们再会!"就这样我眼瞅着他俩坐汽车走了,边防司令部随后又用汽艇把我送到鞑子营对过的王八脖子,将杨木雕拖在船尾部,逆水而上,走到没有日本岗哨的空旷地带,才靠了岸。太阳偏西的时候,我划着杨木雕又回到我的住处鲫鱼瓜窝子。后来听说李学福军长在伊曼城检查了一下病情,他患的是肝病。后来又转移到伊曼北边的拉左医院治病,后来又由拉左送到比金医院治疗,终因医治无效于本年八月八日(一说是八月十七日)逝世,年仅三十八岁。

转移佳木斯当邮差兼开封管
孙占记

一九三七年以来,从饶河回到虎林县仍做抗联地下工作。一九四一年五月,虎林县抗联地工骨干孙正藻、张旭武、孙杰、张有财、李凤安、刘福成、王凤山等人,突然被日本宪兵队的王翻译、张继武领人抓走了。从此,我像断了线的风筝,每个联络点都不见人影,队伍也不知去向,又怕日本当局再次抓捕,于是我便随轮船到了饶河。又借婚约之名奔赴佳木斯,在那里同地下党联系上了,地下党负责人孙焕文经多方验证后才认定我的身份,他说:"你先结婚,有了家,会减少敌伪的注意,工作起来也方便,你有文化,到邮政局吧!这是最安全平稳的差事,把家安顿好。"他说:"只有邮政局好,连胡子都不劫邮政车船。"正好牡丹江邮政总局来佳木斯招考办事员,我找了三家铺保,参加了考试,第五天发榜,邹连生(我的化名)榜上有名,我被分到邮便科(小包科)封拆列系,组长就是孙焕文。时间长了他老问我在饶河的事,我琢磨,他是不是日本特务用话套我。一天,他把我找到他家，摆上酒菜，边喝边唠。他又直接问我知不知道抗联七军的事，我反问一句："抗联的事我怎么知道？你老若知道也讲给我听！"老头滔滔不绝地谈起一九三五年九月新兴洞北屯西山战斗的事（即西通大战），这次战斗我听说过，因此我认为他如不是特务就是抗联地工人员，所以对他格外小心。几天后他又要我到他家去，他特意用左手三个指头摘下自己的帽子仰口放在我的左边，我吓了一跳，这是抗联地工人员接头的暗号，但我还是不动声色地问："孙大爷，你过去一直做邮政工作的吗？""对，一直干到现在！""那你可走遍好多地方喽？""那当然，上江，下江，官私两厢，从我手送出去的信件无数。""那你给抗联送过信吗？""送，干咱们这行就是送信，谁的信都送，不犯法。"以后在他家又对我说："从虎林、饶河来的人大部分是逃来的，佳木斯不是国境线，身份稍有问题也可隐居下来，不瞒你说，那天我特意试试你，你倒挺稳当，岔开话题，我知道你是抗联地工人员。"他又嘱咐我说："三江制米厂太杂，居住不方便，我介绍你到城西区后院姜秀梅家，他家北炕没人住，房东可靠。"

一次孙焕文对我说："通过组织对你有所了解，各自心中有数，有事我会找你的。"

一九四二年，我搬到姜秀梅家，二位老人和他们的儿子姜士民、姜士经、女儿姜玉洁对我像自家人一样。一次，老太太对我说："你还有个大哥叫姜士元。"后来孙焕文告诉我姜士元就是陈雷，他早就参加了抗联部队，并任要职。

从那以后我和孙焕文便成了朋友，至交，我也成了六军的通讯员。孙家就是联络点，从此我以送信为名，往西到荞牛嘎、四合屯、火龙沟、大朱岗；东到蒙古力、一棵松、大堆峰、小堆峰、郭家店，南到双合、草帽顶、顺山堡、陶家围子；北到鹤立岗、莲花泡、鸭蛋河的范围内，侦察敌情，搜集情报，但没有看见抗联的队伍。

有一天孙焕文（地下党负责人）很严肃地告诉我："现在抗联已全部过江整训去了，日本鬼子没多久了，抗日队伍不久就会回来了，为了保存力量，没事就待着，就别到处走了。"接着他又低声对我说："别急，你还有特别任务，经上级党组织决定在佳市建一处联络站由你做联络员。"我惊喜地问:"用什么工作掩护?""算卦!"这使我大吃一惊,心想来到佳木斯后一直没有对谁泄露过,他怎么会知道!他似乎没注意我的神色接着说:"七军长景乐亭说过一九三九年一次队伍被鬼子包围了,你用'奇门遁甲'找出了突围的方向,让鬼子无法靠近,"他接着说,"你的任务是帮助六军、七军的散失人员找部队、找组织,传递情报、信件。"

五天后(一九四一年阴历十月初八),在城西区益增旅馆楼下挂上一块白底木牌,上书四个遒劲的柳体大字:"虔连卦馆",右下角是卦师邹连生(这是我的化名)牌子的左侧悬挂着醒目的阴阳八卦图,门两旁贴上了鲜红的对联,上联是:"测吉凶全凭卦理",下联是:"天地人都在数中",横额是:"心诚则灵"。一时来了许多看热闹的人,只听人群中有人问:"谁是邹连生?"有认识的指着我说:"就是他。"那人一看是一个穿长袍戴礼帽的年轻人,只听那人说:"净扯淡,这碗饭也是好吃的。"声音虽然不大,但我听得很清楚。

由于我在邮局上班,卦馆只能在早午晚和礼拜天营业。

卦馆营业的第三天,来了一位面目清癯,花白胡须的高个老者,进屋四周打看了一阵后坐下摇卦,卦名是"风地观",在我"装卦"时他十分注意地看,心里明白来人是试探虚实的,但他没有说话。接着我断给他听:"恭喜先生,门庭兴两路进财,双妻陪伴,原配守家,次妻贪玩,家香火很旺,有时腿疼难忍,心脏功能欠佳,吃药无效,幸遇良医,你正为一场官司发愁,不要紧,你有一个朋友是吃官饭的,是你的贵人,壬午日(十二)可圆满结束。"在我断卦时老者的面目表情不断变化,一会儿惊愕,一会儿笑容可掬,看来我的话他一字没漏地听进去了。"后生可畏,"他赞叹地说,"真是有智不在年高,不知你师父是哪位高人?"我笑着说:"是家传的,初入门墙,还请先生指教。"老者又指墙上挂的条幅,上联是"四海之内皆朋友",下联是"天涯随处有我师",他问"是你写的?"我说:"涂鸦而已。"老者终于吐出了实情,原来他就是佳市出名的刘半仙,特来"访友"的……

卦馆红起来了,来算卦的什么人都有,来考我的人虽然还有,但常常被我提出的问题问得张口结舌,以后就不来了。一个星期天的下午,一个伪警察牛哄哄地来算卦,卦装完我说:"先生酒色成灾,仇人太多,将临牢狱之灾，杀身之祸。"这人被我说得头上冒汗，牛气全消，站起说："先生神算，我正为此事而来，请先生救我。"我说："你为人做事不留后路，好在没有人命，只要你改邪归正，弃暗投明"。说到这他惊讶地问我："你是？""我是算卦的，听我的话赶紧离开此地直奔东南越远越好，自然有人救你。"他听完扔下一百圆绵羊票拱拱手道声"后会有期"便仓皇而去。

一天傍晚，一个青年日本兵带一个翻译来算卦，摇出一个"雷泽归妹"，然后我离开卦象爻词，指指西方说："夕阳西下，宿鸟归巢，看你心地善良，少做坏事，幸可还乡。"日本兵似懂非懂一个劲"咳！"同时眼望翻译，经翻译一翻，大意是卦辞如此，早作打算。这个年轻的日本兵只听完后，掩饰不住忧愁和沮丧的情绪，把这神圣的语言牢记在心中。

我牢记阴历冬月初九这一天清晨，天还没全亮，我刚到卦馆坐下准备啃几口干粮当早饭，还没吃，开门进来一位农民打扮的青年，说是算卦。坐下后用右手的姆、食、中指夹住帽檐摘下后仰放在左腿上，我猛然一惊，这是暗号，这是我盼望很久很久的人，他终于来了。

"请问先生，地火明夷怎么解？"

"地火熊熊，趁热屠夷！"

我们二人几乎同时喊出两个字："同志！"

一双有力的大手紧紧地握在一起，也许是因为激动、兴奋，来人眼里充满了热泪。原来他是一师九团团长的通讯员，在一次战斗中负伤转到后方医治，如今伤愈急着奔赴前线抗日杀敌。我告诉他部队都到苏联整训去了，你到大马鞍山密营去找留守人员，暗号照旧。他说在旅店还有五个人在等消息。我嘱咐说：一路上多小心，敌人盘查的很严，越是接近边疆越紧，好在那一带你路熟，白天隐蔽，夜间行走，说着我掏出五百圆绵羊票给他，他不肯接受说我们有钱，我很严肃地说："这是组织上给你们的路费！"这一句话再次使来人热泪盈眶。

一九四二年，清明节的前一天，孙焕文对我说，明早三点半有一人约你相见，地点在卦馆，我问是谁，他说见着你就认识，我兴奋得一夜没睡，总也想不出约我的人是谁，反正是一个重要人物。刚到两点我就到了卦馆等人，外边还是满天星斗，二月清明，天还有几分寒意。我正在苦思冥想中，突然墙上的挂钟响了三下，我的心几乎跳出来，仔细回忆一下工作上是否由于不慎引起敌人的注意，领导来了出现危险怎么办？正巧三点半准时进来三个人，没等我看清他面貌，只听一声"神仙！"一双大手便抓住我的手。这时我才恍然大悟，这不是东北抗联总指挥周保中吗？"大哥！"久别重逢，历经劫难，激动得我不由地泪如泉涌。原来他是从苏联整训回来到佳木斯检查工作的，他饶有兴致地听完了我的汇报，又给我讲了国际反法西斯战争的新形势，国内抗日高潮的到来，德意日法西斯阵线就要崩溃……他的话题一转，竟然问起我的婚后生活。问小何（春芝）对我感情如何，怀了孩子没有？我一一做了答复。接着我问："我这卦还要算到何年何月？"周保中风趣地说："你算算看，你不是会算吗？谁不知你李铭心是小神仙。"说完我们都笑了。最后他说："你等着吧，等待三年我们抗战就会有眉目的，自然你会有新的任务，到那时你能舍得娇妻爱子吗？"

我坚定地说："我是共产党员，抗联战士，我服从组织决定，没有条件。"

自那次以后，一晃五十多年过去，如果他还健在的话，已经九十多岁了。记得他说过他是云南省白族人，"九一八"事变后，党组织派他到东三省发动群众，救国抗日，在那"火烤胸前暖，风吹背后寒"的环境里，与日寇进行着艰苦卓绝的斗争，一代民族英雄，永垂青史。

注：邹连生是李连生的化名，李连生原名李铭心。

"地火明夷"是六十四卦坎宫卦的第七卦，"夷"有消灭的意思，屠夷即消灭日本侵略者。

"夕阳西下"指落日，暗指鬼子的末日。

（本文系孙占访谈整理）

酣畅淋漓的猴石山战斗
孙占记

一九四一年农历七月的一天，正好是星期日。早晨六点多钟，佳木斯市三江饭店，一个约五十岁工人打扮的人正和一个六十岁左右的老头对火，乘人不注意顺手塞给六十岁左右老头一个纸条，随之便各自不慌不忙地走开了。

接条子的人叫孙焕文，是市邮政局的邮递工人，地下党的负责人。他刚从饭馆吃完饭出来，又走进拐角一处便所里，掏出那张条子一看不仅大吃一惊，原来是从敌人内部传出的十万火急的绝密情报，看完划根火柴把条子烧了。原来纸条上写着："一辆满载军火的汽车正停在市保安局，晚十点开往依兰，市委决定交给你们处理。"

此时保安局已戒备森严，不知我们万能的内线如何得知发车时间这一绝密情报的，传递路线是内线传给李孝勤再传给先前提到在三江饭店对火的老马头。

孙焕文先通知我，让我准备洋镐和锯，由我通知杨田。杨田是市公署的博役（勤杂员），我俩住得很近，让我带两把铁锹，各准备两顿饭的干粮，七点前到"怡德琼独碑"前集合，行动要隐蔽。

人都集合齐了，只见王会范背着一个鼓撑撑的麻袋，在孙焕文身后是个女的，约四十上下岁，也背一个鼓鼓囊囊的麻袋，看来并不沉重，王会范是个膀大腰粗的汉子，他的公开身份是伪警察，这时只听孙焕文说"走！"

猴石山，在佳木斯市西七十华里处，海拔四百八十八米，在敖其镇境内，山势陡峭，立在山下有巍然欲倾之感。山上林木葱郁，有石如猴，因之得名。坐落在佳依公路南侧，北临松花江，地势险要，我抗日联军曾多次在这里同日寇发生战斗。

我们一行五人，一路上穿越草甸子、灌木丛，淌过几道小河，可以说步履维艰，抄近潜行。我担心姓谢的女同志掉队，可她始终走在我前面，在爬猴石山陡坡时我真想接过她的麻袋，没想到她却回身说："小弟弟，把镐给我，跟上。"我暗中好笑，我才二十几岁，从十六岁起就当抗联交通员，首长们都夸我是个小铁腿呢。只是不知孙焕文的麻袋包里装的是什么，时而叮咚作响，可苦了王会范那个大块头，气喘吁吁，汗流浃背，总共五个多小时的急行军我们便来到猴石山脚下。在半山坡坐下来稍微休息了一下，孙焕文说："大家听我说几句，我收到一份绝密情报，鬼子的一辆军火汽车今晚十点钟开往依兰，猴石山是必经之路，市委决定让我们解决它，我想唯有此地最适合设伏，不知你们的信心如何？"我们异口同声地说："坚决完成任务！"接着他对我说："邹连生（我的化名）走，去看看地形。"说着起身转到山的北坡，在林木掩映下看到松花江水浩浩荡荡从猴石山下滚滚流过，而佳依公路却蜿蜒地钻入猴石山不见了。时当上午，路上无人无车，我便下山仔细一看，这段公路特别狭窄，只能通过一辆汽车，孙焕文目测了好几次便转身回走，他说："就这么办了，在东入口处挖陷坑，西出口处设路障。"我们回到休息处，孙焕文把行动措施部署好，先让大家吃午饭，然后充分休息，山坡上是一层很厚的陈年落叶，软绵绵的足有半尺多厚。王会范躺下就鼾声大震，孙焕文叫我放哨，两小时后他就和我换岗，我一边坐下小憩，一边想刚才侦察的地形地貌，又想一场战斗即将开始，既紧张又兴奋，不知怎么就来了诗兴：

猴石山下路险阻，一人踞关抵万夫

石猴有情偏爱土，炸车杀鬼………

这第四句的后三个字一时没有恰当词，想来想去进入了梦乡。下午太阳将要下山的时候，孙焕文招呼大家，其实早已醒来，心中有大事谁能睡得实。孙说把剩下的干粮都吃了，准备行动，随后到松花江喝水，当时大家情绪高昂，精神振奋，我们背起工具向既定地点出发。晚风习习，林木萧萧，伴着滔滔的江水，简直是一首大自然的协奏曲，但战斗在即，除我这个青年人浮想联翩外，别人都是聚精会神地向前急匆匆地走着，不到十五分钟的时间就到了指定地点。这段路南面是山，北面是江，孙焕文手一指："就在这挖陷坑，长三米，宽一米半，深二尺半，邹连生、杨田去到西头设路障！"我们便分头执行，只见孙焕文从麻袋里掏出两只行军壶到松花江边去灌水，然后拿到工地上。我和杨田连搬带滚运来山边的大石块，又伐来两棵粗大的站杆夹在石头中间，其余的人则集中力量刨挖陷坑。这公路上石块坚硬，一镐下去火星乱飞，王会范这个大块头可派上了用场，我们设完路障之后，也来一起挖坑，我一镐只能刨下一寸多深，而王会范一镐却能刨进三四寸深，真是身大力不亏，不服不行，谢桂兰只好拿锹清理浮土和碎石了。只干了两个多小时，跟见陷坑快成功了，孙说："邹连生、杨田去割几捆灌木条，榛柴棵。"我一想坏了。没有镰刀怎么割法，只见孙焕文从麻袋里掏出两把镰刀交给我俩说："快去快回，时间要紧。"这时天黑得伸手不见五指，但我记得出山的路上有一片灌木丛，我俩不到二十分钟就各背回有两大捆榛柴条，孙焕文高兴地说："够用了，赶紧搭棚填土。"我琢磨这老头怎么想的这么周到。一切就绪后只听孙焕文长长地舒了一口气，掏出怀表，我们几人围着他挡风，他划一根火柴一看，刚好是午夜十点，他说："军车出发了，邹连生上树观察汽车动静，其余人卧在靠山一侧的壕沟里准备行动！"我爬上一棵大树向东方瞭望，初一晚上没有月亮，天空又布满了乌云，心想可别下雨呀，想着想着只听轰隆一声雷响，竟然真的下起雨来。不知这雨来头如何，如真的下起大雨来敌人得救，我们的计划岂不落空。这时山风骤起，转眼工夫云散雨停了，心想，天助我也。然而，我身上的衣服淋透了，在夜风中瑟瑟发抖，我的眼睛依然一眨不眨地在瞭望。突然在前方约五六里的地方火光一闪，我的心咯噔一下，眼睛再看，这回看清了，分明是两个明亮的汽车灯在闪光，我不由地喊了一声："来了！"急忙跳下树，只听老孙头喊了一声："准备战斗！"说着掏出麻袋里的一对脚钩爬上附近的电线杆子咔嚓一声掐下一根电线，然后迅速下来顺着断线又掐断两丈多长的一股，甩到松花江里，随后急忙把工具装入麻袋。这时已听见汽车上坡的吭哧声，大家屏住呼吸直视着附近的动静，说时迟那时快，汽车灯已照到我们的头顶了，我们急忙隐蔽，刚趴下不到半分钟只听敌军车哼的一声闷响，传出一声惨叫便没了动静，敌军车已误在陷坑里了。孙焕文说："冲！"只见王会范、谢桂兰点着麻袋，原来麻袋里装的是棉絮，在点火前倒上了火油，麻袋上绑着两棵小杆引上火路如两颗流星冲上军车。而敌车上没有任何反抗的行动，只见篷布烧着了，车头里也浓烟滚滚。孙焕文说："把工具都扔到车上，撤！"当我们跑出五十多米远时，只听一声震天动地的爆炸声，一团火光直冲霄汉，这是油箱和车上弹药同时爆炸的声音。记得小时候过年，地主家放炮，放二踢脚，放麻雷子，那麻雷子真响，我什么时候能放上麻雷子过过瘾，真令人羡慕得眼睛冒火。

当我们又来到"怡德穷独碑"前，大家不约而同地深施一礼，意在不言中。日本鬼子在这里杀害了无数抗日志士，虎林的孙正藻、张旭武、孙杰、张有财、李讯安、刘福成、王凤山等抗联战士、优秀的地工人员就被杀害在这里。如先烈们泉下有知，也应该笑慰了。

次日，我们各就各位，不露痕迹，只是佳市戒严三天，后来据说那台军火汽车是遇上抗联主力了，于是不了了之。

我们五人四男一女，不费一枪一弹，没伤一兵一卒就把日本军火汽车和至少三个鬼子送上天空，让他们坐火箭返回老家去吧。这场战斗岂不酣畅淋漓，于是想起那首诗的后三个字"惩倭奴"最恰当不过，正所谓推敲，推敲，推出妙招、妙句，好玩，有趣。这比放麻雷子过瘾十倍。

（本文系孙占访谈整理）

注：麻雷子系地方语，指一种爆炸力很强的鞭炮。

满军反正激战湖水别

一九四三年（伪康德十年）以后，分布在东北的抗日联军大多数都已撤至苏联，归到远东野营（又称苏联远东红旗军第八十八旅）训练，只留下一少部分人潜入地下继续战斗。那是伪康德十一年（一九四四年）三月，我奉组织之命同车怀玉（东北人）、王宝昌（安东人）三人去宝清县做伪满军的策反工作，我们每个人手中都持有伪造的《证明书》，头一天进了宝清县城，第二天便找到了徐希飞，他是以开杂货铺作掩护的抗日地工人员，还有地下共产党员徐子玉，他俩都熟悉驻宝清县的伪满军二十八团团长刘国范。通过他们二人的引荐，刘团长和我们见了面。伪满军二十八团军营就在宝清县城东的万金山，全团共分三个营，一个辎重队，共有兵员一千二百〇四人。副团长龙会文兼三营营长，另一个副团长是日本人。团长刘国范是南满人，北京法政大学毕业。副团长龙会文，也是某大学毕业，年纪都四十多岁，他们都是原东北军，东三省沦陷后又为日本人干事的。

那是我们到了宝清县第三天上午，通过徐希飞和徐子玉两人，在万金山前一个小河沟旁见面了。刘国范团长，他是以出来散步的机会，走出军营前来同我们会面的。通过二徐的介绍，彼此都相识了，坐在小河沟旁便促膝谈起心来。约有半个多小时的时间，我们把当时太平洋战争日本节节失利和欧战苏联已经反攻的形势，向刘团长叙述了一番。车怀玉说："刘团长，何必还为日本人卖命呢？"刘国范团长说："我是中国人，什么时候都不能忘记

林口县湖水别

老祖宗,现在只是应付局面而已,时机一成熟,我便要采取行动的。"最后刘团长向我们介绍情况说:"队伍明年六七月份将要到林口县一带山区执行挖战壕任务,那里靠近国境线,到时候欢迎你们去,各位随时商定……"就这样我们便分手了。

一九四五年春节刚过,我受孙焕文的指派,让我辞去邮差收起卦馆,要到伪满军里去当国兵,中间又经过很多复杂关和程序。我原住虎林县,属东安省,落临时户口时又少报了几岁,我的连襟王庆祥的舅父宋玉玺,是佳木斯第七军管区一位团长,他同东安省第十一军管区驻宝清县陆军第二十八团团长刘国范都很熟悉,经过身体检查合格,我被准到宝清万金山二十八团当国兵,三月一日正式入伍。临走的时候,孙焕文说:"二十八团团长刘国范是个有良心的中国人,抗联方面正在做他的工作,争取早日哗变。"同在二十八团当国兵和做工作的还有车怀玉和王宝昌、梁树奎,梁树奎是我们地下共产党的小组长,我被编入三营七连,营长是副团长龙会文兼,七连长果茂林。我被分配在重机枪班,军事训练,我的军事成绩都很好。六月初旬,全团开赴林口县青龙镇对面白板河后山(即麻山)一带挖掘军事工事(堑壕和掩体),目的是为了防备苏联进攻时用。已有一个多月的时间了.阳历八月八号那天,苏联发布了对日宣战的公告。次日凌晨,苏联海陆空三军对日本人统治的伪满洲国(东三省)全面发起了进攻。日本当局得知这一消息后,马上命令部队立即进入阵地,准备迎击苏军的进攻。团长刘国范同团副龙会文商量，这正是举义的好机会，到什么火候了，还为日本鬼子卖命？遂从青龙起兵出发，名目是开往前沿阵地。途中便将日本副团长打死（一说日本团副山田为人不坏，将他放走），刘团长随即下达命令："我们中国人从此再不受日本人的摆布了。"决定将队伍拉进麻山北沟大森林区，绕道西去刁翎，以待同中国的抗日军队取得联系……部队走到林口县的古城镇以北，迂回曲折，总共经过三个地方，即乌斯浑、西北楞和湖水别。到达湖水别村时，太阳已经偏西。村旁紧靠一条森林小铁路，旁边还有一条公路。当时日本守备队也陆续地几十人、上百人从铁路或公路上经过，向内地撤退。当时据传有一个团的日本大部队（千余人）尾随而来，团部随即决定，进行狙击。部队立即开赴湖水别村东北的山冈上布下阵势控制了制高点，三营抽调七连、九连二百多人在前沿，另两个营布列在后，居高临下依靠森铁做掩护截击日本军。

当时埋伏的队伍，一直待到次日（阴历七月初七，阳历八月十三日）。天刚蒙蒙亮，忽然从林口方向开过来有数百人的日本军。走到近前，出敌不意，团长一声令下，机枪、步枪、掷弹筒一齐开火，打得敌人措手不及，当场打死有几十名，迫使日军不得不钻入铁道下边的边沟进行抵抗。当时义军正在道上路边沟以为掩护，两下只有一条十几米宽的距离和小铁路相隔。我方火力直将日军盖住，露头一个，打死一个。当时我跟随三营七连连长果茂林，他是山东人，作战非常骁勇。不过义军方面也有死伤，战斗最激烈时，七连战士宋广甲被敌人一个炸子炸出了脑浆，我就在他的身旁，见到此情，不由地眼睛涌出泪花。当时什么都顾不得了，只得聚精会神地参加战斗。激战中，义军和日本军两下混成了一团，动起了刺刀拼刺。虎林县太和村尹歧山连续刺死了十几名日本鬼子。凉水东边梁德村（老名莫赫德，现名共乐村）入伍的战士何春玉，是个高个子，他一连打死了七名日本兵，七连的重机枪手被鬼子打死，子弹手也被打死。我随即冲上去，抢过重机枪将鬼子打下去。当时枪已失去作用，只有掷弹筒有效力。

战斗从凌晨两三点钟开始，直打到上午九点多钟，一共六个多小时才结束。日本军几百人，只剩下十四人被俘，后交给了苏军。也有战斗中逃跑了的，义军死亡九人。

八月十四日,二十八团集结在西北楞,通过翻译与苏联红军司令部取得联系。后被他们收降,开至林口县城,全部放下武器。一个月后,又开到牡丹江集中。这部分人后来被遣散,一部分参加了民主联军,大部分回乡,极少数被谢文东、李华堂收拢去当了土匪。我同车怀玉、王宝昌三人,当部队开到林口之后,约有六七天的时候,便离开了那里,回到佳木斯合江省政府接受新的任务去了。临走的时候,刘国范团长还说:"你们走吧,大部队还不知苏联红军怎样发落呢,恐怕一时半刻还不会有头绪的。"当我们三个人沿着铁路往佳木斯走的时候,路过林口古城镇,还特地去湖水别村,看了一下八天以前同日本军打仗的战场的情景:小铁道下方,数百名日军的尸体已经腐烂,臭不可闻,残存在水沟里的血污还能看得清楚……

作者注:此事件,前饶河县人大办公室主任贲向荣(一九二五年生,土改老干部,现已离休)也是亲历者。他不止一次地向我讲述这段经历:一九四四年,在今鸡东平阳镇应征入伍,在宝清县满军二十八团三营七连当战士,他曾亲自听到团长刘国范对战士们讲话时说过:"你们要好好学习军事本领,将来有一天好对付他们(暗指日本)"有明显的反日情绪。他记忆副团长不叫龙会文,而叫宫会文,湖水别战斗的情形和本连许多人名是一致的,只是日本军人数,李连生言:打死日本军上千人贲向荣言:打死日军不足二百人,贲向荣回忆说:伪满军二十八团后来由林口县又集中到牡丹江住了半年之久。一九四六年春陆续遣散,有的参加了共产党领导的民主联军,有的被国民党地方土匪(谢文东、李华堂等)收去,更多的是返回家乡。在他乘坐火车(罐车)回返鸡西的时候,还看到团长刘国范也坐在同一节车厢里,也是一个普通人身份,自带干粮鸡蛋在进行午餐,大半他又回到宝清,因为他的家属住在宝清,以后的结局就不知了。

(注:此访谈录中"转移佳木斯当邮差兼办卦馆""酣畅淋漓的猴石山战斗"系孙占先生访谈执笔整理的。孙占,祖籍山东莱阳,一九三五年生于哈尔滨,北安农校畜牧兽医专科毕业,退休前任虎林镇畜牧兽医站站长,虎林市政协委员。擅长诗文,谙星相卜术,堪称虎林一带有名学者。)

抗联七军二团战士李玉宝
深山雪谷两次逢险难

　　李玉宝，山东掖县人，一八九八年生，农民出身，二十一岁结婚，生有一女，后因生活困累，来到饶河县小别拉炕沟里种植鸦片。希图发财回家，不意日本帝国主义侵占了东北，因不堪鬼子凌虐，遂于一九三四年秋参加了抗日联军。初编入邹其昌部下，后转入七军二团一连当班长，意志坚强，屡立战功。一九四一年一月因病去往苏联治病，中途遭敌人截击被俘，监押八个多月。后获释，曾在饶河振兴泉浴池当杂工。东北光复后，一九五四年曾协助前抗联二支队长刘雁来进行抗日战迹地考察，跋山涉水，历时一个多月，后将其安排在饶河县建筑工队当伙夫，月薪四十五元。一九五九年饶河全境与八五九农场合并后，李玉宝因年已六十有余，被农场裁减，无奈去杜家河口刨垦二亩撂荒地自耕糊口。一九六〇年十一月，八五九农场畜牧分场领导以"割资本主义尾巴"为名，将李玉宝的锅碗瓢盆以及一年的收入全部拉走，李玉宝老人无奈自缢而死。以下是一九五七年冬，李玉宝被借调到饶河水产公司东安营业部做炊事工作，当时我由饶河县委农村工作部下放到东安中心乡做党总支书记时，同在一个伙房里吃饭，暇余时李玉宝向我讲述的两段抗联亲身经历的故事。

怀念战友郑三锁

　　一九三九年，我在抗联七军二师二团一连当班长。这年冬天，刚落头场雪，大批日伪军便进山"讨伐"抗联。在日本鬼子实行靖乡清野之后，老百姓全被驱赶到"集团部落"里，抗联队伍在山里没有了落脚之地，吃的用的就更加困难了。面对这种情况，师部决定将部队化整为零，在山里和敌人周旋，一连二连共八十名战士，跟随师部行动。十一月份，王汝起师长带领我们到了抚远的蒿通一带，截获了敌人一些粮食，在山里待了十多天。后来，敌人发现了我们的行踪，我们立即连夜赶到别拉洪河的北大林子，甩掉了敌人。在这里，借助村民的传信，又截获日本鬼子开拓团的六头牛。接着，我们奔向富锦、同江交界的大石砬子，准备寻找有利地形迎击追赶的敌人。没有料到，半路上鬼子"讨伐队"又追上来。王师长当机立断，把敌人引进一个高岗树林子里。那里有去年春季抗联挖的工事，借助这个有利的地形，我们把二百多名日本军打得死伤过半，敌人不敢进攻了。等到天黑，我们趁机继续向大石砬子山进发。夜色漆黑队伍走错了路，拉到小石砬子山，又和一队伪军相遭遇。我们仓促迎战，所处地形不利，结果死伤了三十多名战士，队伍不能继续行军，只好撤到一片孤独林子里。刚刚停下来，天又下起大雪来，一下就是两天两夜。战士们衣单鞋破，很多人脚冻伤了，有些重伤员得不到治疗，再加冻饿，相继死去。我和一名姓王的战士脚冻得最厉害，脚趾头都黑了，那位姓王的战士左肋还挂了彩。王师长见我们不能继续跟随部队战斗，决定派人把我们俩护送到暴马顶子密营去。我实在不愿意离开部队，想继续留下来。王师长开导我说："你现在这个样，随队伍行军，打仗都很不方便，还是先到密营好好养伤，伤好了，再回部队打仗。"为了避免给队伍造成累赘，我们只好服从师长的决定。王师长把仅有的七斤炒豆子给了我们，还交给我们一封信。他一再嘱咐我们在途中要特别小心，避开搜山的敌人。

　　护送我们去密营的两个人，一个姓蔡，三十多岁，麻脸，细高挑个儿；一个是二师师部的交通员郑三锁，他二十三岁，长得很结实，他俩各带了一支三八式长枪，三锁还带了一支镜面匣子。刚刚下过大雪，漫山遍野白茫茫的一片，凛冽的西北风掀起阵阵雪雾，实在是难走极了。蔡麻子和小郑轮流背负那位姓王的战士，我拄着棍子，吃力地跟在他们的后面。为了躲避敌人，白天我们不敢行动，宿在灌木丛中，到了夜里再摸黑赶路。两天后，那位姓王的同志牺牲了。我们怀着沉痛的心情，找到一棵空树筒子，用雪掩埋了他的尸体。我见这位重伤员中途牺牲了,就产生了重返部队的想法。我把这个打算告诉了他们两人,我说:"我的伤不重,能够坚持战斗。"可是小郑坚决不同意,他说:"送你去密营是师长的命令,必须坚决执行,而且还有机要信件送军部,不能中途返回。"当天晚上,我们又在林中跋涉了一夜。第二天天亮了,发生了意外的事情——蔡麻子忽然不见了。"会是掉队了吗?"我疑惑地说,小郑肯定地说:"不能!他身体很棒。"我心想,这就怪了,不是掉队,怎么忽然不见了呢?我们停下来,等了好久,还不见他来,又返回原路寻找,也没有找到他。小郑脸色严峻地对我说:"他逃跑了。"

蔡麻子是从"山林队"收编过来的。在山林队时,他养成一套流寇习气;到抗日队伍里,虽然经过几年的改造,但他恶劣的习气,还经常流露出来。现在斗争进入了最艰苦的时期,他肯定是叛离了革命。使我们感到庆幸的是,他从未到过暴马顶子。这件事发生在离挠力河小根菜嘴子不远的地方,从这里到暴马顶子密营,最少还得四天的时间,这件事使我们很紧张。

郑三锁说:"我们必须尽快离开这里。"他看了看山头又说:"这里离三道岗不远,那儿设有鬼子的一个警察据点,蔡麻子要是丧了良心,奔那去就糟了,我们得马上掉转方向朝东南走。"

小郑性格豪爽,机警勇敢。他是山东栖霞县人。三锁五岁时,老家生活无法维持,父亲就领着一家老小五口人"闯关东",到了虎林县独木河沟里炮手营种地。谁知,又赶上烟沟里起了胡匪。"九一八"事变,日本鬼子侵占了东三省,生活更加艰难困苦。三锁父亲一气之下参加了高玉山将军领导的抗日救国军,在攻打密山时阵亡了。三锁母亲独自拉扯着三个孩子生活。

一九三四年春天,日本鬼子进入独木河"讨伐",正巧三锁上山采蘑菇没在家。当他回来时,看到母亲和两个妹妹被鬼子关在房子里烧死了。三锁伏在地上哭成了泪人,心里燃起仇恨的怒火。三锁听说李葆满领导的抗日军打鬼子,他就毅然投奔了这支队伍。五年多来,他由一个十八岁的农村孩子,变成了一个坚强的抗联战士。他英勇机智,身经十几次战斗,屡建战功。一九三八年夏,二师师长选他为师部机要交通员。从此,他常一个人穿山越岭,每次都是出色地完成了上级交给他的任务。

此时，面对眼前的紧急情况，他果断地说："我们马上就走，我背你！""不，我自己走，我能走。"我看到三锁几天来照顾那位姓王的同志已经累得筋疲力尽，怎么也不忍心让他背我。我拄着一根黄波椤树棍子，拼力地支撑着走给他看。我说："不要背，这几天脚好些了，走吧，我能跟上。"

"不行，你不能走，太慢了。"郑三锁严肃地说，"现在是什么时候了，你知道……"他根本不听我的话，拽着我的胳膊，把我背了起来。

三锁背着我从山岭上穿过一片密实的柞桦林子，淌着没膝深的大雪，直向一片灌木丛生的沟趟子走去。过了一段时间，我见三锁走得慢了，脚步也蹒跚起来，我急忙叫他："小郑，停住脚吧，快让我下来自己走。""没关系，再走十里八里也没事。"他满不在乎地说。其实他已坚持不住了，在一棵大树下停下来，我们靠着大树休息，他大口喘着粗气，直直地伸着两条腿。我发现他的破乌拉后跟灌满了雪，脚后跟露在外面，我心里说不出是一种什么滋味。他整理了一下乌拉，重新绑了绑，又要背我走。这回说啥我也不让他背，拄着一根木棍跟在他后面慢慢地走。天黑时，我们大约是走到大叶子沟里红石砬子山脚下。阴沉的天空，一点星光也没有，简直无法走路。三锁说："老李，今天晚上，我们找个地方歇一歇，明天一早再走。"我们顺着山脚走到一个背风的石砬子底下，我说："这里挺好，就在这儿宿下吧，又背风又隐蔽，还能看到四周的情况。"阴冷的山谷里，寒气逼人，冻得我们一阵阵打寒噤。三锁折了些树枝子挡了挡，又拢起火堆。三锁说："把乌拉脱了烤一烤"。我把乌拉脱下来，一边抖落乌拉草，一边看三锁脱乌拉。他的乌拉里塞进了雪，乌拉头已经冻在脚上，烤了半天才脱下来。一看他的脚，脚背上已冻起了好几个大水泡。我心里真是过意不去，就说："三锁，你的脚冻得不比我轻，怎么还要背我呢？"三锁抖落完乌拉草，又用手揉着脚掌说："没关系，我的脚冻出来了。"乌拉烤干了，我们穿上，靠着石壁，守着火堆休息。火把脸烤得热乎乎的，可背后却是冷飕飕的。一歇下来，饥渴困乏一起袭来，想闭上眼睡一觉，可是肚子饿得慌，脚又冻得钻心难受，怎么也睡不着，好不容易才挨到放亮，我们走出石崖，想活动一下。往前一看，山坡上是一片撂荒地，野草灌木丛生，地头上一棵柞树还有一个破旧的山神爷庙。三锁走近小庙，不由地惊呼了一声："老李，有了。"我凑近一看原来是两只抹大烟水子的小铁盒。"拿这个咱们不就可以烧水喝了吗！"三锁说着自己拿了一个，递给我一个，我们回到石砬子烧起来。他又在四周将了几把子蒿叶放在水里煮。我们每人喝了两铁盒子，肚子觉得好受多了，脚似乎也好了一些，但就是困乏得很。看到我疲劳的样子，三锁对我说："今天白天咱们不走了，好好歇一歇，等到晚上再走。"说完三锁让我守在山崖洞边上烤火，他要上山去找些干冻蘑，顺便观察一下附近的情况，防备敌人搜山。我想同他一起去，他说："就在附近看看，没有蘑菇我就回来，你别动了。"

　　三锁走后，我烤着火，不知什么时候竟自斜歪在那里睡着了。正睡得迷迷糊糊的时候，一阵急促的呼唤声把我惊醒。三锁不知什么时候跑了回来，神色异常，急切地拽我的手说："老李，走，快些上山"我三步并做两步紧跟着他，忙问："你怎么了，这样紧张？""鬼子来了，在东北方向，离这有二三里远，一百来个人，看样是奔我们来的。"他头也不回慌急地回答着我的问话，接着又狠狠地骂道："准是他妈的蔡麻子这个王八蛋搞的鬼，非打死这个兔崽子不可！"到了山顶，我们倚在大石壁上，看见一群鬼子正顺着脚踪向我们追来，眼看就到了山根，我们想走也已经来不及了，但硬拼又肯定要吃亏。三锁主张就在这大石壁上隐蔽好，如果敌人从旁边绕过，算我们侥幸，万一奔我们来，也只好拼上了。我也同意他的主张，静静地注视着敌人。说时迟，那时快，不一会，鬼子兵已经到了山根下。先头的三个尖兵鬼头鬼脑地不知发现了什么，踌躇了半天，挥动了一下小旗，后边的鬼子立刻冲上来。我心里不觉一沉，对三锁说："准是鬼子发现我们的脚踪。""没关系，稳住神，揍这些狗日的。"三锁说着把匣枪递给了我，他端着一支三八大盖，紧紧盯着鬼子。透过树林，我们看到一个高高的影子，正在我们拢火的石砬子旁边和几个鬼子指东画西，接着顺我们走过的脚印奔上来，这家伙果然是蔡麻子。三锁两眼喷火，咬牙切齿地说："好你个蔡麻子，狗东西，老子非揍死你这个王八蛋。"没等三锁开枪，我一搂扳机，"叭"的一声，只见蔡麻子一个趔趄，栽倒在雪地上。三锁又一颗手榴弹甩了出去，先头的四五个鬼子一起滚倒在雪地里。紧接着，敌人的机枪爆豆似地响了起来,眼前的子弹直飞,只听石崖上"噗噗"响,山坡上的雪被打得四处飞溅。三锁对我说:"不要管它,隐蔽好。"鬼子见山上不回击,大概以为我们撤退了,便用机枪掩护着,继续向山上攀爬,我们注视着向山上爬行的鬼子兵。鬼子爬到半山腰时,我们两支枪一起开火,把敌人打了下去,接着敌人又一连三次向山上进攻,都被我们打退了。正当我们准备反击敌人的再次进攻时,忽然身后打来一颗子弹,擦着我的肩膀打在石壁上。原来是鬼子分兵绕道从西坡爬了上来。敌人前后夹攻,我们腹背受敌,情况十分危急。三锁起手一枪,把一个俯身向我们冲来的鬼子兵撂在雪地上,然后,猛跨几步,抱着我从南坡一骨碌滚到山半坡,直向一片桦树林子奔去。敌人恶狼般地向我们追来,我们边跑边朝敌人回击。突然,我感到左臂一麻,知道负伤了,奔跑的速度也立刻慢了下来。三锁顺手把我背在肩上,向西南方向继续猛突。我看三锁是那样的有力气,在那样深的雪地里急奔,就像走平路一样。他边跑边对我说:"注意四周的情况。只要冲出这条沟趟子,我们就算突出去了。"这时,敌人的火力猛烈地向我们压了过来。我怕三锁背着我突不出去,叫他赶紧放下我,他气得吼了起来:"你搂住我的肩膀好了,别撒手,你不能自己走。"他的脚走得更快了,背着我拼命地向前奔跑。在走过一条结冻的小河,越过一棵粗大的倒木时,我只觉得三锁趔趄了一下,我们俩一齐栽倒在深雪里。我赶紧爬起来,扶起三锁。"怎么,挂彩了吗?"我紧张地问他。三锁咬着嘴唇,从怀里掏出那封信,塞给我,命令似地说:"你快走,我掩护你。"他把手榴弹向腰里塞了塞,用手指了一下方向,喘息着嘱咐我:"你一定要把信送到密营地。"听了他的话,我心头不禁一酸,激动地喊了起来:"不,死我们也死在一起。"说着,我伸出右臂猛力地想把他背起来,可是,病体折磨已久,一个趔趄,眼前金星四溅,险些跌倒。三锁见状,大声喝道:"你为什么还不快走,难道要咱们一起落到鬼子手里吗!"我急忙拨开三锁的上衣,只见他腹部鲜血直流,脸色煞白,他见我仍不肯走,狠狠地向我瞪了一眼:"老李,你快走,一定把信送出去,冲出去就是胜利。"接着,他加重了语气,一字一顿地说:"不要管我,我走不了了,快走,快走!"这时敌人眼看追了上来,为了革命,我忍痛背起枪,朝着三锁指的方向奔去。我在敌人交织的火网中向前猛冲,可心里又牵挂着三锁。当我刚刚闪到一棵歪斜的大树后面，向三锁倒下去的方向张望时，忽见一股猛烈的火光，紧接着"轰"的一声，一群鬼子，应声淹没在雪雾之中。我呆呆地站着，泪水扑簌簌地落了下来。这时，天色已晚，山林中早已阴晦下来，我趁敌人失去目标的时机，一气赶了十几里路，钻进了一片林子里。我背着枪，揣着文件，整整又走了三夜，才摸到暴马顶子密营地，当时是一九三九年腊月初八。这件事虽然离现在快二十年了（当时是一九五七年），可郑三锁的形象却一直留在我的心中。

雪 山 被 俘

一九四一年一月，抗联第二支队在三道沟子（关门嘴子往西，今庆山道班以北）同日寇及伪警察打了一仗。敌人的兵力很强，直打了一天一宿，天黑，敌人才住了枪声，刘雁来支队长点了一下名，少了两名弟兄。经过分析了形势，敌人逼近我们的营寨，遂决定：我们应该火速撤退，向大山里推进。当时我已因几次苦战，身患重病，还有三名冻坏脚的同志，不能随队伍前进。刘支队长布好岗哨，召集我们四个人在一起开了一个小会，刘支队长说："军队立刻要向西面深林区进发，你们几位绕到山东坡去往苏联治病，因为行走不方便，临时把枪收回来，一路上千万注意保重。"随之，又派遣一名姓苏的副官同三名战士前往护送，并写了一封书信让我拿着，我说："我的病危在旦夕，应由苏副官带着。"刘支队长给我使了个眼神，悄声说："苏恐有失，还是你拿着吧。"随后，苏副官一行四个人搀扶着我们四个病号走了。临行时，刘支队长和我们握手相送，我们几个人不由地洒泪辞去。刘支队长随后率领队伍向大山里走了。

只说苏副官等几个人护送我们爬山越岭，是十分艰苦的，天气又特别的严寒，带了有二十斤炒面，全由苏副官背着。谁知那个苏副官见一行人十分累赘，不知何时竟带领三名战士绕道走了。只剩下我和三名冻坏脚的同志在后边蹒跚。我们一直在大雪窟里跋涉了三天，我因为有病发着高烧，常常晕倒在地，便昏迷地睡着了。一会儿眼前出现一座青堂瓦舍的砖房，屋内生着火炉，炉盖子烧得通红，正要解开衣扣烤火，三名瘸人将我唤醒……到第三天，走到一座破房框子跟前，生着篝火，正待要烤火，其中一个脚冻伤最重的同志连冻带饿，坐下来竟死在那里了。王正林对我说："乔同志死了"我说："我也不行了。"王正林翻弄房框子旁边的乱草发现了一只破瓷盆子，斜歪着还可以装些水。他们手捧了些雪放在破盆子里，在篝火上边燎化烧开了，三个人对着破瓷盆子沿喝了几口开水，这如何能充饥呢？天黑了，就依在破房框子边上睡着了，第二天早晨醒来，那位姓张的脚冻坏了的同志也死了。只剩下我和王正林两个人，他年龄刚好二十五岁，我比他大十几岁，算是年轻力壮的了，不是因为没棉乌拉穿，怎么也不能把脚冻伤。弄到这种地步，我们顾不得死去的同志，只得继续蹒跚着向前走，有时在榛柴丛里发现山葡萄藤上残剩的几个冻干瘪的山葡萄粒，便捋下来充饥。有一次，还发现椴树上有几片冻干瘪的冻蘑，也捋下来填进嘴里咀嚼，简直饿坏了，浑身直冒虚汗，心里直哆嗦。整整又走了一天，王正林忽然对我说："鬼子兵来了。"我抬头看时，黄乎乎的一队人马，正从南边的树林子里窜了过来。显然敌人已发现我们了，我忙对他说："你快跑吧，逃命去吧，不要管我了。"王正林说："咱俩是共生死的弟兄，我哪能抛你而去呢？"我说："在这种情况下，别管我了，免得两个人都遭捆绑！你还是快逃走吧！"王正林无奈抹着泪水去了，跟跟跄跄地跋涉在深雪里。刚走出不远，敌人的枪声便响了起来，我眼睁睁地看王正林被鬼子打倒在雪地上，我心中不由地一阵悲哀，既不能前去救助于他，自己也逃跑不了，心中焦躁如火烧一般，一时竟昏迷了过去。睁开眼睛一看，鬼子已来到近前，我忙掏出信件准备吞咽，鬼子把枪翅子（刺刀）已朝着我的胸口支上了，另一名鬼子兵连用枪托子敲了我几下，一时我都喘不上气来了，他们从我的衣兜里翻出信件，喊道："这是胡子，痛快杀掉。"另一个带队的头目却嘀咕道："且慢，绑回去好问口供。"就这样我被鬼子的"讨伐队"伍俘虏了，带到饶河县城，直关押了八个多月，才放出来。十个脚趾头全冻坏烂掉了，没法生活，后来托朋友关系，在振兴泉澡堂子里靠搓澡为生，直到东北光复……

（一九五七年十二月于东安镇水产公司宿舍访谈记录）

抗日救国军秘书处饶河抗日游击队地下工作者刘沛夫访谈录

在饶河参加抗日活动简述

一九三一年春天,我来到饶河投奔舅父姚镜溪先生,那时他因为发起渔海会逃难到饶河,住在小北沟山里,靠种地为生,勉强维持而已。我找了个地方,帮人收割了一季大烟,分了十几两烟土。秋天正赶上"九一八"事变,日本鬼子侵占了东三省,虽然鬼子兵还没来到饶河,但是震动很大,人心惶惶。当时我无营业可干,在小北沟办了一处塾学教书为业,那年我二十三岁。常到饶河县城给学生买纸买书笔,住在客栈里,认识了朝鲜人金昌镒,他是金翻译的儿子,年仅二十多岁。他是个中学生,在三义新屯子(现三义村南三里沟北沿,后改名岭南村一九七〇年撤销,居户并入三义村)种地,为人很好,他参加了共产党的地下组织,积极发起抗日。几次和他接触,使我受到很大的启发,后来又接触到李学福(李葆满)。谈起在朝鲜当亡国奴,到中国又当亡国奴,很不甘心,我们说话很投机,遂介绍我加入反日会,参加抗日宣传活动,一时我成为骨干分子。一九三三年五月,高玉山抗日救国军攻占饶河县城,李葆满等在三义屯发动暴动,成立"朝鲜独立军",后改为"抗日游击队",不久双方联合攻打虎林(今虎头）。当时李学福、金昌镒都去了，我是自愿参加救国军的，当秘书。结果虎林未攻下来，救国军和抗日游击队损失都很惨重，金昌镒牺牲。李学福领残余队伍又回到饶河，救国军退到独木河，后高玉山又回到饶河，待了几个月，十二月苑福堂等人从富锦县把日本人领来饶河，救国军分别在饶河苇子沟和虎林退去苏联。我是在救国军攻打虎林未克退至独木河时，饶河来人，捎信说我的门中叔刘廷先有病让我急速回去，因此才回到饶河的，继续在饶河县反日会里工作。一九三四年经于化南和郑鲁岩两人介绍加入共产党。于化南是文登县孔格庄人，郑鲁岩是山东日照人，曾任沂水第一小学校长，因失恋来东北（与《饶河县志》所查材料有异），当时组织宣传抗日救国。李延禄是我们的领导，郑鲁岩是饶河县委书记，于化南主管组织，我管宣传，还有一个姓崔的朝鲜人是黄埔军官学校毕业的，主抓军事（应是崔石泉），当时曾在伪满军炮连发展共产党。我当时曾以"苏武牧羊"调编写抗活受苦和遭受剥削压迫唤起革命的歌词，一时到处传唱，风靡一时。我当时在伪满军中发展了两名伪军，一名叫舒志民，另一名叫惠景才，在伪军中散发传单，说明中国人应一致抗日，不要自相鱼肉。有一个叫朱振义的，他是县公署的公务人员，是地下工作者，在伪县公署机关周围，广为张贴反日传单。还有救国军原参谋长杜震（又叫杜雨辰），他是打进救国军的共产党。救国军撤退之后，他临时留下来在县公署当庶务科长，以发布公文形式，将反日传单全引入文中，进行追查，实际是假借追查的名义在宣传反日，总之当时反日活动很是活跃。后来，日伪当局查出有共产党散发反日传单，开始搜捕。

我住在刘思荣拐角二层木刻楞楼上（今饶河镇和平路南工农街西拐角处）。一天夜里，有人进屋招呼："起来，起来！"我一看是两名伪军警察，我知道事情不好了，他们质问我是干什么的？我说："是睡觉的。"其中一个警察上前打了我一记耳光子，骂道："混蛋，谁问你睡觉的，问你是什么职业，干什么活的，不明白吗？"我说："我是拉大锯的，住在这里。"又问："你姓什么？叫什么名字？"我说："我姓王，叫王玉才。"那警察又问道："有个叫刘崇汉的上哪儿去了？"我说："没回来，据说上小南河佛寿宫去了。"我随即佯装不知地问女主人，我说："谁在这儿睡？"那掌柜的（刘思荣妻子）说："就那个姓刘的，还有个姓王的，加上他（指我）一共三个人住在这里。"那两个警察一看人不在，只好推开门走了。停了有几分钟，我一想，我的行动已被敌人掌握，必须赶快转移，随即向店主人告辞，到了江边二道胡同振兴街道东于忠和那里。于忠和是个独身户，靠打鱼为生，也是抗日军的联络点，我暂且在他那里过了一夜。当时郑鲁岩从哈尔滨买来一麻袋绿色斜纹布，准备做伪军装，袭击伪警察所好用，放在这里还没运走。第二天我到了"泽丰号"小商铺，账房先生李奎松在，掌柜的不在，女主人说："我们租住这房子已到期了，还多住了一天，你先在这住一宿吧。"第二天闻听城里搜捕更严，我无处去，天傍黑的时候，坐一个同乡的渔船来到江中心的岛子上（今翡翠洲），在渔房子里藏了两夜，冻得够受。后来在那里弄了一只舢板船，顺水推舟随江而下。快到东安镇的时候，在南通岛上口船被一棵歪斜的大柳树挂住了不能走了。有一个外号叫赵鼻子的警察乘坐一只花鞋船（大型捕鱼船），从岸上赶来盘问我："你是干什么的？"我说："我在饶河西成泰（商号）当伙计，掌柜的冯东初去东安镇'大新号'商柜办事，他的老爹突然病了，一时也没有船，让我划只舢板船去找他回来。"我接着又补充说："东安镇大通号商柜的徐福春，'天德厚'的掌柜的宗景隆，还有马家地营掌柜的马宝祥都去饶河办过事，我都认识……"那赵鼻子听我讲述的人名和卖买家的字号都很实际，遂放我走了。行经蒿通到了郭福镇（二村均在今抚远县四合屯以北，因乌苏里江水冲蚀，伪满后期，即已撤销，合并建立四合屯），船刚靠岸，便有一个警察来盘问，恰好岸上对面走过一个熟人叫张振玉，他原在饶河住过，有过接触，因此一见面他便向我打招呼："刘先生来了。"因而前来迎我，那警察见我有熟人，便解除疑团，不管我了。我在郭福镇待了两天多的时间，正赶上哈尔滨的客轮从虎林（虎头）、饶河返航到了郭福镇我便上了船，到了哈尔滨，又转乘火车、海船回到了山东文登老家。我在郭福镇上船的时候，还看到救国军第二旅旅长孙景清已被捕，戴着手铐子，往三江省会佳木斯解送，他的老婆还跟着。我这一段与组织脱离了关系，因受共产党的熏陶和影响，在原籍又参加了革命，经学生杨岫庭等介绍又加入了共产党……

关于高玉山的救国军

一九三二年虎林县独木河保长高玉山已降日本,任命为虎林县警察大队长,正在往密山送日本接收大员,家中(虎林县城——今虎头)有其干儿子副官长杨培石(又名宋秀文),是个赌徒,南满人,输了钱,密谋将虎林县日本参事官隐岐太郎和警务指导官佐藤重男杀死,打开箱子看时,不是钱币,而是子弹。高玉山从密山回来,一时愕然无措,杨培石说:"听我的得了"。于是在马占山、李杜已散的救国军的基础上,重新组织"抗日救国军"。以马占山部下四旅旅长袁辅三所带领的十二团长臧敬之属下军队六七百人为主力部队,袁辅三好写诗,经常与我和诗,因此关系很好。当时重新组织一、二、三、四旅,一旅长孙某,三百多人,后来去了青岛,风度很好;二旅长孙景清,是个大老粗土包子,当过百家长(后来被日本逮捕,押去佳木斯无下落——见前段),三百多人;三旅长是袁辅三,他除通诗文之外,还会吹箫,后撤到新疆,因车祸摔死;四旅长张锡侯,是桦川县拉过来的,传说他是桦川县县长,不甘当亡国奴,揭竿而起,共有四百多人;五旅长是红枪会,是从宝清县拉过来的,也有三百多人,一共有三千人,于是去攻打虎林、密山不下,并受挫,要与饶河县联合抗日,饶河地方势力不干,遂强行攻占了饶河,待了有七八个月的时间,中间高玉山同共产党领导下的抗日游击队联合攻打虎林受挫,游击队长金昌镒等数十人牺牲。一九三三年末,饶河县警察大队长苑福堂等人从富锦县将日本军引进饶河县城,救国军被迫撤至苇子沟等地过江去了苏联,高玉山从虎头下方过江去了苏联,后来去了新疆。

马占山属下十二团长臧敬之是山东海阳人,土匪出身,不大管事,副团长兼中校,是个耍猴子出身,他挺有才能。

共产党属下印象较深的人

金昌镒:相传他父亲通日语,是个翻译,他原在三义屯新屯子种地,是个中学生,为人很好,他参加共产党之后,成为抗日游击队主要领导骨干,他组织了一连人，配合高玉山救国军一起攻打虎林牺牲，年仅二十六岁。

夏玉敬：原是铁工厂工人，后来去饶河开小杂货铺，参加反日会，在饶河县城散发反日传单，被敌人抓去后牺牲。当时我还写过一首追悼他的七言诗，现年久已忘记了。（夏玉敬，即后文所说的夏礼亭被日寇逮捕，后获释，刘沛夫已返回山东，不知以后的情况）

小吴：老家山东荣成人，年仅十八岁，原是高玉山救国军属下，后来到了饶河县抗日游击队，专做通讯联络工作，很有魄力，也很勇敢，经常在虎口（县城）里往来，打转转。因为他往来奔走，鞋终年在水里泡着，因此他开玩笑说："待革命成功之日，当晾脚三天。"一九三四年六月，他在饶河县利兴栈（现饶河海关东半部临街处）被捕，后牺牲。

郑鲁岩：他是个很有谋略的人，意志刚强，做事很果断，我就是他同于化南两个人介绍加入共产党的。刘沛夫不知道郑鲁岩后来被捕投降叛变，当我向他介绍了历史的事实经过之后，他还半信半疑，他还以为郑鲁岩不可能成为那样的人。

李学福（李葆满）一九三一年和一些人在一起发展共产党开展共产主义活动时，被饶河独立团逮捕，五花大绑判处死刑，拉到城西门外去枪毙，共五个人，其中有徐汉龙（朝鲜族），还有一名姓郑的，也是朝鲜族。他俩在小别拉炕沟某居民家开会，被地方独立团抓去，被枪毙。还有两个人已记不住姓名了，大都是朝鲜人。李学福枪决时被人解救，跑掉。独立团长王德邦（一九三三年）、高玉山率领救国军攻占饶河之后，在苑福堂等人逃到富锦带领日本人要进攻饶河前，曾以密信劝王德邦为之配合，未待行动，即被救国军察觉，当即连同其弟王和邦还有教练员沈杰三一起被铡刀斩首示众，另有十二团少校张某某六人执行枪决。

文化大革命所经受的折磨

"文化大革命"中，因为我们工厂的总工程师是留学德国的飞机制造业专家，以"反动技术权威"被揪批斗，他因为不堪忍受无止境的凌辱和打骂，自杀身亡。后来把我也关起来，批斗说我是叛徒，我拒不承认，让我写材料交代问题，造反派并且派人前往我工作过的饶河县去查调，回来什么证据没找到，并且又追问我："你怎么提供的证人都已是死去的人呢？"我说："三十四五年前的事情，几经改朝换代了，能长生不死吗？人死了，我有什么办法？这是自然规律，不只是我提到的证明人死了，将来我也要死的，你们慢慢地也得死……"后来黑龙江省革命委员会专案组派人来查潘复生（原名刘克浚）的历史，因为我同潘夏生是同乡，又是老同学同事，硬逼我承认潘复生是叛徒，我对他们说："我要为党负责，为同志负责，没有的事，我坚决不能胡说"。没有办法，他们只得悻悻然走了。造反派们把我关在监狱里，让我写交代材料，我一个字也没写，我在狱中却写了三首诗。

狱 中
白发苍苍作楚囚，怡然静待死临头。
粉身碎骨无遗恨，一度人间六十秋。

又
凌辱打骂任叱嗔，入狱方知狱吏尊。（周勃诗）
假使轮回非妄断，我愿做狗不为人。

赠 妻
四遭绝险卿未死，三度噩耗我又生。
今日坎坷休饮泣，当年战友半牺牲。

刘沛夫对我说：一九六九年冬天我即获得了自由，开始在济南我的妹夫孙洪溥妹妹刘崇雯家客居，后来朋友在青岛帮我找了一个老伴，我就准备在青岛定居了。他还对我说：他的八字还是清的，他在任空军一〇四师师长之后，调任空四军参谋长，未久便调往陕西武功空军十二厂去了，如原地不动，林彪事件出现之后，肯定又得抖搂一阵子的。

刘沛夫，原名刘崇汉，清光绪三十四年（一九〇八年）四月生于山东文登侯家镇南廒村，是我的大姑表兄。幼年曾跟从先考姚镜溪先生读过私塾，后在文登县城职业小学毕业，曾在本地南渠格庄、院东寺等地当过小学教员。一九三一年投奔先考来到饶河，曾在县城小学当过教员。后受郑鲁岩、李学福、金昌镒等人影响参加饶河县反日会，不久加入共产党。曾在当时饶河县委主持宣传工作，散发传单，其间曾参加高玉山领导下的抗日救国军，在秘书处任文牍科员。攻打虎林失败后，回到饶河县一直做党的地下工作。一九三四年因敌人搜捕返回原籍，后继续参加革命，经杨岫庭介绍重新加入共产党。曾参加文登"一一四"暴动，后一直做侦察工作，曾任西海军分区侦察科长，上海高炮一〇四师师长，空四军参谋长，陕西武功空军十二厂厂长，曾参加抗美援朝。一九七四年离休，"文化大革命"中曾蒙受冤狱，未几获释，一九七九年平反，一九八〇年九月二十三日因患膀胱癌死于北京钓鱼台空军医院，享年七十二岁。

抗联七军三团政委夏礼亭自写回忆录

夏礼亭，又名夏余敬，常误写作"夏玉敬"，一九一一年十一月二十五日生于山东省牟平县广河村。一九二〇年起曾读过四年小学后在家种地学徒。一九三一年来饶河县在商店当店员，小商贩。一九三四年参加反日会，因散发传单被捕，入狱二十个月。一九三六年六月参加东北人民革命第四军二师警卫连当战士，同年十一月成立抗联七军，在警卫连，并加入中国共产党，后任连指导员，一团政委。一九四〇年夏去苏联在东北抗联教导旅学习无线电报务，一九四五年七月在苏联出兵东北前，乘苏联飞机秘密潜回中国东北，参加战前侦察工作。"八一五"日本投降后历任牡丹江省东北民主联军司令部电台队长，东北军工东安一厂供给股长，东北电工部局八厂副厂长，秘书处副处长。在此期间，夏礼亭参加了东北剿匪战斗、后方工业生产工作，皆做出了贡献。新中国成立后，任中央一机部电工局行政处副处长，国家机械设备成套总局财务处长，一九八二年十二月离休。

一九九五年十月二十四日，由俄罗斯总统叶利钦亲自签发，并经由俄罗斯驻中国大使馆大使亲自授予夏礼亭反法西斯战争胜利50周年纪念章，以表彰其贡献。一九九六年二月二十七日逝世，享年八十六岁。

饶河是我在一九三一年至一九四五年期间生活、战斗过的地方，是饶河人民的哺育使我成长壮大的第二故乡。每当我思念起山明水秀的饶河，当年生活战斗的情景，仍然历历在目。我已进入古稀之年，现仅就记忆所及，把印象最深的几件事，记录如下，以表示我对饶河的恋念。

庆祝元宵勿忘国难

记得我在山东省牟平县故乡上小学的时候，学过一首歌。歌的名字，怎么也想不起来了。但是其中一句歌词，使我永生难忘，这句歌词是"中国若不自强，瓜分岂能逃"。

一九三二年元宵节，我正在饶河县城德兴昶当学徒。记得过节，我和厨师做八宝饭时，用泡开的红枣割成笔划在八宝饭上镶上了"庆祝元宵、勿忘国难"八个字，来表示我们抗日的决心，启发就餐者的爱国热情。

事情已经过去五十四年了。但这件小事，我记得非常牢固，我觉得写出来，不会是没有意义的。

参加反日会

一九三三年，当时我正处在虽有抗日救国决心，苦于抗日救国无路的徘徊期间，反日会成员刘崇汉，后改名为刘沛夫，经常接近我，向我讲抗日的道理，激发我抗日救国的决心，使我逐步认识反日会是抗日的革命群众组织。当时处于战乱时期，生意不景气，我已被资本家解雇，只靠在县城里摆个小摊糊口。一天，一个老乡从沟里来，谈起了沟里抗日斗争的情况。他告诉我，沟里面一支抗日的队伍，老百姓叫他"葆满队"（指李学福同志领导的抗日队伍。李学福别名李葆满）。沟里的老乡都说，葆满队可好啦。老百姓吃啥，他们吃啥，一点也不特殊，对老百姓特别和气，经常讲抗日的道理，老乡说，这个队伍靠得住。抗日救国，不能靠跑到关里的东北军，也不能靠国民党，抗日要靠葆满队这样的队伍。这些反日斗争情况，使我非常受教育。一九三四年，由刘崇汉介绍，我参加了反日会，积极从事为葆满队筹办服装给养、提供情报和反日宣传的斗争。我记得当时饶河县反日会的负责人之一是于化南同志，当时他以小学教员身份做掩护领导反日会的斗争。一九四五年冬，我在勃利县城还见到了他，他刚从延安回到东北。一九四五年冬，听说他从林口去牡丹江途中与敌人遭遇而牺牲。

被 捕

我在一九三四年参加反日会后，积极进行了反日斗争。当时反日会的工作，已做进伪满军队中，伪满军中也有反日会员。我还记得驻饶河伪满军中有个叫惠景才的就是反日会员。我当时执行往伪满军队送反日救国宣传材料的任务，按时把材料送到伪军兵营的指定地点，再由伪满军中的反日会员把材料带进兵营散发。这些材料都是饶河中心县委编印的，内容是动员伪军士兵参加抗日。在一九三五年的春天一次执行任务中，不慎被伪军抓住。被捕后敌人用了各种酷刑（压杠子、皮带抽、灌凉水），但我始终没有暴露身份。我说生活困难，没钱吃饭，有个人要我送东西，给我点钱。送的什么东西，因为包了一个包，我也不知道里面是什么，要我送东西的人，我也不认识，敌人怎样拷问，我就是这几句话。敌人审问不出结果，把我关了二十个月，最后释放了。

当时，我们对驻在饶河的伪满军队士兵，工作是做得很深入的。抓住我的那个伪军，最后了解到我送的是抗日宣传材料时，对我说，"我要早知道你是送这个宣传材料，我要抓你就不是人。"在我被关押期间，他还买过包子送给我吃。我记得当时我曾动员他们不要甘心当亡国奴，要参加抗日，他们始终没有表态。

在敌人的监狱里，我记得有这么一件事。敌人把一个叫王可文的叛徒也装模作样地关了进来，千方百计探听我们的真实情况，由于我们对他很警惕，敌人的阴谋没有得逞。

入 党

一九三六年，我出狱以后，当时饶河中心县委杨洪义同志派人（以后是他亲自）送我到抗联部队。当时是抗联第四军二师，以后扩大成抗联七军。到部队后，因为我有点文化，就派我到司令部警卫连当指导员。我记得当时提出干不了，也不知道指导员的工作怎么做。领导上告诉我，指导员的工作，就像在家里的老婆婆老妈妈那样做工作，一定能做得好。在连队工作一段时间以后，到了一九三七年春，有一次，李学福同志找我谈话，详细地询问了我的情况，并问我愿不愿意参加中国共产党。我当时非常激动，表示愿意入党，并把终生献给党的事业。就这样，我参加了中国共产党。李学福同志是我的入党介绍人。

活捉叛徒王小胡

王小胡是一九三七年随伪满的一个山林队（饶河一带的代号）经过宣传和指导后被抗联七军收编的。收编后组建了一个团，由七军派进一名团长和一名政委。团长是张文清同志，政委是一名朝鲜族的同志，名字记不起来了。一九三八年，王小胡策动这个部队叛乱，打死了团长和政委，带部队投靠了日本鬼子，当了可耻的叛徒。一九四五年苏联红军进军东北，我随抗联派出的小部队带着电台（我当时搞报务工作）到了宝清，以后又到了勃利，找到苏联红军的司令部，与抗联派在苏军司令部工作的曹署焰同志取得了联系，并安置了电台。

一天，曹署焰同志问我："你是否认识王小胡这个人？在勃利城里开大烟馆，自称是抗联的。"我说："我知道王小胡是个叛徒。"我把王小胡叛变经过告诉了曹，曹约我去认一认。到那一看，果然是叛徒王小胡。但由于种种原因，苏军司令部没有对这个叛徒进行处理。

一九四五年冬，我到了牡丹江，见到了牡丹江军区司令部参谋长陶雨峯同志，并汇报了叛徒王小胡在勃利的情况。

一九四六年，我军逐步稳定了东北局势，解放区各级政权逐渐建立。当时陶雨峯同志交代我带战士去勃利县，通过公安局将叛徒王小胡抓起来押到牡丹江。后，在牡丹江召开了公审大会，判处王小胡死刑，执行枪决，这是叛徒王小胡的可耻下场。

"沙里淘金"

王汝起同志牺牲已经四十多年了。这位当年抗联的领导人的音容笑貌，在我的脑海里，仍然栩栩如生。

王汝起同志是个工农干部，没有什么文化，但有一颗赤诚爱国抗日的决心。他对下级总是平易近人，关怀体贴。他的政治觉悟很高，能抓住一切时间，进行思想政治工作。

有一件事，给我留下了极深的印象。在那残酷斗争的年月，抗联中的许多同志英勇牺牲了，有些不坚定的分子脱队了，有的当了可耻的叛徒。在一次战斗的间隙，王汝起同志对我们说："我们这些人，真是沙里淘金哪。"是啊，大浪淘沙，沙里淘金。我们这些经过战争洗礼的幸存者，缅怀那些牺牲的先烈们，要百倍地珍惜今天的革命成果，更坚定地按照党的十一届三中全会确定的路线、方针和政策，把国家建设得更加繁荣富强。我们要无愧于牺牲的先烈们！

一九八六年六月六日

夏礼亭亲属访谈纪事

东北抗联第二路军第一支队所属一团团长夏礼亭(即夏馀敬)的女儿夏进京，携同丈夫刘文宣、儿子刘含一行三人，于二〇一二年三月三日来到饶河进行考察访问。四日我见到抗日战士们的后代，与同见到远方亲友般亲切，在居舍畅谈了差不多一个整天，我赠送了一册本人所编著的抗日斗争故事集——《烽燧年代》供他们参阅。客人辞行时，已濒夜九时，他们说翌日汽车票业已买妥，将于明晨六时动身去哈尔滨。我建言："你们来边疆一次，实属不易，你们的前辈曾在此地同日寇浴血奋战十几年，他们的后代来到此地如同远方游子回归故乡一样，地方官员难得相见一面，抗日战迹地和烈士陵墓难得不看上一眼？如此匆匆来去，岂不虚此一行？"在我再三挽留下，他们遂决定多住一日。我当即命三子姚大永将他们的汽车票改延一日。第二天，即三月五日晨，我便向饶河县政协主席杨志同志做了汇报，杨志主席遂即决定，当日上午召开座谈会，并有副县长于洋，县政协副主席何玉才、徐少建，以及广播电视台记者，政府网站及文史部门负责人共二十余人参加。会后，杨志主席亲自陪同友人参观了饶河对俄口岸，瞻仰了饶河革命烈士陵园、抗日英雄纪念碑，随后又去大顶子山后屏岭山抗联七军军长陈荣久烈士殉难地，并均敬献了花篮。当日中午县政协设酒宴款待了客人。次日晨他们离开饶河。行经佳木斯、哈尔滨、榆树、吉林磐石等地，又进行了考察访问。夏进京同志全家回北京后，来信说：他们此行受到了家乡人民的亲切接待，十分感激，而且受益匪浅。同时，最大一项收获，应该是夏进京同志为《饶河县志》填补了空白，并矫正了错误，原《饶河县志》误将下江特委书记鲍林与夏礼亭混同一人，经过访查，证明鲍林同夏礼亭确属两人。《县志》籍贯栏内本是空白，经对照查明后证实鲍林是山东乳山县人。夏礼亭系山东牟平县广河村人。夏进京同志全家此行，为饶河县文史考据做出了重大贡献，这是饶河县人民应引以为庆幸和值得感激的事情。

兹将夏礼亭同志家人及其遗嗣作一简要介绍。

夏礼亭妻子齐素华，一九二五年生，原籍山东潍坊人，东北光复后在宝清县同夏礼亭同志结婚，生有二男二女。

长男夏进军，一九四九年四月生，曾任首钢供应公司党支部书记，现已退休。

次男夏进建，一九五五年四月生，首钢邢台轧钢厂工会干事。

长女夏进京，一九五三年二月生，北京教育学院财会工作。

长婿刘文宣，一九三三年十月生于北京，哈尔滨军工学院二期毕业生，退休前为北京信息职业技术学院高级工程师。祖父刘宗汉前清举人，豪义之士。父亲刘正元，中华民国沈阳医科大学毕业，一九三二年在吉林磐石县打入伪军任军医官，与宋国荣营长策反伪军一个旅（旅长姓朱），消灭日军一个小队后辗转至延安，加入共产党。曾在华东局及中央编译局任事，离休前为北京外国语学院汉语教授，一九九四年去世。

次女夏进荣，一九五九年七月生，在北京市天云实业有限公司任职（现已退休）。

外孙（刘文宣、夏进京之子）刘含，一九八三年十月生，北京联大商务学院毕业，就职于港企天津旺皓化工有限公司。

另我在与夏礼亭长女夏进京交谈中言及我的姑表哥刘沛夫（原名刘崇汉），一九八〇年因患膀胱癌住进北京钓鱼台空军医院，九月二十三日逝世。夏进京言："那时我父亲夏礼亭还健在，工作地址及住处均距钓鱼台不远，两位老革命同志竟茫昧不知、未得一见，终成憾事。"

以上简要志记于此。

姚中嶍二〇一二年四月十二日于饶河县政协文史室

关于东北抗联军七军领导成员夏礼亭和鲍林的身世考证

原《饶河县志》358页"民国及伪满时期，中共饶河县委历任书记副书记名表"，记载：伪康德五年（一九三八年）六月至八月，下江党特委书记鲍林，籍贯不详，括注："一说鲍林实为邵林，本名夏礼亭"。二○一二年三月夏礼亭女儿夏进京及丈夫刘文宣并儿子刘含一家三口前往饶河进行考察。回京后查阅东北抗日历史文卷证明：鲍林同夏礼亭并非一人，而是不同籍贯不同经历的两个人。夏礼亭籍贯系山东牟平县，鲍林籍贯系山东乳山县，现将中共黑龙江省委党史研究室马彦文所编《东北抗日联军名录》一书内载夏礼亭传录述如下：

夏礼亭

夏礼亭，别名夏馀敬，一九一○年十一月二十五日生于山东省牟平县广河村。一九二○年起，在广河村读了四年书，一九二五年在家种地，学徒。一九三一年到饶河县当店员、小商贩。一九三四年参加反日会，因散发传单被捕入狱二十个月，一九三六年六月参加东北人民革命军第四军第二师警卫连当战士，同年十一月成立抗联七军在一团警卫连，一九三七年加入中国共产党，曾任连指导员，一团政委。一九四○年去苏联东北抗联教导旅学习报务，一九四五年八月日本投降后，担任牡丹江省东北民主联军司令部电台队长。在苏联出兵东北前夕，秘密潜回东北境内深入敌后参加侦查工作，为接应苏联红军做了战前准备工作。一九四七年调东安一厂任供应股长。一九四九年调沈阳电工局一厂科长,八厂副厂长,电工局秘书处副处长。一九六九年去罗山县干校劳动三年。一九七一年到沙河农场劳动,一九七二年调国家成套局财务处任处长,一九八二年十二月离休(局级待遇)。一九九六年二月二十七日于北京逝世。

另据本人编著之《烽燧年代》一书,内载"刘沛夫访谈录"中,共产党属下几个印象较深的人,有夏玉敬的记述:夏玉敬,实为夏馀敬,原是铁工厂工人,后来去饶河开杂货铺,参加反日会,在饶河县城因散发传单,被敌人抓去牺牲,当时我还写过一首追悼他的七言诗,现年久已忘记了。

马彦文所著的《抗联名录》一书中所述"别名夏余敬",实际即是"夏馀敬"之误写。

刘沛夫说夏玉敬牺牲,因为他当时在饶河县委主持宣传工作,主管散发传单。夏玉敬被捕后,杳无音讯,以为被日寇杀害,不久他的身份被暴露,也在追捕之列,逃匿返回山东,重又参加革命,因此对夏玉敬以后的经历即不了解了。

关于夏玉敬散发反日传单的记述,这同夏礼亭同志追悼会的悼词和《纪念八十八旅老战士夏礼亭诞生一百周年》一书有关夏礼亭同志生平介绍中所述"一九三五年夏礼亭同志散发抗日传单时被日寇逮捕入狱,关押二十个月,受尽了敌人的严刑拷打,经受了严峻的考验,体现了一个革命者的铮铮铁骨"是完全一致的。

黑龙江人民出版社元仁山编著之《东北抗日联军第七军》一书中记载夏礼亭一九三八年期间任七军三团政委,一九三九年改为东北抗日联军第二路军第二支队第一大队政委。是年冬,夏礼亭在饶河县西部一次对敌战斗中腿部受伤,伤愈后一九四〇年四月中旬与赵尚志一起去苏联伯力,在这里他学习了无线电技术,一九四三年回国后任抗联二路军第二支队无线电站站长,后改任三团政委。

《夏礼亭诞生一百周年生平记录》中证实,一九四二年以后,夏礼亭同志一直在抗联教导旅(苏联远东红军第八十八旅)无线电连从事报务工作,并接受跳伞、滑雪训练,随即接受组织派遣,回到东北进行秘密工作(一九四五年七月,在苏联出兵前夕,乘苏联飞机秘密潜回东北参加侦查工作，为匡复中华大好河山，迎接世界反法西斯战争最后的胜利做出重要贡献）。经查白山出版社高树桥著《东北抗日联军后期斗争史》291-292页中也有记录。

一九四五年日本投降后，夏礼亭曾任牡丹江东北民主联军司令部机电台队长，东北军工部东安一厂供给股长，东北电工局八厂副厂长，秘书处副处长。此间并参加了东北剿匪战斗，后方工业生产工作。

新中国成立后，历任一机部电工局行政处处长，国家机械设备成套总局财务处处长。一九八二年十二月离休。一九九五年十月二十四日接受俄前总统叶利钦授予的世界反法西斯战争胜利五十周年纪念章一枚。一九九六年二月二十七日逝世，享年八十六岁。

以上是有关在饶河地域东北抗日联军领导成员夏礼亭同志身世经历的全部考据记录，鲍林确实应属另外一个人了。

鲍林小传

鲍林，现名宋文玲，原名宋文锡，别名邵林、鲍满，一九一三年出生于山东省乳山县，一九二九年随父母迁居黑龙江省（当时属吉林省）勃利县谋生。一年后，父母双亡，遂入商店学徒。一九三二年去穆棱梨树镇，经人介绍加入共产主义青年团，为绥宁中心县委吉东局当交通员。一九三三年冬，派去苏联东方大学学习。一九三五年秋回国，在东北抗联四军第二团作政治工作，后因患伤寒病，四个月未能工作。一九三六年六月加入中国共产党，同年七月任勃利县委书记。一九三七年秋调宝清县开展工作，未几，旋回四军。一九三八年春，中共吉东省委任命鲍林为下江特委书记（主管饶河，虎林，抚远、同江等地），同年十月改任东北抗日联军三师政治部主任，后来组织"三人团"。一九四〇年去苏联学习报务(无线电)，一九四一年夏回哈尔滨与于天放从事小部队活动，一九四二年七月在哈尔滨被日寇当局逮捕，承认是从苏联派来的，并同意给日本当特务，获释。遂逃离哈尔滨去到丹东，并脱离了抗日队伍。一九四五年七月重又入伍，历任机务员、安全员、技术员、助理工程师。一九七五年十二月退休，一九八九年十二月二十日在山东省淄博市湖田石矿逝世，享年七十六岁。

以上摘自《东北抗日联军名录》，本文略有删节。

饶河县县志办公室离休主任姚中嶬
二〇一二年四月十日于饶河县政协文史室

夏进京（右二）和丈夫刘文宣（左二），儿子刘含（右一）全家

抗联烈士的父亲金凤学家传

我叫金凤学，现年七十六岁（一九六三年），一八八八年生，原籍是朝鲜咸镜南道端川人。小时候正赶上日本侵略朝鲜，日本鬼子进攻朝鲜第二年，我家的日子是很不好过的。那时日本人到处抓兵，成立宪兵队，挑辅助兵等。我二十三岁那年（一九一〇年）由于不甘心受日本鬼子的统治，一个人跑到俄国远东海参崴附近一个叫齐莫武的地方，在砖瓦厂当瓦工。那时为拯救祖国的危亡，俄国已有朝鲜人洪范度、车某某为首组织的朝鲜独立军活动。那时我正当年轻力壮之时，由于满腔爱国热忱，便秘密地参加了独立军活动。第三年，由于战时需要，大军向别处转移，我和另外十几个人被留在原地待命，一直等了两年之久再也没有接上联系，从此我又回到砖瓦厂继续当工人。

那是一九一九年，我三十二岁那年，大儿子金昌云已经十八岁了。为了生活所迫，他一个人跟随同乡北上跨过乌苏里江去了饶河县挠力河北的大兴洞地方（今明山屯至胜利农场一队处）过了一年，昌云回来对我说，那里能种水稻，又能种植大烟（鸦片），生活很好，于是带领全家来到中国。

大儿子金昌云走上抗日之路

来到大兴洞，日本鬼子又侵占了中国东北，当时各地掀起轰轰烈烈的抗日救国运动，大儿子金昌云每天跟着乡里们到处奔跑，宣传抗日，贴标语，撒传单，不久他就正式参加抗联队伍了。为了战时需要，我领着妻子搬到小佳河南面的暴马顶子地方。那时儿子抗日，我领着妻小种地，部队每当过往的时候，就在家吃饭。

儿子金昌云参加抗日部队，回到家来，常常是夜间领着一帮二三十岁的抗日军战士，回到自己的家来，我和妻子为他们作好饭菜，他们吃过饭，起身就走，我出门去送行，那些热情的战士们再三阻止，他们说："我们是人民的军队，说来就来，来了就吃饭，吃过饭就走，不必客气。"

有一次来了八个人，我发现其中有一个年方三十多岁，头戴鸭舌帽，身上穿着普通工作服，脚蹬一双水胶鞋的人，言谈举动很不平常，于是我问其中一个熟悉的人："那个是谁？"他告诉我说："这是崔参谋长（崔石泉）"那时我们住在大山里，种的全是苞米、谷子、土豆，每当他们来，我就问："你们想吃什么？"他们和蔼地说："你种什么，我们就吃什么。"

金昌云英勇牺牲

金昌云参加部队，每次过往暴马顶子，总是领着战士们到家歇息吃饭，有时住上一两天。有一次队伍又来了，却不见儿子的影子，我问崔石泉参谋长："怎么昌云没跟来？"崔石泉说："你儿子调走了，到独木河一带活动去了。"问别的战士，也是这样的答复，一连着几次都没打听着实底。有一次抗联队伍又来了，一个姓王的战士偷偷地告诉我说："昌云在西通战斗（新兴洞战斗）中牺牲了。"那位姓王的战士又说："你不要讲是我告诉你的"。

后来有一次队伍又回来了，其中没有崔参谋长。吃过饭，我又问："我儿子金昌云上哪儿去了？"战士们都不肯说，我说："我早知道了，昌云已经牺牲了。"其中一个负责的人遂问："是谁说的。"我说："别去追问，我早就知道了。"至此，抗联队伍的同志们才安慰我说："你老人家不要太难过了，干革命是避免不了要牺牲的。"

寻儿尸骨

　　我的儿子金昌云牺牲后,我很想能找到他的尸骨,好掩埋一下,一了心事。一次,崔石泉参谋长又来了,递给我一支槽子(短手枪)说:"让它跟你做伴吧。"

　　从此,我和邻居吴盛才一起到西通新兴洞寻找儿子的尸骨去了。行至三人班东北方向的新兴洞走进一户人家,屋子里有两个人正在吃饭,那两个人知道我们是抗日联军的亲属,遂让我和吴盛才两人吃饭。我说:"我们带着干粮"。吃过饭,我问那两个人:"你们知道两年前西通大战有一个叫金昌云的战士牺牲在这里了?"他们说:"不知道,我们是种大烟的,今年才从外地来。"没办法,第二天,他们领我同吴盛才到当年打仗的山坡上去巡视一番。只见草莽中,一摊摊骸骨,不知儿子的所在,心中不由地一阵凄楚和怅惘。就在这时,忽然从正东新兴洞岛方向走过三个人来,我遂问:"你们都是做什么利落(营业之意)的?"那三个人说:"我们都是庄稼人。"我随之便直问起来,我说:"我们是葆满队伍上的,来寻找一个同志的尸首。"那三个人用手示意道:"南面不远有一个马架子房,那屋里的主人,曾参加过掩埋尸体的,能知道,可找他问问。"于是我让吴盛才回到住处稍等,我一个人径直朝南走去,到那座小马架子房打探。走到小马架子房跟前,推门一看,屋子里静悄悄的,只有一个七八岁的小女孩在炕上坐着。一问,她父亲背柴火去了,等了一会儿,那人背着柴禾回来了,我问:"你是这屋子的主人吗?"那人怔愕着一言不发,再问,仍然不答话,我一时怒嗔道:"不说话,一会儿把你带走。"正在这时,房西头走过来一个独身汉见此情形,遂劝那人说:"你快说吧!"那人仍是不言语。正在僵持之中,从外面又走进来三个年轻人。问我:"你是什么人这般蛮横?"我很仗义地说:"我是葆满(李学福)队的。"我随手举枪向天空鸣了两枪,那三个年轻人见势不妙,慌忙逃走。这时那个独身汉见那三个年轻人仓皇逃走,知道我是抗联队伍上的,遂又劝说那人:"快说吧,都是自己人。"那人才表示愿意领我去寻尸骨。原来这户人家姓尹,是一个基本群众,西通新兴洞战役

225

后，曾参加掩埋过牺牲的抗联战士的尸体，怕是鬼子差派来的，因而不敢供认，他见我实在是抗联无假，也就不避讳了。

我临从家走的时候，早就打听了儿子牺牲时的情况，金昌云是在一个小河沟木桥旁边牺牲的，因此，我一边走，一边问那人："你知道有个小桥吗？"那人说："知道。"我并且告诉他说："那地方一共牺牲两名同志，都是你经手掩埋的吗？"那人说："是。"他直把我领到山顶上，指明了两座坟墓的位置，才自离去。我随之把吴盛才找来，两个人提了两把铁锹走到小桥旁边。果然有两个坟堆，坟堆不高，上边长满了草，我于是选择了靠小桥较近的一座坟墓挖掘起来，因为我知道儿子昌云是羊毛卷发，挖了一阵子，不见，疑是没有，又挖了一锹，发现皮大衣盖的头，掀开一看，还没完全腐烂，头发正是羊毛卷发，遂认定是昌云的尸体了。随之全部挖了出来，用白布缠了，又复埋上，洒泪而别。

我回到暴马顶子地窝棚之后，有一天崔石泉又来到我家，我把寻儿尸首的经过向他叙说了一遍崔石泉说："多亏我给你一支短枪做伴吧，否则你回来回不来还说不一定呢！"

索盐归来

伪康德七年（一九四一年）的时候，抗日联军处于最艰难困苦的时期，在深山老林里活动，常常是缺乏食盐和火柴，崔石泉参谋长带着一部分队伍，让我也跟着连夜去乌苏里江边，派联络兵到苏联购买咸盐、火柴。等了两天，联络人员回来回报说，莫斯科批准才行。崔石泉参谋长见此情势，不能久等，遂带领三十多人从隆查科沃（又叫兰切果夫，在西通东北方向二十余里）对面回到暴马顶子，只留五个人在江边等候，余者一律归营。行至中途，发现一个朝鲜人，赶着一张牛爬犁，拉一面袋大米，崔石泉对那人说："我们是抗联队伍，没吃粮，你这一面袋大米支援我们吧！"那人说："行。"遂让那人回村里给买两匹布，留下黄牛爬犁为质。那人满口应承，结果一去未回，住了三天，米也吃光了，随之把牛杀了。又差派了一名汉族同志在附近居民家里搞了一铁桶玉米，混同牛肉在一起煮了。既无盐，玉米又未磨碎，一点滋味也没有，我实在是吃不下去，崔石泉参谋长说："你上年岁了，牙口咬不动，还是勉强着吃些吧，要不是走不动道的呀！"

回到暴马顶子已经半夜了，在家睡了一觉，第二天早上起来，听人们传闻鬼子兵来了。

妻子儿女罹难

我从屋子里走出来，只听枪声像爆豆似的响了起来，队伍立即出发迎击敌人。我们邻居金承罗跑到树林子里躲藏了，过了两个小时，只听枪声不响了，回来一看，军部一个人也不在了，我想爬过岭去看看自己的家，一瞅房子全没有了，只见一片烟火。当时满以为眼睛撒谎，定睛仔细瞅瞅，房子是被鬼子给烧光了，面对这一片凄惨的景象，心里不由地一阵阵悲怆和酸楚，还担心家人不知都怎么样了。金承罗催促我下山去看看，走到房宅跟前，只见妻子已死在沟泉旁边，四个孩子都不见了影踪，三儿子全昌俊十五岁，姑娘舒拉十二岁，还有一个孤儿何凤姝十一岁，她是一位烈士的遗孤，前几年崔石泉参谋长把她带到我家，交给我给寄养的，这次都不见了，小儿子金昌善九岁，也不知了去向……我无可奈何，忍着愤恨和悲痛将妻子用雪掩埋了，去到半截河南沟里抗联根据地去找崔参谋长。

崔石泉参谋长听到我家遭到如此祸难和残破情境，立刻派人到小佳河挠力河北岸桦木林子（今红卫农场境）密营去寻探。据说那里的人有可能知道，据崔参谋长估计，死是不可能的，就是怕冻坏饿坏。到那里一问，果然，昌俊、舒拉、凤姝三个人俱在，原来是在鬼子战斗中，撤退时，昌俊还拿着一支长枪掩护他的母亲、弟弟、妹妹撤退逃跑的。不料刚走出不远，母亲被鬼子打死……等找到几个孩子时，他们一听母亲的亡讯，各个悲恸不已……

却说兄妹四人，只有小儿子昌善不知下落。又过了些日子，有人从小佳河得知了信息说，他被日本鬼子掳去，寄放一个姓崔的人家养的，日夜看防着，不让他出城。

桦木林子屯兵垦田

伪康德八年（一九四一年）崔石泉召集部下人员商议，暴马顶子根据地已被鬼子剿了，妇女和孩子不能在挠力河以南地面上久居，遂命金承罗和我连同妇女小孩一共十四个人赶赴挠力河北岸的桦木林子。那是一个四面环水，春、夏、秋三季外人无法进入的安息之地。临走的时候，崔石泉说："粮食用具在大孤山南前山藏的，锅碗瓢盆都有，可以去取。"

就这样我们在雪地里跋涉了三天多的时间才走到桦木林子，那里原先搭着一个马架子房，十多个人都挤在里边居住，也不能讲究方便不方便，以能遮风挡雪冻饿不着就心满意足了。那里边原先已刨垦了两垧多地，开化了，我们一边种地，一边做些后方供给之事。到了八月，苞米已近成熟，忽然接到崔石泉参谋长的命令说："桦木林子密营地只留金承罗一个人留守，余者一律撤到暴马顶子西二道沟子。"我见苞米长得那样茁壮，丰收在望，从内心舍不得离去，遂问崔石泉："这是为啥？"崔说："侦探人员得到的消息：敌人近日即来围剿，因此须马上撤离。"

我领着十几名妇女儿童，离开桦木林子密营地。夏季里草木丛生，塔头墩子、泡沼处处皆是，难走极了，到了小根菜嘴子，多亏渔梁子上的工友们好心，夜里用舢板船把我们摆渡到挠力河南岸，一共走了五天多的时间，才到达二道沟子。岂不知当我们离开桦木林子的第三天，鬼子兵即来到了，金承罗当即被鬼子用刺刀捅死而牺牲，连尸首都被烧毁在马架子房里了，这是过几个月以后我才得知的。

在二道沟子，四面是深山老林，住没住处，吃没吃的，靠采集狗枣子、山葡萄、榛子、蘑菇勉强维持。过了十多天的时候，一天，崔石泉参谋长又带着队伍来到这里，对我说："领着妇女小孩在大山里住不了，准备把爷们送往苏联。"就这样他率领队伍爬山越岭，领着我们十名老小和几位女同志来到西通东北方向的乌苏里江边。崔石泉先领两名通信兵，乘独木舟过江联络，余下我们十一个人在江边等候。已经等过一天一夜不见音讯，第三天饿得没法，在江边拾螺蛳烧着吃，又怕被日本巡逻队发现，只得在草丛里藏身。直到第四天下午薄暮时分，我忽然发现前边不远的江岸上有一个年轻人在踱步，我壮着胆子前去探问："你是什么人？"那人反问："你是什么人？"我就对他说了实话："我们是游击队。"青年人大为欢快，他说："我在这里等你们快有一天的时间了。"随之，领我们老小十一个人到前边柳树丛里划船渡江。

留居苏联十七年

那个年轻的中国人把我们摆渡过乌苏里江之后，将我们带到隆查科沃村的一个木匠铺里过了一夜，好在是八月份天气并不觉得冷。第二天早晨，太阳老高了，亦无人送饭，每个人肚子都饿得发慌，我多少明白一些苏联人的习惯，随之推开门扇大喊了几声："还不给我们送饭来，快要饿死啦！"不大一会儿来了一名士兵，我对他说："还要饿死我们吗？我们是中国游击队……"那士兵笑着点了点头，转身回到营房去回报。过了十多分钟，端来四个黑面包和一平盘咸大马哈鱼，吃着，我告诉孩子们不要多吃鱼，吃多了要喝水的。果然，不大工夫，孩子们都要水喝，我只好再出门去喊："要水喝。"拿来水之后，我又吩咐他们少喝，他们不听话，喝多了凉水，果然又屙肚子，只得再呼喊哨兵，给拿止泻药。这天晚上，苏联士兵开着汽车把我们送到很远的洗澡塘，给拿来一个水桶，连提八桶，都喝用光了，随之都闹起了肚子，到晚上还不给饭吃。接着来了一辆大吉普车，将其中八个人送到了毕金，蹲监狱，直待了五天。第四天我就和他们看监狱的士兵讲理，我说："我们是中国抗日游击队，为什么这样对待我们呢？"第五天来了一个军官说，要带我们到另外一个地方去。那军官领着我们上了汽车直奔伯力而去（今哈巴洛夫斯克），将我们五个大人送进了监狱，六个孩子留在外边，我出门去想看看孩子，一个也不见了。于是我向他们提出："我要孩子。"那军官说："你不要管孩子，他们交给国家管就是了。"

过了七八天以后，把我一个人送到距伯力一千三百华里远的名叫"莎卡吉诺"的地方，进了养老院，那年我才五十四岁。虽然不太老，但生活的劳苦，境遇的折磨已经显得很苍老了，住在这里的全都是些衰弱不堪的老年人，尽管自己也衰老了，但我不想和他们生活在一起。过了三四天，我要求不在这里,并说我还不老还可以劳动,随之批准我在养老院所属的一个小农场参加劳动,问给多少钱,答复是:"月俸一百八十卢布。"

在那里干了三年,由于思念孩子不知下落,我提出我要去寻找孩子,养老院长给我用信探询,果然得知几个孩子都在伯力城萨罗斯哥街一所学校里读书,生活得都很好。从此,我便和孩子们经常通信……又过了八年,那是一九五一年的时候,我提出我要出去找儿子,院里说:"过两年以后再说吧。"我坚决要去,院长笑着对我说:"你来养老院已十几年了,长期见不到自己的儿子,也是值得同情的,实在要离开,就同意你走了。"当时我每月所得薪俸仅够自己的生活,毫无盈裕,又多干了半个月,仍是没有剩余。出了院,我和一个朝鲜族老太太暂且生活在一起,靠在野地里拾捡冻土豆熬糖卖维持生活,开始无人认识,又不能吆喝叫卖,一天拾两三麻袋土豆,熬出糖来卖不了。有一天,在街上又遇到敬老院长问道:"你卖的是什么东西?"我拿块给他尝,那院长吃了十分可口,这时走路的人见敬老院长尝过夸口说糖香甜可口,随之众人一拥而上,把糖一销而光。我卖的是一卢布一块,生意做得很好,半个月的时间,把所拾的冻土豆全熬成糖卖了。前后同那老太太在一起过了两个多月的时间,路费也足了,我便和那老太太分手了,我并且留了一些土豆糖好带给孩子们吃。我乘坐火车往南方去,走到中途一个火车站,我想下车将多余的土豆糖卖掉,刚走进市场,想打开背包将土豆糖摆出来,忽然走来一个市场管理官员指责我说"这是投机倒把",要给予没收。我向他说明情况,方才罢了。这时走过来一个漂亮的姑娘,背起我的挎包就走,那官员问我:"你去伯力知道怎么走吗?"我有些含糊,他同那位姑娘直把我送到火车站,又帮我安置了住处,帮我买了火车票,并给我钱,我坚决不受。我感激他对我无微不至的关怀,现去商店买了一瓶酒送给那个官员,他拒不接受,他又对我说:"我代你拍封电报吧,让孩子们去接你。"我把地址姓名告诉了他,那人立即将电报拍走了,第二天又把我送上火车。

我本想是犯了法的,那官员是要来处置我的,不料想他竟是那般亲切地关顾我,到现在也不知道是什么缘故。

走到伯力车站,由于停车时间较短,旅客们都争着抢下,我一时下不去车，列车员把我的背包从车窗抛了下去。待我下车之后，先去找我自己的背包，随之在车站里四处张望，铁路警察撵我出站，我也不走，我说："我的孩子会来接我的。"不大工夫，走过来两个苏联人打扮的朝鲜姑娘，我正在质疑地凝视，姑娘说："你是我爸爸吧！"许久我才辨认出来。父女们相见，一时悲喜交加，垂泪不已，十几年的时间都长成大人了，何凤姝已和我的第三个儿子金昌俊结婚了。我被她们接回家去，儿子在工厂当工人，姑娘媳妇在牛奶厂工作。一九五七年昌俊因病死亡，闻讯次子昌协仍在中国饶河，因此我才要求回国来的。

（一九六三年十一月十七日于三义村蹲点时由虎饶县饶河区公安分局长徐日禄同志做翻译访问记录）

注：金凤学，因为对抗联贡献很大，抗战胜利后一九六三年，原抗联七军参谋长崔石泉，时任朝鲜人民共和国委员长（现名崔镛健）得知金凤学已由苏联回到中国，来信调他回归朝鲜养老。因此，于一九六三年十二月份迁去朝鲜，以革命烈士遗属及对革命有功人员俸养于平壤，据传一九六九年去世，享年八十二岁，他的小儿子金昌善在饶河县邮电局当邮递员，二〇〇〇年六月去世，遗有妻子儿女。

抗联第七军二师女战士庄凤回忆录

我的老家是山东省胶县何庄,以后逃荒到黑龙江省东宁县,七岁时家又搬到饶河县大带河沟里。一九三四年,日本鬼子占领了饶河,就在这兵荒马乱的年头里,我嫁给了李家,那年才十五岁。后来沟里来了"葆满队"宣传抗日救国。到了一九三六年,沟里许多人参加抗联队伍,我的心也活了。在农历十月,我抱着不满两岁的儿子投奔了抗联,当时被安排在抗联七军二师三团一连。从此,我走上了革命道路,成为一名真正的抗联战士。

在战斗中成长

我参军后因为带着孩子随军行动不方便,被安排到三团的密营,和团副赵岐山的爱人小晁住在一起。小晁从小裹过脚,走路困难,只好留在密营做一些零碎工作。过了不长时间,我公公打发人找我回去,我坚决不同意。来人说如果不回去,就把孩子带回去,因为孩子爷爷要回老家。我思前想后,不给孩子吧,在部队行军打仗带个孩子不方便,交给他们我又想孩子,也许一辈子永远也见不到了。最后我狠了狠心,流着泪把孩子交给了来人。孩子被人抱走后,我就随部队进山抗日打游击。后来,经人介绍,我与团长王松臣结了婚。

一九三七年春天,七军决定由师长李学福带一部分队伍到富锦、同江等地开辟新的游击区。大家用苞米面炒了许多炒面,部队还杀了一匹老马,把肉煮熟烘成肉干,分给战士。除此外,每个人再带些生米,一小包盐以及武器,女同志还多带上针头线脑破旧布,好给战士们补衣服。

我们从饶河密营出发,过了挠力河,穿过一望无际漂筏甸子,最后进入富锦地界,我们把一个叫水林子的地方作为后方基地。水林子周围全是漂筏甸子,中间是高岗,方圆好几里,岗上长满了白桦树。水林子这个地方很富饶,水里有鱼,水边有野菜,草地上有蘑菇,真是个休息、防御敌人的好地方。经过一段紧张劳动,各团都盖起了简易营房,战士们管它叫"雀笼子"。营房是用桦木杆子竖着闯起来的,上头小,底部大,最上边留个口子排烟熏蚊子。

初到新环境,加上敌人控制严,特务汉奸监视老百姓,我们很难接触到群众,当然也不了解敌情。李学福带领战士们克服重重困难,寻找机会到各村屯宣传抗日救国道理,动员群众支援抗联,打击日本鬼子。在艰苦环境中,我们节省吃,有时挖些野菜、蘑菇当主食,还把仅有的一点咸盐留作消毒治伤用。经过一段活动,局面打开了,我们摸清敌人活动情况,同时在小的战斗中总结了一些经验,到五月份部队主动出击敌人。有一次,李师长率队四百人与六百多敌人激战一天,在二龙山打死敌五十多人。随后,李师长又率部队攻打头道林子、卧虎力山等敌人据点,都取得很大胜利。我们缴获了许多枪支,粮食也得到了补充。特别是抗联先后镇压了富锦县大汉奸张大胡子、同江县的大土豪头子左殿生后,那里的汉奸走狗胆战心惊,不敢公开为非作歹,群众拍手称快,老百姓支援抗联,参加抗联队伍的人越来越多。

随军远征的女同志有二十多人,在部队我们给战士洗补衣服,护理伤病员。这些在家看杀鸡都害怕的家庭妇女,如今是抗日救国的战士。战争的环境锻炼了我们,使我们面对战士血淋淋的伤口,毫无惧色,不但不害怕反而更增加了对鬼子的仇恨。

在艰苦抗日斗争中,我看到了领导和战士们一样吃苦,什么困难都不怕。我看到姐妹争着去干最苦最累的活,特别是那些战士们个个都不怕流血牺牲。这些活生生的事，使我认识到共产党领导的队伍真正是救国救民的军队。再加上宋团长经常给我讲共产党领导穷人翻身闹革命的道理，我心中产生了参加中国共产党的愿望。我把自己的想法告诉了宋团长，他非常高兴，并让我去找管党的金铁宇主任谈谈。当金主任问我为什么要加入共产党时，我讲不出更多的道理，只是说："为了更好地打日本鬼子，救穷人，得解放。"秘书吕世铭给我讲了共产党的性质，讲了怎样做一个共产党员，党员如何起模范带头作用。最后金主任说，他和吕秘书同意介绍我入党，并向我提出入党后，更要坚决同敌人斗争到底，努力学习，积极工作。我激动得眼泪都流了出来，我们三个人的手紧紧地握在一起。那是一九三七年农历四月末的一天，我永远记住了这个日子。

激战大带山区

部队北征得到了许多布匹，于是我们成立了被服厂。当时只有一台手摇缝纫机，大量的活还要靠我们这二十来个女同志用手工来做。为了加快完成军服制作任务，我们昼夜不停地工作，有时手拿着针线就睡着了。

抗联队伍不断打胜仗，激怒了敌人，鬼子调动大批部队，妄图一举消灭抗联队伍。九月的一天，敌机开始向水林子轰炸。当时我们已做好了疏散转移准备，但部队还是有伤亡。三团张排长胳膊被炸飞壮烈牺牲，有些战马被炸伤流着血在草甸子乱跑，营房也被炸成大坑。为了防备敌机再来轰炸，我们向大旗杆转移，途中，敌人的飞机发现了我们，又是一阵轰炸。我们在大旗杆稍事休整，部队就昼夜兼程返回了饶河的大山里。因为平原地区无险可守，无法隐蔽。回到饶河的大山里，就像孩子回到家一样，心里踏实多了。但是半年多时间，饶河的斗争形势发生了很大变化。日本鬼子为了消灭抗联，实行了阴险残酷的归屯政策，鬼子强行把山里居住的老百姓赶往指定的村屯控制起来，割断抗联与老百姓的联系，妄图饿死冻死抗联。不愿归屯的老百姓，鬼子就放火烧掉房子，杀掉所有的人，连婴儿都不放过。我们行军时，看到关门嘴子沟里、大带河沟里，到处是烧塌了的房屋和烧焦了的死尸。一次路过大带河村，看到的是一片焦土废墟。我站在自家的破房框子前,心酸地流下了眼泪,心情久久不能平静下来。日本鬼子毁了我的家,毁了乡亲们的家,毁了千千万万中国人的家,这个仇我是一定要报的。后来听说父母带着妹妹,随逃难的人奔佳木斯去了,以后再也没有见过他们。

一九三七年冬天,饶河县下了一场大雪。山里的雪更大,平地没膝盖深。部队来到大带河山区,师部带一部分队伍住在山南坡的鲁凤祥家,我们团住在山北坡孙树家。谁知部队的行动被敌人发现,三百多日伪军摸到鲁凤祥门前的林子里,然后又分两路妄图包抄师部。我出外上厕所,岗哨打手势示意有敌情,我赶忙跑回屋报告团长。团长出屋看了一下地形,立即命令部队撤到山上,占领制高点,部队快速占领了山头。我跑到山根时,累得一步也跑不动了,同志们连拉带拽地把我拖上了山头。这是我参加抗联后,第一次面对面参加战斗,也不知道什么是危险。我想站起来看看来了多少敌人,隐蔽在树后的一位战士一把把我拉了下来,他冲我发火说:"不要命了?给敌人当靶子打!"我趴在山坡上再不敢乱动了。

敌人没有料到北山上会有抗联部队,大摇大摆地向我们走来。宋团长告诉大家,别着急,让敌人靠近了再打。当敌人离我们只有几十米远时,宋团长一声令下,战士们一齐开火。敌人一下子乱了阵,混乱中被我们打死了三十多个,横躺竖卧一大片。看到消灭这么多敌人,我心里真解恨。山南边林子里的敌人,听到山北有枪声,误认为是他们抄后路的部队上来了,对着鲁凤祥的家门用机枪猛扫。住在鲁凤祥家的战士掩护鲁家四人从后窗逃出。部队绕到敌人背后占领山头,敌人被压在沟里无处可逃,两边山头战士一齐向敌人开火射击。这次战斗共打死敌人六十余人,缴获好多武器弹药和食品。鲁凤祥一家没有逃出敌人虎口,妻子领着七八岁的女儿逃出来被打死在后山坡,女儿冻死在母亲身边。鲁凤祥抱着两岁的小女儿躲进树林里,小女儿连吓带饿死在父亲怀里,鲁凤祥受不了这种打击,不久也郁郁得病死了。

千难万险意志坚

一九三九年,东北的抗日斗争越来越艰难了。日本鬼子对抗联实行军事上围剿、经济上封锁、政治上瓦解的毒辣手段,妄图彻底消灭抗联队伍。由于敌人烧毁了抗联的被服厂，致使一些指战员到冬天也没有穿上棉衣。有些人被冻伤致残，有些年老体弱者被活活冻死。部队整天在林子里钻，衣裳特别费，破了补，补到了实在不能穿时还舍不得扔掉。那时哪有鞋穿，脚上穿的是椴树皮捶软了，搓成绳，编成的鞋。当时有一首描绘抗联艰苦生活的歌谣：

雪上吃，冰上眠，
十冬腊月穿单衫。
抗联战士英雄汉，
一团烈火在心间。
桦皮鞋子是国货，
自己原料自己做。
蜇麻搓成绺鞋绳，
皮子就在树上剥。

日本并屯后，抗联部队突出的问题就是没有粮食吃，有时几个月吃不到一粒粮食，只好以野菜、树皮充饥。一九三八年十月，我和团里十多个战士被困在山里，我们没办法，只好杀了一匹老马。马肉吃光了，只剩下马皮和肠子，为了多吃几顿，我们放倒一棵粗榆树，剥出嫩皮剁成块掺杂在马皮里一起煮。我们怕树皮煮不烂，头一天晚上就使劲烧火。第二天一看马皮全煮化了，汤里只剩下丝丝缕缕的树皮纤维。为了活命，我们还是嚼着苦涩苦涩的树皮纤维，伸长脖子往下咽。这种树皮纤维吃下去后不消化，解不出大便，肚子疼得受不了。没办法我们只好到沟子里扒开雪挖些锉草煮水喝，锉草有通便的作用。战士由于长时间吃不到盐，走起路来摇摇晃晃，一点力气也没有，即使这样也舍不得吃一点备用治伤的咸盐。

敌人实行归屯之后，山里几乎没有人家了，我们只能常年露宿野外。春秋两季还好过些，白天到处转悠，寻机打击敌人，晚上找个向阳洼兜的地方，搂些树叶子连铺带盖，真是像当时唱的那样："天大的营房，地大的炕，树林当墙支纱帐"。夏季最可怕的是林子里的各种蚊虫，它咬得你心烦意乱，无处躲藏，无法遮挡。最难过的是冬季，大雪封山，零下三十多度的严寒。白天到处活动着还好过些，到了晚上就难熬了。我们点起长方形的大火堆，两边铺上冻树枝子，枕着背包搂着大枪就睡着了。由于衣服单薄，肚子又吃不饱，有些人躺下去就再也起不来了。有时干脆就睡不着，前身烤热乎了，后身又吹冷了，正像《露营之歌》写的那样："冷气侵人夜难眠，火烤胸前暖，风吹背后寒。"

一九三九年以后，敌人利用冬季，出动大批部队围剿抗联。白天敌人顺着脚印子追击我们，我们只好钻老林子。树枝刮下了破棉花，敌人寻着棉花絮追赶。晚上不敢像以前那样拢火，怕暴露目标。一九三九年春天，我团袭击了大佳河的敌人，敌人出动部队追击我们。我们在伸手不见五指的夜里，互相扯着衣襟，在老林子钻来钻去，走在后边的人还得用树枝子覆盖脚印，怕敌人顺着脚印追上来。

斗争是残酷的，它考验着每一个人。那些坚定者信念更加坚定，决心为民族的解放事业斗争到底。那些怯懦者，苟全性命于一时，最后落得个可耻下场。少数人受不了艰苦的煎熬，逃跑了，投敌了，有的领着敌人来端抗联的老窝，给抗联造成严重损失。

一九三八年冬天，我随一连十多人在饶河县关门嘴子一带活动，当时我住在老高家。有一次，我发高烧不能随军行动，连长让我在高家安心养几天病，随后派人来接我。队伍刚走不远战士王凤举就匆匆回来了。他说棉手套扔在我这，进屋东瞅西望又到炕上乱翻一阵，扬起满屋灰呛得我喘不过气来。我无奈地爬起来站到门口放放气。王凤举急忙出来把我堵回屋，端着大枪说："庄凤，我回来就是为了找你，咱们去投降吧，这个罪我受够了。你我都年轻，到日本人那边干什么不比这强。"我明白了，他是拉我去投敌叛变当叛徒，好多领赏。当时我很镇静，心想我有病跟他打是不行的，叫人又没人应，只有先稳住他，和他磨时间，等待部队或群众来了再说。我故意大声问他："你说咱们怎么走？"他马上说："过了那个山就是官道，走不远就是警察分所。"我又问："咱们去了，人家要说咱们是抗联奸细怎么办？谁能给证明？要是被日本人杀了，还不如在这同敌人战死，留个抗日的好名声。"他一听我的话马上翻了脸说："少磨嘴皮子，你说到底跟不跟我去，不去我就开枪打死你。"我说："你不看见了，我有病才留在这里吗？你打死我，我也是走不动。"王凤举怕部队回来找他，又怕群众看见，他又不敢开枪，怕部队没有走远听到枪声，他转身绕过房山头钻进树林子跑了。我看王凤举跑了，急忙喊高大爷去追部队报告。正在这时，部队派战士刘玉回来找王凤举，高大爷抢先介绍了情况。我说："我可不在这养病了，差点让叛徒打死。"我支撑着身体跟上了部队，向孙连长汇报了整个情况。孙连长说："让那些孬种都走吧，他现在投靠小鬼子，等把鬼子打出中国，看他还往哪跑？"从这以后，我更加坚定了革命到底的信念。我想，一个共产党员，就是死也要死在革命队伍，决不能当民族的败类，可耻的叛徒。

巾帼尤显英雄

抗联二路军总指挥周保中同志曾经说过："东北妇女在十四年长期斗争的过程中，是比较最果敢最坚决的，她们虽然处在极端困难的条件下，女游击队员始终没有变节投敌的，大部分都光荣地牺牲了。抗联七军女战士最多时达三百人，她们所走过的道路就是在中国共产党领导下的妇女解放道路。她们的成长都经历了三个阶段，首先是冲破各种束缚，走上革命的道路。在困难当头之际，她们怀着不甘心当亡国奴的想法，参加了抗联队伍。第二个阶段是在抗日队伍中，接受共产党的教育，使她们懂得了革命道理，认清了妇女解放的道路，提高了阶级觉悟。最后是经过实际斗争的锻炼，坚定了她们为民族解放而斗争的信心，树立起为共产主义而奋斗的信念。抗联的女同志在艰苦的斗争环境中，忍受着比男同志更多的困苦，表现出坚毅的革命品质。"

七军补充团的女战士许洪青，她从前缠过小脚，因脚小鞋大，长期的行军把脚都磨破了，尽管如此，她还是坚持随军活动。在一次被敌人追击的紧急关头，她怕孩子哭声引来敌人，就给孩子灌了点大烟水把孩子麻醉过去。当部队到了七虎林河边时，孩子醒过来哇哇地哭叫。为了部队的安全，她和丈夫李德胜（补充团副团长）流着眼泪把一个不满一个月的孩子扔进七虎林河。我团金政委的爱人小朴，带着一岁多的孩子住在密营里。敌人讨伐搜山时，她带着孩子躲进密营附近的林子里。由于又冷又饿，孩子哭叫不止。小朴怕孩子哭声引来敌人，把抗联密营破坏掉，就用手捂住孩子的嘴，不让孩子哭出声来。等敌人走后,孩子脸已憋成紫青色了,差一点把孩子憋死。七军女战士沈景淑,在执行侦察任务时被敌人抓住了。敌人对她施行各种酷刑,却没有从她嘴里得到抗联情况,敌人无计可施,割断了她的血管进行放血试验。

抗联女战士在克服困难上有着惊人的毅力,在行军中,女同志背的东西和男同志一样多,跋山涉水没有掉队的。由于条件艰苦,女同志来月经没有什么软物可垫,只好用破布,用捶软的树皮里层纤维代替。长途行军磨破了阴部和大腿,有的引起流血化脓。有一个女战士,眼看要临产了,还跟着部队活动,在一次躲避敌人追击时,孩子生在雪地上。

女战士中有文化的很少,有的连自己的名字都不认识。部队组织战士学文化,女战士就刻苦学习。我读过几天私塾,所以就成了当时部队的小教员。战士们在行军休息时,折根树枝在地上写;挖野菜时,互相提醒学生字。经过一段时间的学习,这些女同志都识了很多字。有了文化,女战士能给自己的亲人写信了,革命道理也懂得多了,同时在革命队伍里成长进步也更快了。

一九三七年,七军成立了妇女大队,队长是刘玉梅(刘玉梅、是邹其昌的妻子,后来夫妇图谋叛变被抗联处决)、沈英顺,指导员姓乔。在以后的战斗中,大部分女战士们先后为国捐躯,还有的调到其他军部去了,剩下六十多人分布在师部和密营被服厂、洗衣队或护理伤员。

半个多世纪过去了,我仍忘不了在抗联七军战斗的岁月,忘不了那些为全民族解放而牺牲的同志们,特别是忘不了那些朝夕相处共同战斗的姐妹们。先烈没有看到革命的胜利,可我们活着的人要教育子孙后代,今天的幸福生活是先烈们用鲜血换来的。

注:张玉银,一九四二年生,原籍山东胶南人,齐齐哈尔师专毕业,供职饶河县政府秘书、广播局长、县教育局长,二○○三年退休,曾有文史著作多种,本访谈录为张先生所记。

抗联女战士陈玉华

王一知记

陈玉华烈士，是在抗联时期和我并肩战斗的战友。在抗联女战士中，她是出类拔萃的好同志。为了中华民族的解放，陈玉华在少年时期就开始从事抗日活动。后来，她参加了抗联队伍，在艰苦卓绝的抗日斗争中，表现出中华儿女抗敌救国的英雄气概。1941年，陈玉华所在的小分队沿乌苏里江一带活动，在极端艰苦的条件下，坚持抗日斗争。一次，小分队在饶河县西通山区，遭到了搜山日寇的袭击，陈玉华同志在战斗中不幸阵亡。牺牲时，她年仅二十四岁。

抗日之前做模范

在镜泊湖北面，宁安县东京城附近有个温春屯，少年时期的陈玉华就生活在这里。陈玉华聪明伶俐，勤快娴静，小的时候就能帮助爹娘做许多家务活。她为人热情，还经常帮助穷苦的左邻右舍干些零活，人们都说陈老大有福气，养活了这样一个好女儿。

"九一八"事变，陈玉华家也同样遭受灾难。那年，陈玉华刚十三岁，父亲就病故了。动荡的时局袭击着这个不幸的家庭。陈玉华的母亲在忧心忡忡中身染重病，无钱医治，眼看着身体一天不如一天。她知道自己不行了，可更使她不放心的是女儿将来怎么办。在临终前，她忍痛把小玉华交给了近亲王家做了童养媳。

宁安县是党领导的东满抗日游击根据地之一,抗联五军就经常活跃在这一地区。陈玉华的婆婆家住在荒地村,村南边接着马兰河,北接邓家瓦房。这里是地下党活动的交通枢纽,农会、妇女会、青年团、抗日救国会等群众组织相继建立起来。陈玉华有机会就去参加活动,革命的道理使玉华的思想发生了深刻的变化,她积极参加抗日救国会的活动。一九三三年,陈玉华加入了中国共产主义青年团,不久又成为青年团的领导干部之一。

党领导的东京城抗日同盟军各部队,不断地打击日寇,使敌人惶惶不可终日。日寇千方百计地破坏我抗日游击根据地,从宁安县城派出一支守备队进驻东京城,并在接邻的卢家屯安上了据点,经常四处讨伐。这样,荒地村一带的斗争形势逐渐紧张起来。但是,地下党组织的抗日救国群众工作更加活跃,有力地配合了抗日队伍的对敌斗争。在抗日斗争中,陈玉华担负采购军需物品、运输粮食等支前任务,还经常接受地下党组织交给的搜集敌情和重要的交通联络工作。由于陈玉华工作认真,不怕艰苦,而且人又机敏,善于伪装,因此每项任分都完成得很出色。

复杂的斗争锻炼使陈玉华在抗日斗争的烽火中成长起来。

迷路林海寻部队

一九三四年三月下旬,抗日同盟军在团山子伏击战中,歼灭了一支日寇"讨伐队",缴获了很多武器、弹药。消息传开,广大群众无不为之欢欣鼓舞。为了慰问这支得胜的队伍,东京城区组织了一支慰问队,陈玉华同志是慰问队的一名小队长。她和大家高高兴兴地带着慰问品,到抗日同盟军总部所在地——宁安县唐头沟里的天桥岭"平日坡",慰问抗日将士。在艰苦斗争的岁月里,人民群众的鱼水深情,更激励着广大的抗日将士。

正当抗日军民共庆胜利的时候,突然发生了意外的情况。四月四日拂晓,大批的日寇军队向"平日坡"偷袭进攻。听到警戒的枪声,同盟军官兵立即进入阵地,慰问队的同志们也参加了这次战斗。激战了整整一天,到夜幕降临时,日寇不敢贸然进攻了。根据当时的形势,日寇数倍于我,敌众我寡，打下去十分不利，因而部队决定撤退。他们利用天黑路熟的有利条件，迅速离开了阵地，悄然进入了大森林，向二道河子马场方向转移。在撤退中，陈玉华和一位姓宁的老头，还有一位姓魏的妇女在一起。走迷了路在山林中辗转了一昼夜，受尽了饥饿。直到第三天，陈玉华顺着河水流向，一直走出了大山林，中途又和部队派去寻找他们的战士碰到一起，一时激动得说不出话来。

为逐倭寇入抗联

一九三六年，日寇实行归屯并户，不仅给部队的活动造成困难，而且也增加了地下工作的困难。年轻的共产党员陈玉华，这时担任着中共宁安县委秘密交通员的工作。尽管她办事谨慎，随机应变，时间一长，敌人的密探还是盯住了她。在这种情况下，县委决定调陈玉华转移工作地区，陈玉华则坚决要求参加抗联第五军的妇女团。

初秋的一天，吉东省委宁安秘书处主任金石峰同志代表组织与陈玉华谈话。他看到十八岁的陈玉华又瘦又小，不禁犹疑起来。"陈玉华同志，妇女团虽然在后方密营，但也常去打仗，不容易呀！你能吃得了这份苦，遭得了这个罪吗？"金石峰主任关切地问陈玉华。听了这些话，怀着满腔抗日热忱的陈玉华激动地睁圆了眼，涨红了脸，突然说出这样一句话："地方工作手无寸铁，不比部队好过，我已经吃苦三年多了，我不怕苦，可就是不认字。"听了这话，金石峰主任禁不住笑了："不认字可以慢慢学啊。"

陈玉华被派到北满依兰县克山克沟里的密营被服厂工作，开始了抗日部队生活。密营的生活是艰苦而又紧张的，但这里充满了革命者的欢乐。妇女团除制作衣服，每天清晨还要练射击、刺杀、投弹。晚间学习政治、文化、卫生护理。还分担站岗放哨、炊事值勤、给养运输等许多工作。密营还经常搞文艺活动，有话剧、歌舞剧，演出的都是驱逐日寇、光复中华的内容，特别是周保中写的《斗争歌》鼓舞着战士们的斗争情绪。"泰岱改色，江河血腥，五千年文明倾，倭寇猖狂扩张侵凌，全国人民团结起，誓死抗战图生存……"每当唱起这支歌，陈玉华和战士们都感到自己肩负着民族解放的重任。

　　一天陈玉华正在板凳上练写生字，一位战友进来笑着告诉她："玉华，你家里来人看你来了。"陈玉华一愣，羞得满脸通红。她赶紧放下笔往外走，在门口正好和"小丈夫"碰了个对面。丈夫很不自然地说："妈病了，爹让你回去。"听说婆婆病了，陈玉华不由得急了起来。自从母亲去世，她被领到王家，为人厚道的王家对她就像亲生女儿一样。玉华勤快能干，老人关心体贴，老少感情很深，她怎能不着急呢。她刨根问底地细问起来，弄得小丈夫前言不搭后语，没办法只好照直说了："妈没病，是我诓你回去的。"听说婆婆没病，陈玉华悬着的心总算落下来，她笑着说："你呀，放心吧，我跑不了，等打走了小鬼子我就回家。"领导听说玉华的丈夫来了，一再挽留他多住几天。陈玉华耐心地和丈夫讲述抗日救国的道理，并把自己在部队成长的过程讲给他听。

　　陈玉华刚到被服厂一切都很陌生，特别是二十几台缝纫机摆在厂房里，她感到很惊讶，她决心要和六十多名姐妹们为部队战友们做出可体的衣服来。可是，当她下手干活时，却什么也不会，手也不听使唤。玉华虚心向同志们请教，细心地观察别人的操作，很快她就能单独缝纫、剪裁了。

　　部队有时也要转移，遇上敌人还要战斗，所以女同志也要会打枪，苦练杀敌本领。陈玉华在学射击时，要领掌握得很快，打靶成绩总是在前几名。她装卸武器非常迅速准确，可就是投弹太差。为了过关，陈玉华利用各种方法练臂力，经过短短半个月时间，她终于突破难关，投弹也和其他女同志不相上下。

　　学文化是女同志最头疼的事，她们大多数来自农村，家境贫困，根本没有念过书，有的一个字也不识。陈玉华学文化跟学军事、学缝纫一样刻苦认真。她从一天记一个字，逐渐增加到每天二十个字。为了记牢一个词，她晚上睡在床上还要划几笔、读几遍。

　　陈玉华在部队生活极大地鼓舞了丈夫的斗志和勇气。后来，她的丈夫在荒地村果然成了抗日救国会的积极分子，为抗联做了许多工作。

　　一九三七年初，陈玉华被调到五军妇女团任班长。妇女团同军部教导团在一起打游击，转战于牡丹江、宝清、富锦、饶河一带。在这一时期，抗日联军与日伪军的战斗十分频繁，陈玉华和她所在的妇女团都经受了实际战斗生活的考验和锻炼。在三道通战斗中，她们表现得更为突出，战斗打得非常激烈。那是天将拂晓的一个早晨，几十步外还看不清东西。露营的战士正准备早餐，突然从岗上传来清脆的枪声，我抗联部队迅速迎战。这时，三倍于我的日伪军蜂拥而上，恶狼一般地向我军阵地猛扑，一时硝烟迷漫，弹如雨下。妇女团、军部教导团并肩作战，狠狠地打击敌人。妇女团一边战斗，一边护送伤员，她们有的给轻伤员包扎，有的把重伤员背往隐蔽地带。陈玉华正在给伤员包扎的时候，一颗炮弹呼啸着飞来，她迅速地用自己的身体掩护伤员。一声轰鸣，陈玉毕身上盖满了泥土，她挣扎着爬起来，不顾伤痛，又消失在烟幕中。

一九三八年秋，东北抗日联军第二路军总指挥部决定派陈玉华去专门学习军事、政治和无线电通信技术。陈玉华没有辜负组织的希望，以顽强的意志克服了学习中的困难，经过半年勤奋学习，掌握了使用电台的技能和一般的修理技术。

一九三九年夏，陈玉华被派到抗联第三路军做无线电通讯工作。陈玉华深知在游击队战争中，通讯联络的重大作用。所以，不论在行军作战中，还是在宿营地，她都把电台视为自己的生命，时时刻刻注意保护好电台，始终保持着与上级电台的畅通。年轻的陈玉华，成为抗联队伍中优秀的无线电报务员了。

秋雨密营斗叛徒

一九四〇年夏，陈玉华被调到北安东面诺敏河沟里三路军密营任电台台长并兼后方医院的工作。这一年，日寇为了强化满洲，巩固后方，组织了庞大的日伪军对抗联实行分割围剿，进行一次又一次的"讨伐"。还派出特务、汉奸、叛徒四处活动，宣扬"日满亲善""王道乐土"，用以蛊惑人心，妄想分化瓦解抗联队伍。入秋后，北满整月连阴下雨，但日伪军不顾道路泥泞，凭借着优良的装备和机械化交通工具，不停地巡逻搜索，严密封锁抗联三军活动的区域。连绵的秋雨和日伪军的讨伐，使密营陷入了极端困难的境地。

在小兴安岭西麓诺敏河沟里，隐藏着抗联三路军的部分密营，陈玉华也在这里。密营的木板房散落在沟坡上，房顶盖着一层泥土，上面用树枝遮掩着，周围也插满了枝叶。这样的"房子"不仅远处发现不了，就是走到跟前不细看也难发觉。但是，由于连日阴雨，密营房顶上的泥土都已被雨水冲刷脱落。房子漏雨，铺上垫的草全都湿漉漉的。三路军在外面活动的部队处境又十分困难，他们行动受阻，虽然有时接近密营，却无法潜入密营送给养和药物。已经两个月了，密营里的指战员没有见到一粒米，只靠野菜、野果、草根、树皮来充饥。饥饿与潮湿使战士们普遍得了浮肿病。没有医药，部分病员相继失去了生命，不少健康的同志也病倒了。

饥饿的煎熬，疾病的袭击日益严重起来。在这种情况下，陈玉华主持密营后勤的党小组召开了生活会，讨论党组织"坚定信心，振作精神，战胜困难，抗战到底"的决定。陈玉华号召党员，为贯彻党组织的决定积极地行动起来。会后，她每天把收发报工作处理完，就组织大家在营房点起火，烘干铺草，重新给伤员铺好。抽空他们就去采蘑菇、木耳，把这些好一点的东西熬成汤给伤员喝。为了鼓舞同志们的斗志，她给大家讲赵一曼烈士的英雄事迹。烈士殉难时高呼"最后胜利是中华民族的""为抗日斗争而死是光荣的"口号，振奋了同志们的精神，坚定了大家的信心。

北满的秋雨之夜是非常寒冷的。一天，陈玉华把火拢着，拣出一堆堆火炭，放在伤病员的房里，为他们驱寒取暖。当她回到自己的住处时，夜已经很深了，四下里一片漆黑。

陈玉华的住处是电台工作室——地窨子。里面用松枝铺的睡铺，墙角放着一个树墩子，是发报时的工作台。每次工作结束，陈玉华就把电台放进背包里，如果一旦发生情况，就可挎上背包立即转移。和她住在一起的是电台实习员小孟。陈玉华回到住处，用暗号敲了敲门。进屋后，陈玉华把门插好，和小孟正要睡下时，忽听见外面踩在泥水里的脚步声。接着有人喊："陈玉华，首长命令背上电台马上出发。"陈玉华和小孟腾地下了铺，小孟悄声问陈玉华："谁喊？"陈玉华捅了小孟一下，附耳对小孟说："我也听不清。"她们屏着呼吸，倾听外面的动静。

"陈玉华听到没有？有情况，首长命令把电台背好，马上集合转移，趁黑摸出去找大部队。"外面喊声又起。陈玉华听出这是两个陌生人的声音，赶紧摸到墙角把装电台的背包急速背好，同时提醒小孟："注意，情况不对。"外面的人见没有动静，便一脚踹开了门。陈玉华看见闯进两个人，其中一个一进屋，就划火柴在地窖子里四处晃照。火柴灭了，他又划了一根，照见了背着电台的陈玉华。火柴又熄灭了，地窖子里面黑洞洞的。

"陈玉华，你们俩到三军时间短，不认识我们。说实话吧，现在情况这么严重，不是被日伪军抓住杀掉就是饿死。"一个家伙颤声地说。

"小陈，日本人太强了，咱们根据地破坏了，密营也被日本人包围了。鬼子说，放下武器，保证活命，咱们一起走，缴上电台，准能得一大笔赏金。"另一个家伙补充说。

陈玉华一听，不禁怒火燃烧，她高声喊着："抓叛徒呀！"可是外面风声夹着雨声，附近密营根本听不到她的喊声。

两个叛徒听到陈玉华的呼喊，慌了起来，像两条恶狗，一齐扑向陈玉华，一个妄图夺下电台，一个要捂陈玉华的嘴。陈玉华把身子一闪，躲过两个叛徒。小孟也边喊边同叛徒撕打，陈玉华背依墙角，敏捷地掏出手枪。"不许动，动就打死你们！"叛徒怕枪响逃不脱，便慌慌张张地夺门逃走。陈玉华追到门口，瞄准一个黑影，刚要开枪，猛地想到密营的纪律：除首长命令外，一律不准鸣枪，以防暴露目标，引来日军。想到这儿，她收起手枪，立即通知守卫部队追捕叛徒。密营首长知道情况后，为防叛徒告密遭受损失，立即命令部队掩护，连夜将伤病员和电台转移到安全的地方。

乌苏里江畔吊英魂

一九四〇年九月，陈玉华被调到抗日联军第二路军第二支队工作。同年冬，为了配合抗日战争反攻阶段的到来，我抗联主力部队进入苏境整训。一九四一年二月，陈玉华作为分遣小队成员被派回饶河，沿乌苏里江一带活动。这年冬季的一天，分遣小队准备去骚扰敌人的据点。队伍刚出林区，在西通附近的山坡上与一百多名日寇遭遇。敌众我寡，雪深没膝，想避开转移已来不及了。分遣队长命令队员散开，选好地形，设法突围。分遣队居高临下，以大树做掩护，打死了几个鬼子。开始，敌人摸不清虚实，不敢贸然往山上冲，只在远处还击。当弄清分遣队人数不多时，他们立即集中火力，紧缩包围圈。我分遣队长在从一棵大树转向另一棵大树时不幸中弹，接着指导员也牺牲了，副队长在指挥突围时负了重伤。这时陈玉华挺身而出，勇敢地担负起指挥战斗的重任，指挥剩下的几个人且战且退。陈玉华背着电台，利用大树做掩护，一边向敌人射击，一边指挥战士突围。战士们按照陈玉华的指挥边打边往外冲，有的冲了出去，有的在突围中牺牲了。

　　日寇的火力网越来越密集，机枪打得树枝乱飞。为了缩小目标，陈玉华跪在地上狙击敌人。当她看到有几个鬼子兵接近时，立即甩出了一颗手榴弹。就在这一瞬间，敌人的一颗子弹打中了陈玉华的胸部。她挣扎着想站起来，但因伤势太重，没能站起来。她坚持着从怀里掏出无线电密码吞了下去，并尽她最后的力量砸毁了电台，向深雪中抛去，她也随之倒在了洁白的雪地上。这位驰骋战场六年，年仅二十四岁的抗日女战士，为了中华民族的解放事业献出了年轻的生命。

　　　　　　　　（王一知整理）
　　　　注：陈玉华烈士墓碑在饶河县新兴洞抗日激战地与李斗文、朴振宇烈士碑并立。
　　　　王一知曾是抗联远东野营即八十八旅支部委员。

抗日英雄林龙叶与金英淑夫妇

徐曰录、那洁 记

　　一九三四年,日本帝国主义的铁蹄践踏到了饶河县城,就连偏僻的小佳河西南山,人称"推磨山"一带,也未能幸免。日本鬼子、伪警察烧杀强行并屯。金英淑、林龙叶夫妇不堪忍受日本鬼子的强暴统治,准备拿枪与敌人进行斗争。那时,饶河抗日队伍经常在暴马顶子和推磨山一带活动。金英淑和林龙叶被抗联的宣传救国救民道理所打动,决心投入抗联活动之中。第二年,林龙叶就在村里担任了反日救国会小组长。为了扩大抗联队伍,林龙叶带着大女儿参加了抗联队伍,妻子金英淑带着两个幼小的儿子在家宣传抗日,发动群众,搜集敌人情报,做抗日地下工作。

　　自从林龙叶父女走后,全家的重担就压在了金英淑的肩上。一个女人,凭着她的坚强的毅力,领着一个、背着一个,除担负起全家的农活外,她还要帮助邻里穷人搓草绳、打草袋,给孤寡老人缝补,同时还要把抗日道理一点一滴灌输到人们心里。金英淑顽强地生活着,她家不但夺得了好收成,也赢得了群众的赞扬和尊敬。她时常注意鬼子和警察的行动,从敌人一言一行中搜集敌人情况,然后借挖野菜、打柴为由将情报送到山里,有时还要把自己亲手做的军鞋送给抗联战士。

　　一九三八年,日本鬼子抽调了大批兵力讨伐抗联,在地方上采取了净化治安措施。特务汉奸到处搜捕抗联地下人员。这一年十二月的一天,外面刮起了大烟炮,推磨山下的小村笼罩在风雪之中。傍晚,满身白雪的林龙叶悄悄回到了自己家,他是在奉命执行任务返回山里时,路经推磨山,领导让他趁大雪天回家看一看。林龙叶的突然到来,给金英淑带来惊愕,伪警察包围了这个村屯，他们夫妇一齐被捕。国恨家仇使他们把生死置之度外，面对明晃晃刺刀，黑洞洞的枪口，他们坦然自若。敌人把他们押到小佳河，日本鬼子队长亲自审讯。敌人用残酷刑法折磨他们，企图从他们嘴里得到抗联队伍活动情况。敌人把他们倒吊双臂，用皮鞭、钢丝抽，灌辣椒水，烫烙铁……折磨两天两夜。

金英淑、林龙叶被多次打得昏死过去，又多次被凉水泼过来，而敌人却没有得到抗联一点情况，敌人完全失望了。

第三天，敌人对他们下了毒手。那一天早上，鬼子和伪警察把老百姓赶到一个土台子前边。被反绑着双手、遍体鳞伤的金英淑和林龙叶，尽管被折磨得血肉模糊，但他们头还是昂得高高的，被赶来的群众都含着泪低着头不忍再看他们一眼。日本鬼子队长冲着他们夫妇吼叫着："你们自己的说话，你们犯了什么罪？"金英淑声音沙哑但大声抢着说："我们没有罪，是你们这帮日本强盗杀人放火有罪，罪恶滔天。"随即转过身来面向群众高呼："团结起来，打倒日本强盗！"林龙叶也大喊："打倒日本帝国主义！把日本强盗赶出中国去！"鬼子队长一看情况不妙，便恼羞成怒，拔出战刀跳着双脚嘶喊着："枪毙！枪毙！死了死了的。"一群鬼子像饿狼一样扑向金英淑和林龙叶，拳打脚踢把他们推向小佳河西河套。另一些鬼子把群众也赶向了西河套，群众清晰地听到金英淑夫妇高喊："打倒日本帝国主义！""中国共产党万岁！"亲眼看到一阵排枪响声过后，金英淑、林龙叶双双倒在血泊中，而后西河套死一般寂静。乡亲们含着眼泪埋葬了二位烈士遗体。金英淑、林龙叶夫妇遇难时，他们的两个儿子一个八岁、一个五岁。这两个烈士遗孤又经历了一段苦难的岁月。大儿子林永深为崔星焕放牛种地，小儿子林永善被饶河有名的大恶霸地主、大汉奸苑福堂的女婿——伪警察署署长赵家佩弄去养着，并改名叫赵凤歧。小永善稍大一点就给赵家佩当小半拉子。兄弟俩干的是牛马活，吃的是畜生食，经常挨打受骂，过着非人的生活。赵家佩还不准哥俩见面，也不准和朝鲜族乡亲说话。

一九四五年东北光复后，哥哥永深于一九四六年参加了我军剿匪部队王景坤部炮兵连，在辽沈战役中荣立一等功。一九五〇年提升为副团长，跨过鸭绿江转战朝鲜战场，后在上甘岭站役中壮烈牺牲。弟弟永善十三岁时，给土改工作团长俞时模当警卫员，后随部队转战南北，现任沈阳军区政治部办公室副秘书长（现名林风歧）。八十年代后改任辽宁军区后勤部长。大女儿于一九四〇年随抗联部队去了苏联，以后下落不明。

　　金英淑、林龙叶同志已经牺牲六十多个年头。然而，他们夫妇的抗日英雄事迹一直流传在饶河人民群众心中。

徐曰禄口述，那洁整理
一九八三年

花砬子日特训练班哗变记

访当事人王化亭、于新殿

伪康德十二年（一九四五年）四月二十七日，饶河县花砬子南金场山日本特务训练班，发生了一起打死日本教官全体哗变投奔苏联的事件，事情的经过是这样的。

伪康德九年（一九四二年）以后，日伪派往苏联的间谍，几乎全被苏联俘获，苏联的情报，日本很难得到。当时有被日本宪兵队特务机关在密山县境逮捕的苏联派遣的特务王纲（山东黄县人），经过日本当局监禁培训后，表示愿为日本效劳，遂由伪东安省特务机关派往饶河县组建特务机关。

为培训派遣苏联境内的间谍，仅靠王纲等人初来乍到，人地两生，工作不容易开展。经过伪特务机关中坚分子王明训（山东莱阳人）的推荐，并经过日本宪兵队的许可，派王纲两次到山东沂南县，延请前被破获的苏联情报员李凤魁，回到饶河帮助筹办此事，李凤魁遂于伪康德十年（一九四三年）夏季返回饶河。日本当局帮助他安排了住处，并且确定了很优厚的薪俸，让他来协助王纲筹办培训特务的事宜，随之便开始筹划创办。当年九月，以去花砬子山种植鸦片、狩猎、采山货为名，先后在饶河街里、小别拉炕（今太平村）、永幸、向阳屯、关门嘴子、小南河等村屯，招收十八至二十五岁的青年人二十四名。另从饶河街里招雇猎手、炊事员等后勤人员三名。日本宪兵队派武仲任教官，翻译金顺天（朝鲜人）等。王纲任特务班主任，李凤魁、刘运兴为副主任。轮流到花砬子金场山执勤。人员聚齐之后，于当年十月初前往驻地伐木建房。开始只搭盖了两座地窨子式的木屋，一座是供受特务训练人员居住，另一座是供狩猎和后勤人员居住，两屋相隔七八米远。转年春天，又盖了五间木刻楞正房。第三年春天，才涂泥抹平，迁进新居，受训人员食用的高粱米和面粉、豆油，全由县特务机关持"通胀"（供应证）到三泰配给店按月领取。每人年发单衣、衬衣、棉衣各一套，单、棉胶鞋各一双，共编为两个班。开始学日语、俄语，然后再学习拍发电报，长短枪射击，辨认苏联军官，警察衔级及肩章，并教习摄影、潜越等间谍技术等。受训者开始并不知道学习这些科目是做什么。到伪康德十二年（一九四五年）春节过后，才开始向他们交代任务和使命，并命令他们作好思想准备，将在开江以后，六月份开始分批派往苏境。从此，学员们都产生了一种恐惧的心理。然而所处幽闭，与外界隔绝，非经特许不准请假回家。由此，所在的学员个个内心惊恐忧虑，还不敢表露出来，否则非打即骂。当时一班长柏田年龄较大一些，二十五岁，他前些年曾在独木河口公司地方当过自卫团，会打枪，而且还有些胆识。有一天他和二班长金有财、副班长郭友等在林中伐木锯柴时议论说："我们如不及早动手，就让日本鬼子给送到虎口里去了，定准是有去无回。"几个人一谈很是投机，从此开始个别酝酿。到四月中旬，和他们誓志定盟者一共有八个人，即除了以上几个人之外，还有向阳屯的周福德，小南河村的耿月臣、傅东宝，饶河街的吴宝林，关门嘴子村的沈长江等。秘密把行动时间定在春季开江之后，当王纲执勤的时候举行暴动，因为王纲待人横暴，大家都很恨他，因此想把他除掉。到了四月下旬，凌汛过后，正赶上王纲去饶河看家未归。几个人一商议，如迟延时日，尤恐走漏消息，遂决定在四月二十七日夜里举事。暴动开始时，先将日本教官武仲、翻译金顺天、特训班副主任刘运兴三人击毙，将枪械全部收缴，柏田下令全体一起投奔苏联。二十多人星夜穿山而走，有些思想不一致的也不敢吐露，只好跟随队伍一起走了。走至半路途中逃匿脱队者共五人，其中有饶河街的李振山，关门嘴子村的张登贵、徐永顺、永幸村的王化亭、于金海等，其余的人全部到了大别拉炕河口以南的苇子沟江边。后勤人员于新殿、程国富二人住在另一所房子里，不知原委，闻听枪声，知有变故，两人结伴逃回了县城。日伪当局得知此讯后，立即组织军警一百多人追赶堵截，至苇子沟江边交火。苏联军艇人员听到枪声，以为是派遣的地工人员回返时蒙难，遂将快艇直开到苇子沟江边接应援救。船未靠岸，众起义志士们即跳水泅渡奔船，登上汽艇的只有十人，苏联船艇军士见上船的并非所派人员，遂即旋返。有三人当即沉没江中。其中有沈长江、金明德（城关人）、金有财等。另外四人有王加贵（城关人）、何青山等未登上船，遂藏于江边柳丛，待到夜深战停，日伪军警撤退之后，绕到苇子沟口特务马怀捕鱼茅舍处，乘其不备，解开缆绳划上捕鱼船到了苏联岸边。花砬子金场山特务训练班一共二十四名青年受训者，除逃匿五人，溺死三人，其余过境十六人，苏联方面不明底细，一直关押到东北光复。经过进驻饶河县的苏联红军司令详细查明原委之后才释放。民国三十四年（一九四五年）末，由苏联返回的有郭友、何青山、耿月臣、王加贵等四人，郭友民国三十五年（一九四六年）"二·二二"西风沟叛乱事件后，参加了地方土匪武装，是杀害副县长侯煜赫的执刑者，"文化大革命"中，深挖此段历史时，自缢而死。其余皆务农或做工，留在苏境者，杳无音闻。

注：一九八二年编修《饶河县志》时访问当事人王化亭、于新殿等人记录整理。二〇〇二年十月十五日再次修订。

韩忠善当"黑户"的遭遇

韩鲁更记

我叫韩忠善,祖籍山东海阳瓦罐窑村,还是我父亲韩坤德十八岁的时候,随我的一位宗祖来到海参崴东沟谋生,开始伐木,后来务农,经营了一份产业,共有土地五垧(合六十亩),养牛马十头(匹),猪、鸡、鹅、鸭若干。当时因为远东被沙俄割占不久,中国人不忍国土沦丧,遭受俄国鬼子的压迫欺凌,时而起来反抗,俄国鬼子开始是残酷镇压,进而大批驱赶华人。清光绪三十四年(一九〇八年)前后,沙俄海参崴当局以突然袭击的方式,将我们家的房屋纵火烧掉,牛马牲畜家产任何东西不准携带,赤手空拳被撵出俄国国境,当时被驱赶的中国人很多,来到三岔口(东宁、绥芬河)无处投奔,后来辗转来到饶河县(团山子),在小别拉炕南沟坎,紧临河边(北岸)安下一个地营,重新开荒斩草。我父亲很能干,又能经营,干了五六年以后,开垦了有十垧土地,养了十几头牲畜,还经营起来一份小家园。当时七里钦(今五林洞)、腰房子(今永幸村一带)和大别拉坑(今镇江村)一带的住民下街到县城办事,往返都经过我家门口,有时就留下来居住食宿,于是人们便给我家地营起了一个名字叫"韩家店",连门前的小别拉炕河也称作"韩家店河"了。我出生在海参崴东沟(光绪二十二年,一八九六年),被俄国鬼子撵回中国来到饶河那年才十三岁,我一共兄弟姊妹三人,我是老大,身下还有一个弟弟和妹妹,都是在老毛子那边生人,我们都是在小别拉炕成的家。妹妹出嫁后迁到团山子去了，我同弟弟韩忠厚成家后，仍然住在一起，当时全家老少、连同雇佣的劳一共有十几口人，是一个很大的家业。只说进到中华民国时期，这一带成了种植鸦片的大烟沟，山沟里兴起了胡匪，抢抢夺夺，老百姓的生活不得安宁。民国十八年（一九二九年）中苏中东铁路事件，老毛子打过来了，在饶河沿江一带杀了不少人，抢去了不少东西，闹得人心惶惶。那年中秋节，我父亲去二姑娘通渔窝棚背大马哈鱼，夜里就宿在那里。第二天刚蒙蒙亮，江东岸开来一艘汽艇，十几名全副武装的苏联士兵，把渔窝棚十二名渔工连同我父亲全部开枪打死，并将渔窝棚纵火烧掉（详见《饶河县志》737页：韩坤德传）。从那以后，我们的家业开始败落，接着是我母亲和我弟弟病死，赶到日本鬼子侵占了东三省，我的弟媳也改嫁了，弟弟抛下了一个儿子、韩继尧，才十几岁，都由我收养着。我的妻子常年闹病，她一共生了四个儿子，一个女儿，因为时局混乱，饥饿贫病大部分都死了，只剩下一个儿子韩继舜无法照应，有时不得不寄养在饶河他姑母家里。赶到日本鬼子进占饶河之后，我家的雇佣的长工全辞退了，只剩下老少四口人，耕种两垧多地，靠父亲扔下一些底垫，勉强维持，那时山沟里已经发起抗日军的活动了。

（一）

那是伪满洲国大同二年（一九三三年）的冬季，一天上午，李学福（葆满）突然骑着马来到我家，因为李学福曾是三义朝鲜新屯子的百家长，是饶河县很有名的人物。从前他同我父亲都是好朋友，经常有来往，我跟他也都兄弟相称，他这次来到我家对我说："忠善大哥，现在形势不好，'九一八'事变，日本鬼子把东三省都占领了，现在日本军很快就来到饶河，咱们老百姓的日子可不好过了。我举旗抗日，在这国难当头的时候，大家应当是有人出人，有钱出钱，有物出物，你的意见如何？"我当时立即大拇指一伸，说："好，那很好！你是朝鲜族，有此爱国之志，我双手赞成，也很佩服，我是一个中国人，更应当效命疆场，灭寇杀敌。奈因你嫂常年有病，幼儿年少，侄儿才十几岁，父亲早亡，全靠我拉扯着，今天老弟到此，我非常赞同你的义举。我虽然暂且不能跟随队伍东挡西杀，我家现有一支五响别立弹（俄制枪名），还有一支双筒二十号沙枪和十五两烟土（鸦片），你拿去做建军之用。"李葆满双手抱拳高喊："谢谢大哥，等嫂子病好了之后，把孩子送到饶河团山子街里你妹夫彭振芳家里住下，你再到队伍上工作。"说罢就分手了，从此以后，李葆满便在大顶子山、暴马顶子和大别拉炕一带，举起抗日的大旗，全县民众响应的人很多，从此以后我暗中也给抗日联军送过粮食，也传过信。

（二）

伪康德四年（一九三七年）冬天，我仍在小别拉炕原居处种地，早年盖的五间房子，日本鬼子下令说这房子是抗日联军经常碰头开会的地方，勒令我立即搬出，将房子烧毁。当时日本鬼子实行归并"集团部落"政策，十分毒辣，谁若违抗，房屋烧掉，将人处死，牛马猪禽打死吃肉。当时催促年末前必须迁出。偌大个家业，又是人，又是畜类和家禽，寒冬数九让我往哪儿搬呢，因此，直到正月十五也没有搬动。上边下来警察检查，说我违抗皇军的命令，直把我带走关进县城的监狱，蹲了十几天的时间，多亏妹夫彭振芳托人具保，证明我不是坏人，才把我放了。这时房子让鬼子点火烧了，老婆孩子一起迁到饶河街里我妹夫彭振芳家住的。一时也无营生可干，生活实在是难熬得很。有一天，我的一位老邻居老朋友孙建诺，他临时迁到大别拉炕一个同乡家里暂住，进城买咸盐、火柴，就在我妹夫家宿的。孙建诺原籍是山东掖县人，年纪比我大两岁，原先我妹夫彭振芳在二姑娘通种地时，都很熟悉。他孤身一人，在沟里参加了抗日救国会，经常为抗日联军传递信息，买些日用等物资。那天夜里，他偷偷地递给我一个纸条，看完，原来是李葆满托买一百双水袜子，队伍上夏天好用（单胶鞋）。当时，我很担心怕买不到这么多。第二天早晨，我和孙建诺一起到同盛茂商柜去买，站栏柜的小伙计说："每人只允许买一双，多买了，须到县警察署去开证明。"我真愁的没法，当天把情况告诉妹妹，商议了好久，还是由妹夫彭振芳托人买来十三双水袜子，二十几斤食盐和十包火柴等，我和孙建诺由妹夫彭振芳送出城外，到大别拉炕沟里，把东西交给了抗日游击队，我俩又在大山里盖了一个马架子房，开荒种地。有一次孙建诺下街买油盐、火柴，正赶上照相起《证明书》良民证，我没能去饶河照相，也没归屯子，因此没有发给《证明书》，从此，我就当起"黑户"来了。

（三）

伪满康德五年（一九三八年），正是日本鬼子和靖安军进山清沟最残酷的时候。凡是遇到房子便烧，有些孤寡老弱无处奔赴仍在沟里居住的民户，一律按"通匪"论处，用刺刀将人处死，房屋纵火烧掉，全县惨死的人不计其数，原来遍布着人家的山沟，鸡犬之声相闻，一刹那变成了令人恐怖的无人区。我躲藏在大别拉炕村西南旭山前坡一片深树林子的马架房里，那里没有住户，所以鬼子清沟没有来到这儿，暂且躲过一时，孙建诺已经起了《证明书》，搬到村子居住去了。有一天，他来到山窝棚对我说："总是躲在山沟里当'黑户'，也不是长久之计，不定什么时候让鬼子的'讨伐队'碰上，就没有活命了。最近县警察队又要出好几百人搜山，村子里派我出民夫给他们背小背（背给养），莫不如你顶我的名字去吧。一个月的时间，背下来，找几个邻里做个保说不定还可以发给你个《证明书》就不用当'黑户'了。"就这样我把小马架子房的外门用棍子一支，便跟他偷偷地跑到大别拉炕村了。他一起居住的伙计们，都是过去的老乡邻，都很熟悉。大家异口同声地赞同我去背小背，将来可以混个《证明书》，免受日本鬼子的迫害，报到出发那天，我跟着民夫的队伍，只管去接受任务，往身上分派东西，警察们也不去抽验《证明书》，我就顶替孙建诺的名字背了一草包大米，正好是一百斤，有的背弹药，有的背帐篷，背锅灶，也都是百八十斤。这次日伪军的"讨伐队"是从大别拉炕起身向正西穿过腰房子（今永幸村），直往西插去，绕过四邦山而后去花砬子，再往南穿过金场小锅盔顶子，通过骆驼砬子，由五林洞方向返回。我们走的全是大森林，漫路是山花椒（五味子）和狗枣子藤，肩上背上百斤重的东西，穿越山林，一不经心，就摔跟斗，跟不上队伍。督阵的头目便用棍子抽打，用脚踢，而且每顿饭只给一碗高粱米，就着半勺咸盐豆，吃不饱，活又累，遇上战斗，他们跑，背小背的民夫也得跟着跑。走到花砬子的时候，我亲眼看到一个民夫摔倒在沟泉边上，没能爬起来，日本鬼子督阵的说他是要埋汰，用枪翅子（刺刀）一刀把民夫的大腿扎了一个大窟窿，那民工哀叫了几声，因流血过多，不大工夫便死了。穿山走了半个多月，我也挨了不少的棍棒和耳光子，牛马不如的生活不是人忍受的。走到金场山的时候，我累得拉起痢疾，实在是支撑不了，夜里在锅盔顶子落营的时候，考虑《证明书》我也不想要了，还是当我的"黑户"去吧。深夜，我向值勤人员请示要大便，准许了，正好那士兵也闹肚子，黑夜里，只见他蹲在树棵里也没起来。趁着夜深人静的时候，我落荒而逃，忍着饥饿和腹泻，掳着山葡萄叶子充饥，在山里转了四天时间，又摸到大别拉炕沟里我的小马架子房，一直病了半个多月才下炕，总算命没丢，活着回来，又开始了我的"黑户"生活。有时，抗日联军同志也从我这里经过或借宿，我守着房前屋后三亩多地，也为抗日联军做个眼目。

（四）

一九三八年年底，抗联来信，让我为队伍准备些吃粮和棉鞋。当时我想，这吃粮倒好办，我收了有五斗（三百斤）苞米，在山半腰窖里，棉鞋的事儿，可把我难住了。想了半天，没别的办法，只好到饶河街里找妹夫彭振芳托人办理。我进城没有《证明书》怎么办，只好装扮成重病号进城，叫孙建诺到小别拉炕（今太平村）周梅海家借了一张牛爬犁送我。主意已定，我和孙建诺第二天便开始行动，约莫进城门正赶天黑，此地腊月，正是数九寒冬，天空还刮着烟炮，寒气袭人。西门外站岗的伪警察，在城门岗楼旁抱着枪在瑟瑟发抖，天将黄昏，城门马上要关闭上锁，孙建诺赶着牛爬犁急忙招呼道："老总，我爬犁上拉着一个重病人，要进城治病，请等等再关门。"那伪警察大声喝道："快赶！"走到城门，孙建诺一看认识，急忙笑着说道："刘兄弟，好久没见啦，我拉了一个重病人是街南头彭振芳的大舅哥……明天咱们到烟馆我请你客。"那老警察见是熟人，遂说："你快赶爬犁走吧！"孙建诺问："你不看《证明书》吗？"那警察说："不用啦，我知道你是小别拉炕的老户。"我躺在牛爬犁上,盖着一件破皮袄,一动不动,心里也是七上八下的,听他们的说话,一切都没事了,心里很是高兴。孙建诺和那老警察说了声"明天再见",急忙赶着牛爬犁来到我妹夫的家门口。事有凑巧,刚从爬犁上下来,正好碰上了双龙胡子队上投降的叛徒黄国章从门旁经过。"喂,韩忠善大哥,你也来啦,怎么的,有病啦?",说罢,便鬼头鬼脑地走去,我很担心,事情不妙。果不然,第二天早晨来了两名便衣特务,敲门进屋将我和彭振芳二人绑去,这天正是阴历腊月初八,西北风刮得警察署的牌子晃晃荡荡直响。一进审讯室,看见台上坐着一个胖鬼子横眉竖眼阴狠狡诈的面孔,冷笑一声说:"你的什么的干活,反满抗日的有?好好说的,大日本钱的大大地给。"翻译在旁边翻话。两个特务催促快说:"在抗日军里当过什么?老实说出来,免得皮肉受苦!"他们瞪着眼睛,厉声地喊着我的名字:"韩忠善!"我说:"我是个庄稼人,祖居此地,因为归屯子,没有赶上起《证明书》没有办法,只好在大别拉炕沟里当了'黑户',别的事我也不知道。"

那鬼子怪叫了一声:"巴嘎牙噜!县公署早已布告通知归屯子了,过期不归的,胡匪的一样杀了杀了有,你的什么不知道!"他说着半通不通的中国话,又通过翻译详细说了一遍。我说:"我不识字,也没有人告诉我,原小别拉炕房子烧掉后,无家可归,我把孩子送到县城我妹夫家暂住,我去找警察署。"他们说:"你归屯子晚了,没有户口,不发给《证明书》。实在没办法,我只好一个人跑到大别拉炕沟里,搭盖了一个小马架子房栖身,刨点地种,好供孩子们吃饭。"

胖鬼子说:"有人报告你给抗日军通信买东西送给李葆满的,我们通通知道的,你撒谎不行。"

我说:"我没给抗日军送过信,也没给他们买过东西,原先住在小别拉炕的时候,有时抗日军从我家门前经过,吃几顿饭,或要点粮或干粮带着,这样的情况是有的,自从我一个人搬到大别拉炕沟里,再没有看到抗日军来过。"

胖鬼子怪叫一声:"巴嘎牙鲁,用刑的!"两个特务立刻走到近前,用小绳将我的大拇指拴住,两手倒背吊起,再用连珠子弹夹我的各个手指,唉，十指连心，我心里痛得满脸汗珠子直滴，何况他们把我吊起一尺多高，直痛的我昏迷了过去。特务又大声喊着："痛快说，不说要用大刑！"这时我已近乎不省人事，两个特务随即向鬼子头目说："报告股长，韩忠善昏迷过去了。"胖鬼子接着喊道："用凉水喷过来再问，不说，用辣椒水就大大地给吧！"

转眼间，我只觉得头皮冷冰冰的，身上的棉衣服已经湿透，昏沉沉的，睁开眼睛一看，胖鬼子还在台上坐着，几个狗特务站在身边，眼睛死盯着我苏醒后的动作，说："报告股长，韩忠善醒过来了。"

胖鬼子说："问问他，再不交代，辣椒水的给。"特务们便恶狼吃人般地嘿嚎我，逼我交待当'黑户'同抗日联军联系的真情，我还是刚才那套口供，我一个庄稼人不识字，归屯子起《证明书》没赶上，当了黑户，在大别拉炕沟里种了几亩地，维持生活，和抗日军根本没有联系。胖鬼子把眼珠子一瞪："巴嘎牙噜，水的给！"特务们立刻把一条长板凳拽过来，提着水壶准备用辣椒水灌我，威逼着我："快讲。"胖鬼子接着又说："你们抗日军里，共产党的大大有，江东老毛子（指苏联）那边开会的，快快说，撒谎的不要！"经过翻译又细说一遍。

我说："我一个老百姓，这些我更不懂是怎么回事，我就是没起《证明书》当了'黑户'，别的我一概不知道。"

胖鬼子气的暴跳如猛兽，由椅子上站了起来吩咐道："辣椒水快快地给！"这时，双龙队投降那个叛徒黄国章在一旁悄声细语地对我说："韩忠善大哥，快说吧，你的事我都报告了，日本太君都知道，你是个聪明人，何必让身子受苦呢！"我把眼珠子一瞪："你自己的事情你知道，你不要信口胡说！"

"怦怦怦""怦怦怦"忽然外边传来一阵敲门的声音，胖鬼子问："谁在敲门，快快看看！"便衣特务，推开门扇走出去看了看，回头说："报告股长，是一个青年学生有急事要见你。"胖鬼子有些蹊跷："嗯？学生的好吧，叫他进来！"当时我冷静地注视着敲门人到底是谁，忍住浑身疼痛，见是一个十八九岁的青年学生，气质大方，脚步从容地走到桌子前面，用日语和胖鬼子唠起嗑来，端详了半天，才看出原来是我的侄子韩继尧（后改名韩鲁更），由哈尔滨读国民高等，放假回来探亲看看他母亲（我的弟媳，因弟弟韩忠良死后，改嫁饶河商会保卫团长王德邦，又生了一个女孩叫王春芝。一九三四年一月，救国军临撤退前，王德邦被高玉山部下第四旅处死后，弟媳靠经营养蜂业，供两个孩子读书），听说我因为"黑户"没《证明书》，以私通抗日军罪名被押进监狱，侄儿继尧可能是为我的事情前来和胖鬼子申述原委。我一时悲喜交加，止不住地流下了激动的眼泪。两眼直盯着他俩的谈话，旁边的翻译一言不发，站在一旁呆呆地听着。胖鬼子同侄子说话时有时假笑，有时吃惊的样子，我正看着出神，忽听胖鬼子又怪叫了一声："巴嘎雅路！"我虽然听不懂他说的是什么意思，却知道是骂人的话，可把我吓坏了，心脏不由地怦怦直跳，因为侄儿继尧从小就是个敢说话敢闯的人，生怕他和鬼子闹僵了，胖鬼子一翻脸，再把他扣起来，可就遭了。我正愁苦中，只见胖鬼子阴沉着脸，通过翻译转告特务们说："今天不审了，这个案子待交县司法公署审理吧。"我一听，心中像开了两扇大门似的，心想，今天多亏侄子韩继尧前来，要不，我还不知得遭受多少酷刑，也不知他和胖鬼子都说了些什么。只见特务警察赵福山还有一个姓赵的警察，重又给我戴上手铐子把我押送到司法公署监狱收监听审。

（五）

伪康德五年（一九三八年）农历腊月初九，我被押在饶河县司法公署监狱，仍是重刑监号，妹夫彭振芳是通"匪"窝主，比我轻些，被押在普通监号，监狱里卫生不好，墙壁上板缝里的臭虫很多，整宿整天地叮人咬人，吸着人血，谁还顾得这些。退一步想，总比皮鞭、棍棒和灌凉水和辣椒水的滋味强些，因此精神还是缓和一些了，但心里总也忘不掉，到司法公署的供词，应该怎样说好。侄儿韩继尧经常到监狱里来送饭，安慰我，他说："什么时候，也不能胡说，怎样重的刑罚也不能乱说，遇事要慎重。"有一次，他见看守不在跟前，悄声地对我说："司法公署的鲁股长的儿子鲁彦是我的同学，不要怕，过些天就会出狱的。"虽然心中一时得到些实底，有些安慰，但是脚上戴着一副大铁镣子，十分沉重，两条腿踝骨都被磕破了，有时流着鲜血，因为是重刑犯，看守像狗一样，死盯着我，一点活动自由也没有。在一般监号里经常可以同其他犯人接触，通过说闲话，也可以了解一下外边的情况，我多么想知道老伙计孙建诺后来为抗日军买物资的事办得怎样？我是无能为力了，但愿他能保重安全。腊月二十三日旧历小年，这天早晨，侄儿韩继尧提着饭盒，里面装的饺子，看守贼眉鼠眼地跟过来看着，我侄儿拿了几份大烟给看守和看守长，诱使他们能故意躲开，侄儿这个空当，偷偷地告诉我："双龙胡子队那个投降的叛徒黄国章见形势有所转变，已经吓跑了，此人一走，别无证据，这场官司就好打了。千万记住，人总是有三灾八难的，这点磨难不算什么。"说罢洒泪而别。这天下午一点钟左右，看守点我的名，把我由监号提出来，押送到审讯室，里面坐着三个人，一是司法公署鲁股长，二是书记员，三是法警，开始审讯。鲁股长问："韩忠善，你为什么给抗日军送东西和情报？"我说："我没做过这些事，这都是双龙队投降的那个叫黄国章的人给编造的谎言，好请功领赏。"

鲁股长又问："那为什么归屯子的时候你不归到小别拉炕（今太平村）？"

我说："因为我在大别拉炕沟里有病不能下街（进城）照相，耽误了日期，没赶上起《证明书》，所以不敢下街，就此变成了'黑户'"。

鲁股长又往下问："这次你怎么敢下街，目的何在？"我说："我认为当'黑户'不是长久之计，处处瞥脚，我妹夫彭振芳托人帮我起个《证明书》，去饶河街里落上户，好供儿子念书，我来饶河街，遇上黄国章，第二天一早，我和妹夫便被抓进监狱。"

鲁股长问："你讲的情形都是真的吗？"

"是真的，"我说："不敢说谎。"

鲁股长说："今天我就问到这里，如果调查属实，我就放你，如若发现你同抗日军有关系的话，定要重办。"随之他吩咐法警道："把他带下去，寄押原监号听审。"我被法警又押回原监号里，这次过堂没再受刑，审问的口气也和从前不一样，心里很是高兴，夜里睡得也舒适。第二天早上，听到监狱里看守高声地喊着妹夫彭振芳的名字，通知他带好行李衣物，取保回家，听审不误。我听到这个消息，心里很是欢喜，知道这场官司是有头绪了。彭振芳"通匪的窝主"的罪名是安不上了。我这个私通抗日军送物资情报，因无证据，帽子也扣不上了。妹夫彭振芳出狱之后，腊月二十六日，我又过了一堂，翌年（一九三九年，）正月初七日又过了一堂，官司松多了，正月十五日灯节，我侄儿韩继尧给我送饭，面带喜悦，悄声地告诉我说："那天早晨我说警察勒大脖子黄国章是诬告，原田警尉（胖鬼子）相信了，两三天以后即可出狱了，耐心地等着吧。"

正月十八早晨，监狱看守喊我的名字，让我把行李、衣物整理好，准备取保回家。听到这个消息，我心里不知是喜是惊。看守把我的镣铐砸开，两脚好像去掉千斤重担。我在迟疑当中，看守大声喝着："韩忠善，你痴啦，快收拾行李走吧。"看守领我出了监房，交给法警到我妹夫彭振芳家找"同盛茂"百货商店掌柜的打完保条，我背着行李衣物回到妹夫家暂住，在饶河街暂且找到了一个拉大锯的营生，聊且维持生活，供儿子念书。伪康德十年（一九四三年）大别拉炕居民西迁腰房子重建永幸村，我便随之也迁到永幸村去居住了，也有了户口《证明书》了。

回想往事，转眼二十多年过去了，我在小别拉炕和大别拉炕，当年和李葆满抗日军有过不少交往和联系，也为他们办了不少事情，很抱歉的是最后这次下街买棉胶皮乌拉的事情，没有办成，还险些送了性命。好在我的伙计孙建诺没被抓进监牢，因为双龙胡子队那个叛徒黄国章不认识他，所以幸免了，若是我俩都被抓进去，口供再不一致，我能不能活着回来还很难说，好在今天日本帝国主义早已经被打倒了，中国人民自己当家做主人了，人民都过着安居乐业的生活。没有前人的艰苦奋斗，流血牺牲，哪里能有今天的幸福啊，后人不知过去的年代是怎样困苦难熬，所以我才把这些往事，让侄儿记下来，以作永念。

（一九五一年春韩忠善口述，侄儿韩鲁更（韩继尧）记录）

记录人韩鲁更后话

我大伯韩忠善，曾和我讲述过许多饶河县抗日联军的故事，以及他个人的亲身经历，听后，很受感动。一九六〇年我大伯即已病故，享年六十五岁。一九五九至一九六二年四年时间，劳作之余，我写了一本《边疆烽火》，总数约计十余万字。可惜该稿一九六六年"文化大革命"中已烧掉。

许多细节无法再去弥补，不能不说是一件憾事。

去年（一九八七年）我在依兰县丰收机械厂儿子韩执中家闲居，因水土不服，携老妻返回故乡饶河永幸村以度残年。今春，县文史办姚中嶒同志领一行同道访我，嘱我将所知道的饶河县往事多写一些，可惜我也老了，今年已六十九岁，回忆不了许多，仅将我的家世和伯父韩忠善当"黑户"被捕入狱一段往事，记叙下来，投县史资料室做一参考，如能使用，尚请编辑同志分神修改。

韩鲁更　一九八八年七月二十六日

编者注：韩鲁更，原名韩继尧，一九二二年出生在饶河县小别拉炕，祖籍山东海阳，祖父韩坤德青年时赴海参崴东沟谋生，沙俄驱逐迫害华人，被迫来到饶河县小别拉炕地方种地营生。一九二九年秋季，在乌苏里江边二姑娘通渔房子被苏联越境士兵杀害（见《饶河县志》卷十四韩坤德传），遗二子，长子韩忠善，次子韩忠厚早亡，遗一子，即韩继尧（宇鲁更），母亲易嫁，因此很小便靠伯父韩忠善抚养。母亲供韩继尧读书，至国民高等，后因涉谈国事，遭受日本特务机关追捕，初逃至哈尔滨，再逃至北平，曾考入北平某大学，就学两年，后因寡母无力资供学费，遂辍学谋求职业，被分派在国民党属下河北省平山县民政科任事。日本投降后，被华北当局编入军伍，任营职参谋，开赴福建省。一九四九年解放战争中，全团起义，经改编留用，韩因携带妻眷幼儿，战时随军多不便，因请示退役，辗转一年之久于一九五〇年才由北京回到饶河。二十余年因出身历史污点，饱经政治风霜，曾定为"历史反革命"，戴帽管制劳动十余年。一九六九年内迁宝清十八里公社历十八载，一九八〇年开放政策实行之后，迁至依兰收获机械厂闲居，其子韩执中任该厂工程师，一九八七年携妻回饶河永幸村与其叔弟韩继舜伙居，一九九〇年后妻病，一九九二年被其子接回依兰，一九九五年一月病逝于依兰收获机械厂，享年七十四岁。曾写有东北抗日斗争故事集《边疆烽火》共计十余万字，"文化大革命"中全部烧毁，现遗有《烽火戏诸侯》剧本及《野露人踪》小说（记述中国人于海参崴抗俄故事）手稿均在其子手中。本文系为饶河县志办公室提供的史料，经进一步整理收录于此书中。前永幸村党支部书记韩继舜，（在任三十余年），是韩鲁更伯父韩忠善之子，他们是叔兄弟关系，《饶河县志》卷三有"韩继舜夫妇送终三鳏老。"

二〇〇三年六月十三日

曹忠岐苦牢流配记

我叫曹忠岐，原籍山东省昌邑县人，从小家穷，二十二岁来东北谋生，后来到饶河县种大烟。伪康德四年（一九三七年）我在小佳河开点心铺，第二年来到西林子，合伙开砖窑，没赚多少钱，后来自己开了个小杂货店。有一次，沟里一个熟识人刘子范，到我商柜上赊走了五十双单胶鞋，说的是过了大烟市即来还我，可是直过了一年半之久，也没有见到他的影子。那年冬天，我特地跑到小佳河南沟里去找他，一问，说他上富锦县买牛去了，我就在那里等他。住有半个多月，他回来了，赶来两头牛，一头是黑花牤牛，另一头是黄红色乳牛（母牛），见到我他说："眼时没钱给你。"我说："你没钱还能有钱贩牛？"我当时很生气，我说："你欠我的账快两年了，你还若无其事，我来一趟也是很不容易的，没别的好说，你没钱给，我就拉你的牛，不拉大的，这头黄红色的乳牛就是我的了。"他无可奈何，让我把牛牵了回来，岂不知道这次讨债却惹下了大怨仇。

罹 难

伪康德七年（一九四〇年），我在西林子种地。一个秋天的晚上，忽然闯进屋来三个警察，将我用手铐子铐了，当天夜里即押解到了饶河县警察队，我还不知道什么缘故，在监狱里一直押了二十多天。把我用飞机载到佳木斯伪三江省警察厅，又把我塞进了监狱，一进去，就是一顿鞭子毒打，用辣椒水灌了个够，鬼子警察官问我："你的抗日军那里送了几次信！去苏联过了几次江？"我说我是良民，哪也没去过。"那鬼子头目名叫广业，见问不出口供，开始命令他的爪牙们把我用麻袋装起来，弄到房子顶上往下轱辘，一连摔了我三四次，摔得头破血流。这还不算，又把我放进狗圈里唆狼狗咬我，那狼狗一口就把我的大腿咬掉一块肉……我现在胳膊筋不会动弹，就是当年被广业唆狗咬残废的。当时一连过了我四次堂，我还装在闷葫芦里，不知哪的账。那年十月份，又把我解到富锦县，在监狱里结识了一位姓王的难友，说起来，才知道那个姓刘（子范）的小子，已经当上特务了。他诬告说我划着木船去过苏联送信，还给抗联送过东西，我才知道为什么吃的官司。所以再过堂时，我便申辩缘由给他们听，但也不顶事，照样吃酷刑。

在富锦蹲了两个多月，又解回佳木斯，不久又送回饶河，一直又押了半年多的时间。伪康德八年（一九四一年）秋天，饶河警察队派了两名男警察和一名日本女公务人员押解我，还有一个叫张官的男人——他也是犯的"通苏，通匪"案，乘坐"永业"轮船往虎头解，开始都没戴镣铐，只是关在单间客舱里。谁知过了大木河，那姓张的借上厕所的机会，投江凫水奔苏联岸边去了，那两个押送的警察一时吓呆了，只得把我紧紧地铐了起来。走到虎头，那位日本女人对我说："姓张的跑了，我们的责任大大的不好交代，现在你的受些罪吧，对不起了。"于是将我绑了起来，送在一个客店里锁起来，随之他们便办事去了。直到晚上，那个主人回来，送给我十个包子吃了。说是半夜十点上火车往东安走（密山）。解到东安省会密山，他们把我交了差，就回旅店里歇息去了。我又进了东安省警察厅监狱，又经多次审讯，我矢口拒绝承认，住了三个月，又解到牡丹江东满总省司法监狱。几次审讯，我还是那么一套，在牡丹江司法监狱，刑罚尤其是厉害，他们用竹签子穿我的手指头，我痛得忍受不了，一横心说："不用你们往里扎了，我自己穿就是。"两只手七八个竹签子用力往案子上撞，鲜血直冒，痛得立刻昏了过去……他们用凉水把我喷醒，再问，企图逼我画供，我仍然是拒不承认。那法官看了我的案卷，很觉得稀奇，经过他几次审讯，见无计可施，就对我说："你这案子，既然如此，我们就给你转到新京（长春——伪满国都）最高法院去审理吧。"

出 监

到了新京，在最高法院的监狱蹲了两个多月，法官审问我："你果真是没有'通苏''通匪'的行为，可以当面对质吗？"我说："可以。"于是就把那个刘子范找来了。大约有六七天的时间，刘子范就传到了长春，法官让我先谈话。我说；"刘子范，你买了我五十双胶鞋，拖欠一年多不还账，我拉你一头牛回来，你便对我下毒手，你既然说我给抗日军送东西，去苏联送过信，是哪年哪月，你在什么地方看见的，你都有些什么根据呢？"刘子范一时支支吾吾，说他听旁人说的，拿不出来实际根据来。那法官一见此案纯属诬陷，因而质问刘子范："你这个人也够狠毒的了！"当即命令法警将刘子范提下去在另一间屋子里，打得嗷嗷直叫唤，后来听说那家伙，被打成重病，不久便死了，详细情况我就不了解了。法官把我的案情审理清楚之后，让我搬出监狱，安排在日本人的在满学校一间屋子里临时居住，听候发落。那时，新京监狱里，每天都押进一些年轻犯人来，大多是学生，有男也有女，据说他们都是政治犯。我在满学校一直住了半个多月，一天法官传我到法厅宣布道："曹忠岐，你是个硬骨头，你的官司终于打出来了，准备把你发到朝鲜釜山去做工。"我当时哀求说："我家有妻子，还有十岁的小女孩，法官还是给我一些照顾吧，让我回饶河为好。"法官说："这就是对你的照顾了，你若是回到饶河去，那里是国境线，弄不好他们还要整你的。"无可奈何，我只好任凭法官的裁定，被发配到朝鲜南海边釜山去了。

发配釜山

釜山是伪满洲国通向日本在朝鲜南端的转运港口，我被发配在釜山火车站货物处管仓库。火车站紧靠海港码头，一天六七趟火车、轮船，一来火车，我就把仓库门打开，货物装卸完了，再把锁锁上，就没事了，白吃白干，也没工钱。我和铁路总管等人生活都有人伺候，吃专灶，一时看来也挺不错，只是亲人在遥远的北方，不能相见，尽管是华屋玉食，心里也总是不安的……

　　转眼两年的时间又过去了，那是伪康德十二年（一九四五年）的八月一天，铁路局总管沈盘山和航务公司经理谷和找我上饭馆吃饭，每次都是他们俩点食谱，这次让我点中国食谱。我当场点了六七个菜，还要了饺子，又两瓶色酒，还有一瓶日本清酒。正在饮宴当中，沈盘山对我说："曹的，人的国的没有，狗的不如！"我一听心里犯了疑惑，我曹某是中国人，国家让你们占领，当了亡国奴，可是难忍，你们还讽刺我……我当场怒从心起说："我狗的不如，不喝了。"沈盘山和谷和两人，见我生气了，遂说道："你的生气的不要，我们是在说自己。"饭后，他俩说："我们出去走走。随之便散席了。"我正在琢磨着沈盘山和谷和两人为什么要说出戏弄我的话，转眼间外面传过一阵阵嘈杂的说话声，并不时地喊道："有人投海了，有人投海了！"赶到我走出街门一打听，原来是沈盘山和谷和投海自杀了。我正不知他俩自杀是何缘故，接着码头上开来两艘美国军舰，随之来人找我到军舰上去。结果两位中国官员出现在我的面前，有人向我介绍说："这一位是白崇禧将军，另一位是陈诚将军（编著者未予考证），是接收大员，三人小组（另一个人记不清了）。说是日本国政府已宣布无条件投降了，你同意在此地待下去，可以留在这里，如你不想在此地再干了，可以送你回中国。"我因为思乡心切，我把我的身世向他们说了一遍，我说："我请求回中国去，"白崇禧说："那好办，你要回国，我们将设法送你回去。让我把仓库的钥匙全交给了他们。"那时火车已经停运，我仍住在原处，临时在一个华侨姓王的同乡家里吃饭，他在釜山城郊，靠种菜为生。过了有十多天的时间，专门开了一列火车把我直送到新义州，临走的时候，那位姓王的山东老乡还给我煮了不少鸡蛋……过了鸭绿江到了安东（今丹东）便走不了啦。后来，正赶上国共两党重庆谈判，地方上也很乱，交通经常中断，我在安东（丹东）直待了两个多月。过了大年（春节）才往北走，正赶上国民党军队进攻东北和共产党领导的民主联军战斗十分激烈，我不得不走走停停，停停走走，临时靠做个零工或乞讨度日，前后阻隔两年之久。直到一九五〇年我才回到饶河县四排村，一打听我的家属女孩子早都不见了影踪，妻子据说嫁人了，姑娘也十七八岁了，让她娘领去了。传说她们在依兰县一带，我也不能去寻找他们了，我有了农业生产合作社这样的安身之所，社里让我当饲养员，有活计干，有吃有穿，我也就满足了，什么也不求了。

（一九五三年六月于四排村采访，一九七三年整理追记）

注：曹忠岐，山东昌邑人，清光绪二十三年（一八九七年）生，一九二四年流寓饶河，务农经商，一九四〇年遭人诬告"通苏""通匪"，罹难，监押四年之久，受尽酷刑，后发配朝鲜釜山。日本投降后，于一九五〇年七月回饶河四排村务农，一九五三年至一九五八年一直在农业社当饲养员，四次当选全县劳动模范，性情暴躁却伸张正义。一九六四年退为五保户，一九六六年"文化大革命"中，以"历史不清"，又遭批斗审查，一九六七年病逝，享年七十一岁。

赵玉起苦难流浪记

我原籍是河北省保定城东九里陈家坟人，前清光绪二十一年（一八九五年）生，我出生时在姥娘家，因为我父亲给姥娘家抗活，说的我妈，我一共兄弟姐妹五人，两个姐姐。我五六岁时，姥娘家也不富裕，没办法，我和我二姐便回到自己家来了。我的大姐、哥哥、弟弟跟着妈妈仍住在姥姥家。父亲在沙虎镇盐店扛活，大舅也在那里扛活，二舅在家租地种，我家共有三亩地，都典给别人种了。家里房无一间，地无一垅，大姐七八岁，大哥六七岁，全靠父亲扛活为生。父亲每星期回来一趟，买些高粱，带夜压碾推磨，蒸锅干粮，挂在梁上，几天回来，让吃几天。结果他在外边住了四天，干粮只吃了三天便没有了，结果是让邻居有个程奶奶给偷去一些，没办法，我饿着肚子就哭，邻居有个高妈妈见我哭就给拿些干粮吃。后来，父亲另找了一处房子，到秋天，我妈我姐姐都回来了，我哥长到十二岁，就上街卖油果子，两年后，也给人家扛活去了。后来大姐、二姐也找主了，我也大了，把地抽了回来自己耕种，二姐家还帮助置了二亩地，还出钱帮助盖了房子。父亲老了，也不能出外扛活了，在家种菜，我和我哥出去扛活，那年我二十岁，从十六岁扛活一直扛到二十四岁。

有一年闹了旱灾，财主们见地里庄稼全旱死了，把劳工都辞退了，无法生活，八月份又下涝雨，全村七十多户人家，只剩下十四户，全逃荒去了。

我家三亩地，因地势低洼，多少收点苞米、大豆，父亲母亲勉强维持。当时我哥哥已经出外，到了哈尔滨，捎来七十元钱，我就想出外，父亲不让，好歹说通了，我也投奔哈尔滨东宾县夹板站（今宾西）来了，在那里给人白吃白干还没人收留。我哥哥靠收个鸡蛋维持生活，他买回二百多斤面粉，我在那里呆待了一个冬天。转过年，我挑担子上街去卖花生和梨，乍一上街，不好意思张口招呼，几天以后，卖了钱，常了也就抹得开了，哥哥一看还很不错，结果净收了些俄国作废的羌贴（卢布）。第二天，哥哥领我去找，也没找回来，以后我有了经验，便不收羌贴了，接着又干了两个多月。

第二年春天，我想家要走，哥哥给我凑了七十块钱，把我送到哈尔滨我三叔那里，三叔劝我："在家挨饿才跑出来的，回去干啥！"高低没让走，他把七十元钱帮助汇给我爹妈五十元，剩下二十元留给我零花，并在哈尔滨给我找了个地方看门。白天看门，晚上打更，后来让我上木材样子场截木头劈木样子我没干。当时有个年轻人外号叫王山东子，他伴我又回到了宾县夹板站。走到蜚克图车站，旅店里一晚上死了十几个人，闹了瘟灾，传染病很厉害，到处都死人，活蹦乱跳的人，得了病，顷刻间说死就死了，真是令人可怕。到了夹板站，人们瞅见我们都说："你们就是人熟，要不，不能让你们进村。"在那里想贩卖鸡蛋，不让运。因为流行瘟灾，到处都断绝了交通，贩了一些，卖不出去，结果赔了本。

船夫生涯

无业可干，没法糊口，哥哥出了个道眼，想弄只船到下江一带收废钢铁、麻绳头等废旧物资，运回哈尔滨卖。还未酝酿成熟，当时又遇上一个会造假钱的人，名叫郭佳彬，几个人合股，他出大钱，到江北找宋万宝排船，他开铁匠炉，陈世友等一下子造成一条能载八万斤的凤船。船刚下水驶到夹板站，会造假钱的郭佳彬就病了，在饭馆吃了顿饭，随之口吐鲜血，当天夜里就死了。后来每个人入股四百元钱，又排（造）了一只凤船，阴历六月二十四日才排成，两条船从夹板站往哈尔滨运木样子。不巧，过新甸，遇着大风浪，一下子把船掀翻，满船木样子全漂在江里，我也被掀在江里。当时，我抓住了一个绳头子，绳头的另一头还拴在船上，随波逐浪，慢慢地漂到江北岸，总算没有淹死，其他几个人也都掉进水里，总算都没离船，还能活着到了江的北岸。哥哥见船翻了，没淹死人，很是庆幸，几个人对着滔滔的江水跪下磕了几个响头，并应允阴历七月十五杀口猪还愿，以感谢神灵的保佑。尽管运样子赔了，欠下了亏空，应许第二年赚了钱再还人家。后来又运了一趟木样子，还算不错，挣回几个钱。那年秋天，船在新甸卧篙了，我和哥哥、王山东等人又回到夹板站。冬天，我有个表姨父听说木样子有销路，他现买了四头牛，专门从山沟里往新甸运木样子，连同别人，一共定了五百车木样子，一开江便雇人装船。等到第二年开江，又装两船木样子，准备往哈尔滨运。结果哈尔滨木样子足，没人要了。只好往回返，运到三姓（今依兰）去卖，不料想途中在方正地带又遇到一个拉谷草的船，被我们的船一下子给撞翻了，谷草全漂在江上，爷儿俩使船好歹人还没伤，被我们救了上来，只得把船靠了岸，赔了人家的损失，在方正县城请他爷儿俩吃了顿饭，才算了事。到了依兰县码头，有个姓范的巡官应允，帮助卖木样子，把木样子卸完了，要到买木样子的商柜上去算账取钱，商号的掌柜说："钱已经让范巡官支去了。"我们到处去找范巡官，也不见人影，两三千元的货款白白让他骗走了，只得放空往回返了。有一个商号要从依兰往哈尔滨贩棺材板，托我们给运，寻思回路还可以赚个工夫钱，不成想走到木兰县，迎头划过来一只七页板小船，咣当一声把我们的船撞掉了一块板，水突突的往船舱里直涌，没办法只得赶紧靠岸，淘水补船，又停了三天……

卖零工流浪度日

将料子板送到哈尔滨之后，回到夹板站，我高低不在船上干了，尽管在造船时也投了几百元钱的股份我也不要了，总之，离开了风船，无法营生，只得靠卖零工度日。那是六七月份庄稼正需要铲趟的时节，用工的人很多。为了给人家去铲地，我头一天上街买了一把锄头，安上柄，第二天一早，我就扛着锄头到工夫市上去了。结果寻工夫的一大早就把人领走了，最后没人找了，我只好空着回来。我那房东二奶说："有愿意要工夫的，明天你再早些去等着。"第二天我很早就到工夫市去了,见有人找,我便跟那掌柜的走了,过了一条小河,掌柜的坐下了,他见我安的锄柄也不像个干庄稼活计的样子,问我:"你是来干什么的?"我回答说:"来干活儿的呀!"他说:"像你这个样,谁肯找你。你干脆回去好了。"我见他要辞掉我,便说:"你看我不像庄稼人样,我干着看,干不好,我白干,不向你要工夫钱不行吗?"就这样我便跟他到了田间。

走到地头,五六个人搭上锄头.就像小跑一样,我怎么也跟不上趟,那掌柜的走过来说;"我说你不行吧,你还说不喝水也跟着干……"。好歹干了一天,第二天打头的帮我接地头,我一看他们铲地都很粗放,我也学着粗放,后来跟上趟了,掌柜的也不再说什么了,我在那里一共干了一个月零三天,一天赚五角钱哈大洋。后来又回到夹板站,给人家吃劳金(做长工)去了。

那是一个开碾磨坊、粉房兼油坊,掌柜的叫马凤柱。我在他们那里打杂、铡草、喂猪、买草,还得看小孩子,几个劳金我去的最晚,每月给开两元钱,过年了,伙计们都清账了,只把我留下了一半年给我开了十一元钱。来年过五月节之前,伙计们又回来上工了,之前,我还在船上管事,后来把摊子收了,也不给人家吃劳金了,我表爷让我和他一起开豆腐房,做出豆腐上街去卖。三个月赚了十多元钱,到秋天,又做糖瓜(饴糖),开始没人买,等到过年时,糖缺,卖上价了,开豆腐房和糖房一共两年半的时间,剩了一千三百多元,后来两人散了伙。我开始自己干,又雇了一个劳金,养了大小六七十口猪。过了中秋节,又闹起了猪瘟,只剩下一口猪,干了一年全赔上了,我表爷又把我招回去。这时,我和一家女人相好,什么也没心思干了,跟那个人混了有一年多的时间,闲待着,没收入也是不行。转过年五月的时候,我的一个街坊名叫宋春生,他是个兵痞出身,他让我同他一起过江北去木兰县,他那里有一个姑父是县里的稽查,雇七八个人,发给枪支,配合县警察局到山沟里去收烟刀税,只两个月,可以赚一百多元。赚了钱秋时结伴回家,我辞别了大娘,坐大板车奔新甸码头,过江再去木兰县。走的时候,正好大娘有个邻居姓卢的女人不到三十岁,要一同到木兰县赶轮船,去饶河找她的丈夫,让我帮助照看一下。临走的那天,我的那个相好的女人,又哭又嚎，直从车上往下拖我，挣把好一阵子，才让我把她甩开了。坐车途中，那个姓卢的女人突然病了，到了木兰县她已经病得人事不懂了。眼前又无亲人，我只得照顾吧，喂水喂饭，简直让她缠住了，怎么办？也不能扔了她，我便向街坊宋春生说："你先去报到吧，待我随轮船把她送到饶河之后，再返回来。"老宋应允了。

冒昧流落饶河

就这样我扶持那个姓卢的女人，从木兰县码头上了哈尔滨开赴虎林（今虎头）的轮船。一路上那女人还是生活不能自理，都得我扶持，好在六天六夜的时间，到了饶河码头，她的病总算见好了。我按照姓卢的女人告诉的地址，徒步穿山越岭到了关门嘴子。他男人是个石匠手艺人，因此都叫他卢石匠。在大深山老林里，没有石匠活儿可干，也在山里垦荒种植鸦片，他家住在关门嘴子后堵，在一个漫山坡上盖了一座马架子房，周围开了有七八亩地。除了少量苞米之外大都是种的鸦片。我把他的妇人领到地方，卢石匠很是感谢。我要回木兰县，他说："眼时正赶上大烟市，难得的好机会，混个零花钱也好，何必放空回去哩。"就这样，我被卢石匠挽留下来，割了二十多天大烟，分了十二两烟土。卢石匠说："现在回木兰县给官家收烟刀税也不赶趟啦，就留下来和我合伙种地吧，算你一份儿。"我考虑再三，只好留下来，和他一起种地。夏季里上田铲大豆、苞米，一看这里耕种庄稼太粗放，不像上江（宾县一带）那边细作，没大地块，活儿倒是不累，只是蚊子、小咬（蚋蠓）特别多，一到田里，蚊子、小咬立刻浮满一身。裤腿子全都变成褐色的了，干了十多天，我向卢掌柜说："这地方待不了，活儿也干不了，我要走了。"卢掌柜再三劝说："呆习惯就好了。"他无论说什么，我也不听，背上行李卷就走了。到了三义屯，那里的人家多些，在一个姓陈的客店里住下了，老陈头劝我在那里，烤火烧、炸麻花卖。住店就是两毛钱一宿，那老陈头问我："你老家是什么地方？"我说："我是河北保府（定）城东九里陈家坟，离城三十五里。"老陈头说："我也是保定献县。"他说："陈家坟古时有个叫陈赞的大人物呢。"攀谈是老乡，我就在他那里站下了，开始做个小生意，卖麻花、火烧，闲余时，帮他干些零活。住了有二十多天，一天饶河街有个姓罗的来陈家店问有没有闲人，大网还缺一个人，我问干什么？他说打大马哈鱼，问我："你干过吗？"我说才来，我问他能挣多少钱？那姓罗的笑了笑说："没有准，好了能剩几百子"。我听这营生可也不错，最后他说："那你就跟我去吧。"到了饶河，又乘渔船到了四排，在江边搭了渔窝棚，十六七个人拉大网，后来又让我上船，划船不行，又让我做饭，一共干了一个半月，没打到多少鱼，只剩了六元钱，我还倒赔了十多元。当时我还有十多元钱的饥荒还不上，没办法，我想买些大烟卖了，还上债务，还得回上江去。

　　大马哈鱼市过了，船网都收了摊子，回到了饶河。老罗头让我把马灯捎回来。那天晚上，他领我到账房吃的饭，我说要回上江，他不让，他说："冬天给你弄石（担）豆子，做豆腐卖，明年再弄点地种着，弄好了帮你说个媳妇。"过了些日子，我还是想走，老罗头说："轮船都停航了走啥"。当时街里还好，有一户朝鲜人家要走，房子腾出来，有一个山东莱阳人要合伙开大烟馆卖大烟，我做豆腐，那莱阳人干了些天，见生意不好，收了摊子，只剩下我自己住在那里做豆腐。冬天炉子烧不上去，满屋子结了一层霜，冻得够呛。有个姓阎的赶马车的老板子，掌柜的让他拉两麻袋糯米到饶河来卖，爬犁停在商店门口，他进屋去商量卖米的事，出门一看两麻袋糯米没有了，有人告诉他是让两个当兵的给偷走了，上哪去找，回到三义屯梁掌柜的不满意了。腊月二十九日把那阎老板子辞退了。除夕那天，阎老板子背了一袋面来到我这里一起过年，三十日晚上包饺子吃，阎老板子端起碗来正等要吃，却呜呜地大哭起来……过了正月初五，他走了。

　　还有个一同打鱼干活的伙计名叫张祥，他是富锦县二龙山人。他鼓励我一起做买卖，他只拿五元的本钱，我说这哪行啊，你找罗掌柜的想想办法吧。罗掌柜的让他去找他的女婿林宝江，结果借了七元五角钱，加上我拿十二元钱，一共二十四元五角的资本开市了。正赶上开张那天，又有人来贺喜，送茶壶茶碗等，又得请人家坐席，一下子吃去一半。我们开的是一个小饭馆，卖麻花、馒头、包子、油炸糕等，开春吃饭的人少了，我们又去三义屯种地。有个木匠名叫贾青山，打听我是他的同乡，主动上门借给我一包烟土（五十两），五袋面粉，有了本钱，我们的买卖干得很红火。

时局变化被迫逃难

那是中华民国十八年（一九二九年），那年我三十五岁，我们伙计几个正开着小饭馆，生意还很不错，岂不知形势变乱，饭馆不得不收了摊子。

阴历五月初九那天一早，我的同乡贾青山从太平岭来，光着脚丫子钻到炕上说："沟里的买卖不好做了。"事情的经过是这样的，原来自清末民初以来，俄国鬼子为在世界上争夺鸦片市场，招雇中国山东、河北一带的失业流民，到远东尤其是中国东北下江一带栽植鸦片，他们收购之后，到我国内地倾销，从中大为渔利。为了消灭鸦片，自鸦片战争以来我国历届政府都是禁绝大烟种植。由于饶河虎林一带种植鸦片，年代已久，官家打不胜打，禁不胜禁，总是禁止不了。有时官兵来打毁烟苗，地方民众势力非常顽固，直与官军抵抗。民国十八年阴历五月初九日，驻富锦县的路永才团，奉依兰镇守使李杜的命令，派三营胡营长率领三百兵力来饶河打毁烟苗，地方保卫团三百多兵力，配合官军分三路进入各条山沟打毁烟苗。官军行至关门嘴子沟口，遭到地方一千多名持有枪械的民众的阻挡，双方发生了战斗，直将官军打死九名，败退而回。后来团长路永才亲率五百余兵，前来饶河，当场将胡营长撤职，地方保卫团独立营长李广堂与民众武力妥协退兵，李广堂被吓得吞金而死。贾青山说："路团来了以后，追查组织持枪阻挡官军的祸首，把小南河百家长桑振海枪毙了。"接着县保卫团侯文彩到了关门嘴子，追查闹事起因，百家长艾青山向他说明当时的情况，被侯文彩当场打了好几个耳光子。他连与官军打仗惊吓，遂得病，十多天就死了。从此全县民众人心惶惶，市场也一片萧条，因此我们的饭店也不得不黄了摊子。

六月份，因为中东铁路事件，老毛子（指当时的苏联）全线进攻东三省，饶河沿江一带被老毛子兵烧掉的房屋，商柜有几十家，打死有几十人，抢走的牛马物资无其待数，停泊在码头上的"海昌"号轮船也让老毛子赶走了，江上通往哈尔滨、佳木斯的轮船中断了，买卖不能做了，只好待着。那年秋雨又多，地涝，庄稼没上得来，打点粮食仅够地租子钱，当时我手中存有二百元钱。

有朝鲜人名叫李正华的，他给宫成利吃劳金，经常到我那里唠嗑，十月的一天，他来我家说："赵盖，你快搬家，据说近一两天即有五六个强盗来砸孤丁（劫夺），据说养蜂户邹兆云已被劫。"我听了之后，很害怕，随之便跑出去躲了。我去老罗家探听消息，老罗头说："六七名劫盗，前天已经把西成泰和云祥泰两家商号劫去几千元钱，云祥泰掌柜的花钱买了几支枪去保卫养蜂场，结果养蜂员宋万壁让贼人给砍死了。"老罗头当时跑去三义屯地窝棚里，他说："宋万壁蜂场（权属云祥泰商号）离我这里仅有二里路，宋万壁他爹上山拾蘑菇不在家，幸免一死，回来看到儿子被害了，吓得跑到大叶子沟去了。"

第二天，我对伙计张祥说："此地没法过了，咱们走吧。"张祥也同意了，在此以前，张祥的哥哥张吉带回五十两烟土，张祥说："咱们去富锦县二龙山吧。"我们从三义屯起程的时候，已经是阴历十月份冰天雪地了。我俩坐着人家的马爬犁，身上带有四百元钱，临走的时候，还有个三姓（依兰）人郎训三也要跟我们一起走，他过去曾给我们豆腐房推过磨，他还会朝鲜话，老罗头曾说那人是一点好心眼也没有。因此我们不愿意领他，怕路上产生意外，可是他非要去不可，无奈，只好让他跟着一起走了。行经西林子，我们便在客栈里投宿了，从三义村动身之前，我便和张祥商议，我两一前一后，把郎训三夹在中间，防止他在后边发生意外，赶走到西林子投宿旅店的时候，郎训三却偷着溜出去了，我和张祥遂决定天不亮就赶着爬犁走了。岂不知郎训三出去串通几家高丽人，想打我们的劫，不料想我们提前走了，他从后边雇了张马爬犁撵上来了。走到小根菜嘴子，我们跟老郎正好又碰到了一起进了旅店一看，屋里有两个人正在抽大烟，见了我们问长问短，直套近乎，我一看形势不好，随出门跟张祥说："赶快动身走！"赶到二龙山，那里驻有一连官兵，见我们坐着马爬犁从饶河赶来，把我们连人带马爬犁都撵进一个大院子里，浑身上下进行搜查，他们见我像个老板子模样，我和张祥都没有翻兜，随之我们便赶着爬犁到了前屯。孙吉鳖从前曾去过饶河，因此有一面之识，同张祥是老乡里了。第三天来到张祥的家，张祥家里很穷，负债很多，我们住下来，随之又开办了豆腐坊，到五月节，张祥让我跟他哥哥张吉留在家里做豆腐，他回饶河去割大烟份儿，秋后再回来。我住不下去也要走，他哥哥不让走。有一天我趁张吉出去卖工夫，我偷着到了富锦，花六元三角钱买一张去饶河的船票，正好缺三角，正为难，恰巧遇到一个也要去饶河赶大烟市的人，他替我补了船票钱。在船上，又结识了两个人，一个叫王桂，一个叫郝长盛，我把他们一起领到关门嘴子卢石匠那里，帮他们找地场割大烟份去了。烟市过了，张祥又来找我，他割烟份儿分得了十二两烟土，交给了我。我们一起来到三义屯下坎，那里有个叫丁万宝的在那里开饭店不愿干了，交给老陈头也不愿干，随之要交给我，郝长盛也同意干，便接收下来。我和郝长盛、王桂、张祥四个人忙得不可开交，还有块香瓜地，也让我们一起兑下来了，花了五两大烟土。香瓜熟了，结果当天就卖了五两大烟土，本钱回来了，到了秋时，王桂想回家去富锦，买卖黄了，我又吃劳金去了。有个叫孙明春的人，他爹去三义屯当百家长，让我和一个姓于的在一起做豆腐，张祥一个人在三义下坎看守着那个开店的房场种地。到大烟市（七月）豆腐房算账，挣了钱全让姓于的给输光了，我还欠下了不少债，姓于的不好交代，竟偷着逃跑了。与此同时，在孙明春房宅边相距半里远住有一户叫萧福奎的人，他是我的同乡，会个半拉子医道，靠给人家治病混饭吃。那几天他不知给谁家的小孩子治瘰疬，当杨梅大疮治的，一下子把小孩子给治死了，人家来抓他，他吓得连夜逃跑了，连房子一切家资都扔掉了，不知逃到什么地方去了。

张祥被娼妇所骗

那是中华民国二十一年（一九三二年）的春天，日本鬼子已经侵占了东三省，只是下江一带由于救国军的抵抗，鬼子还没进得来。一天上午，我的老伙计张祥从前柜（三义屯下坎）捎信来，让我到他那去一趟，结果是来了一名山东平度妇女，年纪二十七八岁，张祥说，这女人要嫁人，他想介绍给我，我一看不是个正经人，我推辞说"手头太空，安不起家"因而没要。后来那女人去到三义大带河北沿开大烟馆，又兼暗娼，一宿五元钱。住了几个月，那女人的丈夫来了，一百两烟土卖给张祥了，和张祥过上了。过了大烟市，张祥又收了几十两烟土。有一天我上张祥家里串了个门，留我在他那里吃的午饭，我一看两口子还和和气气，相处得还很热乎，我也很高兴，从那以后我再没到他们那里去。到了九月，据说那女人的前夫来了，说是他要回哈尔滨了，临走要来看看他俩，辞别一下，并又和张祥要了二十两烟土。烟土不够，张祥去找我，我还替他垫付了八两，那女人对张祥说，他前夫要走了，曾经夫妻一场，我到饶河码头上去送他一程吧。张祥一听便说："索性咱俩一起去送吧。"那女人也不好推辞，随之便一起走了。三个人在饶河街上饭馆里吃喝了一顿，全是张祥付的钱，到了码头，那女人对张祥说："你在下边稍等，我帮提着包把他送上船，咱俩再回三义。"张祥答应了，那女人上了船之后，直与他前夫站在甲板上，扶着栏杆说说笑笑，已经响过第三遍汽笛了，船上的跳板都撤了，张祥站在岸上直跺脚，连声喊道："要开船了，你快下来吧，你快下来吧！"只见那女人从容不迫地向张祥挥着手："你回去吧，我们走了，再见！"张祥哭笑不得，懊悔地回来了，后来张祥对我说："那个女人从他手里骗走了一百三十两烟土。"连张祥和我一起干活积存的五十两烟土也让那个娘儿们给偷走了。

高玉山领救国军攻打饶河前后

烟土存在张祥那里让那个娼妇给偷走了，生活无着落，我又回到三义屯北岗。把冯祥的地窝棚兑下来了，应许秋后还他五十两烟土。门前有十几亩地，可以种四把刀的大烟（每一把刀三亩地），想再干一场。当时有个同乡毕广玉年已七十多岁，双目失明，生活无法维持，老婆子到我这来苦苦哀求："老姐领你老姐夫来给你看门，做饭行不行？"我说："搬来吧。"就这样，老毕头两口子赶着小牛搬到我这来了。我兑了冯祥的地营，屋子倒是很宽绰，冯祥搬到小南河去了。冯祥后来当了抗日军，和李葆满有联系。正赶上高玉山领救国军打饶河，没打开，冯祥领一伙人也配合打。地方势力得知了救国军撤退后，县保卫队长龚金城派三个人秘密去冯祥居处，将冯祥打死了。

当时龚金城还派人来三义搜查抓人，曾到我家威胁，邻居王兴的大儿子随救国军走了。有一天，三义会房子来人拿名簿点名，问我："王兴大儿子出去当了小线（贼寇），你知道吧？"我说："我哪里知道。"后来他们查不出头绪便转身走了。

我住处西边不远有个梁老娲（拜把子弟兄最小的叫老娲），见我种地没底垫，送给了我一麻袋大豆种。快过端午节的时候，正在地里种大豆，忽然看见西边红旗招展密密麻麻来了一帮扛枪的军人。走在前边的是有名的炮头彭振海，他是本县三义屯有名的豪义之士，见我问道："你认识我不认识？"我说："是彭大爷吧？"他说"是啊，冯祥不让他们（饶河地方保卫团）给打死了吗？我们是来给他报仇来了。"随着人马成队，一时把块大地全给站满了。

原来是高玉山领救国军一共三千多兵力，第二次攻占了饶河县城，各部队分驻在县城周围的村舍，当天三义屯周围的地窝棚，家家户户都已住满，我家因住有老毕头夫妇俩，因而没再住兵。救国军刘参谋长找我说："站住，你姓赵吗？你家住了几个（指军队）？"我说："我家没有人住。"他说："是啊，听说你会做豆腐，为咱们的队伍做些吧，初五那天做多做少，给送到隋家小山（今一棵树）。"初五那天我把豆腐做出来有二百多块，我和伙计王桂，天不亮就用扁担挑着往隋家小山送。那天早晨，军队全都开到那里去了，远远只听枪炮齐鸣，其中有帮兵压住了另一帮兵喊道："缴枪不杀！"另一帮则回答说："我们投降！"只见黑压压的人群，来来往往，闹嚷嚷的。我们把豆腐送到临时搭盖的厨房里，一会儿从外边进来一个小头目对我说："刘参谋长让你到饶河去算账。"他给开了一个收条。我们到了饶河救国军总司令部，刘参谋长差人发给我们两袋白面，背着回来了。过了几天，刘参谋长派来人说："你们这里不再收给养了。"后来有个金营长还给我送来一百斤大豆和几十斤大糁子。

这下子好过了，饶河的山大王们都让救国军赶跑了，县保卫团长侯文彩在县城西城墙狙击救国军的时候阵亡了。苑福堂、孙行端跑上富锦迎接日本鬼子去了，救国军把饶河县全占了。但是日本鬼子在富锦把船运交通掐断了，山沟里尤其是饶河街里里外外，一时屯驻二千多军人，吃粮特别困难。过了大烟市，救国军里边的鲁司令、黄司令等都进到饶河街里，这时日本鬼子从富锦开来饶河两艘炮艇，往城里放了几炮。当时，李葆满领导下的抗日游击队和武术旅驻在三义东边的朝鲜屯子，青壮年全抽出去背东西，退到关门嘴子。结果日本鬼子没在饶河站下，上溯去了虎林（今虎头）不久，高玉山和李葆满带兵攻打虎林（虎头）去了。十二团臧敬之司令和周小胡，又进驻了饶河县城。直到秋后，朝鲜人割完了稻子，听说打虎林失败，没攻进去，又死了不少的人。腊月二十三日，日本鬼子从富锦县开来好几百人把饶河县城占领了，救国军十二团、武术旅、金营长等，从大楞苇子沟方面过江去往苏联了，饶河下边于老客（今王家店东端）地窝棚处也有一帮在那里过江的。据说高玉山司令从虎林（虎头）那边也过江了，后来到了新疆。

李葆满领导的一伙抗日游击队，一百多人，打虎林死伤一半还多，退到饶河没有过江，又扩展了一批新队员拉上山去了。

饥寒交迫的日伪统治时期

我那时还在三义北岗靠做豆腐为生，吃粮特别困难。第二年（即伪康德元年，一九三四年）正月初六，我把老毕头夫妇送到关门嘴子他侄子那里收下了。当时有个姓南的打鱼把头被胡匪绑了票，又偷着跑了回来，接着便回富锦，待了一年光景，吃没吃，穿没穿，后来又回到了饶河。当时我在三义屯北岗，只一个人，南把头前来和我又搭了伙计，在一起种些大烟。没等收割，便又乱沟了，苑福堂、龚金城带领伪警察配合日本鬼子清沟烧房子，沟里的百姓为了反抗日本鬼子的残酷统治，发起了组织反日会、红枪会，支援李葆满领导的抗日军打日本鬼子。当时我也参加了这些组织，闹得轰轰烈烈。转过年来，即伪康德二年（一九三五年）正月份，日本鬼子命令山沟民众各家各户把一切铁器包括斧子、菜刀都得交出来。否则按图谋当胡匪问罪打死勿论。当时鬼子兵伪警察到处清沟，杀人，烧房子，一时山沟里火光四起。秋时，我在地里扒苞米，邻居老农民乔福兴动员我说："别要了，日本鬼子马上就来了，快跑吧！什么都不要了。"没过两天，果然日本兵和警察们来清沟了。我跑到后边的山根上想躲躲，只听山顶上枪声响起，赶快钻进一块芦苇塘里。停了一会，又往前走，前边有一座马架子房，走到跟前一看，屋子里挤满了逃难的人，没能进去，我便向西边沟塘子灌木丛里跑去。没走多远，远远就望见那栋马架子房被日本鬼子将人全给堵住放火烧了，十几个逃难的老百姓全部给烧死了，我一个人总在山林里待也生存不了，绕过山去，太阳落山以后，我摸黑逃回县城住了几天，平静了，我又回去扒苞米。转过年来，又在那里维持了一年，冬天我找了两个伙计上山打了一冬木桦子。过了阴历年（一九三七年）二月二前后，听说大顶子山后抗日军和日本军打了一次大仗，日本鬼子县参事官大穗久雄被打死，抗日联军第七军军长陈荣久牺牲了。听说日本鬼子在县城还为大穗参事官开了很隆重的追悼会。快开化了，不打木桦子了，算了一下账，没剩钱，刚够个饭钱，没办法，我把房场扔了，背个行李卷到小南河吃劳金去了。快到天津班（又叫保府班）的时候，走到一个民房家，掌柜的问我认识谁？我说找冯大爷。那人说："如今冯大爷死了，只剩下他的老'扛'（即老婆了）。"我说："那也去看看吧。"第二天，他领我到了冯寡妇家。一见面，冯寡妇说："你来得正好，这回可有亲近人了。"这样，我就在那里住下了。

冯大爷六十七岁了，他的老伴比他小三四岁，也就是六十二三岁，她对我说："兄弟呀，我亏不着你。"她带着两个儿子都二十多岁了，也没成家，冯寡妇说："兄弟，我这两个孩子交给你拉，你带着他们干活，我给你们做饭。"那老太太每天做完饭，我领她两个儿子下地干活之后，她便出去打纸牌（如同麻将），我在那里干了四个多月。老冯太太有个干儿子名叫邹其昌，在抗联队伍上当团长，他经常晚上回来，提几个特务五花大绑，吊在梁柁上，打得嗷嗷直叫，问出口供，然后拖出去勒死。我在她那里割了一季大烟，我攒了三玻璃瓶子烟土，赶到秋后算账还欠我十几两烟土，这年总算还不错。那时小南河西南沟有个叫苏中和的，前几年当百家长，后来受日本人的指使，他以同李葆满把子弟兄的关系，自告奋勇前去见李葆满，劝降，结果李葆满没开面，当即将他处死了，从此家业败落。他的妻子领着孩子回山东平度老家去了，他那个地营临时找了个乡亲看守着，后来日本鬼子清沟，没法过了，那个乡亲也走了，剩下一个空房子无人居住。我在冯寡妇家算了账，就搬到苏中和地营猫个冬。有一天早晨起来刚生火准备做饭，忽然听到南山坡上枪声像爆豆似地响了起来。仔细一看，从树林子里正在过兵,有半里多地长。我一看就跑了,怕他们后边撵上。走到一户姓田的人家,掌柜的正躺在炕上吸大烟,让我抽,我说不会抽,实际我瘾得正厉害,既说死,加上和他又不太熟识,便不好意思再改口了。第二天又走到一个山庵里,瘾得要命,我向屋里两个吸大烟的人要大烟抽,他们说:"我俩还没的抽呢,只得喝烟斗灰。"只好作罢。我看小南河这条沟没法待了,因此又回到三义屯。那时刚刚归屯子,每个人都得起《证明书》(良民证),因此我初来乍到,走到哪家,哪家不留,他们不知道我是做什么的。我走到一户姓滕的人家,老太太说:"你没《证明书》,不敢留你呀。"正坐着,来了一个警察名叫王通超,问我:"你从哪儿来?"我当时吓得心里怦怦直跳,他把眼珠子一瞪说道:"中国人都死净了吗?我保你的脑袋!"他把我领到周歪嘴子家。住了两天,日本鬼子警察队长柳田领两个警察来了,问我是从哪儿来的?我刚回答他说是从小南河来的,忽然柳田的马弁高永福走了进来,开口便问我:"赵叔,你往哪儿去?"柳田一时惊异地问道:"怎么他的你的认识的?"高永福说:"赵叔是我父亲的磕头弟兄。"柳田遂说:"你的好好苦力的。"随之放我走了。我便到了高永福家,他帮我起了《证明书》,后来就在三义屯站下了。周歪嘴子东院有个叫周雨亭的,他帮我找了一个地方推磨。有一天半夜里听到枪声震耳,原来是抗日军同日伪军有二三百人在山沟里打仗,附近的房子烧着了不少。不大工夫,开门进来一个人,问我:"你是做什么的?"我说:"我就在这里住,卖大苦力"他说:"有大烟土拿点出来!"我说:"没有。"遂即打了我一大棒子,逼我烧房子,我不肯烧,遂又要烟土,我说实在是没有的,只有几个大烟份儿给你拿去吧。房子才幸免。胡子走了,我还是给大个子娘儿们推磨做豆腐,一天挣八角钱,后来又上三义屯西北十五里名叫石头窝子的地方去卖工夫,又去三义屯朝鲜居民家卖工夫割水稻,回来又在李小鬼家吃劳金。康德七年(一九四〇年)春天,修三义屯到关门嘴子的公路,当时罗老三(罗占山)当村长,派我的官差去修道,干了一年。那是秋季,有一天,日本警察管事的把做饭的伙夫全都叫到一个大院子里,脊梁对脊梁,一个人打了一棍子,我站在最后边。他们把木棍子打断了,又去折了一个新棍子来,打得我满头鲜血直流,到底也不知是为了什么,大半是他嫌恶我们给他们做的饭不好吃,还是为了其他。秋后又去小南河修小南河至关门嘴子的路,直修到十月封冻,天天吃高粱米,就咸盐豆,大都吃不饱。有一天在山上歇气,一些年轻人凑在一起押宝(也是赌博的一种),让日本鬼子管事的知道了,让两人一组,对着面扇耳光子,名谓打"协和嘴巴"。第三天我早就起来做饭,出去解手刚回到屋来,被一个日本鬼子又猛打了我一顿,无处躲闪,直钻到了板铺底下。……第二天没能做饭,管事的鬼子追查一下,才知道我被打成重伤,他把那个鬼子批评一顿,倒批准我休息三天。

这年冬天修完道以后,回到石头窝子,在刘兰田家做豆腐不够三个人抽大烟的烟费。又给孟宪彬种地,到秋天算账,每个人还欠了掌柜的十多元钱。秋冬时节,没人要了,老罗头的二儿子罗占鳌让我到他家去,打了一冬天木桦子,白吃白干,过新年罗老二每个人给了十元钱。

转过年来,又到大穗村(今石场)去,给蔡焕章、薛贵卿打石子,是他两家包县里的活儿。干活的有十几个人,他们饭做不好,罗老二介绍让我做饭,每顿都是高粱米、大饼子、土豆汤,还不够吃,做到五月二十日,我不干了。在饶河街里我见到一个老头,他说刘把头包盖县公署的房子,一天挣一元多钱,我去了,又让我做饭。过中秋节包饺子,最后馅不够了,剩了六个饺子皮,刘把头老婆回家挖来一瓢面,掺着又烙了几张饼,八月节算是过去了。

祸从天降,牢狱之灾

阴历八月十六那天,苦力们都拿起铁锹要到工地上去干活了,让我到街里小商铺给他们代买二斤黄烟,我刚从小商铺提着黄烟出来,对面来了一个骑自行车的人,后边又跟来一个日本鬼子。他俩停下车在一起嘟噜几句什么,随之喊我站住,让我跟他们走,直把我领到宪兵队。那天正下着小雨,我在楼下等了好久,来了一个宪兵把我领到屋子里边一个审讯室,让我在前边坐了,他拿出笔、纸和墨水,审问我是干什么营业的,我说我是卖苦力的,正给县公署盖房子哩。他不相信,他说:"你明明是小偷,还瞒哄撒谎干什么!"随之便把我锁在笆篱子里,外边把大锁一锁,他便走了。笆篱子里面是黑洞洞的，墙壁上，只有一个带铁棂子的小铁窗透点空气，前边便是木栅栏，人关在里边，比关在圈里的猪还闷屈的慌。不一会，地床上坐起一个人来，他说："难友啊，你是什么原因也来到了这个地方啊？"我向他叙说了一遍，他哀叹了一声说："没办法呀，这年头咱中国人只管遭涂炭吧。"他自我介绍说："我是小佳河来的，我叫冯先福，去年秋上，庄稼歉收，欠交了三百斤出荷粮，警察队前去催缴，我同警察计较了几句，遭到他们一顿毒打，并说我违抗国家的'出荷法'，并加上思想犯把我送到宪兵队，已经监押了六个多月的时间。那什么时候有个头绪还不知道哩，辣椒水，没少喝，皮鞭子没少挨呀。"傍黑，有人送来两碗面条，我和那个同室的犯人一起吃了。夜里又把我提出去，那家伙把皮鞭子往地上一甩，啪的一声，把我吓了一跳，随着又问："你是小偷，日本守备队输送部的仓房，肥皂、火柴、胶鞋、手套、香烟，你偷了几次，都拿到什么地方去了，痛快说！"我再一次地申述，我是良民，什么东西也没偷过，刘把头可以证实。那家伙把眼珠子一瞪说："刘把头根本不认识你。"我说："你把他找来吧，我当面问他。"那家伙笑了，随之问我："你认识老罗家（罗占鳌、罗占山），会打鱼吧？你跟他们到大楞去打鱼吧，随时给汇报情况。"我说："会钓大马哈鱼，不会拉大网……"随之又把我领到笆篱子。第二天我同小佳河那个犯人一起给他们拔小葱，擦地板，总共蹲了两天两宿的笆篱子。第三天上午上班以后，来了一名日本鬼子通知我："你的出去吧。"随之把我释放了，还给了我两盒五福烟卷。我回到刘把头那里，让我好一顿臭骂，我说："我被他们无辜地抓进笆篱子，你坐在家里倒很沉稳哩！"我让他把我的工钱开了，我便上罗老二（占鳌）家去了。

流浪度生涯

正赶大马哈鱼市，罗老二让我到大楞渔窝棚去做饭。打鱼的是王树全、郭天存。每天晚上回饶河街里宿，打的鱼在渔滩上就让渔业组给收去了，渔民们无权自己销售。有一天晚上渔船回来，带了六七条大马哈鱼、鲤子鱼等，都让郭天存和王树全提出去送人或偷着卖了。忽然闯进一个警察，他四处巡视了一番，很是扫兴的样子，上前便打了我好几个耳光子。接着又一连扇了我四五个耳光子，打得我莫明其妙，很是糊涂，心里想：我什么时候把他得罪了，来到就用撇子扇我！那警察随之问我："你知道为什么打你么？"我说："不知是为了什么？"他接着又打了我两个嘴巴子，连打带踢把我弄到院子里骂道："你是干什么的，你还不知道，你眼里没有警察官是不是？"这时我才恍然大悟，他是为要大马哈鱼来的，我说："今天的鱼都让他们拿出去了，明天回来，让他们给你留几条！"就这样他还是不太满意，气哼哼地走了。王树全和郭天存晚上回来，我对他们说了，他俩说："这是什么世道？渔民钓条鱼，先得进献日本鬼子阎王爷，还得打发小鬼子和警察狗子……"第二天，只得拿回两条大马哈鱼送给那个馋警察狗子。

大吗哈鱼市过了，地上冻了，猎手考福林（日本狩猎特务，土改在石场枪毙）从山上回来，见我闲待着，让我给他吃一个月劳金，上山看屋子，守摊子做饭，兼剥野猪皮等。他说："亏不着你，干下四十天，给你十六元钱，管你野牲肉吃，饭伙不收钱。"我说："哪有那么个价钱，最低每天也得给一元钱。"考福林最后说："不讲价吧，干下来给你三十元工钱。"就这样我跟他上山干了一个多月，转过年来，开春，我又去到三义屯，吕豁牙子（吕成序）找我做了两个月豆腐，接着又到大带河西山日本守备队驻扎地去打木样子，每天发给一个官烟份儿（一块用花纸包好的鸦片，对着烟灯即可以吸，重约六克，名为一个烟份儿，是官家发的，故前边冠一个"官"字）。不让劈木头，只截成圆木轱辘，垛成垛，干了有一个月，就回来了。

又到小别拉炕（今太平村）叶凤池那里去想找点活干，结果他也没有什么活儿，没能住下，不得已又回到三义屯。

那是伪满洲国康德十年（一九四三年）的春天，我回到三义屯，村子里人心惶惶，原来伪饶河县公署发布的命令，三义屯的民户，无论是汉族还是朝鲜族，一律迁出，汉族迁到山里屯，重新建点，朝鲜民户迁到里七里沁子，（今红旗岭农场泉水村北面半里处），村警察小队并通知我也必须去山里屯，否则不发给《证明书》，就按"黑户"论处。我一个独身跑腿子，到山里屯荒山野地搭盖房屋，现开地，我一点资本没有怎么能干得了，我不想去。当时三义屯有个朝鲜人名叫孙金甲的，我过去曾给他卖过零工——割水稻,他为人很好。朝鲜民户一律迁到里七里沁子,孙金甲去年即在里七里沁子开了一垧多地稻田(二十余亩),我决定去里七里沁子给他吃劳金。孙金甲并给我出了个道眼,就说我欠他二百元钱,得给他卖工还账,我把理由向警察小队说了,终于得到了他们的允可。

我往里七里沁子去,路过大穗村(今石场),警察门岗不让通过,好歹出具《证明书》到警察小队开了字据,才准许走了。到了里七里沁子,警察小队把我的《证明书》收去,告诉我说,出门上山打柴或是下地干活,只限在村附近,三里路以外不准去。

我从二月二十九日上工给孙金甲吃劳金,直到端午节才换上一条小单裤,下边露着腿肚子。前面露着肚皮,没办法,只好弄了一根小绳两边拴着当个背带,凑合着下地干活,蚊子叮咬,都挡不住。过五月节的时候,孙金甲一家人都到他妹妹家过节去了,让我们几个劳金在家吃土豆子,气的我们到了田里不给他干活,在大豆地里躺了一天。晚上孙金甲从他妹妹家提了一小罐粘饼,我也没吃,就在山下小马架房里住的。那时屯子里有个寡妇,也是朝鲜人,名字叫李天淑,让我到她家去干活,后来我去了,对待我很好,给我做了一条裤子,秋后,李天淑改嫁了,只剩下我和他的侄子在家干活。田里的家里的活儿,什么都干,天冷了,没棉被盖,夜里睡觉直打哆嗦,没办法,弄捆稻草把脚捆上,再冷了,只得到山上去拖些柴火,把炕和炉子多烧一些,屋子里暖暖和和,也就不打哆嗦了。后来村子里有很多家雇劳金,都争着要我,我没动地场。第二年还在那里干,突然病了,整天头痛,衣服也碎了,没有穿的,又弄了一条麻袋,上边开了个口套在头上,两边再开两个口,把胳膊伸出来,好像有钱人家的老娘儿们穿的一件连衣裙似的,哪里还讲究好看不好看,遮住丑就算行了。因为我得了头痛的病,也不能干活儿了,他们也就不把我当回事了。有一天我到饶河去看看病,想抓副药治治,来回三天的时间,赶我从街上回来,我住的那间屋子让金老九(李天淑后嫁的丈夫)两个姑娘住上了。一看,这明明是要撵我了,没办法,我到了孙明春那里。我的左眼睛,因为上火,看不见了,后来找人用土方扎针治,也没见效,只是头痛见好一些了,这一年,算是白干了一年。这年的八月,老毛子进兵东三省,日本鬼子垮台了,屯子里的警察狗子也都跑了。秋后,我给朝鲜人家卖零工割水稻，赚了四百多斤大米，总算有吃的了。一九四六年，西风沟贾破烂（贾绍堂）叛乱攻进县城，杀了共产党的侯县长，又闹起了胡子。这年春天，孙明春见三义屯日本开拓团也跑了，扔下的房屋土地没人经营，他想回去拣"洋落"，把家和土地分给了我和迟作恩（土改后是三义村干部）、刘兰田几个人种的，到秋弄了些粮食，仅够年吃年用。

土改解放见青天

一九四七年十二月份，土地改革工作团开进了里七里沁村，当时我正在打大豆场，工作团大组长宋连璧到我这里来唠嗑，问我姓什么，叫什么名字，干什么营业的，我和他说了。他见我满身褴褛，很贫困，因此和我也就特别贴近。我烧水他也没喝，就走了。过了两天，宋连璧又来了，对我说："我们调查清楚了，你不是这家的掌柜的，等几天里七里沁村就要往饶河附近的三义屯和西林子村搬家，这里因为有胡匪骚扰，县政府决定第四区石场属下的几个村子全部撤销，你看好哪里就可以搬到哪儿去。工作团给你开路条（通行证）。"我对他说："我过去住在三义屯，我还想回那里。"宋连璧说："行。"过了两天，屯子里的人都惶惶着要搬家了。我一个人什么东西都没有，人走家搬，很轻便。临走的时候，宋连璧给开了路条，走到石场，快过阴历年了（春节），正碰上枪毙坏蛋。那天枪毙的人，有石场村长乔玉书，他原先是小南河的老户，后来建大穗村（石场）迁去的，还有打猎特务考福林，就是当初他在饶河街里，我曾给他吃过一个多月的劳金那个猎人；还有一名伪警察名叫李殿样，他原是大带河屯伪警察，当年抗日联军第二支队长王汝起领五十多人在大带河金家店地方截击日本护送物资的爬犁队，已获全胜，就是李殿祥藏在一个土豆窖里对王支队长（又叫师长）打了暗枪，致使王师长当场牺牲，警察又反了把，抗日联军被迫撤退……杀了些坏家伙也是大快人心的。石场的老乡对我说：前几天已经枪毙过一批人了，工作团快转移了，这是最后一批。

我到了三义屯的前一天，工作团在那里就开了一个小会，当时没找到我，第二天又找，才把我找到了，又开会，选举我当三义村农会主席，把组长让给刘兰田。正在这时，三区（小佳河）山里屯来了一伙人要斗争三义村的富户，因为山里屯的居民原是从三义屯迁去的，因此对三义村的情况很摸实底，他们将富户丛德珠的家产拉走了，我们便急眼了，怕别的屯子再来斗，我们就空了。因此土改工作组跟我们商量，马上动手，把三义村的富农及一些有车有马和有钱的养蜂户全都斗了，牛马车辆蜜蜂等资产全都收了上来，最后，连同土地，以贫雇农为主，中农等次低一点，全都按人分了。土改完了，那是一九四八年五月开犁之前，全村开展互助合作大搞生产运动，我领五个独身汉组成一个互助组，一直坚持到粮食到家也没散伙。第二年（一九四九年），又增加了两户，干到第四年（一九五一年）增加到十七户。一九五四年栾世田互助组合到我们组里来，发展到二十五户，变成了土地合伙组，旱田，水田都获得了大丰收，生活也富裕起来。一九五五年，经县委批准建立了三兴农业生产合作社，开始是初级社，一九五六年变成了高级合作社，牛马车具全属集体所有，一律实行按劳取酬。一九五八年响应毛主席的号召又变成了人民公社，一九五九年合并到八五九农场，一干就是三年，现在场社又分开了，三义村又变成饶河镇人民公社一个生产大队。如今我也老了，从去年开始，我也干不动农田里一些硬活计了。公社在三义成立了敬老院，让我来当敬老院长，一共十三个老头，队里帮盖了五间大房子，又拨给了三十亩菜地，队里拨给粮食，我们自己种菜又种了七亩苞米，有专人为我们做饭，我们还养了一头母猪，三头肥猪，三十多只鸡鸭。我们这些老头子，吃不完用不尽，我过了一辈子流浪生活，今天才享受到幸福了。

一九六四年三月十六日记于三义村

注：赵玉起曾任三义村、三兴社、饶河镇人民公社三义大队党支部书记十余年，一九六二年以后为三义敬老院院长，一九七三年逝世，享年七十九岁。

亲历日伪压迫苦难的赵连起访谈录

我一九二八年出生在河北省沧州黄华县贾家乡狼汗村，还在我未降生以前爷爷就死去了，只剩下祖母和伯父赵长有、父亲赵长河，伯母和母亲一家七八口人，只有几亩薄地，生活无法维持，父亲便出外逃荒来到奉天给人家扛大活为生。后来参加了东北军，由于他为人诚实肯干，不久便提拔为班长、连长，直当到张学良的警卫营长，随后母亲领哥哥赵正铭（当时只有四岁）投奔父亲去到奉天，我当时只有两岁跟着奶奶，留在故乡。"九一八"事变之后，日本侵占了东北三省，父亲跟随张学良，临时把家眷移住锦州。不久，又奉蒋介石之命调去西北。一九三七年西安事变之后，张学良去南京护送蒋介石被扣压，父亲等张学良所属警卫侍从人员，就此被革职还民。后来，父亲、母亲领着哥哥流落到湖北省荆州，生活无法维持，只得靠做豆腐为生，父亲因贫困和精神的折磨，不久便死去，当时年仅三十七岁。母亲守着哥哥仍以做豆腐维持生活，供哥哥上学读书，后来哥哥参加了人民解放军……这一切我都不知道，我同母亲一直二十多年未曾见面，不通音信。

还是在"九一八"事变前，母亲领着哥哥投奔父亲去到驻地沈阳，家中老小全靠伯父赵长有一个人承担，由于年景不好，吃穿难以维持。伯父来到哈尔滨托庇街坊一个叔叔赵子贵（他在哈尔滨做买卖生活很富有），他借给了伯父一百五十元大洋，伯父领着祖母伯母和我一家五口人来到饶河小北沟，在大顶子山前老爷岭前后，建立了两处地窝棚，开垦了几十亩土地，种植鸦片。记得我们从哈尔滨乘轮船是在四排下的船，然后穿过无数山林和湿地（漂筏甸子）来到老爷岭前的地窝棚。当时日本鬼子虽然侵占了东三省，但是饶河地方，他们还未来得及实行有效的统治，山沟里的农民，种植大烟，仍很自由，加上年景好，头两年收入确实不错，除了偿还在哈尔滨借赵子贵的债款之外，还有盈余。伯父好盛，花五十两烟土买了一支从苏联走私过来的德国制造的镜面匣枪，带一百发子弹，同时又花二百两烟土，买了一支连珠长枪，带五百发子弹，买这些武器都是为了自卫，当时山沟里很多民户都买有枪支。伯父买来手枪跟人家学擦洗装卸，很是高兴。有一天下午，他在火炕上摆弄匣枪，不小心搂了扳机，枪突然走火了，子弹穿窗而过，当时祖母正在窗外忙着什么，枪声一响她随之倒地，伯父以为把祖母打伤了，吓得急忙跑出门外去搀扶祖母，结果并未受伤，而是突因手枪走火，吓得蹲倒在地。虽然是一场虚惊，伯父却因此而变得精神恍惚，不久便患了中风不语的病，从此卧病在床，既不能干活儿，也不会说话，更不能走路。托人从饶河县城请来医生开了好多副药吃了，二十多天以后，能说话了，腿胳膊仍不会动弹，从此在炕上一直躺了三年。我七岁那年（伪康德元年，一九三四年）夏天伯父死了，当时他年纪仅有四十三岁，从此家里无有劳力，生产生活一蹶不振。那年秋时来了两个要买枪的人，祖母和伯母商量没人手了，留枪做什么，商定一百两烟土两支枪都卖给他们了，枪当场交给了他们，应许第二天走时付钱。他们就住在外屋的拐炕上，等第二天祖母、伯母醒来时，要下地做早饭，一看两个人不知什么时候竟拿着枪偷着跑了，祖母、伯母很是懊恼，但，一个女人家，又有什么办法呢。

　　这年秋时，日本鬼子进到饶河，开始清沟了，日本军、伪满军、警察、成帮成队地进沟烧房子，在大顶子山前、老爷岭后伯父磕头的哥哥叫尹仲坤，家里有十八个割大烟的青年民工，还未来得及走，被日本鬼子堵在屋子里活活给烧死了，多亏老尹头进城买咸盐、火柴，当时没有在家，算是幸免了。老头子回来一看无家可归，抹着眼泪到了我家临时将就了六七天，老尹头说："总在你家住也不是个事儿啊，我还是找地界去。"后来那老头子迁到小北沟懒汉店地方，和一个老跑腿子住在一起。没过两年日本鬼子又强逼百姓归并"集团部落"，老尹头一时没来得及走，活活被日本鬼子用刺刀给捅死了。清沟时，那一次老爷岭后坡被烧的房屋和杀死的人不计其数，活着的都往前沟跑。过了不到两三年，前沟的民房又开始清除，烧房子，撵搬家，就在这混乱的时机，劫盗、小线（小股劫盗）也趁火打劫，到处抢夺，没法生活了，很多人把家产房屋扔掉，领着孩子老婆过江去了苏联。祖母伯母商量领我们兄弟俩（伯母生弟弟赵连文）也往苏联跑吧，跟人走到马架子，结果被日本鬼子截住不让走，只得又跑了回来，多亏寡母寡媳领着两个孤儿，若不就得抓进宪兵队去坐监牢。

我们回到小北沟，正遇上抗日联军同日伪军打仗，从树林子里过兵，满地杂草都给踩平了，屋后老爷岭上枪声不时地像爆豆似地响了起来。日本鬼子怕老百姓支援抗日联军，打过仗之后，又来烧房子撵搬家。有一天阴天，下着毛毛细雨，日本鬼子兵来到，从房顶上抽草点房子，烧不着，将煤油灯里的油倒上去烧，仍不愿着，无可奈何地走了。就在那一天，有个叫乔老三的，领儿子在地里收萝卜，遇上鬼子的"讨伐队"，将他们爷儿两个，全用刺刀捅死了。接着日本鬼子撵搬家归屯了，我家没有劳力，靠邻里帮忙盖了二间小草房。一有时间就派民户挖土筏子垒城墙，动不动就抓民工为日本鬼子讨伐抗联背小背，每个人一草包大米，正好是一百斤，紧跟在日本"讨伐队"中间，爬山越岭，一、二尺深的积雪，脚踩下去，拔不出来，走不动，便用皮鞭子抽。每隔两三个人，中间夹一个士兵或警察，他们走不动时或身上冒汗了，把挎包或大衣往民工背夹子上一挂，他们自己图个轻快。如遇到民工累倒起不来时，即往旁边一掀，倒下去的民工肩上背的粮米，立刻分担在其他民工肩上，每次讨伐，累死、饿死、冻死的民夫都得有十个八个。

我十三岁那年（伪康德七年，一九四〇年）我被派去修关门嘴子至大带河岔口的公路，满山密密麻麻的参天大树林，中间要开辟一条公路，各村都抽调民工，设计砍路影的都是日本鬼子，监工的也是鬼子兵，每个人手中握着一根柞木棍棒。日本鬼子住在帐篷里，中国民工住在临时搭的草棚子里，下边铺上树条子，整天是水津津的，日本鬼子吃的是大米和大麦米，就的是干鱼和干萝卜丝，中国民工吃的是每人每顿两小碗高粱米饭，就的是咸盐水，稍一停顿，大木棒子便把人打得死去活来。有一次，道路中心有两棵很粗的水曲柳树，他们抽出七个身体强壮的民工，用镐头刨挖树根，以便连根拔除。已经刨了有一天半的时间，大水曲柳树开始有些晃动，将要倒的样子，七个民工一看树要倾倒，忙向四周跑去，结果树并没有倒，日本鬼子监工的小头目，骂了一声"巴格牙鲁"，将七个民工全召集到一起，身子转朝一面，抡起大木棍子每人一下子，全打在后腰上，当场被打倒了。打在屁股上的还轻一点，当时连旁边不是挖树根的每人也挨了一闷棍，我被他们打得立刻蹲倒在地半天喘不上气来，接着继续让挖树根，这次又挖了三个多小时。树要倒了，谁也不敢跑了，树倒时五个人被砸倒在大树底下，有四个人只受了轻伤，因为大树杈子的支撑，没被压实，浑身泥巴，从树丫中间钻了出来，有一个朝鲜族民工，那人姓金，说一口流利的中国话，头被一棵大树杈子砸成两半，脑浆子和血淌了满地。日本鬼子来人用白布把死者的头包裹起来，便用担架抬走了，怎样处置的就不知道了。如果有病干不动活儿的，只要躺上三四天以上的，活着便拖出去离道一百米的地方埋掉。向阳屯至五林洞中间路北有个地方叫"十八座坟"，就是修饶虎公路时，惨死的十八个筑路民工掩埋在那里。修关门嘴子至大带路口的公路，死的人是零散埋的，只一两年便被杂草淹没了。

　　修路时，我没鞋穿，在家穿来一双猪皮"绑"，穿了两个多月在泥水里浸泡已经腐烂不能穿了，光着脚不能蹬铁锹，加上我年龄小，他们让我跟他们在树林子里扯百米绳，砍路影，这活儿倒是不算太累，因为没有鞋穿，每天两只脚被荆棘树枝刮得直淌血，晚上疼得觉都睡不着，哭有什么用，只有硬挺着。

　　伪康德十年（一九四三年）归到大佳河的时候，又派民工去修小佳河至西风嘴子的公路，天都上冻了，所经全是一片漂垡水草甸子。日本鬼子便逼着人们在水里挖路边沟，掘筏片，撅不出，日本监工人员便用木棍子打，腿脚插在泥水里都冻木了，他们也不管。有个民工名叫王德全的，由于累、饿、冻，已经生病了，身上穿着一件空心破皮袄，站在水甸子里直打战战。日本鬼子说他是假装的，"穿着皮袄还冻什么？"上去便一顿棍棒，直把那人打瘫在漂筏甸子里，岂不知他连衬衣也没有，光着身子穿件透孔的破皮袄，岂是能够御寒，加上吃不饱肚子，活计又累，当天夜里便死在工棚子里。……伪满洲国时期，受日本鬼子的欺侮简直没法说了。

我的大妈（伯母）归并大佳河屯子那年，由于生活折磨得病死了，剩下一个小弟弟赵连文才十一岁，我们兄弟俩只好跟着祖母在一起煎熬。日本鬼子投降的前一年，即一九四四年夏天，我下地干活去了，奶奶在屋地下推磨，屋子突然起火，加上外面的风又大，把门封住了，奶奶没跑得出去，竟然活活地被烧死了。原因是弟弟在门旁草厦子边上打蚊烟不慎，引起的火灾，致使祖母惨遭横祸。当时村警察来到我家把弟弟拳打脚踢一顿，又有什么用呢，从此我同连文弟弟成了举目无亲、毫无援依的孤儿。

直到一九四七年土改工作团来到大佳河，我同弟弟都参加了工作。一九五二年哥哥赵正铭在部队当兵转业，得悉我们的地址，领着母亲到了饶河，我们全家从此才得到团聚。但母亲好运不久，一九八六年便与世长辞了，当时她的年龄是八十二岁。

二〇〇三年三月十九日访谈记录

注：赵连起，参加工作后，曾任土改工作团员，饶河县第三区农业助理，大佳河村村长，八五九农场第三分场大佳河生产大队长，饶河县种畜场场长，一九八九年离休。

抗日故园六十八年前

李云峰、李润杰记

我老家是山东文登潘格庄村人，家里只有几亩薄田，生活无法维持，父亲李开盛十几岁便给财主家扛活。二十岁那年，他跟随一个乡亲去到朝鲜（今韩国）卖苦大力。那时朝鲜受日本人的统治，中国人百般受歧视，就是尽心尽力给他们干活，不知怎的就遭到老板和军警们的毒打。没有办法，后来跟随人们去到海参崴，起始在煤窑干活，后来又在木帮上伐木。那时海参崴已被沙俄侵占，大多常住的中国居民全被沙俄当局驱赶回国。不愿意走的，房屋被烧掉，资产全部没收，稍有不顺，便被殴打、监押，甚至被杀害，只留下一些临时的中国流民为他们干苦力。中华民国六年（一九一七）俄国国内白党和红党（共产党）起了战争，由于战争造成的破坏，经济异常萧条，中国人仍然处于受排挤、受压迫的地位。有时在街上走路，常常被劫盗截了，有的被杀害，也无处告去，不要说找营生干，就连饭都吃不上了。没办法，父亲随同几个同乡的朋友北上跨过乌苏里江回到中国，那是中华民国七年（一九一八）的事情，那年父亲刚刚二十五岁。来到饶河县小北沟岭后，搭盖了一个小山窝棚，开始定居下来。那时这一带兴起种植鸦片，居民们除了种植少量苞米杂粮自食之外，全靠种植鸦片为生。父亲是一个身强体壮很能干的人，五年的时间一共刨有两垧多地，盖了三间正房，还有三间西厢房，东边是木刻楞苞米楼子，用来装苞米粮食和农具物件，也就是一栋简易的仓房。西厢房里安有石磨，也盘有一铺火炕，从山东老家投奔来闯东大山的一共有七八个独身小伙子，无处居住，都在我们家安身，我家房后是一道山冈，长满了野草莓和马林果（即悬钩子和覆盆子）、榛树丛，房前是一条向东流去的小河，那时我家已经是一个环境十分优美，初具规模的小庄园了。父亲随之从山东老家把母亲接来，家中鸡、鸭、鹅、狗齐全，还养有两头牛两匹马，用来犁田和运木柴。一九三〇年冬我降生了，一九三二和一九三五年，我的两个弟弟云山（荫山）、运芝（运智）先后都诞生在这里，当时的日子过得还满不错的。

天有不测风云，一九三一年"九一八"事变，日本鬼子侵占了东三省，一九三四年占领了饶河县城，接着便是四处烧杀劫掠，往日的平静祥和没有了。中国人不甘心当亡国奴，纷纷起来组织武装，燃起了熊熊的抗日烈火。当时我家养有两支沙枪，一支别拉弹枪，早时是用来看防野猪的，还有一支"七星子"手枪，那是父亲花烟土买来的，也是他最喜欢的物件，为了抗日，全部献给了抗日队伍，父亲和十几个同乡都同时参加了抗日救国会。在我家居住的人中，有四个小伙子直接参加了李葆满领导的抗日联军，因为我家住在小北沟岭后，比较隐蔽，成为抗联的临时后方根据地，队伍在山里战斗过后，经常在我家落脚，都吃住在那里，少则几个人，多则几十个人，有时只住一宿，有时住一两天，有时半夜到家，做顿饭吃了，随之便走了。

记得母亲和姐姐为他们烧水做饭，有时还帮他们缝补衣服。有一年冬天，抗日联军在西林子同日伪军打了一仗，回到大顶子山前来休整。父亲把刚杀的过年猪拿出来给战士们炖吃了，临走时，他们要给扔下几两烟土（鸦片），父亲说什么也不收，父亲说："抗日联军和老百姓一家人，怎能把我当成外人了呢？"每当抗联队伍到家时，那些抗联叔叔们还教我唱抗联的歌谣和战歌。记得有这么一首歌其中有几句："……机关枪不断扫射，还要轰大炮，飞机炸弹抛，城市飞烟硝，男男女女尸骨满街道，可怜婴儿哇哇哭，老弱不堪何处把难逃？同胞们，快快联合起来，拿起枪和刀，要把侵略者全都消灭掉，决不饶！"

抗日联军在饶河的大森林里，不断地同日伪军周旋，给予敌人以沉重打击。一九三五年我六岁那年，听父亲说：抗日联军里出了个叛徒名叫王可文，他把小北沟所有的反日会会员的名单全报告了日本鬼子。不几天，日本鬼子伪警察，上百号人到小北沟进行搜捕，直将住在岭前的反日会会长于士干、于士贵兄弟俩，还有反日会小组长倪元德等十几个人抓去，不久于士干兄弟俩还有五名反日会员被处死。赶来到岭后搜捕时，父亲闻讯，跑到大树林里躲藏了三四天的时间。不久敌人又来小北沟岭后讨伐，离我家不远有一户居民，见鬼子兵来时向树林里逃跑，一家老小五口人，被鬼子全部用枪打死了；另一户独身跑腿子窝棚，十几个人被鬼子兵堵在屋子里，将房子点着，十几个人全被活活烧死；离我家南面不远有一户姓乔的住户，爷儿俩在地里起萝卜，被鬼子兵用刺刀就地刺死在田中。那天敌人来时，恰巧父亲受反日会的差派去大顶子山后天津班后堵胡仙堂地方给抗日联军送胶鞋和火柴去了，鬼子兵经过我们家门口，见母亲领着三个不省事的孩子，鬼子问："你掌柜的哪边去了？"母亲说："进城买咸盐去了。"才幸免无事。

一九三六年夏季，日本鬼子的讨伐行动更加频繁，而且越来越野蛮，越凶狠，山沟里杀害的无辜百姓不计其数……六岁的我已从大人们严峻的眼神里看出危险恐怖的信号。小北沟抗日救国会（即反日会）被敌人全部破坏了，抗日联军办事只得同老百姓本人直线联系。有一天，从大顶子山方向窜来一群日伪军，三名抗联战士走进田里同父亲唠着嗑儿。见日伪军从远处赶来，父亲告诉他们，急速从地北头的树林子撤去。不一会儿，日伪军将正在地里干活的父亲围了起来，挎长刀的日本头目问："胡子你的地里跑来，哪边的去了？"父亲用手一指相反的方向说："胡子的南面的去了。"那日本军头目一时揪起父亲的前怀衣襟，一手举着战刀威吓道："你若撒谎的，杀了杀了的有！"父亲说："我的撒谎的一点没有！"鬼子头目随即发出命令，机关枪向南扫射了一阵子，一群鬼子便向南树林子蜂拥而去。

晚上，父亲对着家人说："我来小北沟十九年了，现在看来待不了啦，我若不是孩子家眷的牵累，头两年我就和乡亲们一起参加了抗日联军，条件不允许，只好走吧，快走，什么房屋、畜禽，家具都不要了。"随之让母亲把简单的衣物收拾了，领着我，背着抱着两个弟弟云山、运智向团山子走去。那时还没兴起领《证明书》（良民证），尤其是拖儿带女，路上无人盘查，过大带河的时候，没有桥，乘坐的是摆渡的舢板船，被遗弃的两只大黑狗从河里泅水紧随，眼里尽是期待的目光。到了对岸，宿在一户不相识的农家，按山规，全家人吃住都没让花钱，并且得到他们殷切的关怀和照顾。第二天到了县城，日伪军警满街走来串去，一片恐怖景象。父亲租下一间小房临时栖身，两个月后，上了"桦泰"号轮船，沿着乌苏里江，直绕到黑龙江、松花江，到了富锦县。两年以后，又到了佳木斯，全靠卖苦力为生，一直熬到日本鬼子倒台，盼来新中国诞生，我们兄弟五人都长大成人，父亲、母亲也都相继作古了。

二〇〇二年夏季，我们老哥仨，带着四弟润杰、五弟勇信，来到饶河县小北沟寻找旧居，早已消失在一片茫茫林海中，找回的只能是曾经记忆起的旧时庄院的影像和抗日联军战士当年在一起战斗生活似梦的情境……（李润杰执笔）

注：忆述人李云峰，是饶河县小北沟抗日救国会成员李开盛之子。一九三六年鬼子清沟时，被迫迁至佳木斯市，兄弟五人，三人早年都参加人民解放军，李云峰曾在部队后勤部当技术工人，离休前是民进会员，佳木斯市政协委员；李荫山（云山），部队医务人员，离休前为主任医师；李运智，前南京军区空军师参谋长；执笔者李润杰是老四，生于佳木斯，原佳木斯市人民银行办公室主任；五弟李勇信，佳木斯市电视台书记。

霍世贤回忆与饶河反日游击队相处的往事

郑成翰记

一九三四年的春天，我和胡万义搬到小南河沟里住，他盖了三间大房，我盖了两间正房，我俩结伴开荒种地。五月的一天，我们在后山开荒，突然从林子里走出三个人向我们打招呼。我们不知来头，客气地称他先生。他们摆手说："老乡，我们是反日游击大队的，咱们是一家人，就叫同志吧！"接着，他们拿起工具一边帮我们干活，一边和我们唠了起来。晚上，他们盘腿坐在热炕上，同我唠了起来。他们中的一个自我介绍叫李学福。一提名字我就知道了他是反日游击大队赫赫有名的葆满大队长。另一位同志叫魏长发，就是平常大家传说的那个白天打飞禽，夜间打香火头，百发百中的魏炮手。还有一个姓杨的小伙子，大家叫他杨把式。这几个人给我讲了许多抗日的道理，我听了真好像又换了一颗心。我想，今后一定为游击队办事，为抗日出力。

我和游击队熟了，家也热闹多了，我再也不是孤身一人了。这回家口大了，李大队长、魏炮手、杨把式，还有来往不断的战士，都是我们家里的人。在地里我们一块干活，他们都是庄稼人，开荒、种地、干啥像啥。回到家里，我们一个锅里摸勺子，煮苞米、蒸土豆、炖茄子，吃得可香了。有时魏炮手还去山里打些野物来改善生活。我说："将来能过上这个生活就不错了。"李大队长听了笑着说："老霍呀，打走了鬼子，我们的生活比这还要强得多呢！"

这年冬天的一个早晨，大雪铺地，天气格外的冷。在东山坡站岗的战士小李跑来报告说，大道上有两张从饶河方面来的马爬犁，上面装着满满的东西，还坐着几个日伪军。李大队长说："给他一枪看看情况！"小李飞奔上山，朝马爬犁打了一枪。敌人立刻停下爬犁，向小李开枪射击。这时，李大队长率领二十多名战士从侧面冲了上去，那五六个日伪军抵挡不住，扔下爬犁就逃跑了。队员们把马爬犁赶进山，卸下上面装的一门小炮，三十多发炮弹，两箱子弹和部分大米、白面等物资。这次战斗缴获这么多东西，队员们高兴极了。后来听李大队长说，这些东西是敌人运往小佳河准备进山"讨伐"用的。

李大队长带着队伍，神出鬼没地活动在小南河一带，先后多次截击来往于饶河、小佳河之间的日伪军爬犁和车辆，把鬼子搞得晕头转向。日寇为防范游击队，在三人班屯设了一个警察队。除此之外，日寇还频频调集日伪军进行"讨伐"，妄想消灭这支抗日队伍。

有一次，李大队长把部队集合在小南河一带进行整训，准备迎击敌人的大"讨伐"。白天，大队长和几个领导在屋里研究怎样开展活动，设法解决粮食、冬装和枪支弹药。晚上，队员们在老胡家里演戏、唱歌，热闹极了。第二天刚蒙蒙亮，在胡家桦子垛上的岗哨王二虎，发现甸子里影影绰绰有一群黑影在向这边移动，他急忙跑回屋里向李大队长报告了情况。李大队长断定是敌人来偷袭，他马上部署队伍立即抢占北山头，接着他又吩咐魏炮手护送我一块上山。这时，山下敌人的机枪、步枪一齐开了火，一百多个敌人像一群疯狗，把胡家房子围了个水泄不通。我和队员们在山上看得一清二楚。大队长见时机已到，他命令队员们："要沉住气，瞄准打，来个枪枪见血。"当敌人清醒过来时，地上已撂倒了十多个。李大队长又命令队员们："不要打中国人，专打日本鬼子。"尽管敌人猛烈冲锋，但队员们沉着冷静射击，一枪一个，枪枪见血，不一会又撂倒鬼子十多个。敌人冲了半天没有攻下山头，马上支起轻机枪向山头射击。魏炮手像开玩笑似地说："霍大哥，你看着，咱把这挺机枪留下来。"李大队长说："对，搞掉这个火力点！"魏炮手托枪瞄准，"叭"的一枪就把敌人机枪射手掀在了一边。李大队长一挥手命令说："去，把机枪夺过来！"四五个队员在火力掩护下，猫着腰跑下山去，不一会就把机枪扛了回来。李大队长高兴地说："用鬼子的机枪，慰劳慰劳敌人！"一个队员把机枪架起来，当敌人冲锋时，他就突、突、突地一阵猛射，子弹像刮风一样向敌群扫去。敌人一看形势不妙，在日本指挥官带领下慌忙撤退。魏炮手说："这家伙既然送上门来，就别想回去。"只听"叭"的一声枪响，那个日本指挥官一个倒栽葱躺在草甸子上不动了，剩下的敌人抱头鼠窜，只管逃命了。

战斗只用两个来小时就结束了，共歼敌二十五人，缴获步枪二十一支、轻机枪一挺、子弹二千多发，我游击队无一伤亡。

在整训时，大家总觉得这次敌人来得突然，这其中必有因由。一个队员说："有个老乡说，苏中和去饶河快一年了，前天突然来了一趟。"一提苏中和，大队长心里明白了八九分。苏中和是小南河区域的一个甲长，又是小南河反日救国会的小组长。这个人能说会道，同游击队来往得很熟，取得了信任。去年，游击队给他一包烟土，让他到饶河买布给队员们换装，谁知他带着大烟土一去不回。后来听说他在街里吃、喝、嫖、赌，出出进进混得很有名气。就在队伍集结的时候，他到小南河不漏声色地走了一趟，第二天敌人就来了一个连。当晚，敌人偷偷地聚在姚家饭馆。这里与胡万义的窝棚隔着一个草甸子，相距仅有八里路，便于突然偷袭。由于我游击队十分警惕，敌人阴谋没有得逞。我们估计是苏中和干的。后来，这个民族败类受日伪军派遣，在去山里找游击队说降时被游击队抓住就地枪决了。

转年春的一天，李大队长到我家对我说："霍大哥，目前形势很紧，看来你今年不能在这种地了，以后不管到哪个屯，都别忘了同游击队取得联系。"我说："不，游击队到哪我就跟到哪。""霍大哥，你归了屯子，在那里就有了游击队的耳目了，以后还有许多事需要你帮助，比如说，送情报、上粮食、弄布匹等，这都是在抗日啊！"不久，日寇开始归屯子了。那时候，沟里烟气腾腾，火光冲天，我真想进山躲一躲。可是，我还没走出去，就被鬼子堵住了。他们二话没说，进屋揭起炕席卷成筒，点上火就扔到房子上，然后厉声对我吼叫着；"归屯子，你的走！"我一看没法，一头钻进屋里，抢出破行李和一点苞米面，恋恋不舍地离开了辛辛苦苦才建起来的这个家。到了四排，我和几户赫哲族乡亲们凑合在一起，盖了个存身的小马架子住了下来。我天天惦记着李大队长和游击队的同志们。过了几天，我拿着刨锹，假装出屯种地，一气跑到我原来的地窝棚。眼前是一片废墟，哪有游击队的影子，我的心像刀绞一样。傍晚，突然从树林子里走出一个人。近前一看，原来是游击队搞军需的刘殿家。当时我高兴得不得了，眼泪就像断了线的珠子，噼里啪啦往下掉。他安慰我说："老霍，不要难过了，这笔账早晚要跟他们清算的。"我抹去眼泪说："大队长和同志们在哪？"他指着树林子说："大家在那都安全，你放心吧。"我说："告诉大队长，我在四排住，有事找我。"

六月的一天傍晚，有人给我捎信说，在北大桥有两个人找我。我心里一亮，肯定是他们。我拿了简单工具，说要到北大泡子抓鱼，骗过了站岗的警察，一直赶到北大桥。果然是魏炮手和一个队员。魏炮手简单说明来意："游击队急需粮食，千方百计寻一点。"我知道鬼子控制严，为了让同志们吃上饭，头拱地也要完成这个任务。我告诉他："山上我还藏点粮食，在老把头庙西边树林子里，底下搭的木头架，上边盖着羊草，大约能有十石八石苞米棒子，先弄回去吃。过五、六天，我再设法背回去。"说完他俩就回去了。后来，我两次到西林子裕合成杂货铺买了六十斤小米，冒着生命危险，把米藏在四排西边桥底下。晚上，我拎着元皮夹子假装打皮子混过站岗的敌人，再把小米藏到北大桥。过了几天，游击队把米背走并留下纸条，说谢谢我。

冬去春来，有一次刘殿家又来找我，叫我给买四十双水袜子。这回可难住了我，那时买这么多水袜子可不容易。可我想到部队对我的信任和希望，想到这也是为抗日做的工作，我下决心办好这件事。我先后三次去饶河，费好大周折，总算买了三十双水袜子。我亲自到小南河沟里，把水袜子交给了刘殿家。他拉着我的手，甭说有多高兴了。又有一次，刘殿家趁黑天来找我为部队买十匹布（每匹100尺）。当时，日寇归屯封锁非常严，出入都得有《证明书》，还要挂号。特别是对布匹、粮食、盐控制得非常紧。这次，我没办成，警察就盯上了，把我抓去蹲了八天监牢。他们说我"通匪"，我死不承认，加上又没有证据，只好又把我放了出来。打那以后，部队再没有来找过我，我再也没有听到他们的消息。后来，我听说抗日队伍在大别拉炕、小佳河、关门嘴子等处打了胜仗，敌人死伤惨重，还缴获好多枪支、弹药，我心里非常高兴。

五十多年过去了，可李大队长那张和蔼可亲、平易近人的笑脸，还有那些亲如家人的队员们的形象，都依然历历在目，令我难以忘怀。

（郑承翰整理）

注：郑承翰，一九三〇年生，郑鲁岩本家，一九八三年，中共饶河县委宣传部干事，一九八六年逝世，享年五十七岁。

于浔经缅怀抗日岁月

我是山东文登于家埠人,一九二三年生,小学三年级时父亲于元显因生活困迫,即独自闯关东,来到东北饶河。第二年我与弟弟于连经(五岁)随母一同寻父也来到饶河,住在小北沟(老爷岭后)大顶子山东边,种地为生,还兼种大烟可卖钱买生活用品等,全家很和谐。父亲给请了一位王老师,教我读私塾。第二年有关门嘴子我于滋田叔来家串门,他是关门嘴子的甲长,随身带有一支匣枪和一支撸子,当日即有两个劫盗跟踪。一个姓栾的叫栾世义,他用手枪将滋田叔喊住:"举起手来!"我叔即双手高举,栾一手下枪一手持枪,此事正被我父亲看到了,转身即将腰中的小手枪拿了出来,对准栾世义头部。这时栾早已目睹我父亲的举动,先开枪,将我父亲的颈部打穿,我父亲同时也开枪将他头部打穿,栾即向房后跑去,他那个同伙听到怦怦两声枪响随即向北山隐逃。我叔马上用匣子枪将房后的栾世义击毙,父亲血流不止,立即绑担架送往饶河医治,后我与母亲弟弟同到饶河街在叔叔于滋田家住的。第二年即有日军由江上开来两艘舰艇,当时向城里放了几炮,街里的红胳膊箍(救国军)早已撤走,日军很快进占饶河街,我父亲伤好后,又回到小北沟,我们在读私塾。那时即有抗日游击队伍,我叔于元伦和杨洪义他们经常与我父亲在一起谈论抗日的事儿。

我记得有一次我妈在包饺子,还没下锅,我在外面听狗咬看到南边来了军队（日伪军），我即告知他们，于元伦叔和杨洪义立即由后窗逃跑了，到山里奔抗日队伍去了。

日伪军队直接开往大顶子山附近，一阵枪响，不一会儿即抬了一个被打死的伪军。后又住一个时期，有日伪警察来到我家捉于先生，因我没有老师，我教弟弟们读书，他们一看我是小孩，不是正式老师，即不捉我了，转移到西边小学校去捉于时贵老师，他是抗联特派的，以当老师做掩护。一九三六年五月特务警察吴金华和日本警务指导官率领六十多名特务警察到小北沟将反日救国会干部于时贵、吕吉湖、倪福田（倪元德）和农民群众王旭臣、王开同等八人，在当年九月将于、吕二人和关门嘴子岭西四道沟（今杏树村南）的冷志明一起刺杀。一九三九年，特务警察伪装抗联送粮人员侦察逮捕了董义操、曲景发、李东聚、孙明阁等十多人。一九四四年秋，特务彭某告密逮捕了大带河村抗日救国会会长张发学和农民张宝贵、姜忠山、刘安春（刘万奎）等十人，刑讯后送牡丹江模范监狱，结果九人死亡，东北解放后，只张宝贵一人生还。

烧我家的房子时父亲阻拦不让烧，被他们用枪把子打断肋骨两根，我父亲那时已接替于时贵干反日会长职务，继续与日伪进行斗争。但是烧房子是日伪为切断抗联与群众联系的既定方策，抗联的用品和粮食供应，自然就有了困难。记得有一天晚上，有一位六十多岁的老抗联来我家，对父亲说："端起饭碗别忘了，还有我们这伙人。"他腰里别着用红布包的小手枪说话很和蔼，我想他可能是抗联的领导人，详细我就说不清楚了，他们经常来到我家和父亲谈论打日本鬼子的事儿。后来他们过苏联去了。因父亲有眷属，我和弟弟妹妹都小，无奈只得任他们把房子烧掉，归到小北沟村里来了。父亲暗地里仍同抗日联军秘密联系，传递信息和送粮食。咸盐等物资。有一天夜里，抗联小分队，来到小北沟（后改为朝阳村）村北，准备缴警察小分队的枪。由城北门进攻，由于敌伪武器弹药充足，戒备森严，没有打进来，抗联小分队即绕至村西北方向撤走了。不久，我父亲即被县日本宪兵队秘密逮捕。由于父亲守口如瓶，敌人尽管施尽各种酷刑，都未获得任何口供，后来不得不释放回家，以图放长线钓大鱼。父亲在押期间，由于受到敌人的残酷折磨身心交瘁，回到家中，便一病不起，不久便死去了。这是一九三九年——归屯子第二年秋天的事情。

我的叔父于元伦参加了抗联，同杨洪义同志在一起都做后勤工作。一九三九年夏季，他俩在四排至西通间执行一项紧急任务，被日伪边防哨卡堵截，我叔父于元伦在突围中不幸惨死江中。杨洪义同志终于冲出重围，过境去了苏联。新中国成立后又回到祖国，曾任过富锦县公安局长和饶河县县长，一九六八年病逝于宁安。

当年抗日联军教给我的《抗日童谣》我还记得清清楚楚，不妨记在这里：

听到小狗汪汪汪的咬，
出门一看日本鬼子来了。
明晃晃的枪上带刺刀，
他来不为别的事，
不是杀人就把房子烧。
东屯的哥哥日本打死了，
西村姐姐日本强奸了。
我们快快长大身儿那样高，
同去抗日好把仇来报。

二〇〇二年三月

注：于浔经，一九二三年生，一九四六年参加革命，一直在商业部门做财务工作，一九八三年离休，离休后曾是饶河县五金交电公司会计，现年（二〇〇四年）九十二岁。本文是他写的回忆录，出版时，又经删节。

抗联老人赵岐山的不幸遭遇

《饶河县志》第四卷历史沿革（上），记载了一九四五年八月九日苏军出兵东北，伪满洲国垮台时，当日苏军将伪满时期县内几个大特务抓走。其中有个名叫赵岐山的人，实际还是一个大冤案。

原来赵岐山清末光绪十年（一八八四年）生于山东省掖县，从小家境贫寒，后来流寓饶河县大带河沟里谋生。一九三一年"九一八"事变，东三省沦为日本帝国主义的殖民地。饶河地域，濒临苏境，中国人民更受尽了日寇的残酷统治和压迫，赵岐山同千千万万苦难民众一样，无法忍受日本鬼子的蹂躏，遂与几个朋友商量，将地窝棚抛掉，成立一支山林队，与日本鬼子斗争。当时同赵岐山一起起事的有宋松臣，也是山东逃荒闯关东的农民，共组织有二十多人，后来发展到四十多人。推宋松臣为领队首领，赵岐山为副首领，起队头名称叫"田军"，意思是种田人组成的抗日军。当时没有枪支，有的将种田护秋的猎枪别拉弹、沙枪也拿来当武器。赵岐山通过朋友串联，在小南河沟里和大带河、大别拉炕沟里，共募集来六支枪械，宋松臣募集有八九支枪，一共有十几支枪，后来在与日伪军的战斗中，不断缴获敌伪的枪械武器，逐渐地武装起来。当时在饶河、虎林、同江一带成了一支骁勇善战，很有战斗力的队伍。

当时，在中国共产党领导下的东北抗日联军第七军已在饶河石头窝子岭后正式成立，为了不断壮大抗日力量及联合一切可以联合的力量，一九三六年一月，经李学福周旋，将"田军"正式收编，改为七军一师第三团。任命宋松臣为团长，赵岐山为副团长。改编后的三团，在那丹哈达岭山区，与日伪军几经战斗，都取得了很好的战果。后来，宋松臣与赵岐山因工作中发生了意见分歧，产生龃龉，七军政治部遂将赵岐山调出三团。因赵岐山原籍是山东掖县，和饶河县城里许多商户是同乡，因此任命他为七军军需处副官，专管募集物资。几个月当中，他为抗联购买和运送了很多胶鞋、火柴、咸盐等物资。不料，一九三七年三月，他在暖泉子沟地方一个叫梁树茂的农民家里，被日伪靖安军抓获，将他押解至小别拉炕警察署，关押在监狱里。因为他的身份没有暴露，只押了五十八天，就被小别拉炕警察署释放了。不久，他在小别拉炕南沟里给饶河北边公司经理吴炳彩烧炭。一九三七年秋天，被抗联七军二师副师长刘雁来得知，遂密派副官徐炳荣来到炭窑，定于十月某日让赵岐山到韩家店西山根与刘雁来接头。赵岐山按时去了。与刘雁来见面时，陈述了他被俘前后的经过，并要求返回部队。刘雁来说："你虽然被俘，与抗联脱离了关系，这种身份很好，易于隐蔽。你对抗联队伍既有赤心，不妨你继续在这里为他们烧炭，给抗联输送物资。"赵岐山就这样继续在那里烧炭，利用机会，为抗联输送一些日用物资。炭窑里不便于保存，有时将东西买回来，送到预定地点高山石砬子缝中或枯腐树洞里边间壁起来，抗日联军到时直接前去拿取，避免直接接触被敌人发现。一直持续了五年多的时间。当时烧炭窑的山掌柜的和工友们都是中国人，表面虽贴附日伪当局，但心里还都倾向抗联，就是北边公司的经理吴炳彩，也是两面应付。因此，赵岐山为抗日联军输送物资，也是得到他们的默许，才得以进行。一九四一年后，太平洋战争爆发，时局紧张，凡在山林里狩猎烧炭、采山货或下江捕鱼等，均需受特务机关钳制，挂名登记并承担搜集情报任务，因此赵岐山也同时在饶河特务机关里登记挂名。后来，他除了在山林里烧炭之外，并在县城里开了一个小煎饼铺，他为抗联输送物资直到一九四二年三月为止。以后，由于日寇封锁严密，抗联不便于在山林里活动了。一九四三年开江前，抗联队伍全部撤往苏联，从此赵岐山便与抗日联军失去了联系。

一九四五年东北光复时，赵岐山被苏军解走，以充当日本特务罪，发至欧洲，靠近北冰洋附近一个矿山里服了十年劳役，直至一九五六年才释放回国。因此社会上只知道赵岐山的公开身份是在山林里烧木炭，挂日本特务衔，而为抗日联军输送物资却是秘密进行的，只有少数抗联人士知道。赵岐山一段历史。一九五八年，前东北抗日第二路军第二支队副支队长刘雁来（当时任黑龙江省航运局长）证实：赵岐山确确实实为抗联输送过许多物资，做过很多贡献。尽管这样，赵岐山老人，每次政治运动，仍以"日本特务"身份受歧视，一九六七年"文化大革命"中，更以"日本特务"罪名多次遭受批斗。被迫自缢身亡。一九七九年甄别冤假错案当中。经公安部门查证核实，赵岐山为抗联搞物资做过贡献是事实，一九四二年他同抗日联军失去联系三年多年的时间，他未做过任何有伤祖国，有伤饶河县老百姓的事情。因此，一九八七年黑龙江省公安厅正式做出决定，承认赵岐山为抗联有贡献人员，对以"日本特务"名衔遭受的批判打击和屈辱予以平反。赵岐山老人，你安息吧！

  注：根据一九九九年五月二十九日饶河县党史办工作人员汪云高同志提供的资料及一九八七年黑龙江省公安厅"对赵岐山冤案平反决定"，二〇〇四年三月编著者记于牡丹江市委招待所。

温寿山访谈录

忆述渔民李洪亮惨遭日寇杀害的不幸遭遇

我民国二十年（一九三一年），出生在饶河县七里钦（今五林洞），父亲温克显是七里钦的保长，老家是山东省招远县。父亲青年时，因家乡生活困难，跟随乡亲闯了海参崴，在远东一带出过苦大力，做过买卖。后来俄国国内起了战争，无法谋生，才被迫又回到中国，在饶河县七里钦地方落了户，靠耕植鸦片为生，后来当选为保长，从此家业兴旺，并兼营商业，在哈尔滨和佳木斯等地都有分柜。"九一八"事变后，日本侵略者占领了东三省，加以归村并屯政策的实施，七里钦一带变成了无人区，从此父亲家业衰落，生意一蹶不振，心里上火，不久便得病死去了。那年（康德八年，一九四一年）我十一岁便成了孤儿，从此母亲领我们兄妹三人靠折卖家产度日。一九四八年土地改革时沦落为贫民，我在永幸村一直过了五十多个春秋。因为我的童年时期，父亲多结识一些官吏和商民等上层人物，因此，我对于社会上也略微知道一些事情。我印象最深的有这么两件事情，一件是有关俄国鬼子方面的事儿，一桩是日本鬼子残害中国人民的事情。现在只说特务汉奸和日本鬼子残害中国人的事情。

伪满洲国康德八年（一九四一年）饶河街，乌苏里江边街南头王家大院（今热电厂）北面，住有一些养船的渔民。其中有一户叫朱福利的，因为他排行老二，人们平俗都叫他"朱老二"。他原籍山东掖县，他的父亲旧中国时曾当过四排的大爷（一种地方头目人）。朱老二的儿子名叫朱增吉，那年他不过十三岁。一天，他同邻居同龄伙伴李凤楼（山东掖县人）是一个孤儿，哥哥在江边打柴，被苏联巡逻兵掳去，杳无音讯，他寄居在伯父家里。还有徐智礼（后改名徐息非）的弟弟徐智义（山东泰安人，父亲也是渔民），年龄也是十三岁。他们三个人在江边玩耍，忽然发现被江水冲蚀的江坎上，露出两只装糖的薄铁桶，撬开一看，内中用油纸包裹着黑色膏状物，三个人各掘出一块分了（约有四斤左右）。李凤楼拿回家去，他的伯父用舌尖舔了舔说："这是纯真上好的大烟土哇，不知从前是哪家商号埋藏在地下的，人走了或是死了无人知晓了，变成了无主的遗物……"正说着，只见朱增吉前来拖李凤楼到江边评说，因为他父亲朱老二说，他分得的太少，硬要找到破铁罐三个人重新分。这时把徐智义也找到江边，李凤楼和徐智义两人都说差不了许多，不同意再分，朱增吉便同李、徐二人打起架来，三个半大小伙子打成了一团。那天正赶上早晨刚吃过早饭的时候，恰巧渔民李洪亮上江边挑水碰到三个小子打仗，滚在了一起，他上去拉架，并把他们训斥了一顿，好歹才算把仗拉开。但事情却被码头上的警察发现，经询问，原来是捡到大烟土的事儿，随之把三家大人连同三个小孩子全都传到警察队，命他们三家立刻将分劈的烟土如数上交警察队，并把他们训斥了一顿。事过之后，李凤楼和徐智义两家都不以为然，只有朱老二却埋恨在心，扬言说："这事情，就坏在李洪亮手里，不是他去拉仗胡嚷嚷，上百两鸦片哪能让警察大队全缴了去？"事情过了一个月，还是这年白露以后，捕捞大马哈鱼的季节，李洪亮半夜里被饶河宪兵队抓去。原来朱福利（朱老二）当上了渔特务，诬告李洪亮在江上捕鱼与苏联边防军暗自沟通。因此日本宪兵队以"通苏"罪对李洪亮施以各种酷刑，最后送交哈尔滨平房七三一部队做了细菌试验致死。从此活不见人、死不见尸。那年李洪亮仅仅二十五岁，刚刚结婚仅仅七个多月就无辜地被残害致死。李洪亮的父亲是一个吹鼓手，靠红白喜事为人家吹喇叭赚碗饭吃，老家是河北省河间人，哥哥李洪义是个半呆傻人，靠耕地为生，李洪亮死后不到两年的时间，父母双亡，儿媳不得不另适他人，剩下一个傻哥哥过着流浪的生活，一个完整的家庭就这样衰败解体了。善有善报，恶有恶报，不是不报，时机不到。一九五五年肃反时，朱老二被判处有期徒刑十五年，后来病死狱中。

被日本鬼子残害的中国人不计其数，就不一一列举了。

二〇〇三年九月二十六日

李进胜缅怀老师王少璞

我自一九三四年秋到一九三九年末（九至十二岁）在黑龙江省饶河县城区两级小学校读书，正是日寇强占我东北三省，敌我斗争激烈的时期，学校内的教师队伍也随之动荡分化。以邢裕文校长为代表的大多数中间派表面上按照日伪的要求上各种课程；少数亲日份子肆意辱骂殴打学生"虎洋气"，唯独我们的王少璞老师他与众不同，其主要特点：

仪表庄重，作风老练，他身材细高，长瓜子脸偏分头，佩戴眼镜，他言行举止非常稳重老练，少言寡语，从不讲"日满亲善"的废话。他论年龄不算长者（三十岁左右），许多老师和校长都称他"老璞"，确有为人师表令人尊敬爱戴的师德师风。

爱护学生，很少责罚。他一贯严守课时，广爱学生，每逢隔壁老师迟到学生大声喧哗时，他用手拍拍板壁说："又要吵吵。"他在讲课中发现个别同学说话，他拍拍讲台："又要说话！"他从不轻易体罚学生，只有一次在放学走到大街上几名大几岁的同学无故辱骂年纪小的同学，不能制止，向他控告之后，王老师大怒把他们各打了两板。多年来，只这一次有效地震慑了歪风，深受广大同学们的爱戴。转年，听说他乘船去哈尔滨治病，当轮船行至校门时，有许多同学正值下课纷纷跟着轮船跑送，有些同学竟流着眼泪呐喊着："王老师早日回来啊！"

博学多才，教诲有方。王老师在担任我班班主任两、三年中，除日语体育两课外，其余语文、数学、绘画、音乐、书法、历史等的教学水平既高深又认真。如音乐课中他教的《渔光曲》是一首讴歌劳苦大众的辛酸呼声的名曲，使我至今念唱不忘。再如他教书法之前，先令我们每人写一篇大楷，经他判断后顺其自然地告诉学生分别买练欧、柳、颜、赵各家字帖并又将各字帖上的字逐字评点，将写好的字画上红圈，让同学们仿照习练。由于他教学方法得体，使我们欣然接受，提高很快。

敢逆潮流，忠党爱国。在一九三八年（我十二岁）那年，正值"七七"事变之后，上边下令停教国文国语，要换满语，但在课本来到之前，王老师趁机背着课本不写教课笔记，从盘古氏到辛亥革命，在此大讲中国历史，这是日伪严禁教的课程，不许我们知道是中国人，接着又给我们大讲《古文观止》，中的《桃花源记》《归去来辞》《捕蛇者说》《陈情表》等唤醒民众不为日伪效劳的意念。当时只知道王老师讲得非常好，不知其深刻寓意。待我参加革命工作多年之后，才逐渐觉悟到王老师的非凡才能。一九八五年，我有幸见到童年的老师陈文蕴，经过请教，才解开了我内心多年的猜想和疑念。她说："王少璞是地下共产党员，他是以抽大烟（鸦片）作掩护作地下党的工作啊！"后来在他妹妹带领我班同学徐天福、徐凤岗于一九四一年霜降下雪那天，逃往苏联之后把王老师调往虎林县，据说不久便死去了，是被日本人给害死的。

王少璞老师虽然过早地逝世了。但他当年那种高尚的师德师风、博学多才、忠党爱国的顽强精神将永世长存，永垂不朽！

二〇〇三年三月二十一日于鸡西

注：李进胜：一九二七十二月三日生，山东掖县人。一九三四年随父来饶河，高小毕业后在商铺学徒。一九四五年十月被推选为饶河县民主大同盟青年会主席。一九四六年"二二二"西风沟土匪叛乱后，回家隐居务农。一九五三年去鸡西市，在小恒山煤矿参加工作，历任采掘工、力工、材料员，因工作积极肯干，多次被选为市级、省级劳动模范，一九五七年提为行政干部，加入共产党。曾任统计员、科员、小恒山煤矿建设科长、党委办公室主任等职。一九八三年因身体有病，提前退休。二〇一一年病逝，享年八十五岁。

日寇残杀暴行

日本帝国主义者侵占我东三省后,对饶河县这片抗日根据地人民实行惨绝人寰的血腥屠杀。自伪康德元年(一九三四年)日寇进入饶河县境至东北光复,先后十二年的时间,屠杀无辜百姓及爱国志士数达一千余人。其中,除了正面围剿我抗日武装以及归并"集团部落"时惨杀的无辜百姓之外,被日寇以"通苏""通匪"(指抗日联军)名目逮捕或就地处死及送至牡丹江模范监狱和哈尔滨七三一部队做细菌试验而致死的人员累计数达三百多人(见《饶河县志》历史沿革上)。兹择其有代表性者志记一二。

一、大带河村民张宝贵十人以"通匪"罪被捕入狱,解送牡丹江模范监狱致死九人

张宝贵

张宝贵,山东胶南人,清光绪二十八年(一九〇二年)生,幼年家贫如洗,十七岁从兄逃荒至本县之逮云岭东垦田为生。时胡匪劫掠,几经患难,被逼迁归大带河屯(今垒山村)。越二年,住地被日军守备队强占为屯守兵营,再驱至老会房子河南立村(今大带河村)。因山耕常与抗日联军遇,多秘密为之送粮米,或所收粮谷直留山野贮藏转送抗日联军,谎报为山猪黑熊所践食。后被警察赵振江、特务彭少文得知告密被捕。同时被捕者凡十

人。计有：抗日救国会大带河分会会长张发学，山东即墨人，年四十七岁，农民；姜忠山，山东济南人，年三十九岁，农民；刘万奎，山东胶县人，年四十岁，农民；赵顺天，山东胶县人，年三十九岁，农民；邹明云，山东掖县人，年三十六岁，农民；罗殿清，山东胶县人，年四十岁，农民；李清友，山东莱阳人，年三十五岁，农民；张宽忠，辽宁安东人，年四十二岁；王文义，山东牟平人，年三十四岁，农民。以上十人于本县日本宪兵队受尽酷刑后，解送至牡丹江模范监狱，受之以酷刑。前五人被处以绞刑缢死狱中，后四人饥寒忧病而亡。唯张宝贵体质健壮，食不择败腐粗劣，虽糟糠必食，唯劳为务，心旷而少思，屡遭毒打而不供，经年乃发往鹤岗煤矿背煤三载，民国三十四年（一九四五年）八月，东北光复时获释。初于佳木斯饭铺推磨为食，十月初，乃徒步经桦川、富锦，意欲返饶。行经悦来镇东南二十里处，为同行二青年以棍棒击头部，缚之巨苴，将所携盘费尽掠之。既苏，呼路人释之，头面血迹淋漓模糊，伤痛无以行。蹒跚三四日始抵集贤镇，乞食逆旅。半月后再上道前行至富锦县，遇前同路行凶二劫盗，执之以诉讼治安维持委员会，不予受理，敷衍了之。入冬随商贩马车穿越荒野大甸，经六日夜，始返大带河村。妻携孩小知其已死，因生计所迫，适之他人，见其生还，复归依之，以成团圆。土地改革以还，从农三十二年，每为公事，向不专私。一九七二年，曾当选为村贫农协会主席。一九八一年病逝，年八十岁。

二、被日寇残害的抗日老战士邹俭堂、王乐甫、林向阳

在饶河县境被日本军警残杀致死的中国人，数以千计。已知的被日本宪兵队逮捕送交哈尔滨七三一部队做细菌试验致死的人中，有邹俭堂，他是山东文登人，是抗日联军七军地下工作者，为抗联秘密购买物资，因特务告密被逮捕致死的。

另有王乐甫，又名王少舟，山东海阳人，开办"三多"照相馆，为抗日联军地下工作者照相，领取《证明书》，被叛徒告密，经饶河县日本宪兵队逮捕，受尽酷刑，送至哈尔滨七三一部队，做细菌试验致死。遗有妻子及两

个女儿，凄惨苦度了几十个春秋。

　　林向阳，山东招远人，在饶河街北段开办"广通茂"杂货店，为抗日联军输送棉胶鞋及火柴等物资，因特务告密。被饶河县日本宪兵队逮捕，受尽各种酷刑，最后被送至哈尔滨平房七三一部队做了细菌试验致死。遗有妻子及两个女儿连同一个残疾儿子，煎熬了一生。

　　以上两个被害人都是经过伪满饶河县日本宪兵队宪补张家政一手操持致死的。张家政终于在一九五四年六月被人民的专政机关逮捕，以血债累累的历史反革命分子被判处死刑。详见饶河县人民法院档案："历史反革命分子张家政卷宗"并二〇〇四年社会科学文献出版社出版的杨玉林等所著《日本关东宪兵队"特别输送"追踪》一书第七节"饶河照相馆老板王乐甫"和第八节"勇敢坚强的抗联交通员林向阳"。

饶河县"三多"照相馆老板王乐甫

杨玉林撰

王乐甫和后面要介绍的林向阳都是黑龙江省饶河县人,他们被发现也是偶然的。在黑龙江和吉林两省档案馆所藏的日军"特别输送"档案中均无有关王乐甫、林向阳二人的记载。在参与过"特别输送"的日军宪兵队战俘们的供词(收录于中央档案馆等部门编辑的《日本帝国主义侵华档案史料选编——细菌战与毒气战》等书)中也未见二人的名字。关于王、林二人被"特

郑成翰记

别输送"的证据材料只保存在饶河县公安局的敌伪人员审讯档案中,我们能得到这份材料,有助于饶河县原县志办主任姚中嶍。当然,饶河县公安局等有关部门和王、林二人的遗属早已经知道事实真相,只是由于饶河地处边远,此事一直没有公开报道,新闻界和研究者都未能得知。

最初,我们为了寻找一个叫杨吉林的被"特别输送"者的线索,于二〇〇〇年十月底到了黑龙江省饶河县的大带河村,结果是一无所获。我们在大带河公安派出所问路时,一位年轻的民警主动告诉我们说:"饶河县史志办的姚中嶍老师编写过《饶河县志》,对饶河的历史特别有研究,有什么搞不清楚的可以去问他。"我们这才专程赶到乌苏里江边上的边境小县城饶河镇,去请教当地德高望重的姚中先生。听说我们要调查日军细菌实验受害人,姚先生说:"杨吉林这个人我不知道,但我知道我们饶河县伪满的时候

确实有两个人被日本人送到哈尔滨细菌部队去了，这两个人一个叫王乐朴（甫），另一个叫林向阳。我在写县志的时候查过县公安局的档案，还把这件事写进了县志。"听到这个情况我们不禁大喜过望！更让我们高兴的是：王、林两家还都有人在，而且都与姚先生相熟。林向阳的家人已迁居虎林市，姚先生将地址告诉了我们。而王乐甫的女儿一家人就住在饶河县城，姚先生答应立即带我们去拜访。

二〇〇〇年十一月一日，我们在姚中嵧先生的引导下来到了王乐甫的大女儿王桂芝家。王桂芝一九三三年生，其父王乐甫被捕时她已经十余岁，当年情景还记得比较清楚。后来，姚中嵧先生又帮助我们查阅了现存于饶河县人民法院的汉奸张家政的审讯材料。张家政从一九四二年到日本投降前一直在日本东安宪兵队（本部驻伪东安省东安市，现黑龙江省密山市）驻饶河分遣队当"宪补"，曾亲身参与抓捕和审讯王乐甫。东北光复时，张先后逃到长春、沈阳和北京，1953年在北京被逮捕并送回饶河审讯，因罪大恶极于一九五四年被判处死刑。张家政在供述其罪行时，详细叙述了他参与侦查和审讯、押送王乐甫、林向阳等人的经过。

据王桂芝回忆，王乐甫一九一一年出生在山东省海阳县嘴子前村。妻子王杨氏大他两岁，两人在原籍结婚，大约在一九三九年或一九四〇年，在大女儿王桂芝八、九岁时，一家三口人与王乐甫的弟弟王在周一起离开山东老家来到饶河县城定居。王乐甫兄弟二人在饶河县城里开了一家"三多照相馆"，因王乐甫的照相技术好，生意很兴隆，王家的日子过得也很不错。王乐甫夫妻俩到饶河以后又生了两个女儿。

据张家政供述，大约在1944年7月，饶河宪兵队的"腿子"（眼线）王绍兴（绰号"王老七"）等人，在饶河县七里沁河地区诱降了从江东苏境过来的一名年轻的"武装间谍"戴玉珍。这个戴玉珍向日本宪兵队告密说，潜伏在饶河街上的"间谍"有"三多照相馆的王乐甫，以及于海、王海山、优级小学校长孙锦良"等四人。宪兵队很快将这四个人抓了起来，王乐甫是由张家政和日本宪兵川崎、大平到家里抓走的，王乐甫的弟弟王在周也被同时带走。

王乐甫的名字在我们的调查初期曾出现过混乱。最初饶河的姚先生说是"王乐朴";张家政在口供中一会儿说"王乐朴",一会儿又说成"王乐璞";王乐甫的女儿王桂芝告诉我们是"王乐圃"。直到王桂芝找到父亲的名章,才最后弄清他的名字是王乐甫。出现这种情况是可以理解的,因为本地人一般都把"甫"字读成"普"音,所以把王乐甫名字中的"甫"字写成"朴""璞"都是可能的,更何况张家政的口供是别人笔录的。至于王桂芝将父亲的名字记错,一是因为年代久远,二是由于她本人文化水平不高,所以导致记忆不准确。不过毕竟还是王桂芝的说法最接近真实,只是在"甫"字上加了个方框而已。

关于王乐甫被捕的时间,王桂芝的记忆与张家政的说法不太一致;王桂芝回忆说,"我十岁那年冬天,我父亲和我叔叔被日本宪兵队抓走了,我记得天很冷了,都穿着棉袄。"已经十岁的孩子对父亲被抓走一事的记忆应该是深刻的,所以王桂芝说得比较可信。结合张家政的口供分析,王乐甫应是在一九四四年的初冬被捕的。王桂芝说,叔叔王在周不久被放回来,而父亲王乐甫被抓走以后就再也没回来,后来家里人听说王乐甫被押走了,他离开饶河的时候有人看见。那时候饶河街上有个叫于巨川的人,每天早晨都出来溜达。有一天早晨四点多钟的时候,于巨川在街上看见王乐甫被日本宪兵队押上车,头上蒙着一块灰毯子。

据张家政说,王乐甫被捕后是由张家政和日本宪兵川崎审问的。在经过一个星期的严刑拷打之后王乐甫才承认他是苏联情报人员,是在一九三九年由"苏联流动间谍姜某"介绍参加的情报组织,任务是搜集日军和特务机关人员的活动情况,给日军官员头目们照相后多冲洗一些作为情报交出。在让他交代同党时,王乐甫说他只认识与他直接联系的姜某,其余一概不知道。由此看来,王乐甫实际上什么也没供出来,只有一个"姜某"还是"流动"的,日本人从他口中什么也没得到,所以日本宪兵队将王乐甫和于海"特移送东安宪兵本部转送哈尔滨杀了"。

张家政关于王乐甫等人被"特别输送"的口供是完全可信的,因为张的一系列口供表明他对"特别输送"的底细了解得十分清楚。他使用的是日本宪兵队内部专用的秘密术语"特移送",并已解释说,"听说送哈尔滨的犯人都是用实验细菌"。张家政在另一份供词中还专门解释过这一问题。他说:"送到哈尔滨死刑是这样写:特移送。这三个字就代表处死刑。为什么要送哈尔滨?我听大平宪兵说,这是军事机密,全满洲国送到哈尔滨的是做细菌试验用。"我听大平宪兵给我讲:"在伪日本帝国主义时期,'特移送'之名称是军事极(机)密。在哈尔滨有日本石井部队,是一〇〇部队(此处是张家政记忆错误或当时就未弄清,一〇〇部队在长春,石井部队的代号是七三——作者注),专用全伪满洲国捕捉的做间谍活动的人做细菌试验用,石井是伪日寇中将。"

根据张家政的口供,还有"通苏"的于海、李洪亮二人也被饶河宪兵队"特别输送"到哈尔滨,这也是可信的。只是此二人的记载情况不详,家人知情者都无从查找,这里只好暂时略过,留待以后继续调查了。

王在周被放回来以后,因为他不太会照相,照相馆也开不下去了,他整天打牌、抽大烟,也不管王杨氏母女的生活。东北光复时,王在周回了山东老家。

王乐甫夫妇到饶河以后生的两个女儿在王乐甫被捕时都还很小,王乐甫被抓走以后不久,二女儿就因病无钱医治,刚刚四岁就夭折了。王杨氏领着剩下的两个女儿,靠给人缝缝补补做针线活挣点钱勉强度日,直到把两个女儿养大成人。王杨氏于一九七九年在王桂芝家去世,终年七十一岁。

王桂芝的丈夫叫李全兴,在饶河县广播局退休。二人有一子二女,儿子前些年在江上划船时翻船死在江里,给他们留下一个孙子。两个孙女儿都出嫁了,大孙女在饶河,二孙女在佳木斯。

王桂芝的小妹妹叫王英,一九四三年出生,在饶河县农机公司退休。她的丈夫叫于青海,二人有一儿一女,都已经结婚成家。

王乐甫留下来一张年轻时的单人照片,英俊的面容透着精明和睿智。还有一枚王乐甫生前用过的骨质名章,王桂芝也一直细心保存着。将名章沾上印泥,印到纸上,"王乐甫"三个楷体小字清晰可辨。

一、伪宪补张家政的口供抄件(片段)

一九五三年九月十六日

姓名：张家政 别名张家珍

原籍：旅顺市二区南山于家村西北山十号

十岁在原籍观盆子小学校读书四年；十四岁四月入水师营学校，高小二年毕业；十六岁三月考入哈尔滨市南岗大直街铁路学院受训二个月，同年六月调奉天铁道总局会计科管财系当传达；十七岁十月调穆棱车站当售票员兼行李货物；十九岁四月在牡丹江铁道教习所受训二个月后到林口列车局当转运车长；二十岁到林口商工公会当翻译和书记；二十一岁九月十六日考入关东宪兵队当宪补；二十二岁八月调饶河宪兵分遣队当宪补；二十二岁十一月，因伪造公文书被调回虎林宪兵队，送新京日本军法会议被扣押一个月，同年十二月释放后又回饶河宪兵队当宪补；二十五岁六月十四日奉东安宪兵本部命令撤回东安，七月四日由东安调奉天关东特别警备队为破坏苏联坦克而演习；一九四五年八月十四日夜，由关东特别警备队逃跑至沈阳婶母家，待了几天回家，在家钓鱼；二十六岁（一九四六年）二月与嫂、妻、孩子等到长春找大哥张家运，在长春和三哥张瑞人开协立成小铺，无本钱回家去取，因火车不通即未回长春，在家钓鱼，同年七月才又回到长春，自己卖大米，同年十月和杨立善、日本教师伊藤一男、久保田四人合伙开老兰公司制药厂。一九四八年七月倒闭了，后与孙凤山做消炎片，以及投机倒把至长春解放。新中国成立后，代替三哥在天实东制米厂当股东。一九四九年五月改名宏丰制米厂，在这中间帮助云成水暖工业制图等。一九五二年三月工厂停工后即来北京找日本人进子土木工程师，当时因进子有事不能见，由宋明珍介绍去军委第六事务所当水暖工人，同年十二月入水暖公司做长工，同年入冬训班，一九五三年三月十六日派到水暖公司第三工程队三三〇二工地，六月十二因在现场偷窃被捕，七月十六日解总局。

一九四三年七月，饶河县七里沁河地方有王老七等五六个人在那儿以挡梁子（捕鱼）名义，实际是给日本宪兵队工作。在这时有苏联的武装间谍，王老七第一次报告时说来的武装间谍警戒很高不好抓，第二次报告说似有两个人，可是来了一个人，拿望远镜背着一个背包，王老七发动他们所有五六个人说把他带进来看他的情形。这个武装间谍很年轻，不进屋并问昨天有从这儿经过的人没有，王老七答复没有。当这次报告时王老七的情绪不高，日

321

本宪兵队给以鼓励，当时教育王老七，告诉他如看来人不对时，你可以说是中国人有需要什么情况我供给他，王老七当时接受了这个教育。以后又把和王老七在一起的黄姓找来问了一下这个情况，也说的和王老七说的一样，这是为了试探王老七有无做反情报的情况。

　　武装间谍戴玉珍他们一同来了二人，戴进屋叫另一个人在门外放哨，他进屋问每天捞多少鱼。王老七见这二人好似几天没吃饭，戴让给他们做饭，在做饭时戴做监视恐怕下毒药，戴吃完了以后才让扛大柁的吃，他们吃完了就走了。在这次王老七报告时非常害怕，以后又把黄姓的叫来对证了一下情况，和王老七说的一样。以后半月多没报情报，我和川崎等十人正要去的时候，王老七又来报告戴玉珍自己来了，给了王老七他们一个大罐头，并说王老七他们的生活很好。王老七又问他说：同志，你们来来往往的不辛苦么？戴说辛苦也没办法，为了革命。王老七未答，戴又问你们几个人有无同江的人，王老七说都是饶河人没有同江人。戴又说是在黑河地方因为杀了人，家有父母妻子怕杀人偿命，冒险过江被苏联抓住了，经三思多日以后才参加革命。王老七说你家乡在我们这边，你不回去不行。这个情况我报告了川崎，川崎当时说你们七人可以给他下保证再不行就一齐动手抓他。在这以后过了一个星期戴又来了，他说我已经准备好了真的有无把握，保住我生命，不回江东了（苏联境）。当时我们借饶河合作社的汽船去了，由王老七把戴的枪接过来了，我们把戴带回队。带回后，宪兵队长指示川崎好好待他，不放在监狱里给好的吃。我和川崎问他潜伏在饶河街上的间谍，他说有三多照相馆王乐朴（甫）、于海、王海山、游击（记录者笔误，"游击"应为"优级"——作者注）小学校长孙锦良。以后将戴的材料呈东安本部，"书文所见"栏内是我和川崎的名字。我们提意见可以利用，但后来东安本部把戴玉珍要去了。过了二三天就把这几个人逮捕了，我和川崎太平宪兵捕的王乐朴（甫），由他家捕的，也是我们捕的优级小学孙校长。王海山是同江人，在饶河街种菜的，是由宋翻译和丘山宪兵捕的。于海是特务机关的腿子，打的二号电报由东安宪兵本部给要的，也交到了我们的队部。逮捕后的第二天研究过堂，王乐朴（甫）由千田军曹和曹翻译审后交给我们了。我和川崎问的孙锦良，千田军曹调走后由我和川崎接审王乐朴（甫），经我们手灌了三次凉水,他才承认了。他说在一九三〇年或一九三一年由苏联的流动间谍姜姓(和王乐甫是同辈弟兄)介绍参加间谍,提供日军满洲的情况,以及日本部队队长的姓名、特务机关长的姓名等,以及给长官们照了相即多洗几张给他们等情况,收集完了交姜姓,和姜姓的联系的是谁王乐甫不知道。王又说做这工作只知道直接联系的人,别人不知道。经我们又问七、八天以后才完了。于海是由丘山他们问的,我和川崎又问孙锦良。在我提审时,我走在过道里,他求我救他。我教给他让他承认,并告诉他就说给苏联军调查日军的情况等,他说的不对头时候,我就有意识地引导他,让他说些假情况,因为事先宪兵队说孙校长老实,说可不杀。

于海是丘山和曹翻译问的,并给上刑了,后来于海都承认了,和王乐朴(甫)所供的情况差不多。在当天晚上,特高室队长小野次弓田、班长丘山、副班长大平大吉、我和宋姓曹姓两个翻译都参加了,开会研究处理结果以及矛盾的地方等。研究的结果把王乐甫、于海写的特移送东安宪兵本部转送哈尔滨杀了(以后听说哈尔滨的犯人都是用试验细菌,有满洲一〇〇或第四部队是一个细菌试验的地方。我又听说什么人送哈尔滨或牡丹江的呢,是在"公文所见"栏内写转移的是哈尔滨处死的还是送牡丹江),王海山、孙锦良释放利用。

戴玉珍的结果如何了?

交特务机关以后转东安特务机关本机关了。

送手文时都谁盖的章?

于海是丘山、曹翻译的章,王乐甫是我和川崎的章。在手文上有分遣队长小野次的章,就是谁过堂盖谁的章。

以上的情况给饶河宪兵队申请东安宪兵队本部处理,申请宪兵队部完全是走形式,本部大多数也是根据原队的意见,以上所逮捕于海、王乐甫送到哈尔滨处死刑,孙锦良教育利用释放,三多照相馆王乐朴(甫)的弟弟释放,投降的戴玉珍交给东安特务机关继续利用。和戴玉珍一同投降的王书文因为他没有工作能力,留在饶河宪兵队挑水杂用。由于戴的口供有同江逮捕来的王海山,他是抗联系统,他是经过丘山和我过的堂。他参加日期很浅,没有出什么口供,将他由丘山又加教育。宪兵队利用他种菜给宪兵队工作,对戴玉珍事件，七里沁工作班长王绍兴以下九名，我和川崎注重的王绍兴加强教育外，我和川崎并亲自到现地指导教育，将戴玉珍说服投降来到宪兵队后。由戴的口供所检举的人，我虽然给宪兵当翻译有时我也主动地直接问和上刑。

在一九四几年八月由宫田腿子祝某（应是朱老二——朱福利）报来情报，名字忘了叫某某亮（应是李洪亮——见前文），被逮捕了。祝某腿子是打鱼的，被逮捕的某某亮也是打鱼的。腿子祝报来情报说某某亮在四排地区打鱼，每天回来很晚，家庭生活情况很好，经常讲苏联那边好。由宫田宪兵对祝某加强教育，我给当的翻译，随后祝某也没有侦查出特殊情况。队长说给他逮捕来，我和宫田川崎三人到四排去，用捕鱼的小船将某某亮逮捕到宪兵队来。经我和宫田过堂，初步他不说，我和宫田给他灌凉水，用诱给的方式经过有六、七次灌凉水，他承认来往送抗日联军和接抗日联军，另外报告情报，日军监视哨情况等。当时，宫田说他外名叫傻子，他所说的有把握吧。我当时说没有错，其处理结果给他送到哈尔滨处死刑。

宪兵队过堂最后做成一种公文，这个公文格式是固定的。关于捕捉苏联间谍或抗日联军捕捉时间地点、参加苏联间谍出发点动机、由谁介绍、联络方式、入出江的经过、得到报酬提供情报等。在公文程式的最后有对处理的意见。在这个时期虽然最后队长决定，而宪兵有时也问过我，我为了升官发财尽说坏话，说好话时很少。在公文程式有按印地方，饶河宪兵分遣队盖一个章，分遣队长一个章，过堂宪兵一个章，参加当翻译的盖章。经过以上的手续，申请东安本部批准该杀就杀，该放就放。大多数本部都根据原队的意见，最后处置意见的地方如果写此人可利用等。送到哈尔滨死刑是这样写：特移送。这三个字就代表处死刑。因为什么要送到哈尔滨，我听大平说这是军事秘密，伪全满洲国送到哈尔滨的是做细菌试验用。

"特移送"我听大平宪兵给我讲，在伪日本帝国主义时，特移送之名是军事极（机）秘，在哈尔滨有日本石井部队，是一〇〇部队，专用全伪满洲国捕捉的做间谍活动的人做细菌试验用，石井是伪日寇中将。

饶河宪兵分遣队自一九四二年八月至一九四五年六月间所有破获苏联抗联地下工作者及捕捉杀掉人员：

1、一九四三年九月，石凤鸣工作班在暴马顶子地区将抗日联军高副官在现地用斧子杀掉。

2、石凤鸣工作班同年同地区杀掉高副官外，捕捉年青（轻）抗日联军一名，其处理结果将年青（轻）抗联由国境警察发给伪满当时之居住证明书，使年青（轻）抗联回富锦老家。

3、一九四四年七月捕捉抗日联军两名，其处理结果将抗联戴玉珍在宪兵队过堂后交给东安特务机关本机关利用，将另一名抗联王书文留在饶河宪兵队做工友杂用挑水等工作，在我们离开饶河时，随同宪兵队的物品同时交给饶河特务机关，其后果不详。

根据戴玉珍的口供逮捕三多照相馆王乐璞（甫）及其弟弟，其处理结果，将苏联地下工作者王乐璞（甫）送到哈尔滨杀掉，特移送做细菌试验用。

王乐璞（甫）弟弟处理结果：将戴玉珍口供所逮捕人员处理后，将王乐璞（甫）弟弟释放。

根据戴玉珍口供逮捕苏联地下工作者于海送到哈尔滨杀掉（特移送做细菌试验用）。

根据戴玉珍口供逮捕苏联地下工作者孙锦良，其处理结果教育利用释放。

捕捉抗日联军王海山在宪兵队教育后利用种菜园子给宪兵队工作。

捕捉苏联地下工作者李洪亮其处理结果，送到哈尔滨杀掉（特移送做细菌试验用）。

捕捉苏联地下工作者林向阳处理结果，送到哈尔滨杀掉（特移送做细菌试验用）。

捕捉苏联地下工作者张珠处理结果，教育释放利用。

捕捉小别拉炕一批抗联地下工作者共将近十余名，其中一部分送到牡丹江高等法院，有处死刑的几名我记不清，另外几名我记得送到伪饶河县司法公署处理的。

在大楞地区肯定是捕捉过（其处理好好想想再补充）。

捕捉小北沟伪警长其处理结果，想想再补充。

在康德十年饶河军警大搜查捕捉十余人，其中有处死刑的，具体情况不详，想想再补充。

二、王桂芝的痛苦回忆

时间：二〇〇〇年十一月一日
地点：黑龙江省饶河县饶河镇新区二路镇东七委二组

我叫王桂芝，今年六十八岁，一九三三年生。我父亲名字叫王乐甫，一九一一年生，今年要活着有九十岁了。我母亲姓杨，没有名字，就叫王杨氏。我家老家是山东省海阳县嘴子前村，我父母是在山东老家结的婚。一九四〇年我八岁时父母带着我，还有我叔叔王在周，一起来到黑龙江省（当时是吉林省）饶河县，在县城开了一家照相馆，叫"三多照相馆"。

我十岁那年冬天，我父亲和我叔叔被日本宪兵队抓走了，我记得天冷了，都穿着棉袄。那是一天的晚上，我们家已经睡了。我和我父亲不在一个屋子里住，只听见有人进来，完了我的母亲就招呼我们姐几个说："快起来，你爸爸和你叔叔让宪兵队给抓走了！"后来我叔叔被放了回来，我父亲抓走以后就再也没回来。我父亲被押走离开饶河的时候有人看见，那时候饶河街上有个叫于巨川的人，每天早晨都出来溜达。有一天早晨四点多钟的时候，于巨川在街上看见我父亲王乐甫被日本宪兵队押上车，头上蒙着一块灰毯子。

伪满时饶河日本宪兵队有个张宪补，是他到我们家来抓的我父亲。他是饶河的特务头子，名字叫张家政。光复的时候他畏罪潜逃到长春，一九五四年镇反的时候他被抓回来枪毙了，是他在供词中交代，说我父亲后来被送到哈尔滨七三一细菌部队去了，直到这个时候我们才知道我父亲的确切下落。

另外，伪满饶河县城还有个原秉钧也开了个照相馆，这个原秉钧在宪兵队里挂个衔。他照相没我父亲照的好，所以去他那里照相的人就比到"三多照相馆"去的人少，我父亲被抓和这个原秉钧也有关系。原秉钧是山东掖县人，土改时划为富农，新中国成立后还开照相馆，挺有钱。一九五七年被定为现行反革命逮捕入狱，后被发到八五九农场六分场，一九六〇年饿死了。

我叔叔被放回来以后,因为他不太会照相,照相馆也开不下去了,他就整天打牌、抽大烟。光复以后他就回山东老家去了,以后再也没有和我们联系。

我们家到饶河以后,我母亲又生了两个妹妹。父亲被抓走以后,我母亲就领着我们姐妹三个过,靠给人缝缝补补做针线活挣点钱勉强度日,那时我家真是困难啊!在那以后不久,我二妹妹就因病无钱医治死了,死时刚四岁。我母亲就领着我们姐妹俩过下来,一直把我们俩拉扯大。我二十岁的时候经人介绍嫁给我丈夫,我母亲也就和我们一块住。我母亲于一九七九年去世,终年七十一岁。

我妹妹叫正英,今年五十九岁,在饶河县农机公司退休。她丈夫叫于青海,他俩共有一儿一女,都已经结婚成家。

我丈夫叫李全兴,今年七十四岁,在饶河县广播局退休。我们有一子二女,儿子前些年在江上划船时翻船死在江里,给我们留下一个孙子。两个女儿都出嫁了,大女儿在饶河,二女儿在佳木斯。

日本鬼子杀害了我父亲,害苦了我们全家,我永远也忘不了这些仇恨。我父亲还留下来一张单人照片和一枚手戳,我一直细心保留着。

(本文选自杨玉林等著《日本关东宪兵队"特别输送"追踪》一书)

勇敢坚强的抗联交通员林向阳

杨玉林撰

一、英雄赴死　亲人蒙难

林向阳的情况也是姚中嶒先生提供的线索，并告诉我们林向阳的大女儿林霞住在虎林县城。我们在二〇〇〇年十一月一日上午访问了王桂芝之后，立即搭车赶回虎林县城，当晚便在林霞的家中对她进行了采访。第二天，我们又在林霞的带领下去拜访了她的母亲，即林向阳的妻子孙兆峰。

林向阳是山东省招远县人，一九〇七年八月九日生。本名林省通，向阳是他的表字，但他在世时人们都称呼他林向阳。

一九二一年林向阳十四岁时闯关东来到东北，先在哈尔滨道外的一个商号里当了三年学徒，之后单身一人来到饶河县城投奔老乡林宝江。林向阳不仅身材高大，而且相貌英俊，加上精明能干，二十八岁时经人介绍娶了太平村村长孙相春的女儿孙兆峰。林向阳从岳父孙相春处借了一笔钱，在饶河县城里开了一家杂货铺，字号叫"广通茂"。

据林霞说，他外祖父孙相春虽是生活优裕的财主，但交际甚广，且有抗日思想，与抗日联军中的一些人经常来往，与饶河地区著名的抗联将领李葆满是拜把子兄弟。孙相春经常利用自己的地位、身份掩护抗联活动，并为抗联部队提供粮食、衣物等物资。林向阳在县城里开杂货铺，也经常协助岳父为抗联等筹集布匹服装鞋帽等。

关于林向阳的暴露和被捕，日军饶河宪兵分遣队宪补张家政在不同时间的供词中有几种不同的说法。一是说，有一个在与日军作战时被俘的抗联人员，名叫刘贵，在刑讯后供出饶河街上潜伏的情报人员有林向阳。另一说是饶河宪兵分遣队接到公函，要求调查林向阳，情报来自宝清（饶河邻县）宪兵队或饶河特务机关。还有一说是宪兵队的腿子、某街公所的职员邓学恩（邓学恩伪满曾任饶河街马车组合的头子——本书作者注）检举林向阳，说林"家里吃鱼，生活富足"等。这三种说法中有的可能是张家政记忆有误，也可能三种情况都存在。总之是最后经过张家政的亲自侦察，以"林身上穿的大衣是苏联货，林没有多少地，有老婆有好几个孩子，每天早晨出去晚上回来"为依据，将林向阳逮捕。

关于林向阳被捕的时间，林霞清楚地记得是光复那一年的旧历正月初三，即一九四五年二月十五日，当时她已经九岁。那天早晨她正在屋后玩，张家政到林家看看又走了。但张家政在供词中说先去林家打探的人是宪兵队的"腿子"李怀金，但在另一次供词中又说是"我们先到林姓家去"。对照林霞的回忆，应该认定确实是张家政去了林家，已经九岁的孩子对于父亲生离死别之日的记忆应该是极其深刻准确的。林霞说，她回到屋里见父亲穿戴整齐地躺在炕上沉默不语，然后站起来说他"要出去一趟"，并说还回来，就出门离去，但这一走就再也没回来。第二天，林霞母亲出去打听之后才知道，林向阳被宪兵队押起来了。对照张家政的供词，可知林向阳对日本宪兵队的监视已经有所觉察，但当天又确实有为抗联通送物资或情报的任务，所以他才沉思良久，最后还是毅然决然地去执行任务，结果在回来的路上不幸被捕。

林向阳被捕后的表现非常坚强。张家政直接参加了对林向阳的审讯，对林施以皮鞭毒打和灌辣椒水等酷刑，在持续两周的拷打中，林向阳始终咬紧牙关不吭一声。最后林向阳只承认自己是抗日联军系统的人，自一九三八年以来几十次为抗联提供给养、被服等。但当张家政问林向阳还有谁和抗日联军有联络，并说"你要说出几名就把你放回去"时，林向阳却坚称"不知道"。由于林向阳实际上未供出任何实质性问题，宪兵队就在一九四五年的春天，也就是在日本投降的前几个月，将三十八岁的林向阳"特移送到哈尔滨用细菌杀了"。

实际上，林向阳不可能"不知道"一些抗联的机密，至少应该知道他的岳父孙相春和自己的直接联络人的情况，但他却在严刑拷打之下丝毫没有透露出来。这一事实说明，林向阳只是由于察觉到自己的身份已经被叛徒出卖，才不得不承认一些自己的活动情况，但自己心中的机密和他人的情况却只字不提，这是一位多么英勇坚强的爱国志士！这是一位多么高尚伟大的抗日英雄！这样一位可敬的英雄，却在已见抗日胜利曙光之时惨死在七三一部队的细菌魔窟之中，而且至今仍然默默无闻，这怎能不让人扼腕叹息！

林向阳被押走的事林家人是知道的，只是不知押往何处、结局如何。当年天气转暖时，宪兵队曾给林家捎信要换季衣服。在那之后不久有熟人在密山看见了被押解途中的林向阳，回来告诉了林向阳的妻子。那人见到林向阳在一辆大卡车上，只有两个看守押着他一个人，在密山街下车上饭馆吃饭。那人说："向阳不会有啥事儿吧？看样子也没戴手铐，也许能回来。"这样家里人也就以为林向阳没死，只是关到什么地方去了。当年八月十五日东北光复以后，林向阳的妻子儿女曾急切盼望亲人归来，甚至一九五三年张家政说出林向阳的结局后他们仍不愿相信，又盼了好多年仍无消息，他们才最后死了心。

林向阳的死难给家人的打击是非常沉重的。林被捕时有二女一子，大女儿竹兰子（林霞）只有九岁，最小的儿子出生刚六个月，沉重的担子落在了刚满三十岁的妻子孙兆峰肩上。好在不久就光复了，东北民主政府和新中国都对抗联人员遗孤给予了一定的照顾。光复后，地方政府特准孙兆峰跑行商养家。后来，林霞和妹妹都是国家免费供她们上的小学和中学，上中学时她们还享受每月九元的助学金。林霞是一九三六年出生的，一九五六年中学毕业后在饶河县检察院参加工作，一九六六年与汪学廉结婚后转到虎林县工作，现已退休。林向阳的二女儿林竹青一九三八年生，毕业于哈尔滨医科大学，二十世纪七十年代随丈夫调到南京工作定居。

孙兆峰一九一五年生，现已年近九旬，身体状况不好，本来不高的身材因为年老驼背显得更加弱小。她已经不能清楚完整地回忆当年的事，只是反复念叨"过年才三天他就叫人给抓走了,再也没见着面。我盼啊盼啊的,到底也没盼回来。"由于儿子林刚自幼患脑瘫,生活不能自理,已经五十六岁了,仍然靠风烛残年的老母亲照看。我们两次去林家访问,都见到这位老人手捧着一碗菜末拌饭在艰难地咀嚼着。原来老人口中已经没有一颗牙齿了,无论吃什么都必须细细切碎了才能下咽。这一老一残母子的生活状况实在令人痛心和担忧。大女儿林霞本人患有较重的心脏病,丈夫又回南方老家照顾年迈的母亲,因而无力照看母亲和弟弟,并且总是为此忧心忡忡。

"特别输送"受害者的妻子尚在人世者,目前我们知道的仅孙兆峰一人(王明生的妻子金玉珍虽在,但早年已改嫁,而且已经是风烛残年,孙兆峰、林刚母子俩的生活来源只有当地政府发给的不到二百元的救济费。)我们去林家访问临别之时,只能留下些许钱款表示一点心意,但这肯定是无济于事的。临别之际,孙兆峰老人眼中流露出来的感激、孤独和无助的目光,令我们久久难以忘怀。那伤感的情景经常浮现在脑海之中,想起来心中便隐隐作痛。林向阳在天有灵,如果看到妻儿的生活如此凄凉,也一定会伤心落泪的。

二、林向阳妻女的痛苦回忆

林霞忆父亲林向阳(二〇〇〇年十一月一日)
地点:黑龙江省虎林市虎林镇建设路四十八号林霞家中
我叫林霞,今年六十五岁,一九三六年出生在黑龙江省饶河县城。我父亲叫林向阳,还有个名字叫林省通,向阳是字。他还有个外号叫林大个。伪满那时候,在饶河提起林向阳来一般人都知道。我父亲是一九〇七年旧历七月初一生,属羊的,现在要活着就是九十四岁了,他是山东招远人,十五岁来到东北,先在哈尔滨的一家商号里当了三年学徒,学着做买卖,就是给人家当店员。之后单身一人到饶河来投奔老乡林宝江。

我父亲因为穷,一直也说不上媳妇。后来别人介绍,二十八岁时找到了我母亲。我父亲大高个,长得挺帅的,一见面就成了,很快成了家。

我姥爷家的日子过得不错,挺有钱的。我姥爷借给我父亲一笔钱,开了一个杂货铺,字号叫广通茂。我记得卖的东西很少,布匹只有红、白、蓝三种颜色的，还有成盒卖的鱼，再就是散装白酒什么的。后来杂货铺开不下去就黄了，原因是我们的房子被日本宪兵队征用，我们被撵了出来，撵到现在饶河百货公司附近，用我母亲自己的钱又买了一所房子。宪兵队征用我们家的房子好像是给房钱，但这个房租让一个叫王刚的人给拿走吃了。那个房子被宪兵队当作第二监狱，新中国成立后我们又搬回去时还看见每一个屋都是带拉门的。

我家原来的房子往南不远就是日本宪兵队，宪兵队的房子里有地下水牢。后来我父亲被抓去以后就被关在那里，那个第二监狱是那些快要放出来的人关押的地方。

我父亲被抓走那年我刚九岁。一九四五年，就是光复那一年，那年的正月初三早晨，宪兵队的张宪补张家政到我家去了，我家是做买卖的，前边门外有个铃，来人一拉铃屋里就能听见。张宪补来时是我父亲自己出去接的，那时我正在屋后面玩，等我进屋张家政已经走了。我看见父亲躺在炕上，看见我进来就招呼我小名："竹兰子，我要出去一趟，你别出去，在家里待着。"我听我母亲问他："你啥时候回来？中午吃啥饭啊？"我父亲说："有狗鱼，杀个生鱼，焖大米饭。"我问他："爸爸你干啥去？"他也没告诉我。吃完了饺子，他穿件俄式皮袄躺在炕上，脚上穿着一双胶皮鞋。他看见我就对我说："你要吃饺子我给你留着呢，在中间那个抽屉里，有一小碗。"我就拿出来吃。他就站起身来要走，我问他："爸爸你回不回来？"他说："我回来，你别出去。"说完就走了。父亲走了，我和母亲就在家里等着。一等不回来，二等不回来，等到晚上也没回来。等到天黑我们都饿了，我母亲就让我吃饭睡觉了。

第二天早晨，我见母亲梳洗打扮一番就出去了。母亲是去了张同岭家，张是个杀猪的，和我们家关系挺好的。我母亲一到他家，张同岭就说："嫂子，向阳出事了！"我们这才知道我父亲已经被宪兵队押了起来，回不了家了。后来张家政被抓回来招供时我们才知道，张同岭也是个特务。

我父亲被抓走以后，宪兵队还把我母亲找去过了堂，不过没挨打，就是审问她："你丈夫都干啥了？"我母亲什么也不知道，什么也没说。

当年春天，我父亲被押走离开了饶河。临走之前，宪兵队曾经捎信让我们家送衣服，我母亲给父亲送去一套衬衣衬裤。

当时我们也听说了，我父亲的罪名是"通苏"，有特务告他。我想可能是我父亲穿的那件皮袄惹了事。那件皮袄是买的毛子货，是羊皮毛朝里的，我父亲还有一件水獭皮领的带大襟的皮袄。我母亲说："要是早把那两件皮袄送给张宪补，你爸也许就没事了。"

我父亲是日本人快垮台的时候被送走的，那是三月份到四月份的时候，天暖和了嘛，还捎信要衣服。有个收税的老焦知道我父亲被押走的事，他和我父亲同时被押在宪兵队监狱，我父亲被押走时把皮袄留给他了，他铺着睡觉用。这个老焦没啥大事儿，就是多收了税揣了自己的腰包。后来他被放了出来，把我父亲那件皮袄给我家送回来了。这件皮袄现在还有，直到已经破烂的不成样子了。你们如果想要，我可以送给你们。我父亲被押走以后，还有人在密山看见过他。有人看见他被大卡车拉着，车上就押他一个人，在密山街上下车上饭店吃饭。看见的人说，送我父亲的人就一个司机两个看守，不是很多人押他，好像不是押犯人似的。那个人对我母亲说："向阳不会有啥事吧？看样子也没戴手铐，也许能回来吧？"我们就一直等着他回来。

我父亲被押走以后到底怎么样了，我们一直不知道。我们没以为他死了，所以像有些人烧香烧纸的事，我们都没做过。我们就以为我父亲还活着，还能回来。新中国成立以后，我和母亲一直盼着我父亲回来，以为他上什么地方去了，说不上哪天就能回来。

直到一九五三年镇反的时候，张家政从北京被抓回来，供出了抓林向阳和王乐甫的经过，我们才知道我父亲后来的下落。张家政说我父亲和王乐甫都被送到哈尔滨七三一细菌部队去了。直到这时候，我们还以为不可靠，还以为我父亲能回来，没想到我父亲会死。我母亲就这样领着我们姐弟三个过下来了。又过了好多年仍无消息，我们才最后相信真的没有希望了。

我父亲的事在饶河县公安局里有档案记载，"文化大革命"时，大概是一九七〇年，我看过公安局的档案，就是张家政的供述材料。他承认林向阳是他抓的，还有王乐甫，后来都送到七三一部队去了。

张家政交代材料中说了我父亲被抓到宪兵队以后的情况。他受了各种刑罚，比如灌辣椒水等。后来挺不住刑，我父亲就承认了，说他给抗联送过一次衣服鞋帽。问他送到什么地方,他说太平村有个一棵树,就把东西放在那了。问接头的人是谁,他说不知道,始终没有说出接头人是谁。实际上这个接头人就是我姥爷孙相春,他是个地主,当时是太平村的村长,和抗联有来往,和李葆满是磕头兄弟,我父亲送去的东西就是由我姥爷转交给抗联队伍的。我父亲咬紧牙关始终没说出接头人,就保住了我姥爷一家人。

一九九八年,我在报纸上看到说有什么文件上说了七三一部队细菌试验的事。我和我丈夫就给《老年报》和南京我妹妹写信,询问有没有我父亲的名字,后来接到回信说没有。

日本人可把我们家给害惨了!我弟弟刚出生六个月我父亲就被抓走了,三个孩子中最大的我也才九岁。我母亲就这样一个人艰难地把我们姐弟三个拉扯大,今年她已经八十六岁了。我弟弟今年五十六岁了,是先天性脑瘫,生活不能自理,也一直没有成家。我母亲也老惦记他,总要自己去照顾他,这才刚从我这里走了四天,又去照顾我弟弟了。每天早晨我去给点着炉子,把煤拿进屋来,把尿罐倒出去。我母亲能给炉子添点煤,对付做点饭。她还是裹的小脚,自己行动已经很困难。我身体也不好,有心脏病,一犯就挺重的。我们正商量着给我弟弟雇一个保姆,好让我母亲能好好歇一歇。

新中国成立后,我和妹妹去找过刘雁来,想打听我父亲的下落。他不知道林向阳,但他知道孙相春。

新中国成立后政府照顾我们家。我和妹妹都是国家免费供我们上的小学和中学,上中学时我们两个还享受助学金九元钱,这九元钱当时我们就可以养家了。刚解放时,我和弟妹还小,政府特准我母亲跑行商,就是上虎林、密山进点货,回来到处走着卖,靠这个养家。我母亲从光复后的一九四六年一直干到一九五五年,那年我妹妹到哈尔滨医科大学上学去了,我也中学毕业开始上班了。

我是一九五六年正式参加工作的,当时在饶河县检察院。一九六六年我与丈夫汪学廉结婚,因为他在虎林,我就调到虎林工作。原来在文教科,后来调到工商银行,直到退休。我丈夫退休前在虎林市委研究室工作,任研究室主任。他是上海人。由于他母亲年老多病,先前他在上海照顾老母亲。我母亲和弟弟离不开我,所以我们夫妻俩只好分在两处。

我妹妹叫林竹青，今年六十三岁。她毕业后与哈军工的一位同志结婚，以后去了南京。现在在南京工作。

孙兆峰怀念丈夫林向阳（二〇〇〇年十一月二日）
地点：黑龙江省虎林市虎林镇孙兆峰家中

我叫孙兆峰，今年八十六岁。林向阳是我丈夫，他比我大八岁。我们结婚那年他二十八岁，我二十岁。

林向阳被抓走那年我三十岁。过年第三天，他就让宪兵队抓走了，再也没回来。听说是发出去了，没在饶河杀他，是发到别的地方给整死了。过年才三天就叫人给抓走了，再也没见着面，我盼啊盼的，到底也没盼回来。也不知道是因为"通苏"还是啥事，咱也没干那个事，也不知道到底因为啥，反正就给抓去了。人给抓走以后还有日本人看着我们，谁也不敢到我们家来。

这件皮袄是他买的，是在饶河买的，穿了几年。他是穿着它走的，后来有人给捎回来了，人没回来，再没回来，也没吱声留个话。

伪宪补张家政侦捕林向阳经过谈刘贵的事。

刘贵和戴玉珍的事次序我记不清了，刘贵在戴玉珍以前。他是抗日联军和日军白刃战时生抓的，后转到饶河（在我刚由虎林回去时是一九四三年三月）。抓来后，由宪兵川崎和我过的堂，问他饶河潜伏间谍有谁，他说有王淑文，种地的同江人，林某。我记得是三个人，但想不起了，有我和川崎、吉田逮捕的饶河本街人林姓。是在一天的下午三点多，王淑文是丘山带的人捕的。我们是先到林姓家去，林没在家，当时有李奎（怀）金一同去的，他家人说上小北沟了。我和川崎、吉田三人又去小北沟等了半天，他才推一个小车来了。当时把他捕获了，第二天才过的堂。在这时，丘山和曹翻译把王淑文逮来了，当天晚上即问，王淑文当时就承认了是抗日联军的探子。在第二天我们问姓林的，用皮鞭子打还不说，以后又灌冷水，灌了十几次，他才谈了。是一九三八年参加的，活动五年了，是抗日联军的系统，作了几十次事，供给抗日联军的衣服被服等。情报也作，只是次要的，利用他上地里干活的时候一点一点地送，送法是做钱褡子式的衣服，缠在身上带去送给抗日联军。问了两个礼拜才完了。结果以后特移送到哈尔滨用细菌杀了。王淑文放了，刘贵也放了。

一九四四年十一月，逮捕饶河街的林某。林某住在原先饶河街东生泰买卖的对过。关于林某的经过，林某是当时宪兵队长手里拿公函的，当时交给川崎宪兵说要找一个优秀的腿子侦察这个人，当时就找川崎的腿子叫李奎（怀）金侦察。经过李怀金调查，没调查出什么特殊情况。随后宪兵队长问川崎说那个人侦察怎么样啦，舒安琪说没有结果，当时队长说张宪补直接侦察，我接命令后就深入侦察，我侦察结果回去报告说，林身上穿的大衣是苏联货，林没有多少地有老婆有好几个孩子，每天早晨出去晚上回来。当时队长说没有问题，可以马上逮捕。在第二天我和川崎及另一名宪兵在逮捕前让李怀金腿子到林某家先去看看，李怀金说到小北沟去了。我们三个就在北门外等着。林某手推一辆小车由小北沟回来了，我和川崎三人就将林逮捕到宪兵队。第二天早晨开始过堂，上午问他总不谈，在下午我和川崎及另一名辅助宪兵叫北村，三人就给他上刑。经过两个星期，十几次灌凉水，林承认数十次供给抗日联军给养衣裳鞋等，供给地点在小北沟林子边的地里。林的口供谈了和抗日联军有联络的暗语，随后问林饶河街另外谁和抗日联军有联络，你要谈出几名就放你出去，他说不知道。随后，将林送到哈尔滨处死刑（此事曹翻译知道，他也参加过两次堂）。

另外，对林向阳调查是因为宪兵队长得到了情报（可能是宝清宪兵队也不是饶河特务机关）。……初步是川崎的腿子李怀金和谢歪脖子去侦察，没侦察出什么变动情况。随后宪兵队长让我直接侦察。根据林向阳的行动朝出夜归，常穿着一件苏联做的皮大衣，家庭生活很富裕，将他逮捕，我和川崎直接过堂。……我对林向阳的过堂出于主动，承认将他送到哈尔滨处死刑。

邓学恩，他在原伪街公所当过职员，知识分子。关于林向阳初步发现情况由他报过宪兵队。他仅报告说，林某家里吃鱼、生活富足等。当时川崎没重视这个情报，经过一段时期，宪兵队长拿着公函对川崎说调查林向阳，找出优秀的特务调查。结果叫李和谢两人调查，没调查出变动的情况，随后队长反叫我调查。我是根据邓学恩的材料报告川崎，建议逮捕林向阳，在逮捕林向阳时他也参加帮助逮捕。他和林向阳平时也认识。关于林向阳，主要是我直接参加调查逮捕过堂当翻译外，多次上刑，在处理上参加意见。林送哈特移送死刑。

捕捉的抗日联军王海山在宪兵队教育后利用种菜园子给宪兵队工作。

捕捉苏联地下工作者李洪亮其处理结果是送到哈尔滨杀掉（特移送做细菌试验用）。

（本文选择杨玉林等著《日本关东宪兵队"特别输送"追踪》一书）

撰者杨玉林

李杜略传

李杜，清光绪六年（一八八〇年）生于辽宁省义县西关小块地村，曾名荫培，字植初。幼年家境中等，半农半商，衣食均可自保。八岁入私塾就教，十七岁在本县烧锅学生意。清光绪二十七年（一九〇一年）当兵，入义县清军营伍当书记（文书）。清光绪三十一年（一九〇五年）日俄战后，入东北讲武堂（普通科）毕业后，历任连长，随营总教习，教练官，奉天防军管带，东北陆军二十九师十一团营长、团长，北平将校研究所所长，黑龙江省山林警察局局长，吉林省警备司令，长春戒严司令。民国十六年（一九二七年），升任吉林第十五师师长兼十旅旅长。翌年，转任吉林省依兰镇守使兼第九混成旅旅长，后改为二十四旅。

在任期间，曾几次亲自带兵前往饶河、虎林一带打毁鸦片烟苗。对三江一带灭匪除毒、靖宁治安、招垦实边、赈济灾荒等诸多方面，都做出了卓著贡献。

一九三一年"九一八"事变后，许多原东北军将领相继投降日本，唯李杜统领松花江下游一带军民，竖起抗日救国的大旗，力斥汉奸卖国贼，曾转战松花江两岸，给日寇和叛军以严重打击。

一九三二年秋，日寇在围剿黑龙江省的马占山和苏炳文之后，以三个师团的兵力向松花江下游进犯，李杜率领自卫军在大敌压境、孤无援依的情况下，防线节节失利，不得不退至密山、虎林一带。被迫于一九三三年一月九日，率领余部约计三千人（军人连同家眷）由虎林（今虎头）跨过乌苏里江，撤入苏联境内，后所部大多辗转到了我国新疆。

一九三三年七月，李杜从苏联假道欧洲回国，曾在上海参加了宋庆龄组织领导的中国民族武装自卫委员会，后又参加了冯雪峰领导的抗日统一战线工作，同中国共产党建立起密切的联系。

一九三五年张学良在西北围剿红军接连失利，有意同中国共产党合作抗日，便委托李杜设法通过上海地下党的关系，使张学良与中国共产党很快取得联系，为东北军与苏区红军合作发挥了重要的作用。

一九三六年六月，李杜绕道欧洲潜返东北组织旧部，受上海地下党的委托，曾将毛泽东之子毛岸英、毛岸青带出国外，取道巴黎去苏联学习。由于日本当局阻挠，李杜滞留巴黎未能取得入苏护照，于一九三六年末返回上海，周恩来举荐他为东北抗日联军总司令。此后，他曾两次试图返回东北亲自领导抗日，均因受到国民党政府和新疆军阀盛世才的阻挠而未得成行。

一九三七年"七七"事变后，李杜转赴重庆，以东北抗联总司令的身份，积极呼吁各界筹措物资款项，支援抗日联军，并多次同周恩来、董必武、叶剑英等会晤。一九四五年，经周恩来批准，李杜秘密加入了中国共产党，为特别党员。

一九四九年新中国成立后，李杜先后被推选为中国人民政治协商会议全国委员会委员，四川省政协委员，重庆市政协常务委员。一九五六年八月二十三日，突发心脏衰竭病，于重庆逝世，终年七十六岁。

（本书作者根据《黑龙江人物传略》和《虎林县文史资料》整理并有删节。）

二〇〇三年四月八日

我见到李杜将军

韩鲁更访谈

我四岁那年，父亲就得急病去世了。后来母亲另适他人，我就跟着爷爷、奶奶和伯父伯母一起生活。我爷爷叫韩坤德。那时，我们家的地营在小别拉炕沟里，紧靠小别拉炕河北岸，四间木刻楞房。全家二十几口人，还雇了两个短工，养四匹马、两头牛，耕种不足二十垧地，年吃年用，生活还算很好。那时从七里沁（今五林洞至向阳一带）到饶河，都从我们家门口经过。有的在那歇晌，有的就在那住宿。我爷爷实际不开店，人们却以韩家店相传了，时间久了，连河的名字都叫"韩家店河"了。

民国十七年（一九二八年）夏天，饶河一带连绵淫雨，从夏至直下到老秋，江河泛滥成灾。我家的庄稼被山洪淹了，剩下点高爽地块也是满地荒草，水稗子长得比苞米都高。到了八月末，眼看着地里颗粒不收，就要挨饿，全家人只好四散去想办法。奶奶领着我的叔伯哥哥，到七里以外的姑姑家里去。爷爷听说县里来了救济粮，就跟我说："继尧，咱们明天到团山子（饶河县城旧称）去看看，能不能请求点赈济粮。"接着，他问我："你敢不敢见县官？"我问爷爷："县官什么样？"爷爷说："县官也和平常人一样嘛，只是管事多，他管着全县几万口人哩。"我对爷爷说："那有什么不敢见的？"爷爷说："好，明天咱爷俩就下街去。"第二天，爷爷就领着我上路了，穿山越岭，五十多里路整整走了一天，太阳偏西时到了县城。爷爷在客栈里歇息，我自己去妈妈家，妈妈在城里住，继父叫王德邦，山东海阳人，在县里当保卫团长，家里生活还蛮好的。母亲见我来很高兴，问我干什么来了，我告诉她说："家里今年种的庄稼全让水给淹死了，没吃的，暂时只靠山坡上种一点倭瓜、土豆子充饥,爷爷领我找县官要救济粮来了。"母亲对我说:"那么容易就要来救济粮了,明天告诉爷爷,从家里拿两袋子小米回去吃吧。"第二天,我将妈妈说的话告诉爷爷。爷爷说:"不去要你妈妈家的粮吧。"后来,他又说:"听人家说,依兰镇守使李杜将军今天下午到饶河县阅边来了,你敢去见他吗?"我又问:"李杜将军是个什么样的人呢?"爷爷说:"他是比县官还大的官呢,管十几个饶河县那么大的地方呢。"我对爷爷说:"我敢见他。"于是,爷爷告诉我怎样在县里官员到码头迎接时去见李杜将军,我都一一记住了。下午二点多钟,县里大小官员、商农两会的头目们都聚在码头上迎接。李杜将军乘坐的是一艘军舰,慢慢在江边停下来。从码头直到中央大街两旁,四、五米远一个岗,全副武装戒严。除前去迎接的官员外,民众谁也不准靠前。我按照爷爷告诉我的办法,从人缝中便挤进去了。警察拦截我,我也不管,只是往前钻。到了码头,看到从军舰上下来一位穿黄呢子军装的约四五十岁年纪的四方圆脸的人,后边还跟着一些随从人员,欢迎的官员们上前向他们行鞠躬礼。这时,我也挤到跟前,躬下身子便给李杜将军跪下了。他怔愕得不知怎么一回事,便问:"你这小孩干什么来了?"我说:"我家今年遭受了大水灾,没粮吃,请求李爷爷给我们点救济粮。"他问我姓什么,家住什么地方,我都一一回答了。李杜将军把我抱了起来,又问我:"你家有几口人哪?"我说:"一共二十口人。"他回过头去对着迎接他的官员问道:"赈济粮不是早运到了嘛?怎么还没发放呢?"只见那县官(后来知道他就是县知事谷正清)点头说:"到了,到了,我正在调查核实,最近就准备发放。"李杜将军随之把我放下,扯着我的手说:"来吧,跟我来。"于是,我便跟着他来到了县公署。那时,县公署是在距头道码头不远的一所二层木刻楞楼房内。进到办公室,李杜将军对县知事谷正清说:"先给这小孩子家发十袋小米吧。"接着又说道:"派人给这孩子买一盘包子吃。"谷知事点头称是,便吩咐手下人去安排。李杜将军让我在这等着就行了,他说:"一会儿,他们就给你办手续,领回赈济粮就不愁没吃的了。"我深深地向他行了一个鞠躬礼,说声:"谢谢爷爷。"李杜将军笑着摸摸我的头,便同县知事一起到另一间办公室里去了。没等吸上一袋烟工夫,果然一个当差的从饭馆里端来一盘包子,让

341

我吃。实际上我在妈妈那里已经吃饱了，还不饿呢，勉强吃了两个。这时，我听到另一间办公室里李杜将军还在催促县里官员们，赶快把赈济粮发下去。又停了一会，一位官员交给我一张纸单，告诉我手续给办好了，将纸单拿回去交给家里人，到东升泰商号领取十麻袋小米。我高兴地接过来纸单。一些官员都用夸赞的口吻说："这小孩，真有个闯劲，抢了个头一名啊！"

我走出县公署，便直奔客栈里找爷爷。爷爷见到我拿回领取赈济粮的单据，高兴地说："好孙子，咱明年的吃粮不用犯愁了。"接着让我去告诉妈妈，李杜将军给发了赈济粮，就不破费她家了。听说第二天李杜将军乘军舰上溯虎林县（今虎头）巡察，爷爷害怕李杜将军走后有变故，第二天一早便领我回到小别拉炕地营。第三天，爷爷领着伯父和帮工，赶三匹马到饶河驮粮，一共驮了两趟才把赈济粮运回来。有了粮食，第二年的饥荒才顺利地度过了。

事隔六十多年了，每当忆起这段经历，李杜将军那庄肃和善的面孔和音容笑貌，还不时地浮现萦绕在我的面前，一派感激之情还一阵阵在心头涌起。

一九九二年三月

注：韩鲁更：原名韩继尧，出身简历见前《韩忠善回忆录》。此文系本书作者访谈记录。原载一九九三年饶河政协第五辑《文史资料》。

高玉山简传

高玉山，一八八六年生于辽宁省义县，军伍出身，清末流徙至虎林县独木河沟炮手营，靠种植鸦片为生。后在独木河保自卫团当差，因为通习军伍，且具有领导才干，后升为自卫团团长。民国二十年（一九三一年）"九一八"事变后，日本势力很快攻进北满，下江各县虽有李杜将军等爱国将士坚持抵抗，未能陷落日寇手中，终因孤无援依，未能固守持久。伪大同元年（一九三二年）末，饶河、虎林、宝清、抚远各县相继投降日本。翌年三月，日寇先遣军已将虎林县正式接收，委派两名日本官员（政治指导官即参事官和警务指导官）参理县政，并将县公署机构人员进行了改组，当时高玉山改任为虎林县保安大队队长。未几，去密山护送日本先遣军司令，家中委派了手下杨培石及王某服侍日本官员饮食起居。王某窥见日官员床下有两个木板箱，怀疑内中藏有货币和鸦片，遂秘密聚结数人，借送晚饭的机会，开枪将两位日本官员打死。警务指导官佐藤重男当场毙命，县参事官隐歧太郎闻听枪响，钻进床铺底下，子弹自屁股穿入，从前胸穿出，杨培石等以为可以发笔洋财，打开木箱一看，全是盛装的子弹。既如此，别无他计，遂乃举意抗日，封锁行道，不使泄露风声。等到高玉山回到虎林，见此情景，别无良策，乃从之，民众仍推他为首领，定名为："东北抗日救国军"。所部尽皆用红布缠袖以为标记，俗名："红胳膊箍"，不几日，聚众一千余人。高玉山率队伍攻打密山未克，退至虎林，谋与饶河县联手共同抗日。不意饶河正待日本接收，拒绝与虎林县为盟，无奈高玉山聚集二千余兵力，于四月初八进军饶河。开始饶河县署及商农两会捐赠救国军百袋米面，及十数口猪并数百两鸦片慰劳之，祈以他就，以保城内商贾百姓不受其扰。高不肯，遂举兵攻之，不克，乃退去大和镇。适遇黑河镇守使马占山属下十二团臧敬之以下六百余人溃退至此。臧言："四周皆为日本所踞，除饶河一线，别无他途。"遂共谋进攻饶河之计。高、臧二军二千六百余众，于五月二十六日，再次进逼饶河。当时饶河城内兵力不足六百人，县保卫团长侯文彩中弹身亡，以下死伤四十余人，余皆遁逃，县长刘鸿谟等人逃至抚远。遂克之，救国军总部设在饶河，为维持地方行政，高派人去抚远县将刘鸿谟召回，仍其原职，以维持地方局面。未久，高玉山率队伍攻打黑嘴子（今虎林市），参谋长杨培石及军需处长刘美堂筹措粮款，征敛无时，商家多有不顺，杨刘二人遂将县长刘鸿谟及商号八大家掌柜拘缉关押狱中。高闻讯，来函令释之。高二次进攻黑嘴子失利，春时聚集饶河之义军，另有前桦川县长张锡侯所部四百余众，武术旅五百余人，总编为一、二、三、四、五旅，共三千余人，因饶河地广民稀，粮秣艰困，碍难持久，且日寇节节进逼。伪大同三年（一九三四年）一月，高率救国军主力一千五百多人，另有共产党领导下的饶河抗日游击队一百余人再次攻打虎林（今虎头）及黑嘴子，其余分别留守大和镇、独木河等地。同年一月下旬，日军由苑福堂、孙行端等人带路自富锦县来攻，救国军各部一千余人分别退至大别拉炕（今镇江村一带）苇子沟及外七里沁河口（俗称江口），过江退入苏境。与此同时，高玉山一千余众进攻黑嘴子受挫，当时已入冬季，弹尽粮绝，孤无援依，无奈，自虎头北逸去苏境，后辗转到新疆。盛世才初委以惠远东北义勇军屯垦委员会委员长，后调迪化（今乌鲁木齐）任督办公署中将顾问。民国三十一年（一九四二年）盛恐高有变，遂将高囚禁起来，不久获释，但密差心腹人仍监视之。两年后，再次入狱，直至日本投降时，始获自由。高玉山几番恳请，始获得当局批准，于民国三十六年（一九四七年）七月，返抵东北故乡。奈因多年历经战事，囚牢折磨，加以万里风尘之劳苦，已身心交瘁，抵达沈阳之后，即一病不起，仅月余，同年八月三十一日去世，年仅六十二岁。

　　本文系作者根据《饶河县志》高玉山传，此处略有删改和补充。二〇〇三年四月七日。

陈荣久军长墓葬寻探纪实

饶河县是我国东北地区的著名抗日根据地之一。在这块土地上，牺牲的中华儿女不下两千余人，其中职务最高的莫过于抗联七军军长陈荣久烈士。陈荣久军长，原籍宁安县三家子村人，清光绪三十年（一九〇四年）生，自幼家境贫寒，十岁丧父，因排行老大，很小便开始务农劳动，后入伍当兵。九一八事变时，于东北第二十一混成旅骑兵二营七连当班长。东三省沦陷后，连长图谋叛变被缴械，全连120多人由陈荣久带领投奔抗日联军第四军军长李延禄部下，矢志抗日，不久被提升为军部副官。一九三四年秋被送往苏联莫斯科东方大学深造。一九三六年回国，担任抗联七军军长。一九三七年三月六日，在大顶子山后天津班东北屏岭山处同日寇作战英勇牺牲，时年三十七岁。陈荣久军长牺牲后，遗体来不及正式举葬，临时委托抗日救国会民众于当地草草掩埋。为避免敌人破坏，不能立碑桩以为标记。事过二十余年，知情人渐次问古，因而陈军长墓葬之所在一直是个谜。

一九五九年，我担任八五九农场东安分场副场长时，受总场的委派，调查整理抗日时期史料，于8月下旬曾前往国营宁安农场拜访了前抗联七军军需处处长杨洪义同志和前七军副官邴升臣同志。杨洪义同志当时是宁安农场场长，一九五二年以前，他曾任过饶河县县长。邴升臣东北解放以后一直在宁安农场当油库主任。他俩曾向我讲述了很多抗日斗争的往事。在我临走的时候，杨洪义同志嘱托我一件事情，他说：一九四九年我从富锦调到饶河，在那里工作四年多，由于当时忙于县政府的日常事务和生产工作，对抗日时期的往事有所忽略，未能到抗日先烈们的坟前进行祭扫和凭吊，看来是个大错误，深感抱歉和内疚，现在离开了那个地方，想做条件又不允许，因此委托你给现今在饶河县主持工作的领导同志带个信，向他们说明：在饶河县那块土地，牺牲的抗日烈士中，职务最高的要算是陈荣久军长了。大顶子山后天津班战斗，我亲自参加了。这次战斗我们抗日联军包括陈荣久军长一共牺牲了七个人。当时由于形势紧张，来不及将陈军长的尸首运走，遂托付给当地抗日救国会员，做以简易的坟墓。当时陈军长的墓葬处，就在天津班东屏岭山第三个山头，山顶稍后一些，在李清和法师地窝棚的西北面不到半里远的地方，与陈荣久军长一起埋葬的还有班长侯培林和一名朝鲜族战士（后由抗联老人金风学介绍，朝鲜族战士名叫金元俊），他二人的坟墓并排着在陈军长墓葬的稍下方。杨洪义同志再三叮嘱我回去向当时的领导同志讲一下，能否抽几个人去寻找，在坟前立个木桩以为纪念，祭奠祭奠。要不时间太长，就不好寻找了。

我从宁安回来以后，曾向有关领导，尤其是八五九农场政治部宣传科的负责同志反映过这件事情，他们答应有机会要进行这项工作。但因日常工作繁忙，迁延二十余年，一直未能办成。我自幼生活在东北边疆，接触抗联人士，闻听抗联斗争事迹较多，特别是亲身查访抗日斗争史料，使我对抗日联军产生了深厚的感情，再加之杨洪义同志所嘱托的事情没能办成，心中总是感觉不安。

一九八〇年，县政协组织成立，我当选为饶河县政协常委。八月份我即向当时的县政协副主席兼县委统战部长徐曰禄同志提出应该将陈荣久军长的墓葬找到。他一时很感突然，并问我：有谁知道陈军长的尸体埋在什么地方？我就把一九五九年秋去宁安访问时，前饶河县长、抗联七军军需处长杨洪义同志的交代与他讲了。并建议凑集几个人，前去找一找。徐曰禄同志当即应允，后经过串联，县民政局副局长徐勤、县科协副主席张良，我（当时接任县志办主任）及徐曰录一共四个人，于八月二十四日乘民政局汽车前往杨洪义同志所示大顶子山后天津班地方，寻找了一天，毫无结果。一九八一年秋时传闻，庆丰公社（后恢复为三人班）书记郭永懋曾谒此墓。九月七日，仍由我们四人，加上郭永懋一行五人，又沿屏岭山一带踏查了一天，见古坟多处，独不见有陈军长及侯、金二位烈士墓址。一九八二年春，县政协主席张振邦和副主席吕明义同志建议县委正式组成陈荣久军长墓葬寻查委员会，并由他们二位兼任主任、副主任，任命我为考察队长，吕明义同志亲自参加考察，一行并有县政协办公室主任吉步楼、科协主席张良、县委宣传部宣传干事姚明贤等共汁13人，于五月十三日乘车前往新开村天津班地方寻查。经一日苦寻，薄暮时分，忽于屏岭山二峰偏背坡，发现一座南北向长四方形坟墓，因年代久远，积土沉陷，坟体不过一尺多高，根据杨洪义同志所指在屏岭山顶偏北坡一点的特征，初步认定是陈军长墓葬（一般坟冢多在山前坡或山脚下），我们又往山北坡寻找另二位烈士墓葬，杳无踪影，因此不足为证。这时太阳已经落山，吕明义同志让大家休息一下，即要回返，并宣称：寻找陈军长墓葬工作暂告一段落，留待日后再来查找。正迟疑间，县委统战部干事郑承翰解手归来，突于陈墓西偏下坡二十多米远的榛丛旁发现并排上下两座同样形状的坟墓，皆南北向，经反复对照，尽合杨洪义同志所示特征，遂确定为陈军长及二烈士墓葬无疑。当即大家十分高兴，一天的艰苦跋涉，终于有了成果，既不觉得疲累，也不觉得饿了。张良同志用锹掘察之，三坟皆是桦、柞木杆砌成的棺材，唯树皮印记还可辨认，木质早已腐烂，深掘之，发现尸骨尚存，因暂掩埋之，插枝为记。临下山的时候，吕明义同志问我："老姚，陈军长墓葬已认定无疑，二烈上坟是谁，究竟怎样确认？"我答道："我又不是当年战斗的目击者，如何能断定二墓具体为谁呢？"吕明义同志说："你亲访过杨洪义，你曾多次考察过烈士墓地，又是本次的考察队长，你最有权力说话。"我说："既然如此依我判定，二烈士坟，上边的是班长侯培林，下边的是金元俊。"吕明义副主席说："好！依你判断很合乎情理，就此确定下来，待回去向县委汇报之后再决定迁移及修坟事宜。"后经县报至省政府，陈雷省长亲自题诗以为表彰。一九八三年春季，县政府令民政局并县政协有关人员配合将三墓葬遗骨移至县城西十五华里处之烈士墓地，重新安葬。原墓地并立有碑记。发掘中，唯陈荣久军长的颅骨不见，据分析，可能是陈军长牺牲后，暂厝雪地，有特务告密，被敌人所斫。

景乐亭烈士简传

景乐亭（一九〇三至一九四〇年），山东章丘人，中共党员。幼年家贫，十二岁学铁匠，后到东北参加奉军。一九三一年"九一八"事变后，任东北民众救国军营长，率部奋起抗日。一九三四年参加中共饶河中心县委领导的农工义勇军，一九三四年一月二十八日同东北抗日救国军一道强攻虎林县城（现虎林镇）。他所领导的一旅一营曾突破敌人防线与特务营一起深入县城中心区，苦战一天，消灭大量日伪军，后因众寡悬殊，奉命撤出战斗。当高玉山领导的救国军退往苏联境内后，景乐亭率部仍留在虎饶一带坚持抗日斗争。一九三五年出任我党领导的东北反日联合军第五军团长，一九三六年四月任东北人民革命军第四军二师副官，同年十一月任东北抗日联军第七军三师师长。一九三七年春季，李学福和景乐亭率一师和三师到同江、富锦活动，争取当地山林队，建立了联合反日指挥部，并在大旗杆、同小井子、卧虎井子、对青山、前六牌、二虎山、小九家、虎市拾克、别拉音子山等地广泛开展游击活动。时而化整为零做群众工作，积蓄力量，准备给养；时而集中兵力打击敌人，消灭敌人的有生力量。在当地群众紧密配合下，并积极争取伪军哗变，动员群众参军参战，不断壮大队伍。为镇压汉奸的卖国活动，公开在富锦处死伪军"讨伐"大队长张大胡荏子，在同江二龙山处死土豪左殿生，大大鼓舞了当地群众的抗日情绪。五月十五日，李学福、景乐亭率三百名战士到二龙山第三牌为掩护伪军连哗变时，与五百余日伪军遭遇，激战五六个小时，击毙五十余敌人，我军牺牲十人，受伤六人。这次接应虽未成功，其后仍有二十余名伪军哗变，携带四十余支枪投靠我军。六月，当他们率领六百余名战士，从富锦到二道井子时，与日军小滨司令所带的九百余名日伪军相遇。敌人动用了骑兵、步兵和坦克，但由于我军阵地四周都是沼泽地，敌军骑兵、坦克施展不开，无法靠近。当敌步兵逼近我阵地四五十米时，景乐亭指挥战士利用有利地形猛烈反击，击退了敌人多次进攻。经过一天激战，击毙敌一百五十余人，我军牺牲十余人。在这次战斗中，当地群众冒着枪林弹雨给战士们送饭，送水，救护伤员，同仇敌忾。此后，我军化整为零，组织若干小部队深入敌后，骚扰敌人，争取伪军哗变，组织群众抗日，收到良好的效果。有一次，住在同江二龙山南苏家店的反日会员马玉良给我军送信，报告同江二龙山驻有日军一个连，当地人民群众盼望除掉这些害人虫。于是我军派十多名战士，身着便衣，潜入该地突袭敌人，打死日军二十余人。

一九三七年入冬后，同江、富锦一带的沼泽地已失去屏障作用，李学福、景乐亭率一、三师离开该地，返回饶河山区，避开大批敌人进攻。

一九三七年十二月景乐亭任下江特委委员，继续担任七军三师师长。

一九三八年初，根据抗联七军军部决定，三师师长景乐亭、副师长云鹤英和政治部主任刘廷仲率三师奔赴宝清开展游击活动。此时敌人正派重兵在宝清向我抗日联军进行围攻，给我军开展游击战争带来相当困难。为避免损失，一九三八年四月二十六日，景乐亭率三师返回挠力河以南，一方面准备给养，侦察敌情，一方面等待有利时机与抗联五军三师会合，共同抗战。六月十七日，七军三师和五军三师在宝清东南部会合。他们坚持灵活机动的战术，袭击了中兴堡警察署，缴获该警察署的全部武装，获得大小枪三十余支。接着，他们转战到宝清第三、四区，破坏了一些敌人的"集团部落"，解决了部分给养。

七军三师和五军三师在宝清两个月的共同战斗，先后在双鸭子煤矿、韩家木营和索伦河等处与敌遭遇，受了一些损失，为保存力量，七军三师政治部主任刘廷仲率部分队伍转战三人班、独木河、代照砬子、蛤蟆通河以南地区，着手建立密营。七军三师师长景乐亭和五军三师师长李文彬率八十余名骑兵携两挺机枪，于八月二十三日赴大旗杆，其余部队随后转移。部队到大旗杆以后，景乐亭率七军三师转战雁窝岛，着手准备部队冬季给养。

一九三九年三月,景乐亭任七军党特委常委,代理七军军长。在东北抗日游击战争处于异常艰苦的环境中,景乐亭率领七军在饶河、虎林、富锦、同江、抚远等地坚持斗争。他在群众中有广泛的影响,是抗日联军高级将领之一。一九四〇年三月二十七日于虎林小木河被抗联二路军以"企图叛降罪"处以死刑,时年三十七岁。

注:一九九三经中共黑龙江省委党史研究室与东北烈士纪念馆联合考察结论为:"经查档案资料,当时的罪名是不存在的,系因未能弄清事实,仓促决定造成的,属内部误杀,因此,应承认景乐亭同志为革命烈士"。

景乐亭同志自参加革命,在黑龙江坚持抗日达十年之久,最后牺牲在虎林小木河。为此,原省长陈雷同志指示烈士基金会为景乐亭立碑,恢复名誉,永志纪念。(本文原载二〇〇二年虎林市老促会出版之虎林《抗日烽火》)。

详见:本书郎升晨回忆录中之"景乐亭事件"。

龚金城轶传

伪满康德四年（一九三七年）四月，饶河县小别拉炕（今太平村）警察署长龚金城及卫兵邓学昌、翻译徐秉太、照相员庄成发（龚之内弟）等四人，被日伪当局在饶河县城大南山前濒临南湖汊处，以"通苏""通匪"等罪处死，前《饶河县志》（一九九二年出版）龚金城传中有记。其具体细节，经本人一九八〇年访问本县术士刘振江先生，及龚金城之嫡侄龚学恩记述如下：龚金城原籍山东省胶南县大王台镇东大草夼村人，清光绪十二年（一八八六年）生，兄弟四人，行四。母亲早逝，继母生有两个弟弟，从小家贫不能上学，八岁即随父亲劳作。十三岁出雇外村，后流寓吉林桦甸、东宁，去到俄国远东海参崴，正逢俄国国内战乱，后随人北上回国，来到饶河县的大带河沟里，这里多是胶州一带的流民所居，靠耕种鸦片为生，龚随即在此住下，正赶上大带河保长朱文瑶召雇会兵，龚应召。因为他身体强健，干事洒脱，得到朱的器重，不久提为班长。中华民国十五年（一九二六年）。大盗陈东山（后被李杜收服）率七百人攻县城，县署随调各保卫团护城，朱文瑶率五十余人守护城西南，为陈东山队所包围，伤亡惨重。朱文瑶左大腿中弹负伤不能行走，龚冒枪林弹雨将朱背出半里多远获救，并以枪掩护营救多人，遂得到大家的赞誉。朱伤愈后，即将大带河保卫队长之职交付于龚。又过了两年，再推选龚金城为大带河的百家长（保长）。从此，龚金城权势财利陡聚，成为饶河县有名的大人物之一。做事恣肆骄横，不可一世。民国十四年（一九二五年）他因劝阻婚事不成致将救命恩人朱老娲（见《林泉野人杂集》"朱老娲被难记"）杀掉。民国十六年（一九三七年），差人将威胁他保长职务的郭炮头全家五口人火焚烧死（仍见前书）。平时杀人轻如鸡犬，"九一八"事变后，开始拒纳高玉山的救国军，后在救国军第四旅旅长臧敬之的胁迫下，勉强归服，曾就任县保安队长。救国军撤退后，龚又配合苑福堂为迎接日寇入侵饶河效劳。他曾一度就任饶河县警察大队长，后调任小别拉炕警察署长。当时抗联四军二师师长李学福，差派四团副刘雁来、二团副邹其昌，通过内线，将龚引入抗日。刘邹二人公开向龚金城声明："你若不支持抗日联军，你也别想站住脚。"龚再三考虑，方兹允诺，为抗日军尽一臂之力，决不效忠日本。从此，龚金城利用职务之便，借进山讨伐之机，或利用心腹送给抗联武器弹药，抗联人员竟能在光天化日之下闯进警察署暗自差派内弟庄成发为抗日军照相，发给"证明书"，提供其他日用物资。伪康德三年（一九三六年）四月，腰房子战事，龚率领一百余名警察，协同县警察本队截击抗联。龚已有密约为之佯攻，命手下人将子弹往空中射击，致将县警察队被我抗日军包围，懒户太郎以下计十三人战死。龚撤退时，仍遗二箱子弹给抗联。除此之外，凡日伪军兵营位置、兵员人数、枪械装备、行动日期、目的，随时向抗日联军通报，并通过抗联向苏联方面提供情报。当时，抗日联军总部已经任命龚金城为地下第五团团长（《刘雁来回忆录》——黑龙江省广播电台记者姜清池提供）。早在伪康德二年（一九三五年），龚金城的大老婆庄玉莲即在饶河街里居住（龚当时在饶河街通江路以南拥有很多地产及房产），雇有炊事员伺候。因龚金城当时又喜欢爱妾吴翠花（原是龚的干女儿，后纳为妾），因此只有吴翠花守在身旁，住在小别拉炕。龚的大老婆住在饶河街里，常与龚金城的卫兵王凤阁私通。后被龚查知，遂将王凤阁开除。王凤阁一怒之下，来到饶河即将龚金城私通抗联的事情，尽与宪兵队的特务马青山说出。当时日本当局不信，不久适逢腰房子（今永幸一带，原是深山老林）战事，濑户太郎战死，引起了日本当局的密切关注，还是龚金城在腰房子领兵回营之后，抗联方面根据掌握的情况，立即派刘雁来和邹其昌于当日晚即赶赴小别拉炕，劝龚火速投奔抗联，稍有迟疑，恐后悔之无及。龚不听，他认为自己的行动，万无一失，加以当时他的两个妻子（大婆、二婆）都在饶河，他舍不得他的妻妾和女儿。因此，当刘雁来和邹其昌走后的第二天，县警察本队通知龚金城将翻译徐秉本、照相员庄成发护兵邓学昌一同带到县城参加紧急会议。当时，龚等坐了一张马爬犁，既至县城前往县警察本队报到时，四个人当即全部被逮捕入狱，这是伪康德三年（一九三六年）十一月所发生的事情，龚金城等四人被押进监狱，受尽了各种酷刑，私通抗日联军事，不得不一一招供。翌年，即伪康德四年（一九三七年）四月，以"通苏""通匪"罪将龚金城、徐秉太、庄成发、邓学昌等四人押至饶河县城大南山前滨湖处，命自掘坟坑，而后刺死，这件事情当时曾轰动县内外。

龚金城被处死不久，日本当局又将与抗日联军有直接关联的小别拉炕警察署（又称饶河县警察大队第三中队——骑马队）第一小队巡官刘明士（山东掖县人）处以死刑。

此时，龚之大妻庄玉莲在饶河同王凤阁相处益加密切，更加肆无忌惮地在一起寻欢作乐。事过两年以后（伪康德六年即一九三九年），有一天，龚金城的炊事员孙崎鹏（山东招远人）从小别拉炕来到龚妻庄玉莲住处，闲谈中，问庄玉莲："太太，你知道龚队长是谁给整死的？"庄说："是日本给整死的。"孙崎鹏说："不对，是王凤阁给整死的。太太，你有仇不报，还和王凤阁姘居，太不对了，久后到了阴曹地府龚队长的灵魂也要惩罚你的。"庄玉莲一时有些怅然，虽然同王凤阁关系密切，住在一起。但她和龚金城毕竟是多年夫妻，并生养了两个女儿，龚惨死，未免有些心痛。随说："那怎么办哪？"孙崎鹏说："整死这个兔崽子！"庄玉莲随之允可。这天晚上王凤阁回来很晚，庄玉莲特地做了几盘炒菜，让王凤阁同孙崎鹏在一起饮酒，因为他们都曾是同事，孙崎鹏特地让王凤阁多喝了几杯，又陪伴他吸了鸦片。王酒醉后入睡，孙持菜刀将王凤阁砍死，随之拖到后院马棚铺板底下埋了。孙崎鹏长舒了一口气说："总算为龚队长报了仇啦。"不久，孙崎鹏乘轮船逃回山东。常有人来龚大婆家找王凤阁，龚婆皆托词说："外出未归。"毕竟事出诡秘，庄玉莲心中总是忐忑不安。一天，正赶上龚金城的下属鞠化祥，以及给第三区（大叶子沟）队长王福森当过勤务员的徐升来到龚大婆庄玉莲家串门，他们都是相处很好的朋友。庄玉莲招待他们在家吃的晚饭，酒至半酣，庄氏说："你们二人帮我个忙可好？"鞠、徐二人当场应承："龚队长在世时，我们听他驱使召唤，龚队长死了，太太吩咐我们，还能两样对待吗？你尽管分派就是了。"龚大婆庄氏随之说出求他们二位将王凤阁的尸首，帮助掩埋一下。鞠、徐二人一时愕然，但考虑他们二人同庄玉莲均有暧昧关系，拒绝不妥，只好许诺。于是等到夜深人静之时，庄氏领他们两人到后院去挖掘处置王凤阁的尸首。

事情偏偏巧合，龚金城的小妾吴翠花在饶河县城里也有一套居舍，同大老婆庄氏恰好是隔壁。平时吴翠花不在饶河居住，偶尔进到城里，住上几天，妻妾之间妒忌恨怨，从来也是不相往来的。吴氏不在城里，她的居宅平时只有吴翠花的母亲——傅氏在那里居住看门。这天夜间，偏赶上傅氏夜间泻肚，蹲在马棚旁边的厕所里大解。黑暗中见几个人从马棚地板底下拖出一具死尸，又另埋到院子西南角，麻成部队土城墙的炮楼边上，傅氏随之晓得了所谓的王凤阁失踪的秘密了。第二天，她到邻居家去串门，闲谈中，把王凤阁是被龚大婆害死的情况与邻居家女人说了，很快便传到饶河县警察本队去了。随之侦察人员下去调查，总没能得到真凭实据，傅氏也不敢认账了，后来派警尉王许生（他同龚金城原是部属关系）以体恤庄玉莲生活为名常与庄贴近，经常买些东西或送些钱给龚婆，因而交往日密。龚大婆庄氏平素里有些放荡，龚死后，生活无着，即以耍人为业，因而很快便同王许生产生了交往。一天晚上，二人正在情密当中，王探问起王凤阁的下落，庄玉莲见王与她很不见外，遂说出真情："让我杀了，埋在炮楼边上了。"并嘱告王许生："可不能对任何人言传啊！"王许生连说："是，你放心好了。"遂以他言托过。事过两天，县警察本队即将龚大婆拘禁，经过鞠讯庄氏一一招供，伪康德八年（一九四一年）春天，解到县司法公署被判了十年徒刑，发往牡丹江东满总省某监狱监押，直到东北光复始获释，一九四六年又回到饶河。

王许生，个子不高，一九四八年春土地改革时，在饶河县城北门外被民兵用马拖死。

大穗久雄何许人也？

伪康德四年（一九三七年）三月五日，抗联七军二百余人在军长陈荣久率领下，于饶河县大顶子山后天津班地方狙击前来进犯的日本军，一举将县参事官大穗久雄打死。陈荣久军长，也在那次战斗中牺牲。大穗久雄究竟是个什么人物？他是一个什么样的身世？一九八五年笔者收到黑龙江省广播电视台记者姜清池先生从哈尔滨图书馆复印的一份日伪时期出版的图书中，查阅到大穗久雄的传略，现在简要介绍给读者。

大穗久雄，明治四十一年，相当于清代光绪三十四年即西历一九〇八年五月十一日生于日本福冈县西郊。他的父亲名叫大穗秀次郎，曾以黑田武士道受传，因此大穗久雄从幼年开始即受到豪士家风的熏陶，好勇善斗，他的父亲大穗秀次郎同侵略满洲的大特务头子头山满既是同乡，又是朋友，他俩早先曾参与支持中国辛亥革命的反清斗争，二人肝胆相照，誓同生死。大穗久雄兄弟姊妹五人，他是最小的一个，小学毕业后，即有奔向远方的志向。他的二哥大穗三喜雄，东亚同文书院毕业，加入大阪贸易泷定商会，二十七岁客死在西班牙。他的父亲至为悲恸，因此其后对大穗久雄就特别地钟爱，从小就教他学习剑术武道。大正十五年（一九二六年），于福冈修猷馆中学毕业后，随即考入拓植大学，功课作业都是领先，曾参加过东方问题研究组织。"九一八"事变后，更为日本帝国主义侵占我国东北三省而雀跃，急待毕业后，奔赴我国东北大地，为天皇尽忠效劳。昭和六年（伪大同元年即一九三二年）四月，踊跃来到满洲，开始在伪新京（今长春市）民政部地方司任事，编入特别调查队哈尔滨班，历经阿城、苇河、珠河（尚志）、宁安等县，为安抚民心奔走了两个多月。伪大同二年（一九三三年）

六月编入龙山〇〇部队，以皇国干城（注：大将曰"干城"，亦即捍卫国家之骨干）受军训，结业后于伪康德元年（一九三四年）十二月，委任为安东省辑安县副参事官。伪康德二年（一九三五年），调到三江省汤原县任参事官，执行清剿抗日联军，编练警察，奴化役吏等任务，曾被推选为全满洲的"模范"。当时饶河县的抗日势力蓬勃兴起，为扑灭抗日战火，于伪康德三年（一九三六年）四月，调任饶河县参事官。大穗久雄来到饶河县之后，见民众居宅鄙陋低矮，他曾在衙署内设计了一份民宅模型，图谋将县内房屋式样逐渐加以改造。当时饶河抗日游击活动十分炽烈，对日本统治威胁很大，大穗久雄以不扑灭境内抗日势力决不罢休的念头，日夜为其天皇主子尽忠效劳。伪康德四年（一九三七年）三月三日，抗日游击队袭击小别拉炕（今太平村一带）地方，大穗派野口警尉率四十名警察，连同小别拉炕警察署共合二百余人于四日拂晓接火，经两小时激战，抗日联军撤退，日伪军临时在小别拉炕地方休整。当晚又报：抗日联军三百余人于天津班狐仙堂地方集结。大穗久雄遂率队连夜赶回县城，共调遣日伪军及警察四百余人，选派二十多张马爬犁，连夜向大顶子山后天津班地方进击。当时我抗联七军军长陈荣久正召集部众在狐仙堂地方开会，传闻日寇来犯，随即于天津班以东各山隘处部署狙击。日本军不测其防，陷入我抗联七军包围圈，五日拂晓接战，妄图自抗日联军背后迂回，无奈退路截断，大穗久雄已知被困，遂举战刀指挥冲锋突围。忽一弹射穿大穗右腕，高举的战刀遽然坠地，野口警尉为之包扎，继以左手举刀指挥，又一弹射穿左大腿，动脉切断，血流飞溅，遂卧仆身死。时值伪康德四年（一九三七年）三月五日，伪新京时间下午六时半（相当北京时间18时，应是大穗负伤心脏停止跳动的时间，要不拂晓接战，不可能持续到下午六点），时年三十五岁。三月十四日，伪饶河县公署举行慰灵祭，县长张祥廉亲诵挽词，后日本福冈县修猷馆中学及饶河县城西门里通江路南，均立有大穗久雄参事官花岗岩石碑，高五米，上镌有日本在满特务头子头山满题词并碑文。饶河县城西大穗石碑于一九四五年东北光复后即被推倒，现碑文石刻存于饶河县博物馆侧旁。伪康德十年于石场建一居民点，曾命名为"大穗村"，光复后已恢复石场原名。

本文根据一九八九年十一月《饶河县志稿》"大穗久雄传"重写。
二〇〇三年五月六日

那丹山盗"压五岳"

伪满康德二年（一九三五年）三月，在饶河县大带河保被龚金城处死了一个队号叫"压五岳"的胡匪头目薛钦堂。

薛钦堂，原籍山东胶州人，生于清光绪十六年（一八九〇年），青年时曾在直系军阀吴佩孚手下当兵，参加过直奉战争，冯玉祥倒戈后，队伍遣散，后来流徙到饶河县大带河一带，这里山东胶州人较多，他投奔乡里，来到此地。由于他从过军伍，谙习枪法，大带河保安队长龚金城吸收他在保里当会兵，不久提为排长，后升至连长。当时正值"九一八"事变，日本侵占了东三省，一九三三年春虎林县高玉山率领救国军以及黑河镇守使马占山部下十二团，一共三千多人集聚饶河。饶河地方保卫团被打散，当时小佳河保卫队长苑福堂逃往富锦，投靠了日本鬼子，商会保卫队长王德邦被救国军处死，只有大带河保卫队长龚金城还原职未动。救国军和十二团拿下饶河不久，总司令高玉山领兵攻打虎林饶河县地面，留有十二团（团长臧敬之）驻守。为了消除地方反抗势力，十二团团长臧敬之（当时已升为四旅旅长），将龚金城调到饶河关押起来，并派二营王茂堂营长带人前去大带河捉拿龚金城的亲信薛钦堂，意欲处决之。薛钦堂得知龚被挚，监押在饶河县监狱，遂拉出七个士兵，又临时组织了十几个人，一共不到二十个人的队伍，带到山上，定队名为"压五岳"即压过五岳，山头岂不够高的了吗？当时王营长来到大带河沟里，不但未抓到薛钦堂——"压五岳"，相反却被"压五岳"——薛钦堂抓住了。将枪支扣下，并未杀人，不久将王茂堂释放，并写了一封信，要求救国军方面将龚金城释放，否则不到一个月将推进饶河。王营长回到饶河不久,十二团将龚金城释放了,又回到了大带河保卫团。薛钦堂闻听龚金城释放回到大带河保,他将手下一班人马拉了回来,又归附了龚金城。龚自然要感戴他相救之恩了,并帮薛钦堂办了婚事,不久又将薛钦堂提升为三营营长。在此之前,薛钦堂立山头"压五岳"之后,在县域内,尤其是在大带河保内四乡八邻,到处抢夺,几个大的粮户被他带人哄抢,勒索钱(鸦片)物时,常把人绑在屋柱上,剥掉上衣,用烧红的铁勺烙脊背,如呼喊,即用硝灰封其口鼻,被勒索者稍有违抗,即行绑走,途中即给处死。因此,"压五岳"变成本地一大祸害,无辜被他杀害的百姓一共有八十多人,可谓罪大恶极。龚归来后,薛钦堂更以救助龚金城出监居功自傲,无所顾忌,常仗势淫污民女,有十数人,有时以为部下觅婚为借口,以达到他奸淫民女之实。后来竟谋图将龚金城姘头的女儿刘盛花许嫁给四连连长徐某当媳妇,龚之姘头表面应承,而背地里却谮诉于龚:"你手下的薛钦堂猖狂到何等程度,抢夺民财,强男霸女,这等胡匪之辈,你却把他当成亲信,继续下去,大带河的民众将要怎样看待你?"加上原来沟里被抢劫的民户以及被征粮物的富户,大多是龚金城的乡亲,当时亦多谮诉薛钦堂于龚,龚随之对薛钦堂产生厌恶之感。然而,龚表面却故作镇静,伪康德二年(一九三五年)三月十七日,薛钦堂到大带河龚金城团部办事,事情办完了,龚金城对薛钦堂说:"薛营长,你的头发太长了,应该理一理了。"薛说:"过了年(春节)之后,一直很忙,没顾得理发哩。"龚遂命卫兵传令理发员,来办公室为薛理发,薛钦堂的卫兵到厢房吸鸦片去了,等到理完发,理发员给薛穿大衣,薛背手伸袖时,"啪!啪!"两枪正中薛的后心,薛钦堂当即身亡倒在血泊中。赶到薛的护兵闻听枪响前来营救时,被人一枪打穿下巴而被擒,这一切都是龚金城暗自安排好了的。薛钦堂"压五岳"被除,饶河县内百姓无不称快。

注:本文系大带河生产大队队长薛连山及贫协主席张宝贵,一九七四年一月六日口述拾记。

抗日时期歌谣

(一九六二年冬辑)

警察是条狗
警察是条狗,紧跟日本走,
鬼子喊巴嘎,警察便下口。

搬　家
搬一搬,　穷三年,
如今年年搬,人民泪涟涟。

高扒皮
村里有个高扒皮,勒大脖子污民女,
棒子打,凉水灌,谁若不服宪兵队里去。

送　衣
出门莫穿单,多穿几件衫,
送给抗日弟兄们,杀敌夺江山。

小黄狗
小黄狗,汪汪汪,大娘窗缝里望了望:
抗联来到了,急忙烧饭汤;
鬼子来到了,熄灯掩门窗。

李葆满

李葆满，保民安，鬼子见了心胆寒。

大穗参事狗命死，红旗插上大顶子山。

敌人妄想进深山，先拿命来换。

抗联枪声响

东山枪声响，鬼子直吵嚷，

抗联冲下山，鬼子一命完。

生活好凄凉

破草房，露着天，碎鱼皮，补又裢。

男无衣来妇女无裙，十家烟囱九断烟。

一家不断烟，地主特务警察官。

抗 联

人民见抗联，亲密心相连。

特务见抗联，脖子树上拴。

遥 拜

小日本，快倒台，一天三时喊"要败"（遥拜）

鬼子喊磨刀（默祷），人民喊声快！快！快！

借 米

东家无米西家借，西家磨上封条贴，

四眼空相对，簌簌泪雨血，

昨日田中拾落叶，聊致此瓢且充肠。

王道乐土

"王道乐土"穿麻袋，"日满协和"咽糠菜，

"一德一心"杀日寇，"圣战完遂"归中国。

狗 叫
一听狗叫，穷人心跳，
一见警察，心头发麻。

犯！犯！犯！
吃大米，经济犯，进山林，通抗联，
向东看，通苏犯，二人说话嫌疑犯。

双胎郎
大嫂生了双胎郎，一个脖短一个脖长。
长脖郎生来会说话：
"别看我脖儿长，到秋不拿出荷粮！"
短脖郎落草就会讲：
"别看我脖儿短，到秋不受日本鬼子管。"

狗特与渔特
住在山边莫挖参，住在河边莫淘金。
要想挖参当渔人，先得人心变狗心。

鬼子是豺狼
庄稼没上场，来催"出荷"粮。
碾磨未转动，封条先贴上。

抗联弟兄来
抗日弟兄来，人人笑颜开。
日本鬼子来，豺狼进了宅。
注：日伪征收农民赋税，名曰交"出荷"粮。

饶河县抗日时期年表

一九二九年（中华民国十八年）

十一月，中共北满特委派崔一山、李杨春、黄哲云、金石泉等五名朝鲜人来本县新兴洞、东安镇一带招募同志，发展共产党组织。

一九三〇年（中华民国十九年）

三月，正式成立中国共产党饶河县委员会，书记崔一山，其余几人为委员。

一九三一年（中华民国二十年）

三月，中共北满特委派徐凤山、崔石泉（崔镛健）来本县三义屯一带活动，旋将县委改为饶河中心县委。书记朴元彬，委员徐凤山、崔石泉、李一平、朴振宇等七人。

九月十八日，日军炮轰沈阳北大营。未几，东北全境沦陷日本帝国主义者手中，本县与内地水陆交通断绝。

一九三二年（伪大同元年）

一月，前依兰镇守使李杜与护路军司令丁超，召集抗日将领会议，组成吉林省自卫军，公推李杜为总司令，在哈尔滨一带与日寇多次战斗。二月，哈尔滨失守后，向宾县、依兰退却，后李杜带自卫军驰骤于密山、虎林间。三月、八月两度来本县谋划救国之计，后再返虎林、密山一带。

本年初，中共饶河中心县委在民众中秘密串联宣传救国，组织反日会，发展会员达三百多名，为创建共产党所领导的反日武装准备了条件。

一九三三年（伪大同二年）

一月九日，李杜限于粮秣、弹药、给养无措，率部众千余人由虎林（今虎头）以北地方过江去往苏联。

三月，伪饶河县长刘鸿谟应日本关东军先遣司令官尹祚乾公函，赴宝清开会，准备迎接日本接收大员。

四月，虎林县保安队长高玉山去密山护送日本接收大员，部下杨培石及王二楞扶持日本官员，见床下有两只木箱，疑是伪国币，遂合谋将日本县参事官隐歧太郎、警务指导官佐藤重男打死，启箱视之，乃两箱子弹。无奈，待高玉山返回，遂举义抗日，公推高玉山为司令，组成抗日救国军，反击日寇，函请饶河县响应。其时，饶河县既已降日，拒与高联手，高遂率二千人进逼饶河，屯军至三义屯，饶河县政府与商界以米、面、猪肉、鸦片赆赍之，乃去。

五月二十六日，高玉山偕同黑河镇守使马占山属下臧敬之（山东海阳人）十二团六百人，共二千六百余众再次攻占饶河，饶河县长刘鸿谟逃去抚远。

六月，中共饶河县委成员金昌极、李汉洙、黄哲云、徐汉龙、李学福等五人被捕。黄哲云、徐汉龙二人被处死，李学福、金昌极、李汉洙未几获释逃走。

七月，中共饶河县委在三义屯创办军政训练班，受训的四十余名青壮年全部举义，定名为"朝鲜独立军"，旋改为"饶河抗日游击队"，一说为"饶河工农义勇军"（见《抗联史料》），开赴大叶子沟（今大牙克桥以北）。

八月十九日，日本驻富锦江防舰队四艘军舰炮轰饶河，救国军临时撤出县城。

一月，高玉山率国民救国军千余人，并将饶河抗日游击队七十余人编为特务营，共计一千五百余人，于一月二十五日，攻打虎林(今虎头)、黑嘴子（今虎林）失利。

一月二十八日，高玉山率队逸去苏联。特务营曾为攻城先锋，给敌以重创，牺牲过半，崔石泉率领余部退回大带河一带，开始独立活动。

一月三十日，救国军将谋降日本的七里钦（今五林洞）、腰房子（今永幸村）保安队长王德邦等六人斩首示众。

一月三十日深夜，救国军四旅旅长臧敬之率留守各部千余人分路撤退逸去苏联。二月一日，日本军饭塚支队今田部队七百余人攻占饶河县城。

二月三日，特务营在大带河召开会议，会议决定将特务营改编为饶河民众反日游击大队（简称饶河抗日游击队），崔石泉任代理大队长，朴振宇任政治指导员。

四月，饶河抗日游击队攻占四合川（今石场一带）、大叶子沟（今大牙克河流域），在此建立了抗日游击根据地。

六月三日，张文偕和崔石泉率领饶河游击队并联合其他抗日武装，击溃盘踞在小佳河暴马顶子（今四道沟林场，又名宝马山林场）之太平沟及大别拉炕（镇江村）两股伪军。自此，暴马顶子（太平沟）一带成为饶河抗日游击队的后方基地。

同月，中共满洲省委决定，撤销吉东局，原吉东局领导下的各中心县委及县委，在吉东特委成立之前，由满洲省委直接领导。

七月初，饶河抗日游击队攻进抚远县属的别拉洪屯（今八五九农场民主村），击溃守敌六十余人，缴获长枪十七支，此时游击队壮大为一百四十余人。

同月，饶河县伪警察队逮捕抗日分子二十多人，有两名县公署伪职员，被诬为"策动反日"被处死。

同期，饶河县抗日救国总会成立，推举郑鲁岩为总会会长，各沟抗日救国会增至八个，共拥有会员九百余人，新组成在县域内活动之大小抗日山林队十四伙，总数近三百人，中共饶河县委员会领导下之抗日游击队人数增至二百余人，扩编为游击大队，已在小佳河、别拉洪、十八垧地、五林洞等地与日伪军多次交火，给日伪军以沉重打击。

八月，饶河抗日游击大队队长张文偕在虎林与饶河边界处三人班地方，与敌作战中壮烈牺牲，李学福继任队长。

一九三五年（伪康德二年）

一月，苏联一架战斗机迷失方向在里七里沁东北十八垧地附近着陆，抗日军迅速赶到现场协助，广积木柴，将机体烧毁，两挺机关炮卸下。半月后，我抗日游击队队长李学福派部下三连连长张玉凤并一名战士，另有东海胜及部下二名，鲁祥及部下二名，共计八名抗日人员扛着两挺机关炮护送苏联飞行员经过四昼夜穿山越岭（主要是昼伏夜行）赶至饶河县城东北十五里比金河口处，过江，送至苏联华西列夫小队。张玉凤一行在苏联比金休歇五日后送回。苏联方面回赠手枪子弹八百发，毛皮半截大衣四件，毡靴四双，马一匹，主要赠送给鲁祥乘骑。鲁祥是山林队司令，年已五十，于苇子沟（今江口以北地方）对面过境，被日伪军巡防队发现，交火后，其余七人稍作抵抗后，皆钻入密林安全转移，唯鲁祥年事已高，加以足着毡靴，未便上得去马，即被日军"讨伐队"俘获。监押四个月后获释，靠开大烟馆谋生，直至一九四〇年才返回沈阳原籍。（日本所编《饶河县事情》为一月，《烽遂年代》是杨德山回忆录为康德二年九月七日，当以前者为准）。

二月，伪满驻佳木斯第七军管区三十一团九百余人，调驻本县。

三月，饶河抗日游击队在暴马顶子截击了饶河县小佳河警察队，毙敌十余人。

四月，伪饶河县特务机关于佳木斯开办汉、朝两族特务训练班，派往本县八十余人，四处搜寻我抗联情报，截捕抗日民众及抗日地工人员。同月，在大叶子沟召开县委扩大会议。饶河抗日游击大队收编大小山林队十四伙，共一百五十余人，统编为东北抗日同盟军第四军四团，李学福任团长，朴振宇为团副，李斗文任政委，崔石峰任副政委，崔石泉任参谋长。

八月一日，中共中央发表《为抗日救国告全体同胞书》（即《八一宣言》），提出停止内战，一致抗日，建立国防政府，组织抗日联军的主张，号召全国同胞团结起来，收复一切失地。

九月，叛徒王可文（曾任饶河县委宣传部长），因贪污军饷，畏罪投敌，出卖了小北沟抗日救国会会员名单。日军神田大佐（顾问），亲率三百余兵众前往小北沟一带山区清剿抗日组织，一次杀死无辜民众三十多人，逮捕抗日救国会骨干五人。同时对小南河佛寿宫、大带、关门嘴子等沟连续进行三次围剿，杀害民众一百五十余人，烧毁民房五十余座。同月，中共饶河中心县委及抗日联军四军四团总部发表了"告全体民众书"，号召全体人民，团结一致，与日本侵略者奋战到底，夺取民族救亡运动的胜利。

九月二十六日，新兴洞小北山战斗，击毙日军富泉顾问及高木司令以下四十余人，伪军及警察三十多人，抗日联军四团政委李斗文，团副朴振宇以下近三十人牺牲。

十一月七日，于大别拉炕会房子西南五里左右张振发地营处，召开饶河县抗日代表会议。参加会议的人员有：抗联四军代表李延平、饶河县反日总会会长郑鲁岩、四团团长李学福、团副姜尚平、参谋长崔石泉、政治部主任崔一山。另有山林队东海胜、长胜、天军、九龙、君子人、庄稼人、好友、九省、治国、德山、方龙、双龙、六合等十九人参加会议，传达军部指示。为壮大抗日队伍，团结一切抗日力量，决定以上十三个山林队，统编为抗日四军第五团，团长东海胜，副团长九省，参谋长阎景山，政治部主任及军需处长未详。（东北抗联史料295页为"一九三五年十一月七日第四军第四团在饶河县大别拉炕召集抗日山林队代表会议，将'九省'、'东胜'等抗日军统一收编为第四团独立营。"有误，详见伪康德三年在奉天出版的《饶河县事情》第98页为康德三年三月一日召开）。

一九三五年（兹将伪康德二年）中共饶河县委组织机构及所属武装力量及饶河县反日总会组织序列：

中共饶河县委书记朴振江，朝鲜族（三十二岁）

下属四个部：

1. 干部部部长郑鲁岩 三十一岁 兼县抗日总会会长，

通讯员 曲显周 十八岁，

秘 书 季占梅 二十三岁。

2. 组织部部长 徐凤山（朝鲜族）三十六岁，

部员（干事）方荣信（朝鲜族） 二十五岁，

部员（干事）元文书（朝鲜族） 四十一岁。

3、宣传部部长邵瑞峰 三十一岁

秘　书　王恒山　二十八岁

工作员　刘文璞　三十五岁

工作员　万寿振　二十八岁

通讯员　于显乐　三十一岁

调查员　刘长德　三十五岁

注：前宣传部部长王可文，因贪污畏罪于上年九月投敌叛变，遂之进行了更替。

4、武装部下属两个团即四团、五团。

第四团团长李学福，朝鲜族，三十二岁。

团副（副团长）姜尚平，二十四岁。

参谋长，崔石泉（朝鲜族），三十四岁。

政治部主任，崔一山（朝鲜族）二十九岁。

注：前政治部主任李斗文于上年一九三五年新兴洞战斗牺牲，当时二十四岁。崔一山接替李斗文职务。

军需长玄永学，四十三岁。

直属排战士三十八名，内汉族四人。

四团下属四个连：

第一连连长吕世铭，三十三岁

政治部员（指导员）崔天绪，二十五岁。

事务长，刘某，年龄不详，排长三名，战士五十七名，内朝鲜族二十九人。

第二连连长马亭振，三十八岁。

政治部员（指导员）刘忠清，二十三岁。

事务长黄长山，十九岁。

排长刘玉财外二名，其他不详。

兵士六十七人，内朝鲜族十三名。

第三连连长张玉凤，三十一岁。

政治指导员金路利（朝鲜族），二十四岁。

事务长葛荣，三十岁。

排长三名，氏名不详。

士兵六十五人，内朝鲜族五人。

第四连连长王青山，三十九岁。

政治部员（指导员）吴福林，三十八岁。

事务长高乐亭，二十四岁。

士兵七十五人，内朝鲜族十一人。以上共产党李学福直属部队总人数三百三十九人。

山林队新编第五团团长东海胜，三十七岁。

副团长九省，三十岁。

参谋长阎景山，五十岁。

政治部长（政委）未详。

军需长未详。

士兵五十余名。

下属各队，计有东海胜六十人，长胜十人，天军二十人，九龙十八人，君子人三十人，庄稼人七十人，好友三十人，九省五十人，治国三十人，德山八人，双龙三十人，方龙三十人，六合十人，合计四百六十人。

5、审判部（监察部）部长，王恒山，系宣传部书记（秘书）兼任。

以上饶河中心县委及属下四、五团，共有总人数为七百四十五人。

东北人民革命军第四军第四团、五团印章模式如下：

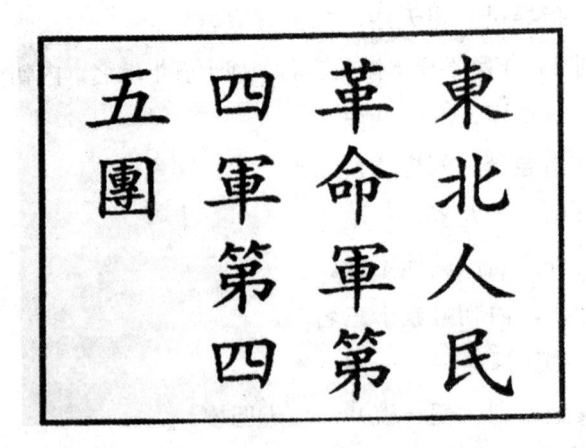

东北人民革命军第四军第四、五团

各连队均有一面军旗，用作行军时展示或作联络之用。宽五市尺，纵二尺五寸，红地中有镰刀锤子标志，黄色，字为黑色。旗杆三市尺。

饶河县反日总会组织机构简记如下：

反日会是在中国共产党领导之下自愿参加的民众抗日组织。其主要任务有三，第一选送抗日兵员；第二，筹集军需粮秣、钱款、被服等物资；第三，通报敌情，传递信息，抢救伤病员等。

饶河县反日总会自伪康德元年（一九三四年）七月开始成立，至康德三年（一九三六年）一月，前后两年多的时间，共建立分会达二十余处。凡有居民的村、沟、区、保均有反日会组织，最多时发展会员达一千余名。兹将仅能考据的情况，述列如下：

饶河县反日总会会长郑鲁岩（中共饶河县委干部长兼任）。下属各分会如下：

一、小南河区分会。会长李金体，组织委员慎宝绪，宣传委员刘凤五。

第一支部长李金体，下属三个小组。第一小组长王国信，组员九人；第二小组长刘丕诺，组员十四人；第三小组长王莲茂，组员十四名。

第二支部长慎宝绪，下属三个小组。第一组组长慎宝绪，组员十五名；第二组组长雷牌长，组员五名；第三组组长葛思方，组员十九名。

第三支部长刘凤五，兼第一组组长，组员十五人。

第四支部长李万增，兼小组长，组员二十三名。

第五支部长苏中和，兼第一小组组长，组员四名。（注：苏中和后投降

日本，以与李学福有旧，率领日军亲往抗日密营劝降，被当即处死。见《烽燧年代》，李福珍回忆录）

第六支部长方德盛，兼第一组组长，组员四人。

二、关门嘴子区分会。会长乔福清，组织委员张兰田，宣传委员薰保荣。下属第一支部长张兰田，兼第一组组长，组员十一人；第二组长宗若举，组员五名；第三组长周杰申，组员三名。

第二支部长薰保荣，兼一组组长，组员未详；第二组组长赵广林，组员未详；第三组组长不明，组员未详。

第三支部长孙万明，下属第一组组长刘顺德，组员人数以下均未详；第二组组长战玉会；第三组组长温义干。

第四支部长胡振芳，下属一组组长宗学增；二组组长王克文；三组组长不明。

三、小北沟区分会。会长于时贵，组织委员姜德和，宣传委员于元伦。

第一支队长姜德和，兼一组组长；二组组长吕式孟；三组组长不明。

第二支部长于元伦，代理支部长杨洪义（任抗联七军军需处长。东北光复后一九五二年曾任饶河县长，《饶河县志》有传，《烽燧年代》有抗日时期回忆录）。第一组组长于元伦；第二组组长杨洪义；第三组组长宫锡贤。

第三支部长于时干（于时贵与于时干山东文登人，为同胞兄弟，一九三五年九月因叛徒王可文出卖，被日军"讨伐队"逮捕，后在饶河小南山前南湖汊旁杀害），兼第一组组长；第二组组长倪福田，与于时干等人同时被捕，受尽酷刑。因假托其同籍（文登）侄儿名倪元德为己名，监押近一年之久，后获释，腰腿俱已佝偻。东北光复土改后，曾任小北沟村长，率与民众参加互助合作发展生产，奉献良多，后因年事已高，生活贫病无依，竟因房屋起火烧死，《饶河县志》有倪元德传；第三小组组长杨荣。

四、大带河分会，会员约三十名。

五、小别拉炕分会，会员约二十名。

六、大别拉炕（今镇江村以西以南）分会，会员约二十人。

七、大佳河分会，会员约一百名

八、小佳河分会，会员约一百名。

此外并有一区三人班、新兴洞（小西山）、七里沁（今五林洞沟谷一带）；二区暴马顶子（今杏树村东之太平沟一带）、老人沟；第三区十八垧地（今西丰镇石门峪以东以北沟谷）一带反日会组织都已建立，会员人数不断扩大，成为抗日武装的坚实后盾。

凡加入反日会会员，必须在自愿的基础上，甘心为抗日救国尽献力量者，经过申请报名，民主评议审查通过，分会批准，方可加入。会员每月须交纳五分钱会费，每当鸦片收获季节，每个会员自愿捐献一两烟土，以支补抗日联军经费。尤其是对于伤残战士的救治与医疗之费，一切捐献，皆出于会员的自愿，绝无丝毫之强制或摊派性质。

抗日救国总会，是在中共饶河县委直接领导下的民众抗日组织。县委书记朴振江，县委委员郑鲁岩、徐凤山、李学福、崔石峰（崔一山）、吕式铭、东海胜等人，经常不断地召开会议，听取工作汇报与部署各项工作任务与措施。一般是一周一次或两周一次会议，重要事项则须全体领导成员参与议定。

反日会代表大会——即总会所召集的区分会会长、支会长、小组长参加的代表大会，每半年召开一次。较大型的全体会员大会（部分的），一年召开一次（但从未开成）。

附录：饶河县反日总会证章图式

注：直径五公分，五星为红色，镰刀为黄色

一九三六年（伪康德三年）

二月十日，中共中央做出《为建立全东北抗日联军总司令部决定（草案）》，提出建立东北抗日联军总司令部是东北抗日武装目前最中心的工作。

三月，伪饶河县公署颁令，日伪军及伪警察队上千人将大叶子沟、四合川、西风沟等地一千多户住民全部赶出密林居处，房屋尽行烧毁，成为无人之区，惨死之百姓数以百计。

三月二十五日，中共饶河中心县委根据上级党组织的指示，在关门嘴子文登岗地方，抗日联军第四军第四团、第五团扩编为四军二师，师长郑鲁岩，副师长李学福，参谋长崔石泉，政委崔荣华。下设四、五、六、七团并一个独立营，总人数达五百余众。

四月二日，我抗日联军队伍在小别拉炕（今太平村）岭西（腰房子东北），与伪饶河县警察队及驻小别拉炕屯警察队发生战事，日本濑户警尉及伪警察十三人战死。

四月七日，饶河县伪警察局长马元勋在暴马顶子被抗联击毙。

四月十三日，小南河红枪会会长阎宝纯，法师李清和、李清连兄弟及小南河反日会会员田明玉、萧云会、黄占元等共二十余人，突袭包剿西林子警察队，三十五名警察被缴械。后反把，李清和、李清连等九人牺牲。

十一月十五日，奉吉东特委指示，在石头卧子岭北（今三义村西北二十余里地方，托窑山东坡），成立东北抗日联军第七军。军长陈荣久，下领三个师，一师长陈荣久（兼）；二师长李学福；三师长景乐亭；崔石泉任参谋长兼省委书记。

一九三七年（伪康德四年）

一月十三日，抗联第七军在小南河沟里狐仙堂地方（今新开屯正西十五华里左右），召开各山林队和各民众武装及反日会骨干会议。会议一致接受了七军提出的团结一致严厉打击日寇的决议案。七军队伍得到了空前的壮大，部队总人数扩充至八百五十多人。

三月五日，第七军军长陈荣久率领一百五十多人，在新开屯（原村址）西南屏岭山地方狙击来犯日伪军，击毙县大穗久雄参事官以下三十余人，伤日伪军十余人。陈荣久军长以下七人壮烈牺牲。

五月三日，饶河县小别拉炕警察署长龚金城，因"通苏""通匪罪"与其属下翻译徐秉太（朝鲜族）、照相员庄成发、警卫员邓学昌在饶河县城大南山前南湖汊旁被处死。

五月十五日，抗联第七军第一师在富锦县二龙山附近与五百余名日伪军遭遇，毙敌五十余人。

六月三十日，抗联第七军一师一部，在富锦县二道林子，与日军小滨部队和伪军一部遭遇，毙敌四十余人。

七月一日，日伪决定在伪三江省实行"特别治安肃正工作"，组织"特别治安维持会"。七月八日饶河县日伪军集中1 000余兵力，在本县深山密林区进行扫荡搜捕，实行所谓"靖安清野"。对尚未迁出深山区之散居民众，以沟通抗日联军为名，全部实行血洗，全县惨遭杀害的民众达三百余人。

一九三八年（伪康德五年）

一月，七军改编，李学福由代理军长改任正式军长，郑鲁岩任政治部主任，崔石泉任参谋长。下领三个师，一师长正汝起，二师长邹其昌，三师长景乐亭。

二月，根据伪三江省命令：原七里沁河以西大和镇所属第六区，划归宝清县管辖；原第三区东安镇及第四区小佳河所属挠力河北地域划归抚远县管辖；至此全县总面积只剩有四千三百平方公里（见饶河县地图三）。

三月，日伪军进一步推进靖乡清野政策，对全县散居民户全部归并到十三个"集团部落"，有三分之一的居民地变成无人区。归屯后，每屯址四周筑以土筏城墙，并派驻警察小队监守。自本年起，禁止种植鸦片。

三月二十日，我抗联队伍差派十五名战士混入小南河村运房建木料民众中，一举将警察队包剿，缴枪三十余支，子弹一千五百余发，打伤日本警尉一人。

五月，本县被日寇驱赶至县城的无业游民，迫于生计无路，越境偷渡乌苏里江去住苏联者不下二百七十人。

六月十七日，抗联五军三师与七军三师在宝清东部会师，组成五、七军联合部队在虎林、饶河、富锦、宝清、同江一带筹集给养，建设密营，坚持游击活动。

七月，抗联一师四团团长姜尚平率领一百三十九人去同江县青龙山开辟基地，被部下孔繁五杀害，拟率队投降。未几，刘雁来只身奔赴该地，巧计将孔逆缉拿，就地处死（见《烽燧年代》及本卷第二章五节、"刘雁来青龙山只身除叛"）。同月，日伪军调集两千余兵力，名为"靖安军"，对本县山区又一次大规模扫荡，杀死残存在深山老林的散民上百人。

八月，七军军长李学福，患半身不遂，由虎林小木克河一带渡江去苏联比金治病，八月八日病逝于比金医院（见《饶河县志》李学福传及《烽燧年代》并本卷第二章九节李连生回忆录用木雕船送李葆满军长渡江治病）。

九月二十六日，伪满军政部顾问军少将日野武雄，乘汽船绕道挠力河去小佳河一带视察，被我抗联得知。在参谋长崔石泉、副师长姜克智带领下，率三十余人小分队，星夜自老鹰沟赶赴至西风嘴子山挠力河回湾处潜伏。正当日军汽船返航时，枪弹齐发，日野武雄以下三十九人全被打死，汽船被打沉，缴获枪械二十余支，子弹若干。

十一月，七军二师师长邹其昌之妻刘玉梅被日本特务收买，三师长刘雁来闻讯赶到，将刘缉拿处死，旋将其夫邹其昌偕去花砬子以开会为名，行至中途武士山（石场西南三十余里）勒死。

一九三九年（伪康德六年）

一月，七军军长景乐亭率一百六十余兵力在臭松顶子岭北截击日伪军运粮队与日伪"讨伐队"遭遇，打死伪军七十余人，缴获粮米三十余袋。

二月，抗联在同江县青龙山与蒙古兵激战，刘雁来、王汝起率100余人攻占抚远县菖通镇，缴获大宗粮米、布匹等物资。

三月，日本守备队三百余人进驻大带河屯（今垒山村东冈），村内原居民被驱赶至大带河老会房子东南五里山冈处，另建新村（今大带河村）。

四月，前师部政委郑鲁岩在永幸村西北老秃顶子（又名彭祖岭）密营，被日本"讨伐队"偷袭俘获。

六月，伪满洲国新成立东安省，省会设密山，改密山县城为东安市。下辖密山（迁知一）、鸡宁、林口、勃利、虎林、宝清、饶河七县，本县原区村制改为村屯制。

七月，驻本县伪满军第三十五团及满军宪兵队调走，新从佳木斯第七军管区调来独立二旅旅长姜鹏飞以下两千五百名伪满军进驻本县。

十月，抗联七军一、三团逸去抚远、同江、富锦一带活动。十一月，在抚远县新屯与日伪军交战，击毙日军二十余名，后逸去富锦县卧虎力山。日伪军集中三百余人来攻，突围时，副师长姜克智回顾伤员，被流弹击中头部牺牲。同月，七军军长景乐亭请假三个月，领其妻李秋顺赴苏联治病。

十二月，抗日联军在参谋长崔石泉带领下，绕去富锦县小石砬子山，闯入敌包围圈，死伤三十余人。

一九四〇年（伪康德七年）

二月，军长景乐亭自苏联返回至虎林县小木克河抗联屯扎地（在今虎林县小木河镇东北二十五华里左右），被参谋长崔石泉以图谋"投敌"罪名缢死。

三月二十一日，王汝起支队长率六十余名抗联战士于大带河金家店地方（今大岱林场地方），截击伪饶河县警察队护送前往大带河上游小木营沟之运粮爬犁队，初获胜。缴械中，王汝起支队长被隐藏在土豆窖窖中的伪警察李殿样暗枪击中牺牲，队伍被迫撤退（参与杀害王汝起支队长的伪警察李殿祥与赵振江，一九四七年十二月土改清算斗争时，分别在石场村与大带河屯枪决）。

四月三日至九日，第二路军总指挥周保中在小木克河驻地召开紧急会议，传达吉东省委与北满省委指示精神，宣布撤销原抗联七军建制，改编为东北抗日联军第二路军第二支队，支队长由王汝起担任，刘雁来任支队副，王效明任政委，总计三百五十余人。

六月初，抗日联军第二支队四十余人，在支队长王效明、刘雁来领导下，前往虎林大、小木克河一带江边活动，截击敌一只汽船，打死伪警察两名，俘虏伪警察二十余名。缴获枪械二十余支，弹药多箱，大米一百余袋，全部运入江中心岛，将俘虏押解苏联。

七月初，第二路军第二支队在刘雁来、王效明领导下在富锦县李金围子附近袭击敌人运粮马队，毙敌三人，伤四人，缴获马车九辆，马三十四匹，及大宗粮食和军用品。秋季西去宝清、勃利一带活动，入秋又回至饶河密营。后王效明奉命赴苏，刘雁来率三十余名游击队员，仍在饶河山区坚持斗争。

七月中旬，三名苏联军人越界登上南通五、七号两岛埋设标桩，被日伪守备警察逮捕。苏出动两艘军艇百余兵力与日伪警察及满洲陆军展开战斗，

375

历两小时。日伪军警因无舰艇配合，不能迂回，死伤三十余人，史称"南通事件"。

九月，饶河县日本特务机关组建"北边公司"，以经营木炭、石灰、狩猎诸业培训特务，搜集抗联情报。

九月十四日，我抗联第二路军第二支队在政委王效明、支队长刘雁来策划之下，驻宝清县七星泡镇伪军第三十团百余名官兵举行起义，携带出轻重机枪七挺，步枪一百二十余支，子弹四万余发，有三十四人当即参加了抗联。同月，第二路军总指挥部任命彭施鲁为第二支队政治部主任。

九月下旬，饶河县公署征调四林子、小南河村一带民工一百余人，修筑三人班北至新兴洞公路，直至十月踏着冰雪在林莽和沼泽地里施工。因衣食不加，冻饿而死之民工达三十多人。

一九四一年（伪康德八年）

一月初旬，东北抗日联军领导干部会议，即全满党代表大会在苏联伯力举行。会议就东北党和东北抗联的有关重大问题交换了意见。为了进一步澄清事实，统一认识，此后又相继召开了一些小型会议，整个会议在三月中旬结束。

三月，饶河大带河屯住民张宝贵、张发学、姜忠山、刘万奎、赵顺天、邹明云、罗殿清、李清友、张宽忠、王文义等十人，因曾给抗日联军送过粮食、衣物等，被特务告密。饶河县日本宪兵队将其抓捕，后解至牡丹江模范监狱，受尽酷刑。东北光复时，只张宝贵一人从鹤岗煤矿生还，余皆惨死。

五月，驻扎本县伪满军独立二旅换防，东安（密山）第十一军管区麻成（名）部队一个团兵力调本县驻守。同月，屯驻在苏联境内的东北抗日联军南北两个野营的战士，本着自力更生精神，一边开荒、伐木盖房等，一边进行军事训练和文化学习。

六月，日本关东军第一方面军第一百二十四师属下川崎部队一个团共一千二百余兵力开赴本县，分驻在饶河、老大带河（今垒山村）、东安镇、关门嘴子、四排等地。

六月二十二日，苏德战争爆发，日本拟乘势东进，至九月间，本县日本关东军数骤增至三千余人。

十二月八日，日本偷袭珍珠港，驻本县日本军大批调走，留守部队只剩有二百余人。本年县城内商号关闭百分之九十，组建"小卖联盟"（大多数日常应用物资，实行定量代销，集合经营。火柴、石油、粮米油盐等，一律实行配给制），即按人定量按月售给。

一九四二年（伪康德九年）

三月，饶河县兴农合作社成立，粮食一律实行"出荷"与"配给"制。

五月，抗联北野营派出两个分遣队。第一分遣队到佳木斯、勃利、宝清、密山等地执行侦察任务；第二分遣队到饶河、富锦、宝清、同江、虎林一带执行侦察任务。

六月七日，驻抚远县东安镇伪满洲国靖安军第二团第二营六连哗变，打死日本值日官、电话长及士兵共五人，有七十五人全副武装划船过江逸去苏联，后编入东北抗联远东野营第八十八旅。起义组织者周岩峰、国有福、祁连升、孙发谦等，当即授予中尉军衔。

自此事件后，驻守在国境线上的伪满军全部调往内地，改由日军守备队及携妻眷之满洲警备队驻守。一九四五年八月九日，苏军进攻东北时，此批人员大多随从我远东野营人员一起回到祖国任事。

七月，穆棱河、乌苏里江雨涝成灾，本县粮谷被淹者十之六七。同期，日本当局将华北扫荡缉捕之中国民夫及抗日人士凡一千余人，押解本县在县城小南山、城防四周及西南岔山，构筑军事地堡，修挖堑壕等。本期，日本守备队在饶河县老大带河驻防地（今饶河农场垒山村）南沟，建立一所五百千瓦的发电厂一座，以应军需。

八月，县"小卖联盟"撤销，转为"配给店"，本县布匹、茶食、制酒、榨油、书店、印刷业统由"东生泰"商号一家包揽（见《饶河县志》王守山传）。另有日本在县城北门里路西，开办之"三泰公司"，专门经营煤炭及粮谷油盐配给。

十一月，东北抗日联军教导旅旅长周保中批示，第二支队政委王效明及其所部，想尽一切办法侦察宝清、勃利、富锦、佳木斯等地敌情，尤其是宝清、勃利两地日军重要的仓库位置，储藏量及日伪军司令部兵力和武器状况等。

一九四三年（伪康德十年）

去年严重灾歉，本年大馑，县内居民十之有五以稻糠、树皮、豆饼充饥。

三月，日伪当局自南满调来"勤劳俸仕队"一千五百余人，分别在大带河屯四周山地、石场西大牙克东山、迎门山、五加山、托窑山、仙人台等处穿凿山洞、挖掘战壕，修筑水泥工事，劳作经年。

四月，全县霍乱病流行，染病者凡千人，死亡二百余人。

五月，日本北海道、冲绳两地进入本县之第二批"开拓团"，男青年二百余人分派在三义村、大别拉炕（今镇江）村、小别拉炕屯（今太平村）、西林子村、四排等地，以上各居址农户内迁至纵深地带。新建大穗（石场）、永乐（今猎人岭前）、山里、永福等村屯。另由县城调遣三十户居民重建西风沟村【今西丰镇址，前散处住民已于一九三八年（伪康德五年）清沟时被烧杀驱散】。小北沟屯（今朝阳村北五里处）废除，迁至大佳河重建新村。大别拉炕村居民西迁，分建永幸、向阳二屯，原址移交日本"开拓团"驻守。同期，本县国兵漏（勤劳俸仕队五十余人），加上从各村屯抽调民夫共四百余人，辟修本县至宝清县公路，由县城西门起（今饶河医院住宅楼址）至里七里沁河大桥与宝清县接连，十月底竣工。

饶河至虎头公路亦于同期开工，全系征调内地民夫及"勤劳俸仕队"修筑。起始点自饶河县城西南门（今国税局办公楼处），西南经小别拉炕（今太平村）、永幸、向阳至五林洞外七里沁河桥与虎林县接。共长六十五点五公里，同年十月竣工。

本年抗日联军第二路军第二支队副支队长刘雁来率领二十人小部队在饶河县暴马顶子及虎林县大王砬至密营一面坚持农业生产，一面侦察敌情，至十一月末小部队全部由乌苏里江上撤回苏联远东野营。刘雁来、王效明、姜信泰是转过年来三月份过江的（《烽燧年代》郱升臣回忆录抗日联军撤往苏联，应是提前一年，即：一九四二年十一月末，刘雁来等是一九四三年三月过江的）。

此后，我抗日人员进入东北，都是零星的或接受某专项调查任务而潜伏过来的，任务完成之后，再过去。从此，抗联人员迄无在东北地区驻扎的。

一九四四年（伪康德十一年）

八月，日伪当局在饶河县城抽调二百民工在一棵树以西一公里至二公里处修建军用飞机场，至十月末完工；同期于东安镇诺罗山后修建简易飞机场一处。

九月，东北抗联教导旅在双城子举办无线电训练班。

十月，因特务告密，饶河县永幸、小别拉炕两村一次抓捕了"通苏""通匪"（抗联）案犯十七人，严刑拷打后，解往内地，杳无音信。

十二月，东北抗联教导旅（远东第八十八旅），在苏联伯力北野营（雅克斯）进行了一个多月的军事演习。

十二月十九日，日伪饶河县马架子警备队哨所警长韩德章二人，将日本警备队指导员山口康弘打死，携枪械潜入苏境。一九四五年八月九日苏军进入东北后，韩德章跟随苏军部队曾来到本县，后不知派往何处。

一九四五年（伪康德十二年）

三月，东北抗联教导旅全体官兵在伯力雅克斯北野营进行紧张的战争军事训练。

三月七日，苏联两名情报人员在饶河县向阳屯西山松树上测绘地图，因特务告密，被日伪察知，派警察及自卫团共二十人前往追捕，两人全被打死，自卫团死亡一人。

四月五日，苏联宣布废除《苏日中立条约》。

四月二十三日，中国共产党第七次全国代表大会在延安召开，六月十一日胜利闭幕。东北抗联教导旅在远东野营驻地，通过无线电，集体收听了大会的实况和报告。

四月二十七日，饶河日本宪兵分遣队驻金场特务训练班二十四名青年哗变，打死日本教官武仲、翻译金顺天（朝鲜人）、主任刘延兴等，行至苇子沟江边渡江时，逃匿四人，溺死三人，十六人搭乘苏联军艇投奔苏联（见

《饶河县志》714页"金场山日伪特务训练班哗变记")。

七月二十二日,伪饶河县公署组织六十余名小学生四十名民工"勤劳俸仕",前往关门嘴子、小南河两村采集山葡萄叶熬制酒石酸。

八月八日,苏联对日宣战。当日上午,饶河县上空有数十架苏联军用飞机过往、盘旋、俯冲扫射,并向县城小南山投掷两枚炸弹。当夜,日伪军警向纵深地带撤退。

八月九日,清晨,苏军炮击饶河县城,约两小时,县城房屋被烧毁三分之二,炸死居民一百五十余人,伤四十余人。九时许,苏军步兵、坦克及装甲车自王家店登陆,绕经县城向宝清、勃利方面进逼。当即宣告日本垮台,东北光复。停泊在饶河码头上之"永业"号轮船及两艘驳船成了苏联的战利品,随即开走。

一九四五年(中华民国三十四年)

八月十日,饶河县治安维持委员会成立,同时,苏军驻饶河红军司令部宣告成立。同日,日军与苏军在石场以西交火,苏军死伤四十余人。

八月十三日,伪饶河县协和会事务长三宅一(日本人)撤至里七里沁河时,建议向苏军投诚,被驻扎老大带河(今垒山)日军守备队上尉木村一男指责其为投降分子,当即刺死于里七里沁河旁。

八月十四日,日本天皇发布无条件投降诏书。

八月十五日,伪饶河县长新井清(日本人)撤退至宝清县二甲村时,被同行的伪饶河县满洲警备队击毙。另伪饶河县警察队八十余人,撤至里七里沁村,被苏军打死二十余人,余全部被俘,解往苏联。

八月十八日,日本关东军司令官山田乙三下达关于日军停止战斗行动的命令。

八月十九日,伪满洲国皇帝溥仪在沈阳被苏军逮捕。

八月二十五日夜,驻守大带河日军守备队上尉木村一男于老永乐屯(石场西南三十华里处,今猎人岭前)西,偷袭苏军马队战死。

八月二十七日,为日军运送给养辎重之民夫二十七人由老永乐屯回返县城,行至石场村西十余里地方,被苏军疑为日军密探,全部枪杀,只生逃两人。

九月三日，中国人民的抗日战争取得最后胜利。

九月上旬，东北抗联教导旅主力三百三十人，自苏联伯力乘飞机回到东北，占领了长春、哈尔滨、沈阳、吉林、齐齐哈尔、佳木斯、牡丹江、延吉、北安、绥化、海伦等五十七个大中城市和县城，发动群众，摧毁敌伪势力，建立人民武装和人民政府。

九月下旬，饶河小南山及城周树林被民众全部伐光。日本遗下之煤炭、机械、原木、粮食、被服等，全部被苏军当成战利品，装船运走。同期，饶河县人民民主大同盟成立。

十二月，侯煜赫带领虎林县之三八支队来本县建立饶河县人民政府，选举"天生福"药店掌柜赵赢洲为县主席，侯任副主席。

后记

　　我长期生活在祖国东北边疆那丹哈达拉岭的深山密林里和乌苏里江畔，这里正是东北抗日联军活动的根据地，有许多惊心动魄的抗日斗争故事就在近前发生。直到日本帝国主义投降东北光复我参加了革命队伍之后，关于抗日时期的英雄人物和一起起斗争的事件，仍在人们口头上流传不息。可惜，那时没有引起重视，以致像耳旁风一样，随时流过。直到20世纪五十年代以后，自己才留意想把这些在抗日时期，曾经发生过的战斗故事和英雄人物记载下来。由于条件所限，只能是走到什么地方，接触哪里的人，听到一些什么样的经历和事件，就把那里的人物和事件记叙下来，不能任凭自己的意愿进行专访。当时也由于中心工作忙迫，不能有更多的时间，进行访问记录。直到一九五九年，地方与国营农场合并之后，组织上才给予我一点时间，前往省城哈尔滨及宁安农场进行抗日时期人物专访，但仍然是受到时间的限制。一是时间来去匆匆，被访问者来不及思想准备，所谈事件不能尽其所详，另一方面，被访者工作繁忙，无暇讲述往事，如一九五九年八九月间前往哈尔滨访问抗联第二路军第二支队长刘雁来时，因为他当时担任黑龙江省航运局长职务，无暇回顾往事，见面不到两个小时，只讲述了两段故事便告辞了。他说："眼时工作太忙，如待到冬闲时，咱们再唠，三天三夜也讲不完的。"既到冬闲，我的工作又有所掣肘，哪儿来得那么容易再去哈市烦扰于人。因此前后只半年的时间,仅搜集了一少部分史料。尽管当时作家林予和八五九农场党委领导鼎力支持,冀期在短时间内能完成一部以东北抗联为题材的文学作品。但限于所掌握的资料有限,加以自己的文学才力不足,同时农场生产工作又忙,不得不告中止。其后我在下乡蹲点时,利用暇余时间,仍然搜集记录了一些抗日时期的人物经历。一九六三年在饶河三义村蹲点时,当时的公安分局局长徐日禄同志对我说:"这里有位抗日烈士的父亲现年七十三岁,他马上要回朝鲜去养老,他有很生动的抗日经历,明天抽一天时间,我给你当翻译,你把他的经历记下来,否则以后就无处去采访了。"就这样,第二天我和他一起访问了这位老人金奉学,并把他的家世和经历记下来了,回头看来还是很有意义的。其后我以搜集抗日史料及往事为己任,先后又访问搜集了一些资料。随着时间的流逝,抗日时期人士渐次作古,转眼抗日战争胜利已届七十周年。这些资料虽不足以组成一部抗日长篇巨著,同时个人也不擅长,并且也不具备能力构思创作文学小说,但我想把这些访谈资料,如实原样地付梓刊印传诸后世,岂不更具有实际意义、政治意义和历史意义么?前黑龙江省副省长、友人杜显忠同志和前中共饶河县委书记赵晓岩同志,曾当面鼓励和支持我这样做。他们都说,这对社会对国家都是一桩很有意义的好事情,对革命先烈是一种纪念,对后代是一种教育,因此自二〇〇二年我前后抽出一年多的时间,已将这部访谈资料抄录整理出来,一些比较友好的同志劝解我:"你偌大年纪了,这一辈子工作没少干,还写了那么多的文字,应该满足了,停下来颐养天年算啦。"但是我想:历史的责任落在我的肩上,我在边疆生活的时间较久,积累了那么多的史料,尤其是抗日时期的史料,不整理出来交付于世人,对国家和民族来说,岂不是一种失职,何况国家还花费很多资金专门设置党史、文史部门,广征博采史料,现成的史料不加以收集利用,岂不是一种浪费?尤其是时光荏苒,转瞬我已是耄耋之龄,能做事情的时间并不是太多的。因此,非常有紧迫感。趁着头脑和身体尚好的情况下,能为国家为社会多做出一点实际的事情,算不上什么奉献,但是个人精神上却是一种莫大的欣慰。有幸的是,此前在中共饶河县委、县政府领导同志以及一些友好和社会贤达的支持和关怀之下，这本地方文史小册子付梓面世，定名为"烽燧年代"。

转瞬，抗日战争胜利已届七十周年，在本书经过修订补充改编，正式由国家出版时，因本人前曾有《苍茫乌苏里》"东大山传"、"乌苏春秋"、"那丹风雨"纪实文学作品三部曲刚刚再版面世。著名作家友人范震威先生提议："你这部以抗日为题材的纪实作品，取名《烽燧乌苏里》岂不更好"！善哉，经过酝酿，大家一直赞同范公之所建言，这是最值得庆幸的事情！同时，本书出版时更得到现任中共饶河县委书记尚德龙、县长韩雪海以及县委宣传部部长孙同刚等同志的大力支持，仅在此表示由衷的感谢！还要提及的是，这部抗日史料成书十余年中，四子姚松林代为租借房屋，资料核查，提供车辆方便，从多方面给以鼎力支助，在此以并说明之。

八十六岁翁 姚中峪 又记
二〇一五年四月十四日

图书在版编目（CIP）数据

烽燧乌苏里：东北抗日时期人物访谈实录／姚中嵧编著. -- 哈尔滨：黑龙江人民出版社，2015.7（2021.8重印）
ISBN 978-7-207-10395-6

Ⅰ.①烽… Ⅱ.①姚… Ⅲ.①人物-访问记-中国-现代②抗日战争-史料-东北地区 Ⅳ.①K820.7 ②K265.06

中国版本图书馆CIP数据核字（2015）第167127号

责任编辑／李　梅
风光及战迹地摄影／李建华　等
资料及图片提供／东北烈士纪念馆、黑龙江省档案馆
协理／韩生根　吴增彬
校阅／于清云
地图绘制／李新玉
初版／高明

烽燧乌苏里
——东北抗日时期人物访谈实录

姚中嵧　编著

出版单位	黑龙江人民出版社
通讯地址	哈尔滨市南岗区宣庆小区1号楼
邮　　编	150008
网　　址	www.longpress.com
电子邮箱	hljrmcbs@yeah.net
印　　刷	北京一鑫印务有限责任公司
开　　本	787毫米×1092毫米　1/16
印　　张	27
字　　数	350千字
版　　次	2015年7月第1版　2021年8月第2次印刷
书　　号	ISBN 978-7-207-10395-6
定　　价	98.00元

网络出版支持单位：东北网络台（www.dbw.en）
本社常年法律顾问：北京市大成律师事务所哈尔滨分所律师赵学利、赵景波
（如发现本书有印刷质量问题，印刷厂负责调换）

黄秋谷 1984